胡雪岩现象

曾仕强谈中国式经营

曾仕强　著

中国工人出版社

目录
CONTENTS

扭转乾坤:有全局眼光,才能未雨绸缪

艰难守成:从商为富且仁,方是赚钱的根本

引　言

(一)红顶商人胡雪岩是值得研究的个案

一般说来,值得研究的问题,必须具备两种特性:一是研究所得的结果十分重要,二是它的结果是人类可能加以控制的,也就是可以通过学习来实际应用。

胡雪岩生于1823年,也就是清朝道光三年,死于1885年,光绪十一年。62年间,历经道光、咸丰、同治、光绪四位执政者,正好是清廷盛极而衰、逐渐走下坡的阶段。贪污的风行、吏治的腐败、士风的卑下、军队的退化、民众的不满、变乱的纷起,构成了一个不确定的变动环境,胡雪岩由一个钱庄学徒,经商半个世纪,累积亿万家财,富可敌国,必然有其过人的智慧与技巧,值得我们细心研究,用心考察。

研究胡雪岩的经商策略、管理原则、用人要领以及处世方法,对现代人来说,仍然具有相当的重要性。现代的情况和胡雪岩当年的情境,是不是一样?这是见仁见智的问题。同者见其同,异者见其异,都可以说出一大堆道理来。至少在“不确定”的性质上,彼此十分相近。无论以胡雪岩为师,或者以胡雪岩为戒,把胡雪岩一生的传奇,当作个案来研究,自是十分重要。士农工商各界人士,都具有参考的价值。

胡雪岩既不是万世流芳的圣人贤士,也不是千古罪人的乱臣贼子。他以一个默默无闻的钱庄职员,创建了“胡庆余堂雪记国药号”,迄今一百余年,仍然为大家所津津乐道。他的成功和失败的过程,当然是人力所能够控制,经过分析和归纳,是大家可以借鉴和学习的。

政商关系是胡雪岩发迹的主要途径,也是胡雪岩失败的紧要关卡。

水能载舟，也能覆舟，用在胡雪岩身上，真是应验无比。

实际上，胡雪岩并没有受过什么高深的教育，也没有受过任何经营管理的专业训练。他所依据的言行准则，说起来十分可笑，竟然是中国社会人人耳熟能详的一些通俗俚语。

中国人一向把“修身”“齐家”“治国”“平天下”的大道理，变成非常大众化、通俗化的成语或俚语，普遍流传的结果，不但形成社会的共识，建立大家共有的价值观，而且人人朗朗上口，成为终身为人处世的指导方针。明白修齐治平的道理，治国、平天下都不怕，当然有把握经营管理。台湾第一代企业家，不都是如此这般的展现了成功的魅力？

胡雪岩一生重诚信、讲道义、有国家观念、负起社会责任。这些优点，绝大多数中国人自我检讨起来，都认为“这些优点我也有”。可见对现代中国人而言，似乎要成为当代的胡雪岩，并不是非常困难的事情。

我们只要秉持中国人“前车之鉴”的精神，把胡雪岩成功和失败的地方，分别举例出来，以现代的观念，重新加以评估，然后学习其成功的要领，避开其失败的缺陷，不就是中国人所喜欢也最擅长的趋吉避凶吗？这样一来，我们岂不更加容易、更加安全地吸取了胡雪岩宝贵经验，作为自己今后经营人生、管理事业的参考。对于自我控制，把自己的成功渠道控制得更加有利、便捷、宽大，当然有很大的助益。

愈来愈多的外国人，把胡雪岩当作管理课程的个案，希望透过深入的研究，来了解中国人的经商之道。胡雪岩是李鸿章与左宗棠争夺政治权力的卡位斗争下，活活被牺牲掉的民族资本家。在中国“有人就有派系”的大环境下，作为一位现代企业经营、管理者，如何在夹缝中求生存发展，应该是研究胡雪岩的另一种重大意义。求人不如求己，从胡雪岩的功过簿中，自求多福吧！

(二)研究胡雪岩成功秘籍有助于了解中国人经商之道

在北京访问一些外商,问到跟中国人做生意感想如何?答案相当一致:“你必须相当忍耐!”

不了解中国人,却又不得不跟中国人打交道,看来这是21世纪人类的共同命运。原因很简单,中国市场太热,热到大家都要来!

有些人追问有没有什么书本,可以帮助外商了解中国人做生意的方法。笔者毫不犹豫地回答:“胡雪岩。”清末鼎鼎大名的红顶商人,不但政商关系良好,而且纵横商场,所向无敌。他的生意功夫,被尊称为中国经营之神,当之无愧。看胡雪岩传奇,准能抓住中国人经商的法则,以及为人处世的要领。

胡雪岩生当乱世,家境贫寒。中国人脑筋特别好的两大要件,他都具备。在杭州长大,一方面吸取了风光明媚、多情风流的浪漫习气;另一方面承袭了江浙一带善于经营事业的宝贵经验,终于造就了这一位空前的商界巨人。

老实说,台湾的经济奇迹,是大陆来台的“江浙帮”带来的神奇的经营技巧,加上台湾劳工的勤奋节俭,结合在一起所缔造的成果。上海老板的作风迄今仍为许多人所怀念,若干有成就的老板,都承认受到很大的影响。

1997年年初,我特地到香港,请问港商对7月回归以后的预测,大多表示“必然会更好”。追究原因,竟然也和上海人有关。他们说:“回归以后,上海的经商手腕配合香港的充沛资金,当然更为高明有效。”

胡雪岩的寡母,就像大部分中国人的母亲一样,望子成龙,所以不断地教诲儿子,要听老板的话,要努力工作,不许偷懒,更不许对老板不忠、不义。

他的第一份工作,是当钱庄的学徒。大家都说是前世修来的,一脚踩进去,就入对了行。

两年满师,当上钱庄的跑街,从此三教九流,都有所接触。对师傅的教导,更是用心学习,小心体会。如果日子一天一天过去,没有什么大的变动,胡雪岩一生,也不过混到司库或襄理,一辈子也混不出什么名堂。

三十多岁那年，太平军和官兵争夺杭州城，一件意外的事件，改变了胡雪岩的一生，使他由一个平庸的市井布衣，一跃成为显赫一时的金融巨子、江南药王、当朝一品的红顶商人。

中国人喜欢说危机就是转机，却又提醒我们一旦转不过来，仍然是危机。胡雪岩一转就转过来，不是功夫是什么？

现代人不论男女老少，都希望成功，这也不是坏事，用不着避讳。成功有两条道路，一条是顺路，一条则是险途。前者顺取，后者即是逆取。胡雪岩先逆后顺，时机掌握得十分恰当，这才一帆风顺，平步青云，令人叹为奇才。

逆取顺守和顺取顺守一样都有好结果，所以身处逆境的时候，如何突破困境，怎样寻找生路，应该是致力追求成功的人，必须研究的重大课题。

胡雪岩的条件，我们大家都有，甚至比他好得多。他的应变力和果断力，则是我们应该学习的地方。无论从政、经商、领军、学习，想要获得成功，一方面以胡雪岩为师，学习他的优点；另一方面以胡雪岩为戒，避免他的缺失，那就安全稳当，走上成功的大道了。

有关胡雪岩的小说、传说很多，大的架构以及主要的人物相同，小的情节以及出现的人物不同。我们所归纳出来的成功秘籍，和这些细节没有什么关系，所以哪一种版本都可以参考。不过视听教育普及以后，重视声光文字俱全，当然最受欢迎，效果也最好，因此我们采取霖园国际有限公司所出品的《红顶商人》，作为研究分析的主要依据，盼望大家一齐来关注、发掘胡雪岩成功的奥秘。

（三）研究胡雪岩最好掌握几个重点

个案研究（case study）是美国哈佛大学商学院首创的独特教学方式：把各大公司所发生的实际案例，拿来给在校研读的学生讨论。这些个案的特性，是“所有的个案几乎都没有足够的数据和完整的资料”，因为从不完全的资讯和数据中找出答案，才是“经营管理的实务特征”。经由这样的训练，将来真正担任经营管理者时，才能够做出合理的决策，并且不失去时效。

胡雪岩的平生资料，由于缺乏历史的记载，也很难做确切的考证，仅能由零星的片段，配合民间传说来加以推测。至少他原名胡光墉，安徽绩溪人，出身贫寒，十二岁到钱庄当学徒，地位卑贱。后来结交军政界官员，互助互惠，从阜康钱庄着手，纵横商界，经营出口丝业、军火买卖、房地产业，开当铺、设药厂，几乎所向无敌，最后获得清廷赐红顶戴，封赏黄马褂，可骑马行走紫禁城，成为晚清最有成就的红顶商人。这一段事实流传至今，虽然不完整，却也不失为良好的个案。

在个案研究的教学活动中，通常最为学生所欢迎的，是那些“白手成家”或者“扭转乾坤”“挽救危亡”的人物。胡雪岩的传奇性和起伏性，应该是大家特别好奇的对象。把他当作个案的主角来研讨，不但有价值，也很有兴趣。有朝一日能像胡雪岩那样，岂不很好！

经营管理实际上不是技术问题，而是人的问题。胡雪岩的成功，固然是为人机警，善于察言观色，对人性的掌握，拿捏得极有分寸。而他的失败，何尝不是别人对他的怀疑与流言所导致的恶果。我们从胡雪岩的进退应对当中，研究出他的为人处世之道，对于经营管理，应该有莫大的帮助。因为他的交友范围极广，上自西太后、朝中高官、总督大臣，下至贩夫走卒、烟花酒女，并不是一般人都有机会遇到的。特别是当时的社会背景，更是相当复杂。因为清朝入关以来，历经康熙、雍正的励精图治，到了乾隆，无论文治、武功、国力，都已经达到极盛的时期。高宗晚年志得意满，骄奢淫逸，信任和珅，以致政治腐败、官吏贪污，就算自夸“十全老人”，也压不住纷至沓来的动乱。胡雪岩出生于道光年间，内有太平天国的兴起，外有欧洲各国的通商压力。从此以后，中国在经济上、社会上、文化上变动的剧烈，不但前所未有，而且愈演愈烈。胡雪岩一生的重点，可以说是一个“变”字，他个人变，整个社会也在变。研究胡雪岩的应变之道，对现代人具有积极的、正面的意义。

个案不可能是真实运作的翻版，事实上我们也不可能百分之百地遭遇到和个案一模一样的情况。但是，我们在研讨个案时，却不可因此而忽略个案情节发展的重要性。如果读个案像看小说一样，看个案录像带像看一般电视剧那样，然后便进行爱怎样想就怎样想、喜欢说什么便说什么的“自由讨论”，很可能得不到预期的效果。我们观看胡雪岩录像带或小说时，务须认真地深入了解所有的情节，虽然它不一定真实，但是既然当作个案，就必须依据其中的情况来进行讨论。唯有仔细分析个案资料，把它当作真的来看待，逐渐体会出“明明是一种简单的情势，却往往包含着相当复杂的变数”，保持着“把自己当作胡雪岩”的心情，亲身处理眼前的事宜，才能够获得更为贴切、更加深刻的经验，将来应用起来，必然更为有效而快速。

所有问题，都不可能只有一种解决方案。我们提供各种不同的观点，并不一定要有具体而肯定的答案。

从个案研讨中，发现自己的独特观点，其实是件十分愉快的事。举一反三，原本是中国人的拿手好戏。有志于研究中国式管理的朋友们，盍兴手来！

白手起家：

有大气魄，方成大人物

一、危机即是转机

任何机会，都可能是危机，也可能是转机。

明明是危机，却成了转机；眼看是转机，一下子却变成危机。转来变去，全由自己的心在做主。把它看作危机，真的是危险万状；把它视为转机，结果就转过来了。

胡雪岩的创业过程充满了危机。只是他胆大心细，而且信心十足，终于都成了转机。而且愈转愈有利，事业就创起来了。

他的冷静、随机应变，加上当机立断，成为创业的三个基本条件。把危机变成转机，表面上看是运气良好；实际上是有眼光、有实力的真本事。

重点提示：冷静机灵还需要当机立断

胡雪岩年轻时不过是一个钱庄跑街，却能够生财有道，发达到家财亿万，富可敌国。同时领导有方，成为众多企业的首脑。主要因为他具备三个优越的基本条件：冷静、机灵，而且敢于当机立断。

企业主持人，大多数具备这样的条件。选择接班人的时候，也应该慎重明辨，够不够冷静、机灵，有没有当机立断的魄力。

胡雪岩的成功，除了上面所说三个基本条件之外，还配合着好运气。

愿意承担多大的风险，是性格，能不能顺利地承担风险，是运气。

赌运气，担风险，有一套法则。我们从胡雪岩一生的奋斗过程中，逐渐来加以分析、体认，再来确立自己的原则，应该是一种合理有效的途径。

先培养冷静、机灵的习惯，再锻炼当机立断而不会错误的正确判断力，然后才放手一搏，碰碰运气，会比较保险。

个案简介

胡雪岩在仁德钱庄，拜掌柜芮老大为师。两年的学徒生涯中，深得芮老大的赏识。晋升为跑街，成为杭州城内的活跃分子。

那一天，胡雪岩跑街回来，看见钱庄门口有不少民众在朝里面偷窥张望。

走进钱庄，一群官兵围绕在柜台前面。雪岩心知不妙，赶忙躲在一旁，看看究竟发生了什么事情。

原来是左宗棠派人前来借钱，军官带着左大人的借据，上面有江苏巡抚王有龄的担保，想借两千两银子。

柳成祥和谭则云两个职员都不敢答应。军官要强制开柜拿银子，芮老大原本站在一旁，忽然冲过去用身体护着钱柜。军官大刀一挥，把芮老大砍倒在地上。

雪岩一看情势危急，跑上去向军官保证会把钱借给官爷。同事依然不敢做主，雪岩则表示老板怪罪下来，他愿意一人承担责任。

钱庄任老板不喜欢雪岩擅自做主，越权承诺借钱，愤而把雪岩开革并且到处搞破坏，使他找不到工作。

雪岩失业在家，仍然勤练算盘，勤动脑筋。偶尔到茶馆喝茶，还受倒茶小弟的气。

柳成祥接替了胡雪岩跑街的工作，又要兼顾原来所做的事情。想起雪岩累死累活为钱庄工作，任老板完全不念其平日的辛劳，不满意就辞退。柳成祥对任老板的印象，因而大为改变，竟然表示要是有什么好差事，他也不想待在钱庄了。雪岩趁机劝他出来一起创业，要他向任老板借一些钱来充当资本。

任老板听说王有龄调任到杭州来，唯恐和胡雪岩联起手来对自己不利。索性先下手为强，带着礼物求见王大人，把所有罪过都推给雪岩，并且把雪岩的行踪也报告给王大人，希望置雪岩于死地。

王大人感念雪岩的恩情，正想有所报答。左宗棠听说雪岩的胆识，也命令王德榜将军前来找他。两人的表现，却都像要捉拿胡雪岩，让成祥、则云都觉得害怕。

问题与解答

(1)胡雪岩跑街回到钱庄,为什么先躲在一旁,而不直接走进人群中询问发生了什么事?

一般人的习惯是不动脑筋,也不搞清楚当时的情况,便采取立即反应的态度。不管三七二十一马上介入,表示自己聪明,反应快,热心,一下子就闯进来。

这种人鲁莽而且不负责任,只是他自己不知道。我们虚拟一下,胡雪岩跑街回到钱庄,看见有很多军人,还有一位军官拿出刀来,在那里大声吆喝。雪岩一看情况不对,马上快步跑进去,结果会怎么样?可能愈帮愈忙,把事情弄得更糟糕,对不对?

胡雪岩并没有这样做,他按照中国人慎势的法则,一开始就要把事情做对,而不是做了再说,做不对再来后悔。他十分谨慎,先不声不响地躲在一旁,看看究竟发生了什么事。官兵闯入柜台,芮司库受到军官威胁的时候,雪岩还没有动作。因为他不是站在那里发呆,他是利用这十分短暂的时间充分思考该怎么办。中国人主张谋定而后动,一方面等待合适的时机,另一方面等到准备充分,才展开行动,以求立于不败之地。雪岩还没有筹谋妥当,芮司库已被击倒,他的女儿芮瑾一声喊叫,把雪岩喊了出来,眼见时机紧急,不能再拖,不得不就此时此地寻找出合理的决策。他挺身而出,叫柳成祥、谭则云把银子借给官兵。他的真正动机是为了钱庄,还是为了芮瑾,我们大可不必去管它。只看他由缓而急的参与过程,十分合乎自然的规律。凡事充分思考,然后当机立断,是一种良好的反应。

(2)谭则云、柳成祥两人的反应,合乎危机处理的原则吗?就管理的角度来看,是否合理?

中国人喜欢讲一句听起来很奇怪,但是非常有道理的话:对,没有用。则云和成祥,职责所在,当然应该全力维护银子的安全,两人的反应很对,但是对解决问题来说,完全没有用。可见尽忠职守也不能解决问题。那么,到后面去把老板请出来,让他去挡,看看老板平日威风凛凛,会不会对军人也同样的毫不畏惧?这种存心考验老板,让老板难堪的态度当然也不对。

则云和成祥,如果具有危机意识,至少应该做到以下三点:

第一,事先预测,外面风声吃紧,好像要打仗了。赶快减少库存银票,把一部分存到更隐秘、更安全的地方,银库里只保存少量的银票,随时可以打开,总共只有这一点儿,要借请便。现在夜间开店的大多采取这种办法。

第二,军人要借银子,先开口说好,再想办法推托。总比一下子拒绝,惹得军官发火要好得多。中国人说好,含有不好的意思;说不好,含有好的意思。既然随时可以改变,为什么不先说好,然后摸清楚左宗棠的治军之道,以及王有龄的保证,再做定夺呢?

第三,军人的习性和一般人应该有所区隔,不可以按照对一般人的方式来对待。就管理的角度来看,则云和成祥两人都属于守规矩有余而应变力不足的执行者,缺乏随机应变的训练,以至于事到临头,都不知所措。

雪岩的决定,不管是对还是不对,至少可以保住性命的安全。只有先稳住局面,再从长计议,才有可能化险为夷。

(3)胡雪岩说有事自己愿意承担,他承担得了吗?老板喜欢这种干部吗?干部为什么常常如此表现?

很显然地,胡雪岩承担不了。当老板的人,最不喜欢随便开口要承担责任的干部。他们比较喜欢发生事情能够勇敢地承担责任的人。偏偏干部很喜欢讲这样的话,使得老板又好气又好笑,觉得十分为难。胡雪岩讲这种话,他并不是说好听的,而是真的敢作敢当。但是任老板不放过他,还是把他开革掉。我们从任老板对待同事的态度可以看出,他不是一个知人善任的好老板。他说话刻薄,根本看不起自己的干部。胡雪岩认为如果老板不认账,他愿意想办法把银子还上,但是在任老板的眼中,雪岩不过是一个臭跑街的,两千两银子够雪岩一家人过几十年。他把雪岩的越权,看成吃里爬外的行为,当然不能够容忍。

一个老板的职位愈高,对越权的行为愈加害怕。职位愈低,对失责的行为愈看得严重。部属常常觉得奇怪,上司为什么对越权那么重视,对失责却比较容易原谅。这是因为部属没有尝过权力的滋味,当然不了解越权的可怕;老板知道责任部属根本担当不起,所以很不喜欢这样的部属。

(4)为什么钱庄出事情,任老板反而躲起来?事后又为什么生雪岩的气?甚至用越权来开革雪岩?

很多人认为像任老板这样,有事时躲得很快,事后又出来乱发脾气,实在太可恶。有这种感觉的人，自己一定没有当过老板，而且不了解老板的心思。但是，我们也会怀疑，有朝一日，他自己当上老板，也很可能表现出同样的态度。这种案例太多，多到我们不能不这样怀疑。

想想看，老板碰到紧要关头就马上挺身而出，他能有几条命呢？军官一看老板出现，可能放过他吗？如果芮司库不在，说不定任老板就死了。但是，老板躲在里面，并不是像任老板所说的，躲兵荒马乱，躲官兵勒索银子，而应该赶快动脑筋想办法。搞清楚状况的时候，当机立断，跑出来解决问题。万一想不出办法，像任老板这样，等到官兵走后，也应该合理地善后。一方面要厚葬芮司库，因公致死，给予抚恤；另一方面要怒骂雪岩，指责他擅做主张，避免以后大家有样学样。可是骂归骂，生气归生气，但不能把雪岩辞退。因为幸亏有他越权，事态才没有闹得更大。店员接受顾客的杀价，老板一定要骂，店员也一定要接受。这样边骂边接受的行为很常见。骂是吓阻未来，接受是面对事实。两边兼顾，才合乎正道。雪岩承受越权的后果，一方面说要自行负责，另一方面跪求任老板把他留下来，继续给他机会，他才能够想办法还钱，一点也不矛盾。如果求也不求，说不干就不干，那才是完全没有责任感的人。心目中没有家人的存在，也没有老板的存在，只顾自己的面子和立场。

(5)胡雪岩失业后到茶馆喝茶，受倒茶小弟的气，他为的是什么？

胡雪岩如果是为了消磨时间，坐在那里穷喝茶，无所事事；或者逢人就诉苦，见了熟人就埋怨任老板，因而受倒茶小弟的气，那是活该，一点也不值得同情。雪岩不是这样，他人闲心不闲，想在茶馆听出一些有利的信息。他在收集情报，深入市场调查，从事民意测验，希望找出一条生路。由于这种积极的态度，受倒茶小弟的气，他自己也不觉得委屈，反过来还挖苦小弟，干什么也不要从事这种行业。如果怕受气，不愿意看人家的脸色，整天躲在家里，不敢出来见人，请问，这种人还有出息吗？

古人说，得意的时候不能骄傲，因为每骄必败。许多人只得意一时，很快就败下来，都是由于骄傲的缘故。失意时千万不可丧志，一旦对自己失去信心，丧失了志气，那就永无东山再起的希望。很高兴的时候，应该想想自己也有失意的时候，这时候务必格外小心，以免再度陷入低潮。很失意的时候，也要想想自己风光的事情，给自己一些信心，也给自己一些欢乐，来减弱眼前的悲情。调节得宜，才叫作修养良好。胡雪岩认为失业不过是一阵子的事情，总有一天,他会赚钱养活家人,他会当上掌柜的。就凭这一点信心,这一伤勇气,穷得连买茶叶的钱都没有,满脑子还是要做生意。就凭这股力量,会给他带来无穷的希望。

(6)柳成祥对任老板的感觉,为什么变得那么坏?

成祥是个老实人,本来规规矩矩,安分守己在仁德钱庄做事。对任老板的印象也不错,认为老板本来就是这个样子,也应该是这种样子。官兵来借钱的时候,他按照规矩,依照规定加以拒绝,尽力维护金库的安全。

任老板辞退雪岩以后,并没有增加新人,而是把雪岩的跑街工作交给成祥。跑街站柜一把抓,增加了许多事情。成祥心想,老板可真会省钱,一句找不到可信任的人,就省下一个人的工钱。自己固然成了大红人,可是也累得精疲力竭。这时候想起雪岩累死累活地为钱庄工作,就为了救人要紧,擅自做主借出两千两银子,任老板完全不念他平日的辛劳,说翻脸就翻脸,岂不是一点儿仁义也不讲?因此对任老板的印象有了大大的改变。原本忠心耿耿,现在也变成了一有好的差事就"跳槽"。当老板的人应该记住:对死人厚待,是做给活人看的,而对犯错的同人宽厚,是留下其他人员的最好诱因。

(7)任老板为什么要在王有龄面前告雪岩的黑状?

我们最好心里有这种准备,本来就这样,一点不稀奇。老板对离开的干部,难道希望他发展得很好,回过头来给自己干?离开的部属表现得愈好,愈证明老板有眼无珠,不懂得用人,更加惹人笑话。任老板嘴上虽然说:有本事你自己去开个银号,也让我见识见识,其实心里头最怕的,就是雪岩真的自己开钱庄,那样的话他必然把任老板当作敌手,那不是给自己找麻烦吗?雪岩离开仁德钱庄,任老板一定会到处散布谣言,说雪岩吃里爬外,暗通官兵前来钱庄勒索银子。害得同行本来想雇用雪岩的,也都以不缺人为由,不敢提供工作机会,否则以雪岩的工作经验,对市场的熟悉度,向同行应征一个工作,应该没有问题。任老板听说王有龄新任浙江巡抚,唯恐雪岩找他帮忙,会对自己非常不利。索性一不做二不休,趁王有龄刚来,对情况不了解,先下手为强,提着礼物,向王有龄求见。任老板把所有责任都推到胡雪岩身上,并且告雪岩的黑状,说他在茶楼大放厥词,说王有龄是个刮地皮的贪官,要引来太平军。任老板希望把王有龄这条路断掉,使胡雪岩无路可走,以绝后患。任老板说胡雪岩后脑有反骨,是十足的恶人胚子。当时难道没有人会当面问他:你当时用胡雪岩的时候,为什么他就不是这个样子?

我们实在不必痛恨任老板这样的卑劣行为,因为对雪岩而言,任老板把他逼进死路,说不定才会出现大的转机。雪岩怎样逃过这一个大劫难,才是他成功的关键,也才是我们应该重视的紧要课题。

(8)王有龄明明要找胡雪岩报恩,却表现得好像要抓雪岩似的,这是为什么?

王有龄这种作风,代表了政界官员的生存之道。凡事先求保护自己,再考虑其他。王有龄如果不够老到,一看见任老板,就把要找胡雪岩的事情一五一十地抖出来,任老板不但不敢讲出这些恶毒的话,反而会一百八十度大转弯,把所有功劳都归于雪岩,然后带着王有龄的话过去安抚胡雪岩,使王有龄和胡雪岩合作,一起来帮钱庄的忙。岂不便宜了任老板,却使得雪岩有苦说不出?任老板是能哭也能笑的人,有本领把雪岩赶出去,也有办法把雪岩骗回来。王有龄也会劝导雪岩,大家合作都有好处,雪岩就会更加为难。

凡事先躲在暗处,看看对方的来意,再做处置,这是高明而周到的为官之道。王有龄先不表明自己的意思,任老板才可能大打雪岩的小报告,王有龄也才能进一步了解任老板的为人和雪岩所受的委屈。既然任老板告这样的黑状,王有龄就更加不能够表明原先的用意,只好将计就计,说本官正要寻他,不知他家住何处。

(9)王将军为什么要找雪岩?

左宗棠治军甚严,派王将军向仁德钱庄借钱,害死了芮司库,出了人命。王将军回营之后,一定要禀告左大人,说胡雪岩深明大义,不像其他的人只知道做生意赚钱,完全没有国家的观念。左宗棠觉得很奇怪,一个跑街的为什么会有如此的表现。王有龄因为受过胡雪岩的帮助,感激在心,从旁又美言一番,使左宗棠对胡雪岩的印象更加良好,所以要王将军委托王有龄查询雪岩的行踪。一个人应该具有第三者的观念,也就是你我之外,还有更多的第三者,他们旁观者清,对一切是非善恶,有更清楚的判断。所谓公道自在人心,便是你对我错,你恶我善,实际上用不着自己耿耿于怀。别人的看法,自然很公道,用不着自己操心,或者担心害怕。你不必做给我看,我也不必做给你看;你用不着一定要说给我听,我也用不着一定要说给你听。因为只要第三者看得清楚,听得明白,你我之间的是非善恶,就会出现公正的评论。胡雪岩在钱庄的表现，会传到左大人的耳朵里，相信胡雪岩万万没有料到，当年胡雪岩帮助过的王有龄，居然派回来杭州当巡抚。左宗棠和王有龄加上任老板，这三个人凑在一起，凑出了胡雪岩的大危机，也可能就是大转机，完全看胡雪岩如何应付、怎样化解。雪岩还蒙在鼓里，可见天机不泄露，要看雪岩的脑筋怎么个动。王有龄不明说，才成就雪岩一段奇缘。天下事就是这么巧妙，无巧不成书。

二、当机必须立断

遭遇到任何事件，都不要立即反应。因为没有弄清楚真相，马上做出决定，实在是太危险了。

最好的态度是先拖一拖。用拖延时间来充分思考，一方面观察、分析事实的要旨，另一方面思索解决的要领，然后再做决定，这样能够顾虑得更加周全。

当机立断，并非立即反应。机指适当的时机，有已到和未到的区别。时机未到，能拖即拖，还可以再加思索。时机已到，马上要有所反应，不能再拖，以免错失良机。时机已到未到，判断起来实在相当困难，必须平日多用心，时时都留神，才能够及时掌握，毫厘不差。

重点提示：创业 VS 守成

创业的途径，又分成好几条路：有发国难财起家的，有抢夺人家的财产而创建的，有志同道合大家凑合而成的，也有家人合伙共同创立的。胡雪岩走的路子，不折不扣是国家有难，官逼民反，社会动荡，趁机冒出来的。要走这条路，必须胆大心细，一方面敢下大赌注，另一方面还要细心观察动静。雪岩的第一个赌注，便是出面劝导同事把钱借给湘军，结果被任老板炒了鱿鱼。第二个赌注，是叫柳成祥用胡、柳两家的房屋地皮做抵押，向任老板贷款，当作粮食生意的本钱。结果买了米粮，引发米市的涨价，使他无法以手中有限的资金，购足太平军所订的粮米。面对着两天三涨的米市，柳成祥只想赚几个钱就算了，胡雪岩却毅然决然投下第三个大赌注，决定把已经买到手的粮米，以原价出售。希望能够平抑米价，以便再度买回。不管成祥怎么反对，他都以“一人做事一人担”的勇气坚持到底。

人生不外乎一连串的冒险，连续顺利闯过几个关卡，便是运气好。当然，唯有平时多用心，到了紧要关头，才能够及时做出合理的抉择。当机立断，明快地有所决定，看起来冒险，下赌注，实际上心中有数，相当有把握。能看见别人看不见的机会，能掌握别人不敢要、不敢做的变量，才是成功的关键。

胡雪岩的脑袋，好比一个蓄池，不断地吸收知识，等到时机来临，各种点子奔流而出，再从中选取当前最合适的，自然能够因时而制宜，做出一般人想象不到的决策。

个案简介

苏晃是柳成祥的小舅子，十二岁时加入太平军。由于杭州城戒备森严，一年之中和成祥几乎见不到一次面。这次见面才知道已经成为太平军的大将。出于安全考虑，才改装易容，弄得成祥吓一大跳。

他这次冒险进城，目的是要求姐夫帮他代购一批粮食。保证比原价多出三成，全部收购。

雪岩受到妻子的启发，满心想做粮食生意。成祥有苏晃的订单和保证价格，却仍然担心风险太大。

胡妻一句“米市都空了，官兵、太平军全都扮成百姓的样子抢着买米，谁还敢把米往街上摆?”使雪岩下定决心，要做粮食生意。

成祥接受雪岩的鼓励，用两家的房地契，向任老板借了八百多两银子。则云在任老板面前，保证自己并没有继续和雪岩来往，实际上暗中通风报信，要雪岩赶紧避一避风头，以免被官爷抓去。同时把留在船上的小弟阿贵，也托付给雪岩，要他们互相照顾。

雪岩和成祥、阿贵把船驶向浙东，准备用钱滚钱，以利生利，大做粮食生意。苏晃为表示诚意，要正式签订买卖契约。成祥则认为一方是亲戚，一方是好友，双方一言为定，不必签约。

到了浙东，米价从九钱一担涨到一两一钱一担。雪岩所带的银子有限，根本买不了多少，他毅然决定，把已买到的米原价出售，以平抑米价。消息立即传播开来，搞得整个米市都受到影响，不得不降价求售。雪岩十分冷静，并没有在市价下降时马上抢购。而是采取一边抛售、一边购入的策略，待米价持续下降，再悉数购回所需的米粮。成祥十分担心，最后也不得不佩服雪岩的计策和毅力。

问题与解答

（1）柳成祥和胡雪岩两人对粮食市场的反应有什么不同？对两人未来的发展有什么影响？

苏晃为太平军采购粮食，明明白白地把太平军对粮食的需求说给成祥听。等于向成祥下订单，要购买粮米。

成祥接到订单，还是犹豫不定。要不是苏晃临走之前，要成祥再琢磨琢磨，保证以高出三成的价格全数收购；要不是雪岩下定决心，粮食生意做定了，大家想想看，成祥会不会放弃现有的工作跟雪岩跑去冒险，或者自己出去闯天下？

胡雪岩呢？在茶馆收集情报还不够，回家和妻子聊天，也要打听消息。一句“兵荒马乱的日子都想着糊口”，马上激起他想做粮食生意的雄心壮志。妻子笑他连摆茶摊的本钱都没有，还做什么粮食生意。雪岩依然不为所动，坚决地下决心，要做米粮生意。他的未来，会怎么样呢？相信各位心中有数，他会有成就的，是不是？

同样一种市场，同样一堆信息，同样一些数据，每个人的判断，每个人的反应都不相同。所以每一个人所做出来的决定也不一样。但是，每一个人所做的决定，会影响到他自己未来的发展，这种自作自受的规律，是宇宙间不变的法则。每个人，都应该明白自作自受的道理，以负起全部责任的态度，来为自己的前途做决定，同时也不可逃避地承受所有的后果。胡雪岩和柳成祥两个人对粮食市场的反应，代表他们两个人不同的性格，也带来两个人不一样的命运。性格就是一个人的命运，我们以后会看出不同的样子。

（2）雪岩失业在家，前途茫茫，仍然勤练算盘是为了什么？妻子笑他，他难道不在乎吗？

我们如果只看到胡雪岩手上那个有形的算盘，实在算不了什么，这种看得见、摸得着、打得动的算盘，人人都会打。只要肯学就会，没有什么了不起。更重要的是，雪岩心中那把无形的算盘，时时刻刻盘算着未来的一切。这种看不见、摸不着，也不知道从哪里打起的无形算盘，不一定人人都知道，不见得人人都重视。也不知道什么时候，才盘算得正确？雪岩手中练习有形的算盘，心中那把无形的算盘，却盘算着有朝一日，这点手艺准能用上，自己当上胡掌柜的，妻子也当上大东家的太太。事实上，胡雪岩当学徒的时候就已经知道，钱庄生意要的是能写、能说、能算，凭他那仅有的四年私塾的学识，就算满师，也当不了先生。所以，他每天晚上都在小油灯下面写几篇小楷，读一读历史小说，练几盘珠算。他能够打得一手好算盘，完全是心中那把无形算盘所督促出来的。无形的算盘，可以决定有形的算盘，我们常常拨动心中的算盘，做到真正的心中有数，才能够有计划地开创自己的前程。

胡雪岩在苦日子里勤练算盘，表示心中不乱，仍然对未来充满了希望。对自己有信心，是一个人熬过艰难，走向光明大道的必要条件。失业的时候，做些什么，想些什么，是一个人能不能在可见的未来突破困境，朝向良好的途径前进的最佳指针。人穷志不穷，雪岩心怀大志，不把眼前的困境当作一回事，因此不致丧失信心。

(3)谭则云在老板面前、背后，为什么态度不一样？

任老板问则云，有没有继续和雪岩来往？则云回答：成祥是不是和雪岩有交往我不知道，不过我早和他断了联系。然而当他得知任老板要害雪岩，赶紧去通报，叫雪岩赶快逃跑。则云这种行为，算不算欺骗？在老板面前、背后，说不同的话，做不一样的事情，难道还不算是欺骗的行为吗？如果这样也算是欺骗，叫则云怎么做人呢？想想看，则云坦白地告诉任老板，三个人时常来往，任老板会有什么样的反应？他会把王巡抚要抓雪岩的事情告诉则云吗？那样一来，则云会有消息传给雪岩吗？

我们认为则云在老板面前和背后的态度不一样，并不是欺骗的行为，而是不得不如此的生存之道，可以应用。但是长久使用，养成习惯之后，必然害了自己。

任老板的做法，逼得则云非如此不可，但是他心里应该明白，这样做是不好的，万不得已才可以如此，不可以把它看成常规。虚妄毕竟只是一种过渡期间的手段，带来一阵子的安宁，终究会不安宁。则云如果有这样的认识，将来就不会吃亏；如果缺乏这样的认知，将来吃亏的还是他自己，各位朋友，我们不妨拭目以待。

(4)为人不可贪，为商不可奸，是什么道理？

鸟为食亡，人为财死。金钱人人都爱，但必须适可而止。如果贪得无厌，必将为金钱而失去一切。常听说台湾现在穷得只有钱,除了新台币以外,什么都不重视,等于什么都没有,这是大家互相警戒的话。古人说:君子爱财,取之有道。不能过分贪钱,也不可以完全不贪财。

中国人的个性可以用三句话来表达:贪财、怕死、爱面子。初听起来,很不能接受,好像都是不好的形容词,仔细一想,本来就这样,只要加上合理两个字,贪财贪到合理的程度,怕死怕到合理的地步,而爱面子也爱到合理的程度,有什么不好,反而觉得这样才最好。

人不贪财,不可能有钱,一辈子过穷日子,大家都不愿意。人一贪财,贪过了分,便会因为贪财而招祸,一旦灾难临头,才后悔莫及,也是很大的遗憾。

经商必须赚钱,不然连维持生存都成问题,怎么能够发展?还谈什么永续经营?但是合理的利润,才是经营的正道。邪利、暴利都将为顾客所唾弃,都不可取。

奸商就是以不正当手段,谋取不合理的利润,公平交易委员会最不肯放过这种人。为商不可奸,因为奸商人人讨厌,终将为社会所排斥。

贪财还是不贪财?奸商还是正派经营?事实上只有自己知道。但是,老天爷一定知道。天理良心连在一起,自己的良心知道,老天爷也就十分清楚。每个人,最好都勉励自己,为人不可贪,为商不可奸,为学不可马虎,为官不可不凭良心。心灵改革,自然就成功了。

(5)苏晃要签约,成祥说不必,这样好吗?

成祥的意思是,苏晃这边是亲戚,雪岩这边是朋友。既然大家是熟人,签什么约,订什么合同?双方口说为凭,到时候一手交货,一手交钱,岂不是十分方便!

幸亏成祥有这一招,要不然合同放在身上,白纸写上黑字,一旦被人家发觉,告到官府去,不抓去杀头才怪。万一被官兵直接查获,更是证据齐全,立即问斩。

中国人办事,通常弹性比较大,而且安全一些。我们可以签订合同,也可以说话算数。同样签订合同可以不必履行,而亲口答应也可能事后从此不提。一切看着办,应该签约的,绝对不能口说为凭;不必签约的,嘴巴说过就可以算数。应该履行的,虽然千辛万苦,也要顾信用。可以赖账的,管它签约、口头承诺,全然不理会。

和洋人打交道千万不可以这样。洋人重承诺，是指白纸写黑字的合同，签约才算数。没有签字以前，口说无凭，洋人常常不认账。同样做生意，和中国人做生意，要用中国人的一套，和西方人做生意，必须使用他们那一套，才叫作随机应变，用意在避免吃亏上当。

成祥在钱庄服务，按理说一切凭证据办事，现在出来买卖粮食，却懂得不一定要签订合同。可见他也有变通的才能，只是没有雪岩那么灵光而已。向任老板贷款，先挪用芮瑾的钱以及把买进来的米以原价卖出。更妙的是，居然说做买卖用不着向谁交代。雪岩这些变通办法，都使得成祥摸不着头脑。看来成祥的应变力还需要多加训练，才能够明白雪岩的心意。

(6)雪岩以原价出售生死米是什么策略？和成祥的主张相比，各有什么优劣？

雪岩的策略是以少御多，用少量而便宜的米，来促使多量却一日三涨的米市能够降下价格。如果策略成功，就可以用原先的预算购买到预订的粮食。否则这样下去，把所有的钱用尽，也买不够原先预订的数量。

成祥十分担心，以这么少量的米，怎么可能抑制米价？他首先提醒雪岩，这些资本，是胡、柳两家用房屋借贷而来的银子，万一赔本，甚至血本无归，怎么办？雪岩说的还是那句老话，他愿意承担一切责任。成祥又提起芮瑾也是出资人之一，是不是也应该替她想想，万一失败了，她以后的日子怎么过？雪岩都无动于衷，要阿宝把买来的粮食搬到米市上去，照原价出售。

雪岩的手法比较冒险，而且不安全。成祥的想法比较保守，至于安全不安全，实在不敢说。

经营目标的达成，必须考虑两个因素：一是市场的需要，是粮食还是银子？如果是粮食，就应该把粮食运回去。如果是银子，当然要把粮食变卖为金钱。另一个则是原先的承诺，是粮食还是银子？如果答应人家把粮食送到，当然应该尽力而为。如果只是把钱带到，那就现在把米抛售，换回银子。

各位朋友，如果您是胡雪岩，您会坚持自己的策略，还是接受成祥的劝告？一个人要成功立业，免不了重重考验。这种事情，老实说谁也没有把握。要等到事后，大家才明白。有一点碰运气，好像又不是这样。

三、适时随机应变

危机掌握得好,转化得宜,可以变成转机,带来良机。良好的时机来临,必须当机立断,以求适当反应。但是反应之后,变量不断出现,还需要合理地随机应变。应变的时候和当机立断一样,需要时机的配合。所以适时随机应变,成为创业过程中必备的功力。

胡雪岩从钱庄跑街变成粮食商人;由运送粮食卖给太平军,变成献粮给官军;再由粮食商人变成官方筹粮要人。这种种改变,都是雪岩适时随机应变的结果。

在应变过程中,稍微有一点儿缺失,就可能造成十分严重的"后遗症"。处处谨慎,步步为营,应该是必具的条件。

重点提示:背靠大树好乘凉

中国人善于把实在话和谎言合在一起,说出一番冠冕堂皇的妥当话。听起来不但动听,而且具有十足的安全性,几乎没有人因为说妥当话而丧失性命。

正所谓背靠大树好乘凉,有人提携、支持、照顾,要比自己独自努力、奋斗、吃苦好得多,中国人常说遇贵人,雪岩的贵人大概就是左宗棠了。

但是,遇贵人之前,必须先把自己的本事练好,一旦机会来临,才能够扶摇直上。从这个观点来看,求人不如求己,只有先帮助自己,贵人才会有效地帮忙。

个案简介

柳成祥对胡雪岩卖出生死米的策略实在很不赞成。他认为几千担米,根本影响不了米市的价格。自以为论精明和胆量,不如雪岩,至于稳重,则雪岩不如自己。售米的工人，误会雪岩的意思，以为价格便宜，要从斗秤上面做手脚，没想到雪岩的主张却是“不求盈亏，只求公平”。这一下子打响了雪岩的名声，他成为浙东著名的大粮商。

消息传来，杭州城被太平军攻占。苏晃托人带来口信说城内缺粮，太平军愿意以市场上四倍的价钱购买粮食。雪岩决定冒险运粮到杭州，成祥认为不如把已经购得的粮食卖掉，把钱带回杭州，更加有利可图，而且好像安全得多。

雪岩指出杭州现在最需要的是粮食，而不是金钱。虽然运粮回杭州必须依靠漕帮，但雪岩也相信没有闯不过去的“鬼门关”。

漕帮独霸运河，帮规十分严格。漕帮老大更是威风，令人望而生畏。胡雪岩为了运粮，独自闯关。由于出售生死米、救命粮，已经轰动全镇，漕帮老大也有所闻。加上雪岩出手大方，送给老大一锭大元宝，又碰到知恩图报的帮友，这位帮友，名叫阿弘。胡雪岩曾经在他挨打的时候救过他。这一次雪岩闯入漕帮，多亏他暗中协助。最后还慷慨地答应雪岩，要送他回杭州。

漕帮老大高兴得要摆上酒菜宴请雪岩，雪岩却推说有急事要赶回去。其实是心中十分紧张，赶快离开，免得节外生枝。总算得到漕帮的承诺，打通漕运的水路通道。

到乌镇时，官兵发现船重水浅，大声追问：“下边装的是什么货？赶快从实招来！”

雪岩认为横竖都是死，不如说实话。大声说：“我们装的是千担大米。”

领头的正是王将军，看见胡雪岩，立即把他带去见左宗棠。左大人十分好奇，问他为什么擅自借银。

听了胡雪岩的回复，左宗棠对胡雪岩的侠气和口才颇为欣赏，却又不愿意表现得太过明显，所以淡淡地回应：“来人啊！请胡先生后堂吃饭。”便转身离去。

问题与解答

(1)做生意不求盈亏，只求公平，是什么道理？

做生意讲求将本求利，哪里有不计较盈亏的道理？不过，盈亏是经营者自己的算盘,合不合算,应该自己事先充分评估。一旦决定向市场推出,面对广大的顾客,只有公平交易,才能够获得大众的信任,得到顾客的爱拥。这时候再来克扣斤两,在度量衡上面做手脚,那就完全不讲良心,完全不公道、不公平了。

一担米要卖多少钱,这是盈亏问题。由胡雪岩、柳成祥决定,该多少就多少,顾客没有话讲,只能愿者上钩,肯接受的就买。但是价格决定之后,卖米的时候,不可以在斤两上打折扣,才算是公平交易。如果以低价出售,却在斤两上做手脚,那是奸商所为。

价格政策,是经营上一个非常重要的策略,必须谨慎小心,千万不可大意。就算价格定下来,也不可以在品质上、数量上或运送上不守信用,才符合诚信的原则。

一般而言,用价格来竞争,并不是唯一的办法,也不是最好的办法。常见的折扣战,限时减价,一日一物,以廉价或超廉价为号召,只能用来促销,而不能长期持续。否则恶性竞争的结果,必然是两败俱伤,对顾客也没有好处。能够多动脑筋,善用非价格竞争如广告、橱窗陈列、发表会、宣传单、试卖、试食等,应该是比较妥当的方式。

胡雪岩采用价格竞争的策略,一方面是粮食不能长久储存,另一方面是穷人太多,便宜就好,所以大有成功的可能。但是不求盈亏、但求公平的原则,无论采取哪一种销售策略,都必须遵守,都应该坚持。

(2)成祥说一千多担米平抑不了米价,为什么雪岩却一意孤行,以坚定的决心平价售米?

这说明一个道理,在一个组织当中,如果没有一个人能够拍板定案,凡事都要民主、公决的话,大家吵吵闹闹,不可能做好经营管理,更不可能成功。

任何事情,有人赞成,也就有人反对,更有些人,既不赞成也不反对,在等待良好的机会,找出对自己有利的因素,充分利用。有人说真理愈辩愈明,可惜我们日常所辩论的多半和真理无关。我们所争执不下的大多是一些公说公有理、婆说婆有理的东西,常常争了老半天,还弄不清楚谁有道理。看起来很有道理的决定,事后才证明根本行不通,有时候歪打正着,却又好得不得了。很多事情会令人想起运气,大概就是这个道理。

雪岩的胆子大,认为冒这种风险是必然的,不必惊慌。成祥的胆子小,认为冒这么大的风险实在没有必要。他们两个谁对谁错，谁有道理，一定要等到事情告一段落，有了结果，才能够断定。现在来评判，实在为时过早。谁也没有把握会搞成什么样子。

从雪岩决定借钱给湘军开始，我们可以看出雪岩属于胆大心细的人物。他心里何尝不紧张？何尝不害怕？只是转机、危机就在这一念之差。他认为机会难得，如果不放手一搏，就会非常可惜，将来是不是还有同样难得的机会，谁知道呢？他十分用心，仔细盘算，下定了决心，不顾成祥的反对，坚持出售生死米，如果换成各位，可能会怎么决定？不妨趁此机会，自己想一想。

(3)米价降两成，雪岩不马上收购粮米，却主张再等，并且要有计划地收购，有什么用意？

雪岩发售生死米，断然采取价格竞争策略，放手一搏，是大胆的作风。现在不急着收买回来，要再等一等，等米价再降下来。而且不能打草惊蛇，要边卖边买，来掩饰自己的动机，这是心细的表现。如果像成祥那样，听到米价下降，马上要把米粮买回来，势必引起其他粮商的警觉，知道雪岩这一伙的企图，会立即联合涨价，岂不毁了雪岩的计划，枉费那么大的苦心！

雪岩的主张，第一，不要惊动同行，必须一面继续向外售米，一面又偷偷地买米，务求不要引起大家的怀疑。第二，再等一个时辰，米价再降两成，那时候再动手买米，更加有利。做事情一定要稳得住，千万不可鲁莽行事。第三，做人不能见利忘义。购买更便宜的米，是见利，马上停止出售生死米，不是忘义是什么？米价一降，达到了预期的目的，马上停止发售生死米，未免太势利了，完全是一种求利的手段，丝毫没有救贫苦大众的社会责任，也是一种奸商的行为。经商不能养成贪图小利的坏习惯，只看到小的，却忘记大的，甚至根本看不到大的，充其量是生意人，绝对没有资格做大企业家。

(4)成祥主张把米卖掉，带钱回杭州。雪岩认为杭州所需要的是粮食而不是金钱，其中的差异性在哪里？

采购固然很重要，但是后续的运输、保险、通关、储存、销售，也都十分要紧。任何一个关卡做不好或出问题，都将引起重大的损失。成祥在钱庄待久了，有职业病。老想着把东西变成银子，既容易运送，又方便保管运用。雪岩同样在钱庄长大，却没有这种职业病，他衡量市场的需要，觉得此时此地的杭州，米比钱更重要。因为在兵荒马乱的时期，钱买不到米，而米可以变卖更多的钱。虽然,运输上有很多困难,一路上要冒很大的险,但是,雪岩经过细心的分析研究,还是决定面对困难,设法突破困境,希望闯出一条大道。

成祥主张把米卖掉,然后把钱带回家去。他这样做,第一,对顾客没有交代,失去信用,在商场上最不应该,也最不受欢迎。以后的前途可想而知。第二,就算把钱安全地带回家去,也起不了作用。因为战乱时期人心惶惶,物资短缺,金钱比物资更贱,更没有人要。当大家不要钱、不相信金钱的时候,钱有什么用?钱没有用的时候,辛辛苦苦带回去,岂不是大傻瓜?第三,一路上身怀巨款,其实也很不安全,抢钱比抢粮食更简单。金钱对杭州人没有用,对土匪还是很有用的。

雪岩知道漕帮这一关很不好对付,闯不过去说不定连性命都保不住。但是他丝毫不退缩,硬着头皮也要闯。这就是他胆大心细的性格,使他成为一位开创力很强的创业型人物,冲,冲,冲,不断向前冲,要冲出一片天地。

(5)雪岩为什么要拜访漕帮老大?他又如何闯过难关?

帮就是现在所说的集团,帮的老大,现在称为总裁。漕的意思是以船运米。当时的漕船都是官船,是清廷用来运送官粮的船,分别驻扎在运河各地,一地称为一帮,各帮都有主管,叫作老大。胡雪岩要把粮食运回杭州,除了漕运之外,实在想不出更方便、更安全的途径。他明知漕帮独霸运河,老大的气势非同小可,而且漕帮的规矩很严,一不小心就可能冒犯了帮规,非杀头不可。雪岩决定见漕帮老大,把成祥吓得要命,连说粮食是小事,而漕帮的门槛难闯,才是大事。决定必要时舍粮抛银,来搭救雪岩的性命。雪岩自己也不敢掉以轻心,一方面凭着漕帮老大是人,是人就能被银子打动的信心;另一方面回想芮司库从前几次提起漕帮的规矩,有模有样地加强练习;又想好一套应对的台词,这才勇敢地求见,终于顺利地通过严格的考验,闯过难关。

一个人平日多听、多看、多学,充实自己的知识和才能,增加自己的见闻,有朝一日必须用到的时候,才能够得心应手,趋吉避凶。现代人太喜欢动口,不是骂来骂去,就是抓住机会不停地自吹自擂,徒然浪费很多精力和时间;有一天真正要动手,要动脑,才恨平时因少听、少看、少用功,而后悔莫及。相信现代主管,都有共同的经验,应征的人说得头头是道,好像什么都会,录取之后正式上班时,才发现言过其实,似乎什么都不会。每次新人前来应征,常常弄得主考人大伤脑筋,不知道谁是真才实学,谁又是胡说八道。

(6)漕帮老大摆酒席请吃饭,雪岩推辞,趁机送官银,请求协助运粮,老大为什么慨然答应?

漕帮老大本来已经风闻雪岩出售生死米的事情,知道他是一个讲义气的人,只是怀疑天底下怎么会有这样的好人,不知道里面有没有什么名堂,所以闻风不动,坐在椅子上,用不闻不问的策略,看看雪岩如何应付这种场面。如今发现雪岩竟然懂得漕帮的规矩,而且应对进退都相当得体,不由得格外亲切,把雪岩当作自己人看待。中国人一向亲疏有别,既然是自己人,就叫后面摆酒上菜,好好接待雪岩。一般人一见自己闯关顺利,心里十分高兴,也不便拒绝漕帮老大的好意,很可能就这么喝酒聊天,耽误了正事。胡雪岩非常机灵,发觉情况对他有利,马上充分把握,丝毫不放松。他以杭州失守、粮饷拮据这样冠冕堂皇的话,来激起老大的义气,运用一鼓作气、乘胜追击的策略,使老大明知向西走风险很大,也当场慷慨答应帮忙,达到了雪岩预期的目的。表面上看起来,雪岩是乱闯乱过,运气好得不得了,事实上他心里头那把看不见的无形算盘,已经盘算很久,做了好几种不同的沙盘演练,才能够随时抓住机会,出奇制胜,发挥最大的力量,促使漕帮老大的心,顺着雪岩的行动而运转。雪岩这种抓人抓心的功夫,实在是他成功的大本钱。成祥听他的,阿宝听他的,现在漕帮老大也听他的,这不是十分神奇吗?雪岩的运气怎么这样好?我们不如反过来探讨,他究竟有什么本事,能够使他自己的运气一直这么好!

(7)雪岩对漕帮老大说运送官粮,实际上却和太平军做生意,是不是欺骗?

如果一定要回答这个问题,我们可以先这么说:就西方人的标准来看,或者拿教科书上面的标准来衡量,说不实在的话,当然是欺骗,起码叫作善意的欺骗,或者必要性的欺骗。但是依中国人的观点,应该算是一种随机应变,不能说什么欺骗,太严重了。

有人找老板,老板不想见他,叫干部去抵挡,说老板不在公司,到哪里去没有交代,所以不知道。明明有库存,推说必须订货才会送来,要收取手续费。明明已经涨价了,还说照原价,不久又会涨,要买就要快。诸如此类,在中国人心目当中,几乎没有欺骗的感觉,我们只是把话说得好听一些,让对方比较容易听得进去,仅此而已。至于听的人相信不相信,他自己会判断,用不着我们操心。中国人不好骗,不容易相信人家,我们这样说,他相信与否,必须由他自己负责,我们不必负责任。

明明白白告诉访客,老板在公司,就是不愿意和你见面,这样好吗?有库存便表明出来,顾客趁机挑东挑西,跟着要求送东西,库存这么多,送一两件有什么关系?岂不是自找麻烦?说明刚刚涨价,顾客会不会要求比照原价,短时间内不会涨价,用不着现在就购买,诸如此类,吃亏的是谁?不会说妥当话,惹来很多不必要的麻烦,增加管理上的困难,有这种必要吗?西方人可以说,我的进货成本是十块钱,卖给你十二块,赚你两块钱。中国人则说,照本钱卖给你,十二块。

(8)雪岩把辛苦买来、冒险运送的粮米送给官兵,是什么道理?

如果胡雪岩是事前诸葛亮,能够预测到如此一来,可以见到左宗棠,建立密切的关系,我们反而不佩服他。雪岩事先一无所知,既算不出后果,也无法到时候拿出锦囊妙计,他只是遇到问题,就随机应变,也就是见招拆招,如此而已。综合这么多的因素,终于通过左大人的考验。可见许多事情,并不是临渴掘井,到紧要关头才猛抱佛脚,就能够逢凶化吉的,必须平日多多广结善缘,到时候才能水到渠成,比较容易顺利过关。雪岩在这个时候,眼见着走投无路,除了把辛苦买来、冒险运送的粮食送给官兵之外,似乎别无他路可走。他坚信天无绝人之路,船到桥头自然会直。看开而不看破,因此逢凶化吉,遇见了左宗棠这位大贵人。胡雪岩所说的国无宁日,民不聊生,民不聊生又何谈生意人?以这样正当的理由来随机应变,成功的概率比较大。如果名不正言不顺,胡乱编造一些理由,成功的概率一定偏低。走正道,凭良心,就算说一些言不由衷的话,老天爷也会帮忙过关。不走正道,不凭良心,完全为私人的利益着想,那就不是随机应变,而是十足的投机取巧,不可能成功。

四、切忌投机取巧

作为一个中国人,务必永远记住:只能随机应变,切忌投机取巧。因为随机应变而获得成功,人人赞美。一旦投机取巧,即使小有成就,也将心有不安。

问题是:投机取巧和随机应变,到底有什么不同?胡雪岩的所作所为,究竟是投机取巧,还是随机应变?如果是投机取巧,不值得我们研究、学习;倘若是随机应变,那就是真功夫,亟待我们来钻研;有利于自己,却有害于他人,便是投机取巧。所以从看不见的动机来判断,比较妥当。

重点提示:投机取巧 VS 随机应变

投机取巧和随机应变,是我们中国人非常熟悉却又经常分辨不出来的两个名词。到底什么才是投机取巧,什么才算随机应变?相信大多数人都搞不清楚。干脆把自己的所作所为,都看成随机应变,而将别人的所作所为,通通视为投机取巧。中国人看自己都是好人,看其他人都很丑陋,因为我们对自己和对别人有不同的标准,采取不一样的规格,所以才亲疏有别。

中国人的良心,表现在"只能够随机应变,绝对不可以投机取巧"。偏偏这两件事情,像孪生兄弟,简直一模一样。这才苦了中国人,经常被误解,而且也常常误解别人。我们时常觉得十分委屈,大多是由于自己的随机应变,被别人扭曲为投机取巧。无论你怎么解释,他就是不相信,看你有什么办法!

其实,投机取巧和随机应变,完全决定于当事人的动机。动机纯正,叫作随机应变;动机不纯正,便是投机取巧。偏偏动机看不见,纯正不纯正,也是各人有不一样的看法。所以投机取巧或者随机应变,只有自己知道,也必须自己负起一切后果,非常符合"自作自受"的定律,和别人其实没有什么关系。

一个人要成功,必须坚持随机应变而不投机取巧的原则,至于别人怎么看？有哪些批评？大可一笑置之，不必介意。胡雪岩看起来很果断，想怎么样就怎么样，如果不是动机纯正，一心一意只求随机应变，他是万万不可能成功的。

成功的要件，是及早觉悟：人必须替自己负起全部责任。要记住孔老夫子的话：不怨天、不尤人。

时时磨炼随机应变的功夫，提高警觉不要掉入投机取巧的"陷阱"。只有随机应变才可能成功，投机取巧的人，注定要失败，而且长期看起来，没有例外。

个案简介

左大人留雪岩吃饭，雪岩小心应付。一番交谈之后，左大人决定拨大笔银子，委托雪岩代购粮食，并且问他有什么困难。

雪岩趁机提出与漕帮的关系不够。左大人答应力荐杨昌浚做浙江漕帮总督，担保船只畅通无阻。

胡雪岩不敢多提难处，左大人则勉励雪岩：养口体不如养心志，为人处世要笃根本，去浮华。

成祥不知雪岩被官兵捉去的状况，暂时把所有的船停在乌镇港口，自己到镇上喝茶，想不到遇见了则云。

成祥把浙东购粮的过程向则云说明。成祥认为太冒险，言下之意，仍然担心害怕。则云说这正是咱们两人不如雪岩的地方。成祥说："如他的话，咱们就得把良心掏出去喂狗。"则云满脑子都是金钱利益第一，对雪岩深具信心，认为雪岩会从左大人那里获得好处。

雪岩从左府出来，在路上刚好遇见成祥和则云。雪岩问起家中的情况，则云说有苏环和苏晃照顾。雪岩忽然严肃地看着他们两人，说："咱们哥们儿三个是在一口锅里喝过粥的穷伙计，你们要是信得过我胡雪岩，我说一句话，回去守着老婆，受穷也是活，豁出去赚一笔，这样也是过。"

则云首先响应，成祥却担心资金不足。

雪岩说："用血汗赚来的钱，说什么也不能拿出去。"

雪岩说跑街最大收获就是练嘴。练就好口才，用来筹集资金，一定很管用。

则云觉得雪岩的运气来了，实在是挡都挡不住。认为机不可失，决定好好跟着雪岩大干一番。

雪岩随即任命则云担任钱柜，把财政大权交给他。

成祥也下定决心，豁出去了。

经过这一次三人会议，则云和成祥都表示对雪岩无比的信任，也愿意和雪岩共同奋斗。

雪岩想起芮瑾，也关心王有龄的情况，赶紧叫阿贵回杭州看看。向家人报信，也好安家人的心。

问题与解答

(1)左宗棠起先怀疑雪岩的动机，后来却高兴得请他吃饭，对雪岩来说，有什么意义？

疑人不用，用人不疑，是有条件的，并不是不需要任何条件，马上可以进入这种境界的。中国人用人或者交朋友都必须经过一番严格的考验，由小小的信任开始，逐渐经由考验的通过而扩大信用度，达到比较大的信任度。然后再经多方考验，通过后才可以疑人不用，用人不疑。左宗棠如果一开始就相信雪岩，表示他是一个不懂得用人的长官，会让胡雪岩产生一种错觉，认为怎样做左大人都会相信，反而容易想办法欺骗左大人，甚至为了个人的利害关系，走上反叛左大人的歧途。

雪岩和左大人说话的时候正经得很，丝毫没有油腔滑调的味道。左大人以严厉的口吻责问他：你说的都是实话吗？他也承受得住，没有被左大人的气势所吓倒，左大人心想一个钱庄跑街的，怎么有这么大的能耐？管他是真是假，看来是一个可用的人才。目前正需要具有这方面才能的人，何不就用他呢？对雪岩来说，真是时来运转，满身冷汗，换来无穷的希望。漕帮老大请他吃饭，他用更紧要的借口来推辞，现在左大人请他吃饭，他以恭敬不如从命的态度来陪同。胡雪岩随机应变的功夫，可以说已经达到炉火纯青的地步。这是他平日常动脑筋,磨炼出来的,绝对不是单凭好运气就能够应付过去的。福星固然高照,而实力充足,也是雪岩得以从容不迫、自由自在地一关又一关闯过去的最大力量。一切操之在我,天助己助者,还是自己比较可靠。

(2)左宗棠为什么找雪岩采购军粮?

打仗的时候,兵马未动,粮食必须先行,以求立于不败之地。常言说得好,皇帝不差遣饥饿的士兵。老板要求员工做事,最好先让员工吃饱。不差饿兵,是用人的不二法门。

左宗棠带领湘军,大老远从湖南跑来打仗,人生地不熟,采购军粮特别困难。现在看到胡雪岩是本地人,环境熟悉,人又热心,一下子就送来两千担米,当然想到雪岩可能是最合适的采购者;因此马上下决心,要杨昌浚把购买五千担粮食的银子拿来交给雪岩。胡雪岩毕竟是商人,生意头脑十分灵敏,并没有被报效国家,热爱军人,结识左大人的喜悦冲昏了头,依然十分冷静地,趁机把粮食的价格报高一些,顺便把垫出去的本钱捞回来。不晓得各位朋友,认为雪岩这样趁火打劫的做法是对还是不对?左大人心中有数,也料到八成,所以也趁机告诫雪岩,养口体不如养心志,为人做事要笃根本,去浮华。雪岩并没有像一般人那样,接下去大发议论,或者说出一大堆奉承的话;他只是平静地、恭敬地回答:大人此番话非同凡响,雪岩铭刻在心。这一段问答,开启了左大人和雪岩之间的关系,既密切又正派,可以说是君子之交。但愿雪岩真正把左大人的教训铭刻在心,才有把握正心修身,成为正道的儒商。

(3)左宗棠问胡雪岩有什么难处,雪岩才提出一个请求。这种态度值不值得学习?

一般人受到左大人如此重用,大多会趁机提出一些要求,表示此事困难重重,来提高自己的贡献度,将来论功行赏的时候对自己比较有利。雪岩并没有这样,他既不夸大自己的贡献,也没有提出任何难题。直到左大人问胡先生有什么难处,他这才提出与漕帮关系不够,请求多加协助的需求。这时候如果再不提出难题,未免坐失良机;以后再提,势必难以启齿。同时,也使左大人颜面无光,好像看不起左大人,什么都不需要他帮忙,反而不好。但是,一次提出好几个难题,又未免有趁火打劫之嫌,也显得自己的能力不足,让左大人看不起,对雪岩也没有好处。雪岩这种不问不提,只提紧要的重点,实在十分高明。左大人交代雪岩不要张扬自己的任务,以免引起外界不必要的困扰。雪岩又趁机请求在战乱之中吩咐手下关照一下母亲和妻子,这种进退应对的拿捏功夫,更加深了左大人对他的良好印象。我们最好每天都替自己留下半个小时,反省一下当天的言行。检讨再检讨,希望有朝一日,能够把自己的言语拿捏得恰到好处,到达增一句就太多、减一句则太少的地步。雪岩的口才好,并不表现在多话或者急着把话说出来。他不会像现在有些人那样,有话实说又有话直说,常常弄得人家下不了台,结果又伤害了自己。把话说得妥当一些,让人家听得进去,而且觉得很受用,但又不是拍马屁、讨好。如果能够这样,那才是真正的好口才。

(4)谭则云比较认同胡雪岩的做法,这是为什么?

第一,则云还没有像成祥那样和雪岩一起工作。仍然保持旁观者清的立场,比较容易看出成祥的盲点,所以说雪岩做得对。如果他和成祥一样,投下资金,急着要回收,同样经历过这一段,说不定他也会出现一些盲点。旁观者清,当局者迷,对自己切身有关的事情,往往看不清楚,需要他人的指点,就是这个道理。

第二,他自己没有投资,不涉及个人的利害关系。因此比较冷静,沉得住气,也比较理智,看得比较透彻。人在不牵涉利害关系的时候,大多理智而客观,一旦牵涉利害关系,马上变了一个样子,很容易情绪化。

第三,中国人的习惯,两个人在一起,大多你说东、我就说西,你如果说西、我就说东。彼此互相辩证,比较容易找出合理点。现在成祥担心雪岩想偏了,走错了,则云偏说雪岩做得对,含有和成祥相反的意思。换一个角度想想,站在另外一个立场看看,可能产生不同的观点。这是我们常用的思考方式,很不错。

则云逃难,跑出了杭州城,心里头一定有一番感触,也听到一些有关左大人管理湘军的事情。知道左大人治军甚严,因此推论左大人不会为难雪岩,可能会把粮食的本钱还给雪岩。他也知道雪岩是一位有机会就赚钱的生意高手,不但敢从左宗棠的口袋里掏钱,而且还不会少掏。所以劝成祥放心,说不定有好消息。这三个老同事的性格,现在已经相当明显地表现出来。不知道各位朋友对他们未来的发展有什么样的推测?

(5)谭则云和柳成祥不如胡雪岩那么能够随机应变,在管理上应该如何因应?

一个组织的成员,如果大家都一样地善于随机应变,恐怕也不是好现象。因为大家都求新求变,很可能变到连根本都变掉了,十分危险。而且大家都变来变去,在彼此的配合上更加困难。要求密切合作,实在很不容易。当然,大家都不善于随机应变,也很不好。因为太保守了,太死板了,遇到变量出现,常常不知道应该怎样因应才好。碰到危机,也很不容易趋吉避凶,化险为安。

最好是一个组织之内,有的成员比较善变,有的成员不善变。这样配合起来,反而比较安全而且变得合理。则云和成祥如果和雪岩一样善于随机应变,请问:谁做主呢?谁又肯配合谁呢?是不是很难办?

一般来说,愈高阶层的人,愈需要随机应变,因为他站得高,看得远,有什么风吹草动,他先看见了,也需要动脑筋应变。愈基层愈需要一切照规定办,因为他站得不高,又看得不远,即使有什么变动,他也看不见,还谈什么应变。等到基层发现事实,再来想办法应变,恐怕已经来不及了。愈高阶层看得愈远愈宽广,所提出来的观点,往往不容易为基层人员所了解,因此高阶层人士,如果缺乏坚强的统率力,缺乏基层人员对他们的信心和向心力,那么高阶层的决策,常常会受到基层人员的抵制和抗拒,甚至阳奉阴违,偷偷地擅自改变,影响执行的成果,反而责怪高阶层判断有偏差。

(6)雪岩要阿贵回杭州,为的是什么?

胡雪岩从左大人那里知道官府并没有和任老板勾结,要把他抓去坐牢。这时候他想起芮瑾为了自己而向王有龄投案,现在听说王有龄生死不明,不知道芮瑾怎么样了,所以才要阿贵赶快潜回杭州,想办法把芮瑾救出来。雪岩曾经对成祥说过:做生意不需要向谁交代,那时候我们会不会觉得雪岩拿了芮瑾的钱,居然说出这样的话,未免太绝情了,会不会跟任老板一样不讲道义呢?

现在大家看到雪岩叫阿贵速回杭州去接芮瑾,是不是对雪岩稍微有一些好感,觉得他还算有情有义。

雪岩是一个公私分明的人,对公事,他自己负起全部责任,用不着对谁交代;对私事,他必须兼顾大家的感受,在情理方面,多用一点心。对公事,应该以事为重,尽量避免感情用事。对私事,必须以人为重,所以要先把情义摆在前面,再来谈道理。公私有别,各有不同的方式。雪岩处理公事时,显得冷静而理智,不涉及个人的感情,所以给太平军的米,也可以送给左宗棠,同时也存一点冷酷无情,眼看着成祥焦虑不安,也不加理会。但是,处理私人的事情时,他又显得相当多情,似乎感情多于理智,让人觉得他毕竟是一位有血有肉、有情有义的活生生的汉子。

五、巧觅有力靠山

求人不如求己。一切靠自己，总比样样依赖别人要安全、可靠得多。

但是，有人相助，要比单打独斗来得轻松愉快，也是不争的事实。何况当今世界，单打独斗能够成功的机会愈来愈少。有贵人协助，成功的概率必然增大。

胡雪岩先得王有龄的帮助，再获左宗棠的支持，才能够青云直上，快速地开展事业。遇贵人，果然有福气。有实力，贵人的力量也才能发挥得出来。

一个人自己充实能力，加上有眼光，心眼灵活，有朝一日，巧觅有力靠山，彼此互利互惠。这就成功在望，如有神助了。

先充实自己，再巧觅靠山，才有发挥的余地。不充实自己，一味等待靠山的提携，是本末倒置，不可能成功。

重点提示：以人赚钱才是真功夫

赚钱、用钱、存钱，甚至抢钱，成为人们生活中重要的活动。

衣服有口袋，主要用来装钱。口袋小而容量大，告诉我们把钱赚进来，就不要放它出去。口袋装不下，可以存进银行里。

赚钱的重要性谁都知道。怎样赚钱？那就会产生意见分歧，各有见地。反对一切都向钱看，其理由也在此。

稍有历练的人，大多明白"以钱赚钱"的道理。把巨额的金钱存进银行，让它们去忙碌：自己坐在家里赚利息，照样花不完。但是，这种念头也不切实际，因为巨额的金钱从哪里来，对绝大多数的人而言，依然是一个很大的难题。说起来很容易，做起来实在不简单。

平心而论，以钱赚钱不算本事，以人赚钱乃真功夫。中国人最盼望遇贵人，不就是寄望于以人赚钱吗？

胡雪岩的发迹，先得力于王有龄的支持，后得力于左宗棠的支撑。老实说，没有这两位贵人，胡雪岩再努力，恐怕也不过是糊口过日子而已。左宗棠官大势大，哪里是胡雪岩所能够高攀得上的？如果不是左宗棠遭遇各种军需上的困难，他这位"养口体不如养心志"的儒将，根本不可能无缘无故地和商人建立政商关系。

但是，话说回来，如果胡雪岩不是有心结交权贵，希望找出一条互惠互利的门道，也不可能紧紧地抓住这个大好的机会。

胡雪岩坚信自己努力之后，遇贵人才能够一帆风顺。一个人想要赚大钱、立大业，依靠自己努力，终究不如有人提携。好比爬山，靠自己一阶一石向上攀登，哪里比得上有人从上面放下一条绳索，把自己拉上去来得轻松、省力而愉快！

有人好办事这一句话，可以分成上、中、下三个层次来看。对上，有人提拔，使自己扶摇直上。对中，有人依靠，替自己分忧分劳。对下，有人跑腿，把自己吩咐的事情，好好完成。这样一来，还有什么办不好的事情？

这上、中、下三层次的人，对自己而言都是贵人。空有上面的贵人提携，缺乏左右和下面的辅助、支持，成不了大业。得到下面的支撑，却找不到上面那根提拔的绳索，辛苦一辈子，也不过如此。

上、中、下都有贵人，自己当然也就成了贵人。但是，贵人毕竟可遇不可求，而"遇"的功夫，就是胡雪岩成功的一大秘诀。

胡雪岩把"以人赚钱"活生生地运用在他的经商生涯里。他投下了空前的赌注，把人人都看不上眼的落魄小子王有龄当作贵人，终于引出了真正的大贵人左宗棠。

深入一层看，胡雪岩并没有下赌注。他的习惯，是把每一个人都当作贵人看待，终究让他遇到了真正的贵人。他把太平军军粮官苏晃、帮忙卖米的两位老大、漕帮的鬼龙头，都看作贵人，一个也不得罪，人人都以礼相待，才是胡雪岩押宝的秘诀。

个案简介

雪岩得到左宗棠的信任，委托他代购军粮。雪岩把则云和成祥聚集起来，举行三人会谈。看看大家有没有合作的意愿。两人都表示愿意，雪岩等于多了两个好帮手，从此更是无后顾之忧，简直如虎添翼。

资金的筹措当然由雪岩负责。他挟着左宗棠的势力，携带一座龙的雕像，再度访问漕帮。

一见面就把龙像送给漕帮老大，看见老大爱不释手，还故意问他喜不喜欢。

老大早就风闻左大人的事情，心想胡雪岩真不简单，出去外边转了一圈，竟然变成左宗棠的红人。

雪岩拿出五百两银子，请老大出面做个担保。向粮商借米五千担、马料一千斤。等到官银一到，马上还清。老大有意跟雪岩搞好关系，勾上官方的势力，所以满口答应。雪岩果真凭一张嘴，替左宗棠筹措到所需的粮草和马料，不但结合官与帮的势力，而且为他自己建立了良好的特权水运网络。

粮食运到乌镇，官银仍然没有拨到。成祥担心垫付的五百两银子，雪岩觉得粮食生意风险太大，不如重回老本行，开钱庄比较保险。

成祥想到钱庄，马上想起杭州。杭州失守，怎么去开钱庄？雪岩则打定主意要去上海。他吩咐成祥和则云先到上海把铺面物色下来。并且告诉他们：走官场先拜宝眷，会同行先说油水。

杨昌浚听到一些关于雪岩的流言，不敢不报告左大人，说是无商不奸，请左大人提防。左大人不以为然，正好胡雪岩求见，左大人便叫人在后堂备好棋盘，要雪岩和他下棋。

左大人吩咐左右拿钉子来，把老帅牢牢地钉在棋盘上。然后笑着对雪岩说：“只要你能让我这老帅挪动位子，就算你赢棋。”

一会儿，左大人问雪岩：“我问你，你知道我为什么要把这老帅牢牢钉在这棋盘上吗？”

胡雪岩回说不知道。左大人不相信，说雪岩是不说，不是不知道。雪岩说出心中的感觉，左大人十分欣赏，问他为什么不求功名。并且勉励他“即或不为功名，只为明白事理，学做圣贤，也还是要多读点书为好”。

问题与解答

(1)雪岩把成祥和则云找来，一起共商未来，他在打什么主意？

雪岩和成祥出来闯天下的时候，雪岩难免独断独行。虽然成祥拿他没有办法,但也全力配合。可是事情告一段落之后,应该有一个阶段性的检讨,作为重新出发的基础。雪岩这种能放能收的功夫,实在很高明。

想想看,如果雪岩不这样做,他继续一路干下去,会不会引起成祥的怀疑?左大人到底给了你多少钱?这样一路做下去,会不会每一次都这么冒险?结果到底会怎样?有些合伙人,就是在这种情况下,弄得大家心不安。怀疑来怀疑去,终究以分开为结局。然后互相指责,都认为自己被对方吃了,坑了,觉得很冤枉。

雪岩在生意告一段落的时候,把合伙人召集起来,做一个财务报告,并且提出下一阶段的目标,征求大家的意见,要不要继续走下去?还是就此打住。发回本金和红利以后再说。成祥和则云,觉得雪岩的计划可行,愿意继续投资,彼此合作。有了共同意愿,比较容易同心协力,发挥高度的团队精神,一致朝向目标迈进。

一个人,应该专断的时候,要勇敢果断,才叫作当机立断。但是,结果要良好才行。否则一次下来,大家失掉信心,以后再也没有人相信他的果断力。一个人,应该民主的时候,要诚心诚意地尊重别人的意愿,让大家有自己决定的权利。不可以勉强别人要听从自己的主张。但是,在征求大家意见之前,最好先把未来的计划做好。让大家有判断的依据,做出正确的选择。

(2)雪岩告诉则云,从今天起他就是钱柜,有什么用意?

有了共同努力的目标,必须建立合适的组织,以求分工合作,整体配合。中国人的组织原则,说起来很奇怪,但是非常实用,那就是一般人所诟病的因人设事。西方管理,主张因事找人。他们的管理,以事为中心,把工作划分好,再根据工作的需要来找合适的人。看起来很科学,实施起来却有很多困难。因为找来的人,往往和想象中的不一样。于是换来换去,始终找不到合适的人;偶尔很幸运,找到了合适的人,而这个合适的人,又觉得环境、薪资不合适而“跳槽”,你看要命不要命?反过来,由于人不容易找,流动性大,更加不敢以人为中心,不得不坚持以事为中心,让人跑来跑去。相处得久,彼此互相了解,配合起来当然更迅速可靠,而且彼此配合长久,经验累积得很丰富,不必多花时间沟通,自然有默契。知道张三的才能和习性,再来交付一些工作给他,比较容易做到适才适用,所以因人设事,可以减少很多浪费,节省很多成本。

(3)雪岩决定性的“干”,是不是已经争得了主导地位?

组织一定要有首领,否则群龙无首,平时还无所谓,可以大家商量决定。一旦碰到紧要问题,时间急迫不容许商量的时候,那就十分危险,可能会带来致命的后果。承受不了,就只有公司倒闭一途,实在很不幸。

首领是怎么产生的?并没有固定的方式。现代人的思想愈来愈褊狭,褊狭到只承认选举,认为它是最好的办法,其实是不对的。不相信的话,哪一家公司可以试一试,选一种职位,或是课长或经理,让员工直选,结果怎么样?天下大乱,不乱才怪。选举并不是唯一的方式,更不能说它最好。最好的方式是大家不必经过任何形式,自然而然产生出来的领袖,才是大家心目中真正的首领。胡雪岩、柳成祥、谭则云三人,并没有推定主持人,也没有指定谁是老板。可是从三个人异口同声说出一个“干”字,可以听出不同的心声。成祥和则云,只是说出“既然如此,决心干下去”的意愿,而雪岩的意思,含有“既然两位都有这种决心,那我们就这样决定”的裁决性力量。

主导地位是争取来的,全世界都不例外。问题是西方人大多用有形的方式来争取主导地位。中国人比较喜欢用无形的方式,争到了也好像没有争一样,比较自然的争来的主导地位,也比较持久。没有人想要,也就不会引起别人的抗争、制衡和罢免,获得主导地位的人,比较轻松、舒适,而且没有太大的压力,是不是比较好呢?

(4)雪岩再度拜访漕帮老大,和前一次有什么不同?

一回生二回熟,雪岩有了第一次拜访漕帮老大的宝贵经验,第二次再度拜访,当然要安心、方便得多。

第一次漕帮老大不理会雪岩,让他自生自灭,自己找生路。通过考验之后,才笑面相迎,而雪岩则已冒出了一身冷汗。通常第一次见面,除非是熟人,大多有一段摸索期。互相猜测、探索,然后才逐渐彼此了解。

如果第一次就留下坏印象,以后要见面就更加困难。这时候要有充分的心理准备,打算接受难听的话,不好看的脸色。能够忍耐过去,才有重见天日的可能。

雪岩很不错,第一次和漕帮合作,就阴差阳错地有了好结果。消息传得很快,左大人给雪岩披红挂彩,杨昌浚即将出任漕帮总督,有这么多的好消息,再度和漕帮老大见面,气氛当然完全不同。雪岩居然敢轻松地开玩笑:何为老大,此乃龙头也。要是第一次就如此嬉皮笑脸,不被老大痛打一顿赶出门去才怪。

知道送什么礼,就已经拉近了宾主两人的距离。又有很多助力,雪岩自然开门见山,明说有一事相求。

遇到陌生人,或者交情不够的熟人,不敢明说,不方便直说。遇到熟人,或者交情够,有把握却不是很熟的人,当然可以明说,也方便直说。说的人够爽快,听的人很放心,请求的事情当场敲定。二话不说,小事一桩,你看中国人有多痛快,多么容易沟通!凡事都要先下一些功夫。所谓水到渠成,瓜熟蒂落,事先都经过一番努力,下过一番功夫。

(5)雪岩觉得粮食生意利小而风险大,主张重返三人的老本行——筹办钱庄,这是什么道理?

主要的原因在于缺乏经验。一次又一次,获得丰富的经验,这时候要成功,当然容易得多。我们常说"缴学费",以缴很多的学费来获取经验,可见经验相当重要。

雪岩从小在钱庄长大,对钱庄的业务十分熟悉。他把钱庄和粮食生意做了一个比较,马上发现粮食生意利少而风险大。不如重返钱庄老本行,至少可以分散风险。

要赚大钱,先把自己的老本行做好,再来做其他的。老本行都做不好,贸然去做其他的事情,岂不是更加危险!

成祥比较老实,脑筋转不过来,以为搞老本行就要回到老地方去,所以提出疑问:杭州失守,我们没了立足之地。雪岩脑筋灵光,他老早想过这个问题:杭州失守,我们到上海。按理说杭州大家很熟悉,做起来比较有把握,上海这种生疏的地方,而且繁华复杂,谁敢去?雪岩就有这种胆量,他认为三个人都有共同的经验,比一个人有经验要可靠得多,当然可以到上海去发展。

他筹办钱庄,也不完全是为了老本行。他看准了左大人这个靠山,想以人赚钱,所以盘算了很久,注意左大人能用的资源在哪里。左大人自己没有钱,但是他有很多很多的人,这些人有钱要存起来。如果想办法把这些人的钱合起来,钱庄的业务还有什么问题?在杭州,还不如上海安全。经过盘算才决定,而不是临时起意。

(6)雪岩派则云和成祥到上海，临行前特别提醒两人钱庄的老规矩：走官场先拜宝眷，会同行先说油水，有什么作用？

到生疏的地方创立事业，最要紧的是建立人际关系。有人才有事，有人好办事，这是自古以来没有改变过的原则。找人，找什么人呢？找官场的人，可以有个靠山；找同行的人，能够打听行情。官场、同业都有人协助，对事业的建立和发展，必定有很好的助益。

找官场的人，最好的办法是拜访官夫人。因为做官的人最怕惹事，对陌生人的警觉性很高，生怕会看错人给自己惹上麻烦。而且碍于面子，不好意思直截了当地谈论涉及金钱的事情。打惯了官腔，摆惯了官架子，说惯了冠冕堂皇、为民服务的好听话，一下子调整不过来，倒不如想办法找官夫人，送礼、谈回扣都比较方便。因为做官的可以一句话就把责任推掉，怎么有这回事，我完全不知道呀！我家里的人从来不涉及公务，不可能有这种事情。装作不知道，间接谈事情，大家都方便。找官夫人打点，再见官谈事情，通常很有效。

找同行的人，大家都是内行人，用不着拐弯抹角，不妨开门见山，把如何分享油水说清楚，免得互相猜疑，反而增加沟通的障碍。油水分享得宜，其他就比较好谈。见面不说油水，对方以为不付费白请教，当然不肯供应情报。说不定还提供一些不正确的信息，企图混淆视听，对自己相当不利。

(7)有人在左宗棠面前打雪岩的小报告，左宗棠却不为所动，为什么？

受到主管信任的部属迟早被人打小报告。希望主管防备他，最好疏离他。因为不受主管重视，就不会成为众人打击的目标；一旦受到主管的重视，必然成为众人攻击的对象。不把他干掉，自己就不可能变成上司信任的对象。就算自己得不到上司的信任，至少也把对他的信任度拉下来，我也比较有面子。

雪岩由一个不相干的外人，一下子变成左大人信任的对象，把采购军粮的重大责任委托给他。这种举动，当然会引起部分人士的眼红。于是造谣、中伤，引起许多不利于雪岩的传言。杨昌浚向左大人报告，有人说胡雪岩满脑袋鬼主意，想不到左大人不为所动。回答说：没有主意他敢越权放账？没有主意他敢冒死献粮？杨昌浚还不死心，继续说：有人说他那批粮食本来是运往杭州送给太平军的。左大人的肚量很大，他说老百姓在官府和太平军之间左右为难，也是人之常情。杨昌浚无奈，只好说无商不奸，请左大人提防。左大人坦然地说：只要我不和胡雪岩勾结，不利用他去做伤天害理的事情，让胡雪岩赚几个钱,也是应该的吧!

左大人经过几次考验,觉得雪岩是一个人才,值得委以重任,从此疑人不用,用人不疑,纵然有人打小报告,他也不会受到影响,真是一位不可多得的、懂得用人之道的。如果一听到小报告,便不敢重用雪岩,或者把雪岩叫来大家对质一番,那就不是好首长了。

(8)雪岩陪左宗棠下棋,左大人叫人把老帅牢牢钉在棋盘上,是什么意思?

在中国社会,最好记住一条法则,那就是:不是神经病的人,居然做出神经病的事情,必然有特别的作用。左宗棠显然没有神经病,他对下象棋也不是生手,现在叫人把老帅钉在棋盘上,当然是一种怪异的动作。我们最好不要用正规的标准来判断他,却应该马上提高警觉,左大人会这样做,一定有他的用意。绝对不是无缘无故闹着玩的。

胡雪岩就有这种素养,当左宗棠要人拿钉子把老帅钉起来的时候,他没有问为什么要这样。当一般人还逗留在这里浪费时间的时候,他已经动脑筋想好答案。所以左宗棠问他自己为什么要钉住老帅时,雪岩才会不慌不忙地回答:不知道。真的不知道时,心里会很慌乱,反而不敢答不知道,会胡乱找一些理由,希望能够搪塞过去。心中有数,知道答案是什么时,才敢笃定地回答不知道。左大人如果不喜欢他说出来,就会接着说:好,那我告诉你。显得比雪岩高明,有满足感,对雪岩比较有利,因为对老板比较没有压迫感。左大人说:你知道,你是不说。可见他更欣赏雪岩这种含蓄的素养。把老帅钉住,要考验雪岩的智能,雪岩也不赖,安全通过。

(9)左宗棠劝雪岩不为功名也要多读书有什么用意?

左大人虽然欣赏雪岩,却也认为雪岩毕竟读书不多,将来责任愈来愈重,恐怕会出问题。所以他一方面赞美雪岩,笑那位任老板有眼无珠不会重用雪岩;另一方面却教导雪岩,就算不为功名,也应该多读一些书。

不过,我们在这里要特别说明,左大人当时所说的读书,和现在大家所认识的读书,有很大的差距,可以说简直大不相同。左大人所说的读书是明白事理的意思。

雪岩和芮瑾,都没有读过什么书,但是这两人都懂得许多做人做事的道理。因为他们所读的书,大多数是在教人明白事理。所以左宗棠也觉得奇怪,区区一个民女怎么会有如此的胆识!明白事理的人,当然有胆识。

然而,道理是愈来愈深的,书到用时方恨少,所以人应该活到老、学到老,养成终生读书的好习惯。左大人生怕雪岩事业愈做愈大,人面愈接触愈广,不知道以后会遇见什么样的人,发生什么样的事。因此未雨绸缪,鼓励雪岩多读书,多明白事理,才能立于不败之地。

六、善用他人资金

偷鸡也要一把米,当作引诱鸡的本钱。做生意更需要资金,谁敢做没有本钱的生意?

然而,话说回来,靠自己的那一点本钱,能做什么?如果本钱够雄厚,不做生意又怎么样?为民服务,当官去,不也是一条出路?理想同样可能实现。

由于个人资金有限,最方便的办法便是找亲戚合伙,这就是家族企业盛行的道理。等到有了一些信用,把朋友的资金也吸引进来。做到企业的股票公开上市,买股票的人,不管认识不认识,从事哪一种行业,钱的来路如何,资金都涌进来了。小本生意自己投资,大本生意必须善用他人的资金。借力使力,力量才会大。

重点提示:信用贷款 VS 自有资金

胡雪岩的第一份工作,是在钱庄当学徒。这对胡雪岩的一生产生了莫大的影响。人最怕的,就是入错行。选错了职业,想要成功,实在非常困难。

做小生意,当然要靠自己的一点小本钱;做大生意,就应该想怎么才能有那么大的本钱。大企业,就是用别人的钱所做出来的,要不然的话,银行、钱庄靠什么吃饭呢?用自己的钱做小生意,用别人的钱做大生意。不用钱做生意,那就更加有本事。请看现代大企业家,哪一个不是这样的呢?

雪岩的办法,是以信用贷款来代替自有资金。

以信用贷款,首先要有正确的信息,研判可能贷到款的对象。然后要有灵光的头脑,想得出对方可能接受的好点子。这时候必须配合能够打动对方的心,让他听得进去的嘴巴。眼光、头脑、口才三者结合起来,加上自己所造出来的势,信用贷款才有可能成功。

做生意主要靠信用，无论经营、管理还是个人的交往，都是信用第一。有信用才贷得到款，才有机会用别人的钱来赚钱。先动用信用贷款，才有机会用别人的钱来赚钱。

左宗棠向仁德钱庄借银子，要胡雪岩代购军粮，实际上也是一种信用贷款。政界、商界，有许多道理相通，所以才合得来。

信用贷款的要领是什么？这一点胡雪岩在钱庄受过良好的训练：走官场先拜宝眷，会同行先说油水。

个案简介

杨昌浚兴奋地向左大人报告，宁波道台以洋兵助战，连克数镇，特将功名簿呈上，请大人论功行赏。

左宗棠听了十分生气，痛斥用洋兵有如引狼入室，必然使主日弱而客日强，要大家离洋人远一点，对洋兵严加限制。胡雪岩却认为李鸿章能够靠洋人的常胜军打下上海，我们为什么不能靠洋人打下杭州？

左大人很不高兴，雪岩仍然不死心。左大人挥手让雪岩下去，雪岩才不敢多言。

几天后，左大人新任闽浙总督，派人去请雪岩。指出那天所说的话，虽有张狂之嫌，却也不无道理。决定派雪岩到上海，帮助左大人建立一支常捷军。并且指定王将军担任统帅，一起去找李鸿章商量建军大事。

忽然有人大声报告，阵前投降的杭州布政使林福祥押到。左大人只说一声推出去砍了，便头也不回地走了。王将军告诉雪岩，这是左大人的必斩之律。林福祥出尔反尔，脚踏两条船，如今再哀叫，要求饶命，左大人也丝毫不为所动。

雪岩和王将军来到上海，王将军说左大人最恨没有骨气的人。雪岩则趁机告诉王将军："做生意的人，只讲和气，不讲骨气。"

两人忽然听到一声惨叫，原来是人力车撞到挑行李的阿福。车上的小姐受到惊吓，雪岩趁机攀上关系。

王将军嘲笑雪岩是生意人，见了女人就眼花花。雪岩则回说人非草木，孰能无情？

安顿好王将军,雪岩去找成祥和则云。原来上海的钱庄已经装修好了,只花了不到九千两。

雪岩交代成祥到德国洋行去打听一下,现在洋枪、洋炮的行市如何,采用什么样的结账方式。

然后又问成祥:有没有听过上海有一个玉惠小姐。同时把在街上巧遇人力车上那位玉惠小姐的过程,大概和成祥说明了一下。

想不到成祥回答:玉惠不但戏唱得好,而且听说和上海的外商打得可熟呢!

雪岩知道他所要找的,就是玉惠这种人。

问题与解答

(1)雪岩劝左宗棠购用洋枪洋炮,是不是想做军火生意?

胡雪岩听说洋人帮助李鸿章的部队打了胜仗,马上动脑筋建议左宗棠也依样画葫芦,找洋人来帮忙。胡雪岩这种策略,现在叫作仿冒。其实有样学样,只要学的是好样,又有什么不可以?现在要加上一道手续,就是先查一查,李鸿章这一招有没有登记专利权。如果有的话,应该特别小心,依照专利法来办理。假如没有申请专利,大家都可以跟进并不违法。中国人的脑筋,大多会仿冒到好像没有仿冒一样,怎么会仿冒到被人家抓到?真是太不用心了,是不是?

在商言商,胡雪岩的这个建议并不是完全居于战争的需要。如他嘴巴上所说的,精忠报国,要克服杭州城,打败太平军。他心里的盘算,是找洋人打仗必须购买洋枪洋炮,而这一笔军火生意,势必非同小可。

雪岩口是心非,嘴巴上说精忠报国,心里头想着赚军火钱,有没有罪过?是不是虚情假意,或者不仁不义?

没有,完全没有。商人求利,是天经地义的事情。军火也是生意,而且自古以来都是大生意。雪岩不做,别人也会做,说不定赚得比雪岩还多。生意和社会公益结合起来,负起社会责任,当然可以照样赚钱。

但是,雪岩并没有口是心非,他两样都想到了,只是一样由嘴巴说出来,另一样放在心里头，没有说出来而已。这样做是对的，不必把那一样不必说的也说出来。做生意，能想到社会责任，就已经很不错了，不必苛求。

(2)雪岩建议左宗棠筹组洋军，在左宗棠考虑期间，为什么坐立不安？

干部向老板提出建议，如果抱着无所谓的心情，反正我已经建议了，要不要采纳是老板的事情；用不着我操心，因为操心也没有用，这样的干部，是不可能成功的。要注意人是习惯的动物，被老板否决过一次以后，就经常会被老板否决。自己愈没有信心，老板否决的信心就愈坚定。干部应该改变自己的态度，不提议则已，一提出来就要老板接受。彼此愈来愈有信心，事情才可能愈来愈顺利。不胡乱提议，一提议就要通过。这样的干部，前途光明，也容易获得老板的赏识。

雪岩不是左大人的干部，却时时把自己当作干部看待。不敢不提出建议，却又不敢乱提建议。

杨昌浚报告左大人，宁波道台以洋兵助威打了胜仗，请大人论功行赏，左大人听了非常生气，第一句话就是：放肆，靠着洋兵打仗还敢邀功行赏。并且要大家离洋人远点，对洋兵严加限制。在这种气氛之下，一般人不是默不作声，便是顺着左大人的意思讲一些奉承话，以迎合老板的心意。雪岩却完全相反，居然主张靠洋人打回杭州城。左大人不客气地说：我不是商人，不会唯利是图。一般人不是赶快打住，不敢再往下说，便是改口顺应左大人的意见。雪岩却刚好相反，他不但提出不同的意见，而且敢坚持，反而引起左大人的反思，觉得雪岩的话有一点道理。雪岩马上适可而止，说：大人雄韬伟略，自会明断的。不管怎么样，老板的面子还是要顾的。

(3)左宗棠认为雪岩所言，不无张狂之嫌，也不无道理，最后指派雪岩到上海协力组建常捷军，是什么用意？

老板接受干部的建议，多数不会只说好话，不说坏话。因为只说好话，似乎完全赞成干部的意见，使干部认为他的建议十分完美，否则老板为什么连一句责骂的话都没有？因而得意忘形，以至于执行起来，就会粗心大意，以至于阴沟里翻船，大意失荆州，那不是太惨了吗？聪明的老板，当然不愿意看到这样的结局。所以赞成之前，先说几句不好听的话，让干部提高警觉，慎重办事，以期圆满完成任务。

左大人先说：昨天你说的那些话，不无张狂之嫌。告诫雪岩以后说话仍旧要特别小心，不要以为得到上级的信任，便可以大胆地说话。然后才说也不无道理。现在赦免你张狂之罪，要你用心办好不无道理之事。

(4)左宗棠的必杀之律是什么？为什么由王将军说出来？对雪岩有什么作用？

左宗棠把如此重大的责任交付给雪岩，他不能不提防，万一雪岩有变，他要怎么办？可是他又不能因为不信任雪岩，而不把这么重要的事情托付给他。这样也为难，那样也不是的情况，被称为两难。两难还是要办，不办解决不了问题。所以他趁着浙江布政使林福祥求见的时候，大声指责他临阵脱逃、阵前投敌之罪。中国人说话特别大声的用意，就是要其他的人都听到，以收杀鸡吓猴之效。

林福祥大声求饶，口称卑职该死，卑职有罪。左大人毫不留情，一声“推出去，砍了”，吓得林福祥大叫饶命，也无济于事。王将军追随左大人多年，当然很有默契，马上向雪岩指出：这是左大人的必杀之律，借着这个机会，让胡雪岩明白出尔反尔、脚踏两只船是左大人最痛恨的事情。违反的人，必定要杀头。左大人和王将军真的是心有灵犀一点通，配合得天衣无缝，恰到好处。

雪岩这一次要到上海，左大人知道他机警而善于应变，但是毕竟是初生之犊，对可能遭遇的还是要防而再防。同时左大人也是为了防止胡雪岩不小心上了他人的当，造成脚踏两只船的恶果。那时候再来杀他，岂不是太可惜？

老板事先防范，不让员工做出不利于公司的事，是一种明智的做法。否则员工不慎，做出不应该做的事，老板处罚他不好，不处罚他也不好，对员工、对公司都有害无利。雪岩如果明白左大人的苦心，应该有正面的、积极的好处。

(5)做生意的人，只讲和气，不讲骨气，这是什么道理？

这句话是胡雪岩用来响应王将军的话的，意思是他了解左大人的用意，为人必须忠诚，不能脚踏两只船，做一个不忠不义的人。但是他毕竟是商人，并不是军人，所以没有必要也没有办法和王将军一模一样。希望王将军以后不要时时用左大人来压制他，也不能要求雪岩和他有一样的想法，处处用军人的标准来衡量他。

王将军说出左大人的必杀之律后，雪岩当然没有话讲，而且也不应该有所怀疑。也就是必须谨记在心，永不违背。王将军认为左大人的威势足以压制雪岩，所以趁机又提出左大人最恨没有骨气的人。雪岩知道时机合适，而且不可不稍微表达一下自己的看法,才能足以保护自己的安全和自由。也以轻松的口吻简单地说:我们做生意的人,只讲和气,不讲骨气。一方面替自己找盾牌,另一方面也提醒王将军,要做生意,还是要遵守商界的法则和作风。

讲和气,才能和气生财;讲骨气,才能捐躯沙场。这是商人和军人最大的差异,胡雪岩想要由商界介入军界,就必须辨识得十分清楚。王将军一直在军界,对商界并不熟悉。雪岩趁机让他有一些了解,将来合作起来,必定更加顺利。

和气要忍,能忍得一时之气,才能求得大家的和谐。做生意的人以和为贵,所谓生意不成,交情仍在。意思是要看得远些,想得长久些,忍耐第一。骨气要勇,只有勇敢面对一切困难,才不致阵前逃亡,对不起国家和百姓。军人打仗,以不败为目标,最重要的是勇冠三军的气概!

七、用心建立关系

经商之道,最要紧的在于建立关系。无论筹募资金、购买原料、寻觅货源、广告销售,都离不开关系。

东西是怎么进来的?靠关系。东西是怎么出去的?也靠关系。法律是无情的,只对大家不对个人。关系则是充满人情味的,对个体远大于对众人。

中国人最喜欢也最擅长搞关系,有了关系一切都没有关系;没有关系什么事情都可能有关系。虽然说得有些夸大,却也不是空穴来风。关系够,什么话都可以直说;关系不够,什么话都不方便说。你看,相差有多远!

于公于私,都必须讲关系。所以平日应该广结善缘,用心建立关系,到时候才知道原来功效这么大。

重点提示:利益交换是经商的基本策略

经商要求顺利,必须充分利益交换。彼此互惠,双方自然乐于合作。如果只求片面利益,除非抓住对方的把柄,施以高压,不然很难达成协议。

胡雪岩为了贷款购买洋枪洋炮,约会戏子玉惠。信誓旦旦地给玉惠以美丽的远景。希望透过利益交换,使玉惠帮助其向英国银行贷款,此举可视为男人计、勾引术。

玉惠同样以利益交换,向唐廷枢买办打通关节,获得五十万两的巨额贷款,是典型的美人计。

则云和成祥担心贷款金额太大,搞不好会把自己的身家性命也赔进去。雪岩慨然承诺:成功了是我们大家的,失败了我个人承担。这一句话,听起来很有力,也很受用。认真追究起来,也不过是一个人。

雪岩购买洋枪洋炮,侵害了丁日昌的权益。他借口私自购买枪炮是反叛罪,没收雪岩所购买的军火。幸亏郭大人及时赶到,以官大一级压死人的气势,将丁日昌吓得抱头鼠窜。官场斗法,全凭权和势。

有事让干部去顶。因为他实在缺乏同丁日昌利益交换的东西,可以说毫无办法。不躲起来只有平白受罪、受辱,反而不好。当老板的都会这一套,而且到时候都用得上。

郭大人一出现,雪岩也马上从暗处跑出来。他自问有条件可以和郭大人利益交换所以斗胆站出来。

雪岩善于运用利益交换的策略,拉拢左宗棠作为靠山,和漕帮老大合作,透过玉惠贷得巨款。逢人就给一点好处,好像是利益交换的先决条件。

互利互惠,原本是合作的最佳方式,只要目标正大,利益合理,应该是很好的策略。问题是正大、合理的标准并没有公定的依据。各人的看法不同,很容易引起纷争,这是必须特别谨慎的地方。

合理的利益交换,为公的互利互惠,通常比较安全。公和私一念之差,但是结果经常有天壤之别。经商必须合乎公道,是不是很有意思?

个案简介

王将军为了筹建常捷军的事求见李鸿章。在衙门口足足等了一个时辰,李鸿章开始说要接见,后来又推说租界赴会,必须剃头刮胡子,要王将军改天再来。

王将军穿着全套官服和胡雪岩大摇大摆地走了进去。丁日昌挡驾,问他们是什么人。答说左宗棠派遣,有要事面见李大人。李鸿章听见喧闹,满脸怒气地走出来。面无表情地吩咐丁日昌,把客人带到里面去。

进了内室之后,李鸿章坐在椅子上闭目养神,丁日昌报告左大人有一封来信。李鸿章要他读给他听。听完之后,看着胡雪岩好奇地问:“左公怎么把这事交给胡先生这么个商人来办?胡先生又怎么看待国与商呢?”雪岩不甘示弱地回答:“商人之利和国家之利是相得益彰的,朝廷允许通商,雪岩才敢。”李鸿章虽然表面上不动声色,可心思却暗叹:左宗棠手下有人才啊!等他们退下后,李鸿章又亲自把左大人的信拿起来,仔细看了一遍。

胡雪岩不愿意让洋炮局包揽常捷军的军火，决定自己想办法借钱。于是把脑筋动到玉惠身上，希望透过她向英国银行贷款。玉惠心想从中可以大赚一笔，答应冒险找洋人高德立。她知道这个洋人对她有好感，常常找机会要亲近她。胡雪岩却连声阻止，表示不能让玉惠落入虎口。玉惠问雪岩要贷多少钱，雪岩故意轻描淡写地说："五十万两。"并且说这原本是军事机密，由于玉惠不是外人，才敢据实相告。雪岩发誓事成之后玉惠就不需要再落入风尘，给玉惠一片美丽的远景。

雪岩回来告诉成祥和则云，两人担心借这么多钱将来怎么还。雪岩坦诚地说：成功了，算大家的；失败了，算我的。说着说着玉惠竟然来了。雪岩把她介绍给成祥和则云，然后把藏在后院的轿子抬出来，让玉惠坐上去，由雪岩和成祥两人抬着，弄得玉惠心花怒放，觉得十分骄傲，下决心要为雪岩借到钱。

通过玉惠的努力，真的让雪岩从外商银行借到五十万两银子。雪岩向借来的银子下跪，口中念念有词。成祥和则云不约而同地尊称雪岩为东家，要他立个规矩，大家可以有所遵循。

问题与解答

(1)胡雪岩和王将军直捣租界俱乐部，要面见李鸿章，为什么要这样煞费周章？

中国人常常用避不见面来抬高自己的身价，让对方知道要见一面都十分困难，因而不敢冒犯，更不敢提出太多的要求。李鸿章听说左宗棠的部将求见，心中有数，马上料到他这一次来访的主要目的是要他帮忙筹建常捷军。要拒绝嘛，传出去不好听；要出力嘛，终究对自己不太好。所以王将军求见时，李鸿章让他在衙门口足足等了一个时辰，暗示不会给他帮什么忙。后来又说租界赴会需要剃头刮脸，改日再来，意思是和洋人打交道不简单，光凭这一点你左宗棠就比不上我李鸿章。王将军气得要死，可惜有勇无谋，想不出对策来。胡雪岩够机智，想出衙门不能进，租界总可以闯吧！就和王将军直捣租界俱乐部，利用李鸿章当着洋人的面怕闹事的心理，终于会见了李鸿章。

(2)李鸿章当着王将军的面，要丁日昌读左宗棠的信，过后却又自己拿信来看，他为什么这样做？

如果李鸿章是位听觉型的人物，只习惯用耳朵听，不喜欢用眼睛看，那倒也没有什么特别的用意。如今王将军走开以后，李鸿章又亲自把信拿起来看看，可见他并不排斥使用眼睛观看东西。纵使他不是一位视觉型的人物，也生怕会听错了，或者根本听不清楚，甚至听不进去。他可能是一位耳聪目明的聪明人，用耳朵、用眼睛都十分灵光。

既然这样，他为什么当着客人的面要丁日昌念信，而背着家人却又自己看呢？很明显的，他在摆架子，特别是在左大人的部将面前，不亲自看左大人的书信，叫旁人念，分明是看不起左大人的表示，同时也在向王将军表态：你家主人在我的眼中，没有太大的分量。你不可在我面前太放肆，也不必提出太多的要求，当然更不能寄以太高的希望。俗语说得好，打狗也要看主人。谁敢打老板的狗？打老板的狗就等于打老板，一定得罪老板。反过来说，给狗难看，就是给狗的主人难堪。李鸿章给左宗棠的部将难看，也就等于给左大人难堪。如果不是这样，李鸿章就会亲自把左宗棠的信接过来，很高兴地扯开来，面带笑容地看下去。但是，他如果这样，就等于鼓励王将军和胡雪岩可以把他当作自己人，有话请讲，不用太客气，岂不是找自己的麻烦？而且自己的部将也可能会错意，认为李左一家人，以后不再提防。那还得了，所以才会有这么一出戏。

(3)李鸿章当面质疑胡雪岩怎么看待国与商，雪岩回答国家之利与商人之利相得益彰，与现代社会是不是相符合？

古代士农工商四民，分得相当清楚。士的儿子，继承为士，并不从事其他工作。到了宋太祖，将天下的利权，都尽归于官，使得士大夫的生活产生困难，不得不兼务农业。农家子弟变成士大夫的概率很高。有农耕的支持，才能专心读书，以求取功名。商业发达以后，商人比农人更有钱，可以栽培子弟。所以宋以后的士大夫，大多出自商人家庭，以至于士与商的界限很不容易清楚地划分。由于商人拥有财富，许多有关社会公益的事业，也逐渐从士大夫的手中转移到商人手上。左宗棠对于国事和商务的配合，比李鸿章开通得多。

现代社会，更是以工商为重，经济发展成为治国的根本。无论外交、内政、军事、教育，都需要大量金钱来支应，以致经贸挂帅，连总统出国，也要带着一大批生意人，才会被外国政府所重视。钱来总比炮火来更受欢迎。只要国家的利益和商人的利益相配合，不因为商人的利益而影响国家的利益，那么两者相得益彰，应该是十分可能的事情。

读书人不一定要做官，从事农工商业照样可以报国，为国家社会尽一份责任。现代人对商业的兴趣，往往比政治、外交还要大，因为有钱人当官，大家比较有信心，大概不会贪污；没有钱而当官，大家都很怀疑，不贪污，日子怎么过？因此由于担心害怕，而对他们失去信心。

(4)要借钱，不能不装轻松；要贷款，金额小不如金额大。雪岩透过玉惠贷款，又是为了什么？

借钱给人家的人，最关心的是什么？是能不能收得回来？否则借出去收不回来，岂不血本无归？债务的偿还能力，是贷款的时候，大家最注意的事情。借钱给人家的人，还有一种习惯，就是宁愿借给有钱的人，也不愿意借给穷人。原因很简单，有钱人还得起，没有钱的穷人还不起。所以愈穷愈需要借钱，却愈借不到钱。愈富有愈不需要借钱，却偏偏被人家看上，常常来拜托贷款。而且贷得愈多，他愈高兴。天下事就是这么矛盾，让人觉得不可思议。

要借钱，就绝对不能小气。穷得连请吃饭的钱都没有，还借什么钱？请客气派，出手大方，表现得很轻松，给人以借得到借不到钱，好像无所谓的样子，钱就借到了。请客寒酸，舍不得付小费，表现得很紧张，好像等待借钱买米下锅，谁看了都会害怕，当然借不到钱。装阔借钱，才容易借得到。

贷款的金额小，大家认为这么一点钱都要借，可见很穷，千万不要借给他。一开口金额很大，有这种勇气的人，一定很有钱，不然谁敢借这么多钱？于是就放心借给他。

雪岩透过玉惠贷款，如果是为了熟人方便说话，关系够比较容易打点，那是情有可原。假定是为了借机会找玉惠，结识如花似玉的小姐，那就是自讨苦吃。嘴巴说三生有幸，心里想到此为止，那还好办；若是真的以为人财两得，又可以贷款，又获得美人芳心，将来的苦，一定有得受。不过聪明如雪岩，恐怕也难过美人关呀！

(5)谭则云、柳成祥担心贷款数额太大，雪岩则说明成功了是我们大家的，失败了雪岩自己愿意承担，为什么？

雪岩好像有这么一个习惯，就是自己做的事情自己承担责任，这是一种成功的保证。因为没有这样的决心，不但不会用心思考，以策安全；而且容易半途而废，遇到困难就产生退却、避开或者放弃的念头，当然不可能成功。

雪岩在钱庄越权决定借银给湘军时，他向则云、成祥保证：没关系，二位有事，有我呢；老板追究，我担着。

决定做粮食生意时，雪岩对成祥说：你去钱庄借银子，我去闯那鬼门关。以原价抛售生死米，成祥担心得很，雪岩说：如果这次咱们败了，由我胡雪岩一人承担。

漕帮老大难见，雪岩自己去见。王将军查哨，雪岩自己去对付。有责任不逃避，有危险要承担，这是雪岩十分可爱而且非常可贵的个性。跟着他的人，相信都很喜欢。

雪岩认为生意场上，向来是小险小利，大险大利。敢冒大险所得到的好处才会多。最要紧的是要有眼光，看得准，以求有惊无险。万一看不准，结果会险象百出。

这一次贷款，连钱庄出身的成祥和则云都觉得金额太大，万一失败了，恐怕倾家荡产之外，还要把性命赔进去。雪岩为安两人的心，坦诚地说：成功了，是我们大家的；失败了，是我的。有这样的气魄，不是东家，也有了东家的气概，难怪则云、成祥，明明是合伙人，却心甘情愿地称呼雪岩为东家，而雪岩也当仁不让地当起老板来了。

(6)雪岩向借来的巨额银票下跪，口中念念有词，他在干什么？

老实说，雪岩当初想用嘴巴借钱，并没有想到能够借到这么多的钱。他在钱庄工作那么多年，看到多少银子进进出出，但是从来没有同时在自己手掌中握过这么多银子。雪岩现在的心情，究竟是什么样的呢？

如果他很开心，开心到毫无戒惧，他就会太顺了，反而很快会掉下来。这样对他并没有好处，反而可以看出大难快要临头了。很多人有了钱以后，什么都忘记了，很快就招祸。这是非常不幸的事情，偏偏很多人都逃不出这种厄运。

雪岩很开心，但是他仍然十分戒惧。生怕运用得不好，将来身败名裂，岂不更加可悲？他向借来的巨额银票下跪，口中念念有词，为的是什么？为的是向自己宣誓，给自己一个警惕。务必要谨慎，要特别用心，绝对不能大意。

一个人下跪，如果是用来求神保佑，或者求人原谅，那就太不值得了，也未必能成功。

雪岩下跪，不求神，也不求人。他是对自己的良心下跪，加重自己的信心，也增强自己的责任心。对自己宣誓，好不容易借来这么多的钱，胡雪岩哪，你可要特别特别用心，好好加以经营，不要对不起自己啊！

八、彼此互相帮忙

现代人喜欢说:敬请合作,听起来富有平等的精神,大家站在同一水平线上,彼此合作。但是内心的感受也相当平等,把它当作普遍性、一般性来处理,那些特殊性、个别性的成分,全都不见了。

聪明人知道讲求平等,就得不到特别的照顾,因此宁愿能屈能伸,说:请帮忙。同样一句话,听的人要受用得多,至少知道我在帮忙,而不是合作。心中充满乐意,当然格外施惠,只要尺度松动一些,就会十分方便。请人帮忙,要比敬请合作诚意得多。

雪岩的成功,得到人家的帮忙,是一大要因。而且他能屈能伸,拿捏得恰到好处,所以大家也乐于帮忙。

重点提示:互利互惠 VS 互相利用

本来互利互惠和互相利用的差别相当模糊,不容易说得清楚。大概我们高兴时,说得动听一些,就称为互利互惠;一旦发起脾气,情绪不好时,那就说得难听,不是互相利用是什么?

中国人的事情,其实也很简单。心里头认为互利互惠,自然就真的互利互惠。心中念着互相利用,果真变成互相利用。心想事成,一点也假不了。

胡雪岩对左宗棠,一心一意互利互惠,丝毫不敢有互相利用的念头。可是胡雪岩对李鸿章,却是心存互相利用的想法,不敢有互利互惠的奢望。

人与人间的关系,就是这么奥妙。都是一面之缘,但是所结的缘有厚有薄。有互利互惠的缘,也就有互相利用的缘。一念之差,效果大不相同。但是内心的感受,则有如寒天饮冰水,点滴在心头,非常清楚。

我们相信,存心互利互惠,比较容易产生良好的结果。双方互相利用,到头来往往反目成仇,演变成互相残害,结果是两败俱伤,悔不当初。

胡雪岩的成功之道,就是把自己和成祥、则云紧紧地绑在一起,互利互惠。同时也将自己的从商事业和左宗棠的军事生涯紧密地连在一起。不管左大人怎么想,胡雪岩总是朝着互惠互利的方向去努力。

一生当中,能够找到几个志同道合的朋友,大家互利互惠而不互相利用,就已经奠定了良好的成功基础。如果还能够找到坚实有力的靠山,把自己和靠山紧紧绑在一起,成功的机会更大。胡雪岩在这一方面的成就,实在不容易,也可以说十分幸运。

个案简介

玉惠借到五十万两银子,自己和毕四姐也搬过来与雪岩一起住。雪岩为了给玉惠赎身,给了戏馆四百两银子。则云心中不满,认为这样花费,很不值得。成祥比较看得开,认为也没有什么大不了。则云念念不忘那四百两银子,咒骂着:“这女人早晚是个事儿。”

李鸿章听说雪岩借到了钱,大骂丁日昌办事不力,劝不动洋人。丁日昌亲自到阜康钱庄兴师问罪,雪岩听见丁日昌的声音,马上避入书房,让成祥和则云去应付。丁日昌威胁成祥:尔等私购军火,意在谋反。玉惠挺身而出,说这是左大人的货。丁日昌搬出洋炮局的御封,下令把在场所有军火都封了。幸好郭嵩涛大人及时赶到,胡雪岩赶紧出来见面。丁日昌害怕,带着部属落荒而逃。

胡雪岩避开兵家征战的杭州城,把生意的根基扎在经济繁荣的上海。利用外资,协助左宗棠建立装备精良的常捷军。

他想起杭州的家人,要阿贵回去一趟,看看家人和芮瑾,也到成祥家看看,再把则云的妻子接过来。

说到芮瑾,阿贵显得很高兴,好久没有表姐的消息了,心中十分挂念。但是站在门外的玉惠听见芮瑾的名字,虽然不知道是谁,却又好奇又嫉妒。等到晚上,还吃醋地问雪岩芮瑾是谁。

成祥和则云看到雪岩在生意扩大的好时机,居然能如此体贴下属,而且连家人都照顾,不禁感动得泪都快流下来了。

雪岩豪言壮语地说:“只要我能办到的,我就不能亏待了大家。”听得成祥和则云又是大为感动。

雪岩交代阿贵带一船好米回杭州,而且明说要送给太平军。成祥不知道雪岩为什么要冒这种险。

毕四姐抱怨雪岩什么人都想到了,单单没有想到玉惠的老娘,气得玉惠一转身就回房间去了。

问题与解答

(1)谭则云和柳成祥两人在背后议论雪岩,是不是正常的现象?

我们最好认定,这是一种正常的现象。如果则云和成祥不敢在雪岩背后议论他,不是雪岩过分霸道,凶狠到没有人敢在背后议论,便是则云和成祥已经到了貌合神离、各怀鬼胎的笑里藏刀的局面,这些对事业的发展,都没有好处。

则云首先发难,说为了一个女人,给了戏馆四百两银子,意思是稍微有钱就乱花费,这样下去还得了吗?成祥回答说:要是和那借来的五十万两比起来,并不算多。

则云说雪岩被任老板辞退的时候,任老板赌气说,要想成自己的气候,就得自己去打柜台,真的让他说准了。成祥的说法就不一样:我看他就是比咱们强,不服不行。

同样和雪岩一起做事,则云只不过把雪岩当作工作上的老板,就像过去追随任老板一样。则云对待雪岩恭敬小心,并没有把雪岩当作难得的老板。成祥就不一样,他对雪岩不仅仅是干部对老板的感情,也不仅仅是邻居加上老朋友的友谊。他把雪岩当作工作上的导师,这一点非常难得。

则云说成祥是开山老祖,没有成祥去借钱,雪岩怎么会有今天,成祥赶紧说:还提当初干什么?从这一点更加可以看出两人不同的心情,可惜雪岩不清楚这些事情,不知道两人的议论。

(2)则云看出玉惠搬进阜康钱庄迟早会出事,雪岩为什么看不出来?

工作场所,是工作的地方,和居家的住处,最好有所区别。因为工作场所,原则上只容许和工作有关的人员活动，大家有共同的认知，也有共同的工作经验，对事情的看法相当一致。不容易出现错误的研判，发出不正确的信息。如果住家和工作场所混杂在一起，某些对工作不熟悉的人，很容易由于一知半解、断章取义，或者缺乏经验，有意无意地传播若干误解、传言甚至谣言，弄得士气低落，误会丛生。

谭则云看到雪岩把玉惠接进阜康钱庄，马上预感到：这女人哪，早晚是个事儿！可是雪岩聪明一世，却糊涂一时，居然看不出来。大凡一个人在最得意的时候，必须特别小心，因为灾祸的种子，可能悄悄地种下去了。所谓祸福无门，祸福相依，就是说有祸的地方就有福，有福的地方就有祸。他如果和玉惠只保持工作上的联系，付给她合理甚至稍微优厚的待遇，却不和她有感情上的纠缠，也不让她住在自己的事业体系里面，可以减少许多无谓的困扰。可惜胡雪岩初到上海，事情又特别顺利，高兴得不能更深一层去考虑这一方面的事情。则云、成祥都不方便劝阻，所以种下了祸根。

(3)丁日昌来阜康钱庄兴师问罪，胡雪岩为什么反而躲起来？

胡雪岩一向敢作敢当，不逃避困难，也不临阵脱逃。为什么这一次丁日昌来访，胡雪岩却一反常态地要成祥去抵挡？自己躲起来，和一般人一样，用说“我不在”来避而不见。雪岩这种作风，和任老板有什么不同？简直一模一样，这又该怎么解释？

虚拟一下，胡雪岩跑出去迎接丁日昌，结果会怎样？丁日昌如果不分青红皂白，当场把胡雪岩扣押起来，以私自买卖军火论罪，左大人鞭长莫及，远水救不了近火，等到想出办法来搭救，恐怕为时已晚，岂不造成很大的遗憾？

说胡雪岩不在，丁日昌当然不会相信，这么大的事情他不在？一定是躲起来了！可见中国人都很灵光，蒙不了什么人的。玉惠什么身份都没有，反倒好说话，她说：这些东西是浙江巡抚左宗棠左大人的货。丁日昌哪里不知道？他只是存心找碴儿。柳成祥趁机鼓起勇气，问丁日昌凭什么来查问！雪岩不轻易现身，看看事情怎么演变，再做打算。中国人主张能拖就拖，并不完全是坏主意。有办法，当机立断；没办法，能拖就拖。还有时间，再拖一下；时间已到，这才当机立断。

(4)郭大人及时赶到阜康钱庄，丁日昌完全变成另一种脸孔，是不是官大一级压死人呢？

对一般民众来说，现官不如现管。管得到才算数，管不到官再大也没有用。但同样是政界人士,那就不一样了。官大一级压死人,只要官位比较高,就威风凛凛,就不怕官职较低的人不低头。丁日昌刚刚还神气活现,郭大人一出现,他就矮了一大截。赶忙打躬作揖,拜见郭大人。

中国人的规矩是大家都依法办理。不过这个法,是有弹性的,可大可小。愈基层法的弹性愈小,愈高阶层法的弹性愈大。往往基层人员说依法不可行,高阶人士却认为同样依法,可以行得通。一句死脑筋、不会变通,便把基层的决定给否决掉了。官阶高,弹性大,当然认为基层人员死脑筋,而基层人员,也没有什么话说,挨骂就是。

还有更妙的,是高阶认为合法,却要基层来负责任。因为高阶往往口头指示,无凭无据。造成事实之后,如果效果良好,果然脑筋好,遂得变通。一旦效果不良,甚至产生弊端,上级就把责任往下推。反正口说无凭,死不承认,部属又有什么办法?这种情况,自古以来,似乎都在流行。官大一级压死人,在这种情况下显得人人都不服气。

我们让高阶主管拥有较大的弹性,是希望把事情调节得合理。所以高阶有权改变,但是必须负起责任。而且要有把握,每次调整,都更加合理。这样,部属才会口服心服,并且热心配合上级的调整,把事情做得更好。官大一级压死人,压得合理,才是正常的运作。

(5)郭大人一出现,胡雪岩立即露面,会不会更加得罪丁日昌?

雪岩躲在里面,并不是逃避责任。因为再怎么说,他是东家,必须负起全部责任。他又是一位勇于负责的人,面对应该负的责任,他不但逃避不了,而且他也不想逃避。他之所以躲在里面是等待转机。玉惠的话,改变不了丁日昌的行动。意思是让雪岩知道,这时候搬出左大人来,并无功效。成祥的质疑,丁日昌胸有成竹。让雪岩知道,丁日昌有备而来,不会轻易改变心意。种种方法的尝试,都在警告雪岩,这一回事态严重,非同寻常。他唯一的希望,便是祈求贵人早日出现,救星快一点光临。在这种热切的盼望中,郭大人出现了。不管有没有效果,这是唯一的希望。雪岩迫不及待,赶快出现。顾不得刚才跟丁日昌说过自己不在家。反正不是自己亲自说的,可以推说成祥不知道自己在里面,才这样说的。老实说,丁日昌怎样想,这个时候的胡雪岩已经管不了那么多了。赶紧走出来说:拜见郭大人。郭大人一句左宗棠所派之士岂能与小人同拜,丁日昌当然听得明白。再一句狗眼看人低,要威风要错了地方，丁日昌锐气尽失，果真有如丧家之犬。随着郭大人一声滚，只好一肚子委屈地滚了出去。雪岩的危机，由于贵人的临门，而立即化解，谁说不是有人好办事呢？这种情形，到今天仍然比比皆是。

(6)雪岩派阿贵回杭州接则云妻室，为什么不考虑成祥的家人呢？这样做可能产生什么后果？

则云的职责，是管钱的钱柜，按理说必须常驻上海。他只身来沪，妻子远在杭州。雪岩自己有玉惠做伴，两相比较，未免不近人情。雪岩将心比心，要阿贵回杭州的时候，顺便把则云的妻子阿莲嫂带到上海来和则云团聚。雪岩这种决定，是安定干部心情、安定干部生活的措施，十分人性化。相信则云的内心，会感觉到无比的温暖。

雪岩看看自己，想想则云，这种推己及人的心情，是老板照顾干部的最佳方式。那么，成祥又如何呢？为什么雪岩只想到则云，却不同时顾及成祥呢？是不是雪岩偏心，或者考虑得不周到，才会发生这种顾此失彼的差错？

成祥的主要职责，是总管各地事务联系，不可能固定待在上海，把家搬到上海和住在杭州，基本上差不多。再说，成祥的小舅子苏晃是太平军首领之一，照顾成祥的妻子，顺便也会照顾雪岩的母亲和妻子。因此，雪岩才没有交代阿贵把成祥的妻子也带到上海来。就算雪岩开口，相信成祥也会反对。雪岩以个别状况来处理家室问题，做出不同的决定，原本是正确的态度。可惜他只知道他很公正，很合理，却没有想到则云和成祥能不能体谅他的用心？接不接受他的安排？将来会不会因此而导致成祥和则云两人之间的不平？各位朋友，若您是胡雪岩，在这种事情的处理上，有何打算？有哪些思考点？又可能产生哪些后果呢？

九、随时都在押宝

有人说:人生就是赌博。这一句话从功能上看并不正确。因为赌博只想赢钱,而人生在赢钱之外,还想要得更多。从性质上看,果然一样,都是十赌九输,而且人人有希望,个个没把握。

在创业的过程中,雪岩随时都在押宝。只要有一次押错了,他的人生就很可能完全改观。幸好他每押必对,一掀开来都是宝。虽然辛苦得很,却也快乐无穷。

一连串的押对宝,使雪岩由一个失业的穷人,摇身一变,成为成祥所说的:心里也会发毛的大老板。雪岩没有一般暴发户的轻浮、自大和浅薄,已经很不容易了。也难怪他看起来,愈来愈专横,愈来愈跋扈!

重点提示:押对宝自然一本万利

依经营的角度来看,做生意首先要做市场调查,获得正确的信息,掌握顾客的需求,做好妥善的计划,然后才一步一步付诸实施。

然而,环境不断变化,人事迭有更替,变量很多。最后能不能达到预期的成果,恐怕谁也没有太大的把握。所以经商和赌博差不多,押对了宝,一切预测、筹划、配合、应变,都显得可圈可点。万一押错了,那就什么都不对了。事后诸葛亮多得很,真正能够未卜先知的人实在很少,就是这个道理。

每一次合作,都是一次赌博。胡雪岩的个性,不喜欢小赌,却喜欢豪赌。成祥和则云,没有这种勇气,只好放弃共同创业的股东身份,低声下气地尊称雪岩为东家,他们自知赔不起,也就是不敢下这么大的赌注。

眼光准确,叫作押对宝。由预测到计划,从执行到考核,其实都需要眼光,及时反应到合理的地步。

个案简介

雪岩和阿贵在室内商量回杭州的事宜,不料玉惠站在门外听得一清二楚。凭空出现芮瑾的名字,引起说不出来的妒意。听来听去,又让毕四姐听出什么人都想到了,就是没有想到玉惠老娘,这使玉惠既伤心又生气。

晚上的时候,雪岩想透过玉惠去找唐廷枢,再从唐廷枢的口中打听李鸿章最近在想些什么。雪岩知道李鸿章和左宗棠的斗争,因此不愿意把所有鸡蛋都放在一个篮子里。伺机拉拢李鸿章,争取一些好感,至少可以降低风险。这时候雪岩想起玉惠的家人,便要她明天上街,买一些稀罕的东西,等阿贵去杭州时,给家人带去。

阿贵的一船白米,原本要运回杭州给家人食用。半路上被丁日昌的手下拦下来。雪岩十分担心家人断粮,成祥劝雪岩想开些,则云认为白白丢了一船粮食,又想起那四百两银子,忍不住又抱怨起来。

成祥十分体谅雪岩,说是放在谁身上,也难免如此。才混了这么一段时间,就变成了大老板,他心里也发毛呀!

唐廷枢透露李鸿章最近要与洋人商议朝廷购买铁场机器的付款事宜,玉惠告知雪岩,雪岩立即提前一步,向洋人预付订金五万两。李鸿章发现此事,非常生气。回到府邸之后,立刻叫丁日昌过来,责问既有此事为何不报?丁日昌也是一头雾水,更加痛恨雪岩。

李鸿章感慨"左宗棠用人,决不容无用之徒"。责备丁日昌不学无术,私闯钱庄,若不是郭嵩涛大人从中阻拦,一旦朝廷怪罪下来,还有脑袋吗?接着又说:"我淮军多为能征善战之将,竟没有胡雪岩这样懂得商道的人。"丁日昌对雪岩,自然愈加不满。

李鸿章传令,让张树声帮助左宗棠的人,把常捷军建起来。丁日昌连忙阻止,认为帮助建立常捷军,岂不等于为虎添翼?李鸿章反问丁日昌,拆胡雪岩的台就真聪明?然后又说:"你不帮,他也要建。左宗棠的势力日强,倒不如成其好事。"

问题与解答

(1)雪岩利用玉惠向唐廷枢打听李鸿章的消息,美人计加上情报战,这样做合适吗?

雪岩对玉惠的感情,一开始就不纯真。他们既不是青梅竹马,也不是亲戚、朋友。雪岩到上海之前,为了找门路,建立人际关系,早就有心找一位花女,因为交际花的人面广,跟许多政要富商很容易攀上交情。没想到这么巧,刚到上海就碰上玉惠。事先不知身份,事后又知道是杭州老乡,于是一拍即合,感情发展得十分迅速。

这种掺杂着利害关系的感情,本来就不单纯,要玉惠向唐廷枢接洽贷款事宜,只是其中的一项关系。现在要玉惠向唐廷枢打听李鸿章的消息,也不过是其中另一项关系。美人计是常用的计策,谁叫唐廷枢总是见到玉惠就色眯眯的?

对于这么会搞情报的中国人,要想保守秘密,实在非常不容易。一下子就漏了风声,还找不出是什么人泄密的。雪岩利用玉惠向唐廷枢打听李鸿章的消息,这种管道,李鸿章岂不是防不胜防?美人计加上情报战,就做生意的角度来看,并没有什么不好。只要不害人,不谋财害命,这样做并无不可。

(2)雪岩发现玉惠知道芮瑾的事情,为什么还不能够提高警觉,进一步做好防备内情外泄的工作呢?

我们已经分析过,住家和工作场所混在一起,会引起许多是非,增加很多困扰。胡雪岩在屋子里跟阿贵说话,怎料到玉惠在外面听得一清二楚。好在玉惠是个直肠子的人,晚上就忍不住询问雪岩:那个芮瑾又是谁呀?雪岩紧追着问:你怎么知道她的?谁告诉你的?却没有因此而提高警觉,并做出具有预防性的改变措施。聪明的雪岩,为什么会这样呢?他不是很机灵吗?难道不知道防备吗?

大概每一个人,都有他致命的缺点,不过各不相同而已。例如,某甲的致命缺点是贪杯,有酒必喝,每喝必醉。我们可以断定,某甲将来死于酗酒的概率非常大。某乙的致命缺点是好赌,什么东西,都可以拿出来做赌注。我们也可以推测,某乙将来会把自己的性命都赌掉,乃是十分可能的结局。胡雪岩再怎么机灵、聪明、有才干,他仍然是人而不是神。而只要是人,就一定有他致命的缺点。那么，胡雪岩的致命缺点在哪里呢？至少到目前为止，我们稍微看出一点，那就是：对异性的感情，警觉性比较低。虽然说雪岩风流而不下流，而且对原配妻子，始终给予应有的地位，并没有始乱终弃的卑劣行为。但是雪岩对异性朋友的感情，显然防范得不够。

(3)雪岩家里吃太平军的粮食，是不是真的商人无祖国呢？对雪岩可能产生什么影响？

雪岩家里吃太平军的粮食，和商人有没有祖国丝毫关系都没有。成祥的妻子有一位兄弟在太平军当头目，时常以粮食接济成祥的家人。这是亲戚关系，亲人理应如此。成祥的妻子，居于成祥和雪岩的交情，彼此又是邻居，也常常接济雪岩的家人。这是朋友、同事、邻居多重关系，原本应该这样。和商人有没有祖国，扯不上关系。

太平军起事时，不过万人。但是攻下南京时，已经有百万人之多。他们对一般老百姓，宣传基督教义，解决民众的生活。对知识分子，则鼓吹民族大义，报仇雪耻。加入太平天国的人，一律采用军事组织。而且纪律严明，战斗也很勇敢。刚开始的时候，英国、美国还把它当作新兴的革命运动。后来愈来愈变质，后来内部纷争四起，外国人才改变态度，来帮助清朝政府攻打太平军。至于一般老百姓，看到太平军的西方宗教性质太浓厚，违背传统文化，大多不敢接近。但是在改善生活方面，居于实际的需要，多数欣然接受，不可能加以拒绝。至于雪岩的家人，更是间接来自成祥的妻子，只有感谢，没有其他的联想。

雪岩呢？心理上当然对太平军有一些感激，至少不会深恶痛绝。因为雪岩自己在外奋斗，无法照顾母亲妻子，难免觉得内疚。听说母亲妻子间接接受太平军的接济，所以在雪岩的心中，太平军的分量，其实并不在官兵之下，而这种心理，和商人无祖国并没有关系。

(4)则云和成祥，背后议论雪岩，雪岩的问题出在哪里？

雪岩要阿贵送一船粮食回杭州，结果被丁日昌派人扣押。则云去求见郭大人，郭大人下令把粮食没收掉。则云很不甘心，向成祥发牢骚，说：白白丢了一船粮食，还搭进去四百两银子。成祥从来没有说过这么难听的话，现在竟然也说：这才混了多长时间，就变成了大老板了，他心里也发毛啊！意思是发迹得太快了，免不了不把钱当钱。爱怎么花就怎么花，好像是暴发户似的。

实际上雪岩并不是这样，他一心惦念着家里断粮的事，怕家人熬不住，这才要阿贵顺便运一船米回家。按理说给三家人送粮食,也用不着这么多的量。但是雪岩心想,阿贵怎么可能直接把米分送到家,不如让太平军半路拦截,送给太平军。苏晃还可以偷偷地接济成祥家人,间接也分一些给其他两家人。可惜他没有把他的设想和成祥、则云说明,才会引起两人的不满。但是成祥也应该把两人的想法反映给雪岩,让雪岩有机会澄清,用沟通来促进彼此的了解。

三个人是老同事,没错。不过以前做事的层次差不多,大家的看法不致相差太远。现在呢?三个人的层次逐渐拉开,距离不断拉大。如果不经常通过沟通,互相加强了解,势必愈来愈不能配合。企业成长太过迅速,大家忙于工作,没有充分时间沟通,常常会产生这种脱节的现象,这是企业主持人必须特别注意防范的事情。雪岩太忙了;成祥太客气了,有话不便说;则云太小心眼了,一直往小缝里面钻。三个人的交情再够,也防不了各有所思。

(5)雪岩代李鸿章预付订金,这是为什么?对雪岩有什么好处?又有什么坏处?

雪岩明知李鸿章和左宗棠是对头,却依然代李鸿章预付订金,因为雪岩经过这一番折磨,已经充分认识到:谁有办法就要依靠谁。他对成祥说:我们不能在一棵树上吊死。这句话和现在我们常说的:不要把所有的鸡蛋全放在同一个篮子里,是完全一样的。他又说:在上海谋事,有奶便是娘,因为生意场上没有固定的朋友。这句话,放到现在还是一样。利害关系一改变,朋友变敌人,敌人变朋友,那是常有的事,谁也料不定的。现在靠左宗棠,说不定以后还要靠李鸿章呢!趁这个时候,代李鸿章预付订金,拉拉关系,将来也好有个照应。可是李鸿章不领情,要丁日昌立即将此款退还。

但是雪岩代付订金的举动,对李鸿章也产生了若干影响。他决定让张树声帮助左宗棠的人把常捷军建起来,这一举动连丁日昌都吓一大跳。连忙请问李大人:帮他们组建常捷军,岂不等于为虎添翼?李大人说:左宗棠势力日强,倒不如成其好事。李鸿章的眼光,当然比丁日昌远得多。看到左宗棠有胡雪岩这样懂得为商之道的人,而自己的干部却没脑筋动得这么快的人。看来,只有先应付应付再说比较妥当。他交代丁日昌好好读点书,动动脑子。不料却增加了丁日昌对雪岩的怨恨,下定决心,总有一天要雪岩好看。雪岩预付订金,一方面得到李大人的协助,另一方面又惹得丁日昌怀恨在心,得失都有,难以两全呀!

(6)李鸿章责骂丁日昌无用,却又仍然重用他,这是什么缘故?

全世界的管理发展到最后,都是心腹知己的管理。企业的规模很小,自己就可以完全照顾,这时候当然由自己管理,不必假手他人。企业的规模扩大以后,事情愈来愈多。完全事必躬亲,靠自己一个人掌管,势必忙不过来。这时候就必须寻找可靠的人来协助自己。这些可靠的心腹知己,形成一个管理阶层,我们称之为“班底”。

李鸿章和丁日昌的关系,并不是单纯的长官与部属而已。他们彼此信任,李鸿章再怎么责骂,丁日昌都逆来顺受。如果不能做到这种地步,怎么能够把他当作亲信看待,什么话都对他说,什么机密的事情都放心地交给他办呢?

古人一朝天子一朝臣,实在是自己带上来的人才可靠,不得不这样呀!李鸿章把丁日昌换掉,用一个新人,他会不会更加担心,这个新人可靠到什么程度,比丁日昌好到哪里去?丁日昌再坏,李大人都能充分控制,放心用他就是。当今多少大老板,跟前的人老是那几个熟面孔。为什么?用久了,摸透了,放心。

人是老的好,东西是新的好。老人有什么缺失,有什么短处,老板已经知道得一清二楚,再坏也就是这样。新人呢?不知道会变出什么花样来,掌控不住,当然不敢重用。

丁日昌愚笨得很,看起来就像一个军阀,可是他对李大人忠心耿耿,绝对没有二心,而且怎么骂都受得了,李鸿章不继续重用他,用谁呢?

(7)李鸿章表明要协建常捷军,丁日昌不明白他的用意,李鸿章趁机沟通,是不是一种好办法?

李鸿章原本不想帮助左宗棠组建常捷军,后来看见胡雪岩这么能干,打通各种管道,想阻挠也阻挠不了,心想不如卖个顺水人情,将来见面好说话,而且明的协助,暗地斗争,左宗棠也不会过于提防。打定主意之后,交代左右传话下去,要协助左宗棠建立常捷军。这种重大的改变,是合理的随机应变。对左宗棠固然有利,但对李鸿章自己,也有相当的好处。至少传扬出去,可以显得李大人为国为民,不计私人的利益,不做卡位的争夺。

丁日昌搞不懂,李鸿章趁机沟通。不但让丁日昌扩大视野增强思考能力,而且能促进彼此之间的了解,拉近两人之间的距离。对今后工作上的配合,有很大的好处。

反过来看，胡雪岩和柳成祥、谭则云之间，就是缺乏这样子的沟通。雪岩愈升愈高，而成祥稍有长进，则云却仍然在原地踏步。这样下去，三个人之间的互信互谅，可能愈来愈有问题，很不容易维持原有的情况。

见微知著，是企业经营者十分重要的修养。看到任何风吹草动，都不可以大意放过，必须用心考察，细心思量，并且设法防患于未然。只有做好未雨绸缪的工作，才能够在事态尚未严重、情况尚未恶化之前，加以防止。

雪岩有这种素养，可惜他对成祥和则云太信任了，从小一起长大的，多少年的同事，一起吃苦熬过来的，还有什么话讲？就这一念之差，使他忽略了一些重大的事情。

十、勇敢面对挑战

吃得苦中苦，方为人上人。一个人想要出人头地，必须不畏艰难、不怕吃苦。但是，更要紧的，不是硬碰硬去闯，或者仿效苦行僧的做法，以吃苦为乐。反而要多动脑筋，想出可行的良策，以求化解，等到苦尽甘来的那一天，勇敢面对挑战的成果，才能够出现。

重点提示：面对挑战 VS 逃避现实

面对挑战，设法化解是胡雪岩的一贯态度。他面对被钱庄开除的厄运时，仍然梦想着有朝一日，自己也会成为掌柜的。他丝毫不逃避现实，更不向现实低头。明知道替太平军买大米非常危险，却坚定地要成祥去钱庄借银子，而他自己去闯“鬼门关”。挑战固然可怕，逃避更加可悲。所以胡雪岩每次遭遇困苦艰难，总是勇敢地面对，并且勤动脑筋，想办法化解。

表面上看起来，胡雪岩很勇敢地接受各种挑战，也十分明快地解决问题。事实上，如果深入观察和思考，不难看出雪岩所用的方法，并不是西方式的解决，而是中国式的化解。

解决和化解的最大区别，在于有没有融入心灵的层次。就事论事，不管心里的感受如何，纯粹是解决问题的形态。把事和人结合在一起，并且注重心灵的感受，那就是化解。

个案简介

杭州城内绝粮，街道堆满了尸体来不及掩埋。城外清军的营地大多被太平军攻破，只剩下曾得胜这一营，仍然屹立不倒。

浙江巡抚王有龄上吊自杀，胡雪岩的家人躲在竹林内。粮食都靠苏环和芮瑾的接济，难免埋怨雪岩。

常捷军和太平军决战之日，雪岩显得十分不安。他一生的成败，都决定在这一战役上面。

雪岩坐立不安，干脆跑到左宗棠的军营，想亲自问清楚前方的情况。守卫挡驾，说大帅正忙着。

雪岩不得晋见，只好在帐外徘徊。忽然听见帐内传出一阵嬉笑声。雪岩不顾一切，冲了进去。

原来左大人正在和士兵下棋聊天，雪岩赶紧禀告："大人，小的一切可全仰赖您了。"

左大人叫雪岩陪他下棋，雪岩无奈，只好遵命。看见左大人气定神闲的样子，自己却是心思纷乱，完全定不下心来。

杨昌浚满身是血，冲进来大喊：杭州城破了！

左大人下令更衣，进城，一副胜利者的模样。

杭州城民夹道欢呼，欢迎左大人进城。雪岩赶紧回家探望，妻子惊讶他终于回来了，母亲则低头不语，看也不看雪岩一眼。

雪岩蹲在母亲前面，把头靠近，说："娘，您看孩儿是不是老了？"胡母不禁笑了起来，又恢复了一家人的笑谈。

杭州城的太平军伤亡惨重，苏晃也被洋枪打死。苏环十分不能谅解雪岩，芮瑾也不理会他。雪岩却说没有他，会死更多人。但是他的内心，仍然十分愧疚。他决定放手一搏，要求左大人答应他，为亡者义葬。左大人同意，雪岩办了一场规模很大的义葬。其中送葬的队伍包括三支旗队、三支乐队，还有高达数丈的白幡。芮瑾披麻陪着苏环，为苏晃致哀。

王将军看见雪岩明目张胆地替太平军举办这么隆重的丧事，显然是敌我不分。向左大人告发，大帅却认为没有什么值得大惊小怪的。

左大人原本送了一把扇子给雪岩，后来被芮瑾送进当铺。幸亏王有龄把它赎回来，辗转又回到左大人手中。左大人想想，还是把它送给雪岩，留作纪念。

问题与解答

(1)杭州大捷,对胡雪岩有什么重大的意义?

胡雪岩第一次冒险,是把买进来的米,以平价售出,他成功地平抑了米价,顺利地购买了预订要收购的粮食。第二次冒险,是把原本要运给太平军的粮食,献给左大人的湘军,结果获得左大人的赏识和信任,把采购军粮的重大责任交付给他。这一次杭州大战,湘军能不能打败太平军,是雪岩的第三次冒险,他把全部财力及债款完全投在常捷军上面。如果湘军打了败仗,雪岩的所有财产,就要完全泡汤。所以杭州战役,是雪岩命运的转折点。

雪岩提心吊胆,紧张得连水都喝不下。他要阿宝去打听前线的消息,成祥则担心万一攻不下杭州城来,那就血本无归了。雪岩一方面说这一次赌的是我们两家的身家性命,另一方面则坚定地说:第一次做生意不能败。

这哪里是第一次做生意,分明不是。但是胡雪岩这样说,可见他把每一次都当作前所未有的第一次,这是非常高明的态度,不致因为已经有了那么多次的经验而掉以轻心。第一次,非慎重不可。第一次不能失败,对自己而言,这种自我激励,才是保证成功的最佳方式。

雪岩愈等愈紧张,愈想愈不对,干脆自己奋不顾身,直奔前线而去,想自己去看个究竟。尽管成祥大喊前边危险,仍然阻止不了雪岩。这场战役,湘军大捷。雪岩的冒险,终于顺利过关。由此可见他的前途一片光明。他的事业成功,更是一切在自己的手掌中。杭州大捷,雪岩成功了。三次冒险,毕竟是值得的,有眼光,有魄力。

(2)前线战争惨烈,统帅左宗棠却坐在营中下棋,这是什么道理?

会当老板的人,由于知人善任,把所有工作都合理地分配妥当,指派给合适的人员去处理了。所以自己无所事事。

雪岩紧张得要命,要晋见左大人。卫兵挡驾,硬是说左大人有要事。他不这么讲,难道说左大人闲得没事干,正在下棋打发时间吗?将军下棋,也是重要的事呀!

左大人远远瞧见胡雪岩,反而主动招呼他:胡先生你来,你来。雪岩以为左大人要告诉他打仗的情况,左大人却一句话也不提,只叫他坐下来跟他下这盘残局。雪岩无奈地回答:我们的身家性命全押在这一仗上面了。意思是在这种生死存亡的紧要关头,怎么还有心下棋呢?

将军出生入死,早已把生死置之度外,打仗还有不死人的?正在这个时候,杨将军来报:大帅,杭州城攻下来了。雪岩如释重负,大喜过望,赶紧说:这盘棋您赢了,您赢了!实际上雪岩的心里大喊:我赢了,我赢了!

左大人笃定得很,不愧是大将。不慌不忙,不喜形于色,只是从容不迫地下令:更衣,进城!这种定力,才显得大将风范。大企业家,大政治家,都应该如此。

(3)雪岩回家,母亲百感交集,雪岩如何化解?让母亲破涕为笑,是不是证明雪岩确实有一套?

雪岩母亲在战争期间,几乎熬不过去,几次想到可能再也见不到雪岩了。如今雪岩回家,母亲真是悲喜交集。悲的是雪岩如此不孝,竟然在母亲最困苦的时候,家里最需要他的时候,不知道跑到哪里去了,连个音信都没有,这样的儿子实在靠不住。喜的是战争过后,合家团圆,一家人又聚集在一起,实在是皇天保佑,祖宗有灵。雪岩回来,母亲一肚子怨气,不理会他。雪岩不说母亲如何如何,反说:娘啊,你看我是不是老了?把自己当作小孩子一般,引起慈母的疼爱,终于使母亲破涕为笑。

一般人一回到家里,大声叫喊:我发财了。做母亲的是会高兴呢还是更加生气?一说起发财,总喜欢说自己奋斗得来,不知道后果怎么样?我们做一番比较之后,不难发觉雪岩在讨人欢心方面,有其独到的地方。

雪岩并没有解释自己在外也十分辛苦,心里也时常惦念着家人。因为说这些话有什么用?不过希望减少自己的罪过罢了。雪岩把自己当作小孩子,希望母亲原谅他少不更事,母亲还能计较什么呢?母爱的伟大,不就是这样。

(4)雪岩为亡灵义葬,是不是负起社会责任的表现?幸亏左大人开明,否则误会难解,是不是?

雪岩知道苏晃接济他的家人,不管直接间接,总是十分感激。雪岩看见苏晃被洋枪杀死,不管直接间接,总是心有不安。因此想借义葬亡灵来答谢苏晃,也借此安慰苏晃的亲人。他毫不隐瞒地报告左大人:小人的家眷在杭州被困之时,也曾有朋友相帮,现在这些朋友有的战死街巷,有的曝尸日下,所以为了安顿亡灵,请准予义葬。左大人十分开明,回答说:生前作乱,贻害无穷;死后安葬,人之常情。中国人主张人死为大,不必再计较生前的种种。也是一种希望平息纠纷,不要再冤冤相报的意思。

雪岩这种举动,很有可能引起误会。因为两军交战,互为敌人,哪里有为敌人义葬的道理？但是如果雪岩不做,就没有人敢做。这些亡灵的亲友,就会把怨恨深埋在心里。对社会的安宁、民众的和谐,都会产生负面的影响。

雪岩向左大人提议此事,事实上也是一种冒险。好在刚刚大捷,左大人心情喜悦。而雪岩功在湘军,由他提出,左大人比较容易接受。雪岩是为了平息怨恨,为社会尽一些责任。左大人很欣赏雪岩在经商赚钱之外,还有这样的心思。同时也觉得亡灵无辜,大部分是环境所造成的。因而动了慈悲之心,所以满口答应:此事由你去接办。

左大人原本就有救济灾民难众的想法,现在雪岩提出义葬亡灵,不过是扩大范围的一种做法。雪岩提出的时机,十分合适。

(5)左宗棠一再把扇子赠送给雪岩,有什么用意?

左大人从敌将李世贤手中获得一把扇子,心想这种胜利品,应该送给对战争有功劳的人。于是他想起在仁德钱庄越权出借银子,结果被任老板开革的胡雪岩。所以他特意派王将军转赠,以表示敬意。无奈王将军找不到胡雪岩,只找到了芮瑾。

他把扇子交给芮瑾,要她转告胡雪岩:三天之内拿着这把扇子,到杭州巡抚大堂回话。

芮瑾为了拼凑资金,帮助雪岩做粮食生意,竟然把扇子送进当铺。幸亏王有龄又把它赎回来,辗转又回到左大人手中。现在由左大人当面赠送给雪岩,更加有意义。

左大人一向认为养口体不如养心志,他十分廉洁。不想用金钱来酬谢雪岩的义举,所以用扇子来表达心意,十分高雅,可以看出左大人的风格。

人际关系当中,送礼是一件大事,而且也是一件难事。千万不要认为有钱就可以办好送礼这件事情,实际上不送还好,送了反而闹出不愉快的事情,也时常发生。送什么人？送什么礼？怎样送？什么时候送？由什么人来送？都是必须仔细考虑的因素,只要任何一个项目出了差错,就会产生不良的后遗症。送重了不好,送轻了不行;早送不对,晚送也不对。亲自送,还是叫别人转送;送给本人,还是请别人转赠;送到家里,还是送到工作场所,样样都要规划妥当,以免送了礼还挨骂,花了钱还得罪人。

送礼可能送出重大的纰漏,不送礼也可能因而结怨成仇,不要认为送礼是小事,它的本质,应该是可大可小的。

(6)赚不到钱,固然十分痛苦;赚到了钱,又会惹出一大堆烦恼,这该如何是好?

赚不到钱的时候,雪岩一天到晚受成祥的气。因为成祥的眼光不及雪岩,无法充分了解雪岩的决定,时常有不同的意见。雪岩对外要应付一波又一波的挑战,对内要设法安抚成祥的情绪,当然十分痛苦。高阶主管的处境,经常如此,看起来没有什么实际表现出来的具体工作,却要不断地动脑筋、费心思,常常弄得精疲力竭。

赚到了钱之后,要打点的事情更多。自己的家人要照顾,同事的生活要安顿,帮过忙的人要酬谢,得罪过的人也要想办法弥补,加上心情喜悦,稍微一放松,又会惹起许多感情上的困扰。雪岩之所以把玉惠接进来,主要是在长期紧张的生活之余,也想有所调适的一种反应。然而因此所引发的事端才刚刚开始,势必又是一大堆烦恼接踵而来。

有一些人,常常认为有钱好办事,好像有了钱以后,什么问题都能够迎刃而解,一切困难都将随着钱的到来而消散,殊不知钱来了之后,自己变成有钱人,大家的观感也随之产生重大的改变。好处固然不少,坏处往往更多。这时才发觉原来的困苦真的减少了一大部分,却增加了许多其他的困苦,这才觉悟人只要活着,好像就有苦恼。人生原本是阶段性的困苦,每种情况都有其不同的难题。

十一、不要看轻自己

雪岩要购足所需要的粮食，成祥不以为然。雪岩想开钱庄，成祥担心资金不足。两个老邻居、老朋友、老同事，对一件事情的看法，为什么有那么大的差距？

成祥的问题，正如雪岩所说：总是把自己当伙计看。而雪岩呢？则是永远把自己当老板看待。

一个人应该谦虚，却不可以看轻自己。这两者并不矛盾，可以相辅相成。看得起自己，是对自己的一份期待，给自己一份激励，也给自己一些鞭策。谦虚不自满，是对人的一种态度，让人家乐于亲近，更愿意帮忙。

成功的人，不骄傲，但是，也不看轻自己。对自己有信心，还要谦虚地不断充实自己，才是真正看得起自己。

重点提示：不平凡的人做不平凡的事

胡雪岩没有钱的时候，日子过得相当辛苦。现在赚了钱，住华厦、包歌女、洗上海澡，他还是紧张得很，日子过得也不轻松，这是为什么呢？因为他心中始终有一个信念：不平凡的人，应该做不平凡的事。

“以钱赚钱”是平庸商人的平庸之策，但是，对一般人而言，已经十分难能可贵了。

“以人赚钱”才是胡雪岩这位不平凡的商人，所使用的不平凡策略。

不平凡的人，也应该过不平凡的日子，胡雪岩和所有平凡以及不平凡的人一样，都摆脱不了“自作自受”的命运。

个案简介

雪岩明着为战争阵亡的将士发丧,暗地里为太平军头目苏晃义葬。左大人不是不明白,却以死者为大,要雪岩自己好好去做。一方面表示支持,另一方面则撇清关系。对于雪岩的仗义行为十分赏识。

在小茶店受小二的气,使雪岩耿耿于怀。他现在好不容易衣锦还乡,还特地到小茶店坐坐。小二哈腰谄媚地称呼胡大先生,胡大官人。雪岩依然不为所动,强调说:"白开水养人啊!"还说:"像我这样经常空着肚子,苦惯了的人,不禁涮啊!"小二要求开恩,责怪自己有眼无珠。雪岩拿出一锭大元宝,要小二把乡亲请到茶楼来喝茶。小二高兴地照办,使雪岩的美名,传遍了整个杭州城。

雪岩利用杭州城正需要重建的机会做了很多善事,并且开张了他的第二个钱庄。头一天就存进三万多两银子,又把存进来的银子拿到各处去开当铺。他要成祥当总管,则云负责上海。由于杭州战役,使他体会到"商无官不安,官无商不富"的道理,雪岩交代成祥,多准备些银子,随时供左大人使用。

芮瑾为了苏晃被杀的事,对雪岩大发雷霆。雪岩举办义葬,芮瑾应该不再生气。雪岩要阿贵带路去看看芮瑾。想不到芮瑾还是越想越气,拿起扫帚就要把阿贵赶出去。就在这个时候,仁德钱庄的任老板偷偷地走进来,要找芮瑾帮忙,特地送上一千两银票。芮瑾忽然语气尖锐地大骂任老板,表示要让雪岩把仁德钱庄击垮,让任老板没有退路。她又拿起扫帚,把任老板也赶出门去。

任老板跑出去之后,原本躲在门后面的雪岩才现身而出,双眼直视芮瑾,没有笑,也不说话。看了一会儿就和阿贵离开了芮瑾的家。

隔天,任老板不得不亲自来通裕钱庄,要求雪岩帮忙。雪岩看见任老板,老远就称呼师傅,并请他进来。任老板表示不方便,只说出通裕本金雄厚,月息高出仁德三厘,害得仁德的存户都快撤光了,希望雪岩高抬贵手,手下留情。雪岩说:"其实干这行的,互相都应该有个照应,可我这银子来得容易,想让大伙宽裕些,恐怕仁德也要提高利率了。"雪岩还假装好心地说:"放银子由通裕帮你,获利之后,咱们五五分成。"

任老板当然知道雪岩不怀好意,愤怒地走了。

左大人要自造铁甲兵船,希望多少年之后,中国能够有自己的海军。胡雪岩全力附和，李鸿章得到这个消息，却非常的震惊。交代唐廷枢和丁日昌，想办法加以阻挠。

雪岩动身到上海去，特别交代阿贵好好照顾芮瑾。阿贵到钱塘江口，帮芮瑾养鸭子。

问题与解答

(1)左宗棠默许雪岩为太平军首领发丧，雪岩才不致被告发入罪。左宗棠为什么要支持？

一般来讲，主管会支持部属做一些部属想做的事情，表示给他一种鼓励。我们不是说每一个部属要求做什么，主管都会支持他。这件事情要是由别人提出来，左宗棠不一定会答应。但是雪岩提出来，左宗棠会给他支持，因为要当作对雪岩的一种奖励。有些事情按照主管的意思，有些事情按照部属的意思，这当中到底标准在哪里？我觉得我们中国人很简单，就是两个字：合理。这个性质很重要，合理不合理？当时的情况大家心里有数，彼此做一个协商。主管讲得有道理的，部属就按照主管说得去做；部属讲得有道理的，主管就不要坚持，就照部属说得去做。

另外，我们还会考虑到部属的立场，使他以后能更好地做事情。这样对上司也是有好处的。这种事情如果让左宗棠自己来做，那就不好了。为什么？有点假仁假义。你把人家打败了，杀死了，然后再来给他们发丧义葬。老百姓看起来，总觉得好像假假的。可是你让雪岩去做，一旦做好了以后，可以安定民心。而且也使左宗棠以后做起事情来，更得民意的支持。暗地里是左宗棠在支持，明的让雪岩去表现，我想这一明一暗的搭配，我们中国人心里头都非常清楚。对雪岩有好处，因为他可以解掉很多的怨，但是对左宗棠也有很多好处，因为他可以得民心，两全其美，所以左宗棠会大力支持胡雪岩。

(2)雪岩重返茶馆，对伙计重提旧事，有这种必要吗？

我相信一般人都认为何必这样呢？过去就过去了，当时他给你难看，现在你一定要给他难看，这不是太小气了吗？可是我还是比较赞成雪岩这种态度，为什么？因为要教育他，让这个伙计将来也能够养成好习惯。

所以雪岩他就是用行动来让伙计知道，你那种态度要改，不改的话，你下辈子可能还是穷跑腿的，你没有什么机会。但是他讲完以后，并没有给他一点好处的话，那我们就觉得雪岩太小气，有仇必报，是没有必要的。他没有，他骂归骂，讲归讲，但是他给他机会，请所有的人喝茶，我出钱，这个钱里面，他又让伙计也赚了一点。我想这样的一个做法，应该值得我们深思。光是嘴巴骂人家，这个就是有冤报冤，有仇报仇，这样做完全没有意思。用行动来改变别人，使别人能够改变习惯，以后做得更好，我想这才是雪岩的真正用心所在。

(3)通裕钱庄刚开张，为什么就十分兴旺？雪岩要成祥到各地开当铺，是什么道理？

我们都知道，在中国社会做事情，关系永远摆在第一位。现在钱庄一开张，人气很旺，就表示关系够。头一天就进了三万多两银子，雪岩说这种状况还要持续半个月。各位算算看，所累积起来的金钱有多少？仅靠关系够，也不一定有这样的情况。还要加上通裕本身的利息高，我到这边来，可以拉到关系，又得到一点好处。谁不来？所有人都来了。所以关系够只是一个诱导台，利息高，才是给人家实际的利益。一方面有关系，另一方面有好处，大家就通通来了。

雪岩没有一般人的毛病，这个钱庄做得很好，我就把这个钱庄搞好就行了。他马上想到，战争刚刚停息，百废待兴，很多人需要钱来买材料，来重建家园。有钱的人，把钱存到钱庄；没有钱的人，会把家里东西拿去典当。所以这个时候，开当铺是最好的时机。很多人看着手上好的，就不会去想其他的。雪岩不是，雪岩认为手上好，这是手上的事情，还可以延伸出去，多元化经营。所以他说，你到各处去开当铺，这个时候一定会有很多人来找我们。钱庄利息高，这个利息钱从哪里来？就是把收进来的钱，拿到各地去开当铺，然后去收买东西。人家把东西拿来当，你用钱庄的钱给他。将来他还不了钱，自然这些东西就是你的。这样的做法，在今天我们已经很清楚，只是我们没有料到，在当年雪岩就有这样的策略。我们可以看出来，做生意，预测力非常重要，这一点是雪岩非常高明的地方。

(4)雪岩说商无官不安，官无商不富，是什么意思？

我们都很清楚，做生意的人，如果得不到官方的支持，就很难开展，甚至很难维持。他一会儿要取缔，一会儿要查禁，你还能做什么生意呢？他动不动就给你断电断水，又说你这个不合格那个不合格，三天两头来查，你生意怎么做？自古以来，只有配合政策的人才能够赚大钱。所以我们常常怀疑官商到底有没有勾结？我相信这个谁也不知道。他说我没有勾结，我们两个彼此配合而已，那也是一句话。全世界要做大企业的人，没有人不注意政府的政策的。

所以我们常常听到政治献金、收贿这些丑闻，到底是真的？是假的？我想这些都有待考证。一个人出来竞选，要花那么多钱，他为的是什么？始终是我们非常怀疑的事情。而且一个人你看他当了官以后，他常常回忆我以前很穷很苦。我奉劝当官的人最好不要讲这种话，因为讲这种话对他非常不利。你说你以前很苦很穷，连穿鞋子的钱都没有，那当了官以后，你又可以买房子，你又有很多的钱来培养你的子女，你这些钱从哪里来？人家拿计算器一算，你每个月赚多少钱，通通存起来，不吃不喝的话，你也买不起这栋房子。所以我建议最好不要讲这种话，因为官久自富，当官当久了就是富翁。官商之间未必勾结，但是一定有相当的关系。

(5)任老板找芮瑾帮忙，被严词拒绝，是不是自作自受？

很多人问我说：到底天理是什么？因为我们中国人都很相信天理良心。天理良心，我们凭良心就是要顺天理，所以我们都很关心，到底天理是什么？我的答案非常简单，天理就是四个字，叫作“自作自受”。

世界上有一个永恒不变的定律，就是自作自受。

任老板给人家难堪，总有一天人家也会给他难堪。但是他没有觉悟，他没有想到他以前对芮瑾的父亲是什么态度，现在居然想要找芮瑾帮忙，这不是很奇怪吗？我们中国人最难忘记的，就是杀父母之仇。老实讲，别的事情我们可以忘记，杀父母的深仇大恨，没有一个人会忘记的。芮瑾的爸爸为了保全钱庄的银子而牺牲，任老板并没有给他抚恤，也没有好好地照顾芮瑾，芮瑾怎么会忘记呢？任老板来找芮瑾，我们可以说他完全是不自量力，他没有想到后果一定是自讨没趣，这不是很奇怪吗？稍微有知识的人都知道，这种话讲了等于白讲，最好不要开口。但是他还是开口了，而且还为这个问题想不通，实际上是很简单的。国家大事、公共事务、社会公道，不应该恩怨分明。因为这是公事，拿公事来报私仇，这是绝对不可以的。一个人为公共事务考虑的时候，不应该考虑个人的恩怨。以个人恩怨来处理公务，这是大忌。可是私人事务，一定要恩怨分明。因为人家对你好，你没有理由不对人家好，人家对你不好，你也没有理由对人家好；否则就是一厢情愿、是非不明、善恶不分，这个人还有什么价值呢？可是我们处理得稍微圆满一点，我们嘴巴不明说，只付诸实际行动就好。

(6)雪岩为什么支持左宗棠自建铁甲兵船？

我们可以大胆地说：雪岩根本不了解什么海军、陆军对国家的重要性，他也不会真正为国家的国防来考虑事情。但是他跟左宗棠相处，听了左宗棠很多话以后，感觉到这个人实在是了不起。左宗棠一心一意为国家，从来没有替他自己考虑过。雪岩就凭这一点，就认定了左大人。我觉得这也是我们中国人的一种选择，依此来决定这个人讲话我会听，那个人讲话我不会听。同样一句话，这个人讲的我听，那个人讲的我不听；同样一件事情，他说的我认为很有道理，而别人说的我就认为没有道理。为什么？因为我对这个人有信心，否则你怎么去料定这些事情？老实讲，凭雪岩的水准，要把这些事情了解得很透彻，我想是很难的。可是他有一个优势，我既然追随你左大人，我既然认定你是为国为民的，那你讲的话我都听，我跟你配合。同时，在实际的运作上，他跟左大人的配合，也一直很顺利，合作得很好。在这种情况之下，没有理由不做下去。雪岩既然知道左大人的为人，也愿意为左大人效劳，所以左大人讲什么，他当然就顺着他的话去执行。再说，这当中有很多赚钱的机会，我想雪岩在商言商，他是不会放弃的。

一个人事业要做大，就不能说你一定要支持我，而我不听你的话，你想干什么我都不管你。这种心态，人家不会全力支持的。雪岩不是，我可以赚钱，但是我也要配合你。配合人家来赚钱，配合对方的需求来发展自己的事业，这是一条很有利的途径。

(7)李鸿章为什么不愿意左宗棠建造造船厂？

我们看到，雪岩那么热心地支持左宗棠。我们也分析过，他实际上只是为左宗棠跟他自己的利益，不一定会考虑到整个国家大事；相反的，我们认为左宗棠应该能够得到李鸿章的支持才对，因为大家都是为国为民。可是事实上我们发现，李鸿章的态度好像不是这样的。他看到左宗棠样样都要跟自己争，我搞这个，你也要搞这个；我搞那个，你也要搞那个；你将来不是我的敌人是什么？所以李鸿章认为兴办水师，这是强兵富国之策，不是私人的事情，不是说你想搞就能搞的。各位发现了吗？中国人要斗争，都会找一个冠冕堂皇的借口。他不会用私人的利害关系来说，我反对这种事情；他一定是用国家民族这顶大帽子，来把对手打击下去。李鸿章想办法要阻止左宗棠建造造船厂，是为了以后不要让左宗棠势力太大，发生卡位战争的时候很麻烦，他也想到湘军发展到最后，势必要有个领袖，这个领袖到底是左宗棠？还是我李鸿章？他现在已经想到这个问题，所以才会先下手为强，来阻止这件事情。

对这种作风，我们也不要太过反感。因为一个国家太大，我们没有办法使全民时时刻刻都一致对外，那也不是好事情。因为那样对全世界来讲，就会引起很大的紧张。幸好中国人对外的时候会一致，但是对内的时候也会内斗。我们放轻松一点，以平常心来看，站在全世界来看。这么大的一个国家，他这样做，是不是也是世界和平的一种安定的力量呢？

(8)雪岩指定阿贵专门侍候芮瑾，这是为什么？

到现在为止，我们来想一想：雪岩跟芮瑾到底是什么关系？他们是一家人呢？还是不是一家人？我认为心跟心连在一起，就算是一家人了。所以芮瑾常常把雪岩当作自己人，而雪岩也有意无意地用行动来表示他跟芮瑾是一家人。所以他现在派阿贵去专门侍候芮瑾，芮瑾也知道雪岩是怎么想的。如果雪岩现在赚了钱，他还只顾他自己，他没有去顾虑到芮瑾，各位想想看，芮瑾的内心会是怎么一种感受？雪岩他很感激芮瑾一直支持他，并且用资金来实际参与他的从商行动，可是他们两个没有办法在一起。所以他就说，阿贵你去侍候她。用这种行动来表示，我们不管形式上有没有在一起，我们是一家人，它可以拉近芮瑾和雪岩的距离。说难听一点，阿贵除了帮助芮瑾以外，还可以就近收集芮瑾的情报，让雪岩也了解一下。同时芮瑾从阿贵的口中，也可以得知雪岩的一些行为跟做法。这样不是使大家沟通的管道很畅通吗？我们再说一遍，因为这是非常重要的话，中国人不太注重形式，我们非常注意实际的行动；我们会相信一个人的行动，而不太会相信一个人的话。所以，雪岩用阿贵去专门侍候芮瑾，来表达他的心意，我想这是个非常有效的方式。

十二、逐渐有所不为

年轻的时候,没有选择的机会。什么事情都要做,什么事情都需要亲自去做。这时候有所为十分重要,有事做总比没事干要好得多,借此磨炼自己、充实自己,奠定成功的基础,也能累积丰富的经验。

但是,一辈子停留在这个阶段,保持这种情况,可能永远没有出息,不能出人头地。于是,逐渐拥有选择权,有些事情自己不必做,叫别人去做;有些事情干脆不要做,是不是更有时间,更有精力,做一些别人不能做、做不了的事情呢?由有所为逐渐转移到有所不为的地步,才是人生努力的目标。有所不为不是偷懒,而是做更有益、更有效、更有贡献的事。

重点提示:有所不为 VS 有所为

胡雪岩要柳成祥当总襄理,抓紧所有的大事,谭则云负责上海的业务,自己好像无所事事。成祥有一些不明白,反问雪岩:“你干什么?”

从行为可以看出一个人的性格,而性格往往决定一个人的命运。有所不为的性格,才够资格谈无为而治。满脑子有所为的人,当然一辈子为人所用,有人用他,就十分幸运,可见人人都是自作自受,怨不得别人。

有所不为可以解释为“做其他人做不到的事情”,雪岩并没有闲着,只不过别人动手,他动脑而已。动手看得见,叫作有所为。动脑看不见,所以很像有所不为。脑筋动得快,快到好像根本没有动,那就更加有所不为了。

我们不认为人人都可以有所不为,也不认为大家都必须有所为。人生应该从有所为开始,能做的多做一些,不必过分计较。但是,在有所为的过程中,要常常动脑筋,探究各种根源,想一想有没有做得更好的可能,使自己有朝一日,也能够有所不为。做得到当老板,做不到也不觉得遗憾。因为不管怎么样,已经尝试过了。

个案简介

阿贵奉雪岩之命，前来伺候芮瑾。无意间透露雪岩在上海认识了一位玉惠小姐，芮瑾追问细节，阿贵知道事态严重，赶紧要求芮瑾千万不要告诉雪岩是他说出来的。芮瑾把鸭子全数委托老爹代养，带着一些鸭蛋，要阿贵陪她到上海去。

雪岩为了讨玉惠的喜欢，叫阿贵从玉惠父母坟墓上包一包泥土，要带到上海。果然玉惠十分感动，欢喜地依着雪岩，雪岩问："满意了，不要小性子了？"

阿贵和芮瑾终于到了上海，来到胡家大院门前。阿贵敲门，毕四姐打开门来，看见阿贵，显得很高兴。

芮瑾和玉惠见面，一开口就没有好话。直截了当问玉惠是谁？玉惠叹口气说："我是被胡老爷收留的同乡戏子玉惠。"但是在态度上，玉惠摆出一副女主人的样子。邀请芮瑾多住几天，免得老爷回来，怪罪玉惠怠慢了贵客。

则云和阿莲嫂也进来见面，玉惠看他们人多势众，先退了下去。芮瑾对则云很不满，责问他为什么看着雪岩如此这般，也不加以规劝？则云和阿莲嫂都劝芮瑾息怒，阿莲嫂更是七嘴八舌，他们好不容易才留下芮瑾。

大家欢迎雪岩，芮瑾听到雪岩回来，心酸地狂奔了出去。雪岩请大家坐定，说今天都是家里人，大家都不要客气。雪岩很高兴，又喝酒又吃菜。当他吃到其中一道菜的时候，居然低沉着脸，紧皱着眉头，问是什么人烧的。大家不知所措，雪岩却严厉地说："来客人了吧！"于是芮瑾走了出来，站在门口，又高兴又悲伤地看着雪岩。正当雪岩惊讶的时候，芮瑾又跑了出去。

则云起身要去把芮瑾追回来，雪岩制止，说让她去吧！阿莲嫂为了讨好玉惠，说了几句话，想不到雪岩竟然狠狠地提出警告：这是我家里的事，最好别人都不要多话。

芮瑾知道留在上海会妨碍雪岩的发展，她既看不惯玉惠，也知道自己不能见容于其他的人，干脆回杭州养鸭子，反而自由自在。

问题与解答

(1)雪岩那么忙,还要从杭州带一包泥土到上海给玉惠,玉惠抱着泥土包不放,有什么感想?

我们回忆一下,雪岩老早就发现玉惠知道芮瑾的事情,但是他没有很正面地解释。因为这一解释以后,就会养成习惯,样样都要说明,好像自己样样都要报告一样,那以后怎么相处呢?所以他并没有把这件事情当作一件事情来做;但是他会把它放在心里头,他常常在想,我怎么样去化解掉?我觉得这是一种处理事情很好的方式。有的人听到玉惠知道芮瑾的事情,就一直跟她解释,一而再、再而三,恐怕不是个好办法。可是你就此不理,将来玉惠的情绪也会愈来愈糟糕。后来他到了杭州,打听到玉惠的双亲葬在什么地方,然后就把那儿的泥土包了一包,带到上海去。各位想想看,玉惠还在怪雪岩,可是当她发现,雪岩千里迢迢从她父母的坟上带了一包泥土来,她还有什么好疑虑的呢?如果雪岩不是把她当作一家人看,他会这样做吗?可见用行动来化解,比用语言来说明,要强上好几百倍。

我们以后要记住,行动比空口说白话要有力量。嘴巴承诺,嘴巴说明,甚至妄想要去说服别人,都是浪费精力的。少说一点,多做一点,让对方心里头自然而然产生一种感受,这才是人与人互动的最佳途径。可惜一般人都急急忙忙要说明,急急忙忙要辩解,甚至更可笑的,就是企图去说服人家。在我的脑海里面,我始终没有说服这两个字,因为中国人是不可能被说服的。不要做梦,中国人自己心里的感受怎么样,他心里很清楚。你想说服他,恐怕连门儿都没有。用行动让对方有感受,把疑虑化解掉。雪岩这次这样做,值得我们思考背后的道理。

(2)芮瑾为什么要去上海探望胡雪岩?阿贵为什么要说出上海的情况?

我们想想看,如果芮瑾听到阿贵说雪岩在上海跟一个戏女同居,她也毫无反应,这样合乎情理吗?那是不合乎情理的。可是她也不能够正式地提出什么样的抗议。一方面她没有名分,另一方面在那个时代,也不合适这样说。因此她用了我们中国人认为最可贵的方法,就是用关心对方来打动对方的心,来使对方自己有所改变。所以她马上就决定,我要去上海看他。她没有说我去上海纠正他,我去上海跟他吵,她都没有。这些时髦的东西,不是以前我们中国人的做法。她只是把雪岩最喜欢吃的鸭蛋带到上海去,然后表达她的关心。至于雪岩怎么样,那是雪岩的事情。她纯粹就是说,我来关心你,不要吃坏女人的亏。她就这么一个动机,其他没有。至于为什么阿贵要把上海的事情说出来,我想这也是人之常情,我们一直认为中国人是没有秘密的。我们怎么会有秘密呢?我们听到秘密就很紧张了。而且我们都相信,纸是包不住火的,鸭蛋再密也会有缝,迟早人家会知道的。你看阿贵,他有意无意就说出来了。

中国人向来就是这样的,你要给我守秘密,这事只有我们两个人知道。他一定说好好好,但是你走了以后,他就想:我一个人怎么守得住秘密呢?我让别人来守,我们大家一起守。守到最后,就等于没有守。我想这个我们经常可以看到,绝不是说,阿贵没有受过训练,或者他有心破坏人家,并不是这样子。世界上的事情,如果希望别人不知道,只有一个办法,就是自己不要做。你做了,你就不要寄望人家不知道。不要说我的事不要让任何人知道,这种话,我们尽量可以讲,但是心里头,不要抱这种希望。我比较喜欢开玩笑说:我们中国人没有秘密。所以大家才会一开口就说:请你保守秘密。

(3)雪岩批评则云所说的经营策略,不过是平庸商人制定的平庸之策,这是什么意思?

雪岩跟则云在干什么?他们在洗澡,在洗上海浴。一个人洗澡的时候,应该是什么都不想,充分休息才对。事实上不然,一个有责任感的人,他时时刻刻都在动脑筋,动脑筋也是可以休息的。不是说休息就要休息到完全不动脑筋,雪岩在洗上海浴,他满脑子在想这个策略、那个策略。同时他也不放弃任何机会教导他的部属。我觉得这也是一个当主管,或者当老板的人应有的责任。人家跟你,把他的青春花在你的左右,你完全不教导人家,那不是浪费人家的生命吗?所以雪岩问则云说:那个政策怎么样了?则云说错了以后,他再告诉他这个是没有用的,那是很平庸的,那是一般人做生意的理念。我们应该有比较特殊的、比较高明的经营理念,才能够突破现状,才能够跟别人拉远距离,而有所精进。各位有没有看到,则云的反应是怎么样的?你就可以知道则云到底成才不成才。雪岩可以不教导他,雪岩可以说,你就一辈子当我的干部好了,你不需要平时努力。但是他没有,他是一而再、再而三地想办法,把成祥和则云提升起来。但是则云好像没有什么兴趣,他只是说我一向就是这样,我也就是打算这样子。可见一个人的性格,就代表了他的命运。雪岩做他应该做的事情,至于则云长不长进,还是那句话,自作自受。

(4)阿莲嫂七嘴八舌,对则云产生什么影响?

我们最好这样想,不管男人女人,都有一些人很喜欢七嘴八舌。只不过女人家爱说话,好像是一种更普遍的情形。我们不要认为,阿莲嫂是恶意的。我相信没有,她只是很热心,认为既然是大家的事情,我就不应该置之度外。好像漠不关心一样,那像一家人吗?所以不管她懂不懂,不管这样处理合适不合适,她总是满怀热情,总是非常热心地参与。可是言多必失,说多了话,得罪人的机会一定增加。我们常常讲,一个人不说话,人家不会把你当哑巴,就是这个道理。你一说话,人家听起来非常不舒服,你就得罪人了。你看阿莲嫂说东说西,最不高兴的就是雪岩了。他心里想你懂什么?这是我家里的事情,我把你带来,是为了则云在这里生活可以安定一点,想不到你愈管愈多,那以后还得了!他第一个就反感了。阿莲嫂毕竟不了解雪岩的心情,她没有办法赶上雪岩那种为人处世的水准。她热心有余,但是对事情根本没有帮助。而相反的,受害的人就是则云了。因为夫妻夫妻,你不能说什么话都不听吧。十句你总要听一句吧,愈听耳朵就愈软,然后慢慢就受到妻子的影响。慢慢就对雪岩产生一种猜忌的态度,就感觉到公司对自己有很多不公平。

我们常常讲,一个人不要受太太的影响,但是要听太太的话。这不是很矛盾吗?没有矛盾,就是说太太的话,是有道理的,你一定要听。可是有很多事情,她了解得不够透彻,知道得不够清楚,只是凭着主观的感受,你就少听为妙。把这两个区隔好,就不会受害,相反会得到好处。但是我们可以看出来,则云的判断力也不是很高明。阿莲嫂叽叽喳喳,对雪岩不会产生坏的影响。但是对则云,将来我们可以看到有些不利的影响。

(5)玉惠替芮瑾安排工作,合适吗?

玉惠要替芮瑾安排工作,我想大家都会觉得,这是很不合适的事情。如果玉惠不知道芮瑾是谁,你这样做,不是很可怕吗?万一搞错了,怎么去收拾这个场面?如果玉惠已经知道芮瑾的身份,她这样做,不是很可悲吗?简直是自己找麻烦。不是可怕,就是可悲,这种事情最好不要做。玉惠心里头也很矛盾,一方面要巩固她的既得利益,要使她的身份能够确保。可是她也不能不顾虑芮瑾,芮瑾毕竟是雪岩的老朋友。所以她心里想,我用安排工作来压低你的身份,来抬高我自己的身价,看你以后还就不就范。没有想到这对雪岩,对芮瑾,都是不可能接受的。她这样做只能使自己下不了台。雪岩一听,就很不高兴,他心里想你凭什么?要论交情,我跟芮瑾还厚一点,你算什么?居然来安排她?她不安排你就好了。这不是很可笑吗?我相信雪岩心里头一定这样想,所以雪岩就感觉到,玉惠喧宾夺主,你把我当什么了?你这种事情都可以替我做决定,以后你什么事情都会替我做决定,那我还能安心吗?所以我觉得玉惠毕竟懂的道理还是很浅的,她认为她这样做,可以得到雪岩的欢心,而且可以巩固自己的地位,其实完全错了。雪岩不高兴,芮瑾也不高兴,两个人都不高兴,这种事情做它干什么?

十三、分清轻重缓急

凡事必有轻重缓急的区分,弃车保帅,便是属于这个道理。帅很重要,不能放弃。一弃,连车也保不住。车当然很要紧,但是和帅比起来,那就轻得多了。为了保帅,非弃车不可。雪岩好不容易从穷苦中挣扎出来,获得财富。如今奉召进京,显然非同小可。一定是左、李政治斗争,李鸿章拿左宗棠没有办法,打算找胡雪岩当替罪羔羊。所以雪岩特别交代成祥,万一遭遇不测,弃财保家。家和财比较起来,家重要得多。保住家,留得命在,再来想办法赚取财富,当然比较妥当。

芮瑾和玉惠,孰轻孰重?左大人和李大人,谁比较重要?雪岩心中的轻重缓急,会影响他的重大决策。

重点提示:领导的要领在于抓人先抓心

一家人正吃得开心,胡雪岩忽然停住筷子,满脸怀疑地问阿莲嫂:"这道菜是你烧的吗?"

玉惠不知道发生了什么事,赶紧问:"怎么了,老爷,不对味儿吗?"雪岩说:"太对味了!"他断定芮瑾来了,所以站起来走向后堂,果真看到芮瑾。

这种敏锐的感觉,是胡雪岩成功的大本钱。别人感觉不出来,他先感觉出来;别人看不到的机会,他已经看出先兆。他之所以每次都能够抢得先机,全靠这种本领,对事物的"差异性",具有十分锐利的分辨力。

大家七嘴八舌谈论芮瑾的事,雪岩马上正色说:"这是我家里的事,最好别人别多话。"他看出有一些变化即将持续地展开,赶紧抓住机会,立下规矩。

胡雪岩这种作风,真正的作用,在于抓人心。

对属下的抓心,主要来自经营的规矩。成祥在北京阜康钱庄开张的日子,要雪岩对员工讲话。雪岩只是抽问伙计："三回三清的规矩，你讲讲看！"并且询问司库，为什么不义之利和投机之财也是银子，而阜康不收？他借着这个机会，向大家说明我胡雪岩"拔毛是拔在明处，买空卖空、投机取巧这种事不干"的大原则，赢得司库表明心迹："请老爷放心，我们正是看了柜上的庄规，才来投靠老爷的！"

人心不同，所以抓心的时候，策略和方法都不尽相同。抓左宗棠的心，显然和抓玉惠的心有所不同。但是"让他开心，再关住他的心"的开关原理，则完全相同。

个案简介

雪岩吃得很高兴，忽然发现有一道菜是芮瑾烧的。他询问这道菜是不是阿莲嫂烧的？责怪大家都在隐瞒他。后来发现芮瑾果然来了上海，但是和玉惠格格不入，弄得他很伤脑筋。阿莲嫂又七嘴八舌，雪岩干脆立下规矩，不许任何人干预他的家务事。

西太后正在午睡，一个刚净身不久的小太监急急忙忙地跑进来，嘴上喊着启禀大总管。李莲英狠狠地揍了他一拳，叫他小声点。

太后听到声音，威严地叫小李子。李莲英一惊，赶快柔声回答："奴才伺候着呢！"

太后问有什么事，好像并无不悦的样子。李莲英赶紧把小太监送来的折子呈上去，太后要他拣重要的念给她听。听后太后命令李莲英，火速传左宗棠到京，进宫密商大计。

左大人接到懿旨，知道机不可失，赶紧前往京城，顺道要雪岩一同进京晋见太后。

雪岩接到左大人的密函，看了一遍又一遍，而且不断地叹气，弄得在门外的成祥都觉得奇怪。一向果敢的雪岩，就算遇到再大的困难，也未曾如此，为什么这一次奉旨进京，居然担心到这种地步！

雪岩担心的是，左大人他们动不了，很可能会拿雪岩当替罪羊。唯恐此去稍有差池，财命两空。

他交代成祥,必要时弃财保家。来到京城,打听出李莲英是西太后身边最红的人,知道非想办法搭上李莲英不可。于是找到论古斋老店,要买见所未见、闻所未闻的东西,准备送给李莲英做见面礼。

老板推荐宣德炉,雪岩二话不说,付了十多万两银子。拿着宣德炉,送往宫中给李莲英。这是他奢望已久的东西,所以对雪岩的印象特别好。

西太后召见雪岩,有李莲英在旁边说好话。太后很欣赏雪岩,也给他很大的好处。从下季起,江苏、江西、福建、浙江四省的税收,统由雪岩的钱庄代收。

问题与解答

(1)雪岩正吃得高兴,谈得愉快,突然间停下来,询问这道菜是不是阿莲嫂烧的,这表示什么?

我们从一开始,就发现雪岩有一个过人之处,就是他的警觉性非常高。一个人警觉性高,他的怀疑心就很重。同样的,怀疑心重警觉性就高,是一模一样的。他怀疑心很重,一吃就吃出味道不同了。你看大家都在吃,但没有人感觉到。可是他一嚼,就觉得这个味道不同,这味道很特别,这不是阿莲嫂烧的,这是芮瑾烧的。他这种敏感度,我们很佩服他,但是相反的,我们看到芮瑾也有办法,就是烹调的功夫好一点,烧出特别的味道,不怕他不回来吃饭。芮瑾就是用这一套方式。对一般人,也许没有什么用。对雪岩却产生了很大的作用,因为雪岩这个人对差异性一向具有高度的敏感。

我觉得一个从事管理的人,应该要记住,差异性就是管理的切入口。而管理就是充分掌握差异性。有什么风吹草动,马上怀疑。马上去看,马上去调整,马上去改变,这就是管理。

(2)雪岩夹在玉惠和芮瑾之间左右为难。餐桌上立下规矩,家里的事,最好别人不要多话。这样做对雪岩有什么好处?对其他的人又产生了什么影响?

我们一直认为,家务和公务本来就应该分开。因为家务以情为主,我们常常讲一家人,如果样样要讲道理,那可能整天吵个没完。因为公说公有理,婆说婆有理,谁都有道理。家人本来应该以情为主来处理家务事,用情来彼此感应,总比样样讲道理要好得多。可是处理公务,我们就希望大家不要用情来做主。应该换一下,用理来做主。大家照道理来,这事情就好办了。再熟悉的人,也应该尊重当事人的感受,不应该不理会他的反应。

阿莲嫂虽然跟雪岩很熟,但是毕竟这是雪岩的家事,她没有权利插嘴。发表这么多的意见,也难怪雪岩不高兴。因为在雪岩的心中,芮瑾的地位可能比玉惠还要高。现在在这里扯来扯去,他不能不维护芮瑾。可是他又要在大家面前,顾虑自己的尊严。你看他跟芮瑾的表情,各位可以看得出来。他叫芮瑾坐下吃饭,芮瑾走了。则云要去追的时候,他反而说让她去吧,这是他的尊严问题。他心里头有情,可是这里头有公有私,他得讲一点理吧。情理之间,我觉得雪岩拿捏得很好。看起来他好像很无情,实际上他又很有情。可是他的有情,用无情来表现。这是一般人很难拿捏得这么准的地方。雪岩干脆就立下规矩,以后我家的事,你们少插嘴,你们少啰唆。我觉得它可能来得太晚了一点,既然大家都在一起,公私又混在一起的时候,雪岩如果早一点立规矩,可能今天这种事情,就不至于发生。可是雪岩毕竟是人,他不是神。有很多事情考虑不周,也是不能够苛求的。事情发生了,他马上意会到,非立规矩不可了,还算是反应相当快的。

(3)李莲英的逢迎功夫怎么样?职位低微,却拥有很大的影响力,是怎么造成的?

我们最好这样想,各人有各人的生存之道。谁也不要笑谁,谁也不要羡慕谁。常常有很多人,一听到李莲英就破口大骂,就看不起他。这也许是嫉妒心,也许是酸葡萄的心理,谁知道呢?如果换成他是李莲英,他会不会也这样做,我想谁也没有把握。我们最好尊重每一个人的生存方式,我们自己要怎么做,那是我们的事情,他怎么做是他的事。老实讲没有李莲英,西太后就不可能是那样子的吗?谁也不知道。一般人都没有办法像李莲英设想得那么周到,这是我们应该反省的。就算你想向李莲英学习,恐怕也做不到,这才是事实。我没有说李莲英好坏,因为这是个人的价值观问题。你觉得很值得,自然会仿效他;觉得不值得,自然会放弃他这种作风,这一点用不着我们来操心。我们只是了解到,一个人不管在组织里面处于哪一个位阶,像李莲英他的职位很低微,但是可以发挥重大的影响力,这一点比较重要。一个人如果一心一意寄望于:我将来职位高了,自然可以影响别人,现在我算老几?这就不对了。在组织里面,不管这个人的位阶如何,哪怕职位再低,也应该可以充分发挥影响力。这一点才是我们看到李莲英之后,应该有的一种反省。

(4)李莲英推荐左宗棠,为什么要说明是先皇赏识过的?而且不明指姓名?

我想最重要的一点是李莲英在表示这不是我的意见,而是先皇的高见。各位想想看,如果李莲英说这是我的意见,西太后有什么感想?李莲英把自己要推荐的人,却透过先皇来向西太后推荐,当然更有力量。我觉得这是李莲英思考非常周密的表现,他说这是我的意见,西太后会不会怀疑?你跟他有什么利害关系?你为何推荐他?他说的是先皇的意见,那西太后怎么会怀疑呢?已经去世的人,不会引起怀疑,也不会引起争议。所以中国人常常把自己的意思,说成是先人的意思,已经去世的人的意思,这对他非常有利。至于说他为什么不明确说出找左宗棠很好,因为他把左宗棠说出来后,万一被西太后否决掉,很快就会传出去,说你看李莲英推荐左宗棠,西太后不同意,这种后遗症是很麻烦的。现在他没有讲左宗棠,如果西太后说不要找他,传出去谁也不知道是什么人。就算有人说那就是左宗棠,两个人都会否认。怎么是他?不是他。如果是左宗棠,老早就请他来了。我想这也是中国人很高明的地方,不到紧要关头,不要把所有事情通通讲出来。只讲一部分,你听懂、我听懂就够了。为什么什么事情都要抖出来?有这个必要吗?

(5)左宗棠为什么要带胡雪岩进京?对雪岩有什么好处?对左宗棠又有什么作用?

我们中国人很喜欢讲打铁趁热,如果说左宗棠这一次去见西太后,一切讲好了,然后再第二次带胡雪岩进京,可能整个的情绪就会冷却。打铁要趁热,要一鼓作气,不要拖拖拉拉。可是另外一句话,叫作趁热打铁。到底是打铁趁热还是趁热打铁?我们需要动脑筋去想一想。热的时候你来打铁,比较好打。冷的时候,再打铁就不行了。所谓一鼓作气,可以获得一些好处。西太后正在兴头上,就把雪岩带去,雪岩又很会进退应对,而且作答做得非常的恰当,西太后很高兴,当时就给他一些好处。只有在热度高的时候来打铁,这个铁才打得好。所以两边的好处,这一次都得到了。这对胡雪岩来讲,是一个难得的荣耀。老实讲一个商人想要见到西太后,谈何容易?可是对左大人来讲,就是办好海军的基础。他想要报国,从此有了更多的机会,可以实施他的理想。两个人都有好处,都获得相当大的利益。

(6)雪岩明白左宗棠动不了,会动到他头上。临行前提示弃财保家的策略,为什么要这样?

我们都很清楚,自古以来,弃车保帅就是常用的策略。一到紧要关头,把车放弃掉,保住老帅。我们下象棋的人都这样做。人家要将军了,你怎么办?只好用车来挡。人家要吃车了,那有什么办法?不然老将没有了。为了保住名将的性命,连车这么重要的将军都可以牺牲。胡雪岩马上意会到,大家要整左宗棠,但是整不了他,所以会拿我胡雪岩开刀。既然政府可以弃车保帅,那我一个老百姓怎么办?他的策略马上想出来了,叫作弃财保家。就算把钱花光了,也要把家保住。留得青山在,还怕没柴烧?很多人就是看不开,紧要关头,还把钱抱得紧紧的舍不得花,结果连性命都赔掉了。雪岩警觉性很高,怀疑心很重,一听到要他追随左大人进京,他马上想到,来者不善,善者不来。他灵机一动,就想到弃财保家、花钱消灾这个策略。

我觉得雪岩这种凡事都事先仔细盘算,预先做好充分的准备,往最坏处打算,而做最好的处置,是不可多得的好习惯,值得我们学习。虽然他心里想,是福不是祸,是祸躲不过。但是他还是要打点好,交代好做万全的准备。

(7)雪岩买稀世珍品,店老板的做法,是不是代表另外一种不同的经营方式?

行行有不同的经营方式,这才是正确的看法。不是说各行各业的经商之道都是一模一样的。各位看到雪岩跟老板讲,我要稀世珍品。可是老板好像无动于衷,按照我们常理推断,既然人家开口要稀世珍品,就应该马上把稀世珍品拿出来。我觉得在古董业里面,好像不可以这样。因为每一个人所谓的稀世珍品,标准是不一致的。有人看到一个花瓶,他就认为是稀世珍品了。你怎么知道呢?所以各位去看卖古董的人,他都是把最差劲的展示出来,而不是把最好的展示出来。顾客如果觉得这些就很好了,可见他的水准很差。那就把这些卖给他,你何必给他看好的?好的要留给内行人看,大家都看,就没有什么稀奇了。所以古董业跟一般行业不一样。一般展示,是把最好的放在橱窗里面。他永远不让你看最好的,这样才知道你的水准在哪里。而且我们从卖古董的角度来看,稀世珍品是很少的。一次卖掉,就没有了。所以按照买卖的原则,先卖普通的,再卖稀奇的。实在没有办法,才卖珍品,这也是很对的做法。这样做,可以满足不同的客户的需求,可以满足不同的虚荣心。我想这是古董买卖与其他买卖不同的经营之道。

(8)稀世珍宝送给李莲英,值得吗?效果如何?

我觉得一般人常常觉得不值得,送给小人,送这么贵重干什么?其实这只是一种看法而已。当然,我们很希望没有李莲英。但是我们实在不知道如果没有李莲英,清廷就会处理得很好吗?也不见得。有了李莲英,你就要知道,你非经过他这道关卡不可。你非使他改变他的心意,来支持你不可。否则一定吃大亏,所以如果从现实方面来看,我们觉得非常值得。因为他的影响力最大,帮忙的效果也最大。从投资报酬的角度计算起来,当然非常值得。会产生什么效果呢?就是让他进来的时候,通关很方便。你看我们要出国,很多达官贵人,通关就是比我们快。我们要排队,搞半天。而他在西太后面前轻轻讲几句话,西太后对雪岩就有很好的印象。问他你是属什么的?你是六月羊,很吉祥。她怎么可能这样?我不相信西太后对所有老百姓都是这样。一方面左宗棠已经给他美言一番,另一方面李莲英发挥了作用,李莲英说来说去,让西太后对雪岩有很好的印象。这就够了,你还要怎么样?

我们要记得,阎王好应付,小鬼很难缠。你看多少人败在李莲英的手下?多少人有志难伸,就是因为李莲英这一关过不去。雪岩是个生意人,他知道要投资,才有报酬。连这个都舍不得送,李莲英凭什么帮我忙?我觉得这种看法也未尝没有道理。很多人太理想化,最好没有李莲英,最好大家都为公设想,但是那种情况在现实中是不存在的。怎么样送礼,怎样送得对方很高兴,送得对方能帮我们的忙,是经商之道里面十分重要的一个课题。

十四、必须见微知著

雪岩根本没有神通，不可能预知未来的变化。否则也就用不着如此伤神，一天到晚动脑筋、想点子。

他所秉持的，只是见微知著的本事。看见细微的征兆，赶快预测可能产生的后果。预测的时候，先想坏到什么程度？自己能不能够承担？用什么方式来支撑？再想好到什么地步，有没有需要特别小心的地方？然后在这最坏与最好之间，寻找一条最有利的途径，全力以赴。晋见西太后之前，雪岩早已做了充分的准备，所以获得十分丰厚的奖赏。对待钱庄员工，雪岩也立下严格的规矩。在微细处都能够充分要求，当然可以见微知著。钱庄业务的发展，必然蒸蒸日上，远景大好。

重点提示：常态性 VS 差异性

经营者从市场的常态性和差异性中，找出市场的潜在需求。管理者从员工行为的常态性和差异性中，施行合理的领导和激励。

发现差异性，必须有差异性的安排，今天叫作市场区隔。针对不同的市场区域，开发出不一样的产品，才能因应不同的需求，达到有利可图的目标。

管理就是掌握差异性的过程，任何风吹草动，都不可以掉以轻心。等到差异性愈来愈大，慌张起来，才要去处理，恐怕已经来不及了。

发现差异性，应立即加以检查。不要紧的，先摆在一边。要紧的，趁着事态并不严重、不费力，也比较有把握的要马上加以处置。

一个人要成功，首先要培养警觉性。稍微有一点差异性，马上提高警觉，丝毫不能放松。

发现差异性，最好不要立即反应。这样太危险，等于下赌注，万一赌错了，岂不后悔？想一想雪岩的样子，先站在门边想一想，看清楚了。有了好主意，还要等待时机，合适地介入，合理地化解，才有成功的机会。

个案简介

李莲英帮助左宗棠，让他有机会晋见西太后。左大人趁机举荐胡雪岩，让他也有机会同太后见面。雪岩花大价钱买稀世珍宝宣德炉送给李莲英。李莲英在太后面前，巧妙地替雪岩说话，说什么“太后您老人家赏他什么都应该”。

太后问雪岩想升官还是想发财？雪岩回答只求国家安定，百姓安康，只要好好经营阜康钱庄，便知足了。太后听说经营钱庄，就把江苏、江西、福建和浙江四省的税收大权，交给雪岩代理，并且要他辅助左大人，选址福建坚固海防。

左大人恭喜雪岩，要他马上一起到福州察看地理，着手船厂的计划。雪岩趁机提起南北通汇的问题，左大人笑他：没生意发愁，有生意还是发愁。

他带着雪岩拜见醇王府的七王爷。只要七王爷在西太后面前打个招呼，没有什么事行不通的。果然，南北票号从此互通，经济更灵活、更活络，雪岩的金融事业，当然发展得更加顺利。

雪岩决定在北京再开一个钱庄，一方面是出于业务的需要，另一方面则是既然和京城拉上了线，必须保持密切的联系。

成祥和阿贵负责寻觅店面和寻找人手，雪岩更是特别制定钱庄的规矩，尤其是三回三清。包括回绝押款，不与京城银客发生实财纠纷；回绝商贷，全部银根用于本庄投用，不承担风险；回绝押汇贴现，不为他人承担风险，以及满心诚意讲清庄规，耐心说明以讲清缘由。

钱庄开张，雪岩趁着成祥集合店员的机会，抽查同人，什么叫作三回？为什么要回？什么叫作三清？为什么要清？从同人的答案中，来了解各人对店规的明了程度。同人对雪岩的经营理念也都十分钦佩。

有一天，雪岩和成祥一同巡视钱庄。发现有一伙计，居然在工作时间坐着喝茶。雪岩铁青着脸，二话不说，马上要他走人。成祥看不过去，劝说不必把庄规定得这么严。雪岩认为在京城开钱庄，不比其他地方，必须如履薄冰，才能安全。

问题与解答

(1)雪岩怎么能够获得晋见西太后的机会？李莲英又帮了些什么忙？

我们看到左大人要进京之前,就派人去通知雪岩,赶快到北京。他们同时到北京,但是左大人绝对不敢第一次就把雪岩带进宫去,没有人会冒这么大的险。我们很容易发现,左大人是一个计谋很周到的人。但是到了北京以后,他让雪岩在旅馆里面等待。他自己先晋见西太后,看看情况如何。所以,第一次面见西太后的时候,他就把胡雪岩以前在钱庄,为了借钱给我而被老板开革;打太平军时又冒险把军粮送给湘军,整个的过程都描述得很清楚。就在这种情况之下,西太后才会召见一个平民。否则的话,依当时朝廷的规矩,是不会这样做的。后来雪岩见到西太后,又很会应对,西太后对他印象很好。再加上李莲英也美言过一阵,所以西太后就问李莲英,我该怎么奖赏他呢？李莲英说您老人家赏他什么都应该。你看就这么一句话,他就获得了很大的奖赏。

我们从这整个的过程里面可以体会到,中国人任何事情都是未雨绸缪,都有周密的计划。千万不要认为中国人没有计划。我们脑筋转得很快,灵机一动,全盘的计划都出现了。这才是我们从小被父母教导出来的一身本领。

(2)西太后金口一开,雪岩就得到四省税收的特权,政大于商,政策可以决定经商的成败,为什么这样？

我们想想看,政府凭什么来控制商人？为什么生意做得愈大,就要愈听政府的话？原因很简单,就是我们常讲的一句话,政府依法治国。他依的是什么法？就是依的政府所定的法,叫作法律,叫作政策。凡是配合政策的,政府就给他奖励。可以减税,甚至可以免税,可以减租,给他种种的好处,当然经商就非常方便。如果违反政策,就要罚款,就要停水,就要找这个、找那个的麻烦,使你根本就没有办法安心经商。我不认为政府官员是有意捣蛋,因为站在整个国家的角度思考,往往跟个别的人的想法会有出入。我们可以向政府建议修订那些法律,但是还要配合政策。

以前像西太后这样,随便一句话,整个政策就跟着改变,这是人治。可是现在呢？我必须说明:全世界,无所谓法治也无所谓人治。那都是很奇怪的分法,哪一个国家是完全人治呢？它没有法律？全世界所有的国家都有法律。哪一个国家完全是法治的？它没有人在执行？所有法律都是人在执行的。可见没有人治，也没有法治。只是某些国家人治大于法治，某些国家法治大于人治，比重不同而已。我们现在还是人的分量比制度要大。

制度还是要靠人来执行，只不过，我们对以前那种所有的权力集中在一个人身上，真的很不放心。现在政府有制度，而且是集体领导，大家分担一部分责任，共同来策划。我觉得，我们应该愈来愈相信政府，愈来愈配合政府的政策。这样来经商，会比较保险，也会发展得比较顺利。

(3)胡雪岩乘胜追击，要求打通南北汇银的关节，是不是善于把握时机呢？

所谓打铁趁热，趁热打铁。就是把握最有利的时机，来解决自己最困难的问题。胡雪岩在这方面的功夫，实在非常到家。他趁着左大人非常高兴的时候，提出南北汇银不能相通的困难。这个时候一提，左大人一定会尽全力来想办法。所以马上就想到，我们去找七王爷。你看，李鸿章找六王爷，左宗棠找七王爷，可见再大的官，背后还是要有靠山。我们常常讲派系，其实就是这么自然形成的，也不是说有意打造的，所以也不必把派系看得太严重。胡雪岩一提出来，左宗棠马上想到七王爷，这是不是派系呢？也不必把它看作本来就是派系。也许就是说你找他，很自然的，也不一定。左宗棠说我们去找七王爷，因为七王爷对我很好，这个问题他会解决的。这么一来，胡雪岩的很多问题当时就解决了。如果等到事后再来，左宗棠很可能会说，你自己想办法，我也没有办法，那不是完蛋了吗？

管理里面，有一个叫作 ABC 重点管理。就是你面前如果同时出现好几个难题的时候，不要想一次都把它提出来。雪岩如果一次提出五六个难题，那左宗棠心里想，我给你打包票，我还要操这么多心？那我不干了，不就糟糕了吗！他想来想去，就这个问题最重要。当时就把它提出来，因为这个一解决，其他问题雪岩自己会去想办法。他可以解决，这样就好了。

(4)成祥要雪岩向同人说几句话，雪岩却要伙计说出钱庄“三回三清”的规定，要司库说出“三不收”的规定，这是什么用意？

我相信一般人的做法跟雪岩是不同的。只要成祥说，东家你说几句话吧，一般的老板多半会上去训话一番，鼓励一番，讲得头头是道。结果严重地打击士气。只是很多人没有想到，后果这么糟而已。雪岩非常聪明，他用相反的方法。他问伙计，我们的规定是怎么样的？老实讲一个人有没有在听人家的训话，我们真的不知道。可是你要他讲的时候，他一开口你就知道，他到底了解了多少？有没有用心？记得多少？一目了然。所以，要考核人家，提问题，让对方把答案说出来是最好的方式。胡雪岩问他什么叫三回？然后问他为什么要回？问他什么叫三清，为什么要清？这样一来他就很清楚，这个伙计的确所有规定都记住了，而且知道为什么要这样做。他用另外一种方式，故意把一个不很妥当的答案说给司库听。说司库就是做这种事情的，司库说不是这样，然后把他对司库的看法说出来。雪岩才知道，这个人是非常用心的，可以信任他，委托他。一般人的做法，跟雪岩的做法刚好相反。但是我们从雪岩的所作所为，跟后面的效果来印证，可以知道雪岩这套方法应该是比较有效的。

(5)钱庄立好规矩，大家才放心前来投靠，和现代经营的原则有什么不同的地方？

现在大家都很清楚，企业形象非常重要。因为求职的人会先看看我所要应征或者求职的这一家公司形象怎么样？对社会大众来讲，印象好不好？这是非常重要的。企业形象良好，大家才会放心来投靠，踊跃来求职，才可以选到比较好的人才。同时，老板的理念要正确，作风要明快，使大家很乐意追随他。知道在这里，不但可以学到东西，而且会有长期工作的机会。

我们回想胡雪岩当年的作为，就可以知道，跟现代的经营法则实际上很接近。他知道立规矩很重要，可是干部不能照规矩去做。我想这一点是很重要的，基层员工规规矩矩，干部要能够随机应变。如果听到一个干部跟我讲，我是依法办事，我是按照制度来处理事情，我就会觉得很好笑。因为，依法办事、按照制度做事情的是基层员工，而不是干部。凡是依法办得通的，基层都办到了。会找到干部的，就是依法办不到的。这种区别，才是雪岩很注意去拿捏的。你看他要成祥随机应变，他要则云提高层次，可是他对一般员工，要求照规定办理，一切守规矩。层次分得很清楚，非常符合现代化经营管理的作风。

(6)店员喝茶，雪岩不许，成祥认为庄规不必那么严，雪岩的看法有没有道理？

我们可以这样想，成祥的话没有错。钱庄就相当于现在的银行，只是把钱搬进来搬出去，反正过手就赚你的钱，要那么认真干什么？上班时间，有钱进来我就去处理，没有钱，喝喝茶，看看报，会怎么样呢？但是雪岩的看法不一样，他认为京城不比别的地方，来往的人非常复杂，而且每一笔资金，背后是什么人？金主是谁，谁在操控？我们都要特别小心。是不是有人借着资金的来往,想要陷害我们?是不是有的资金来源不明,将来出纰漏就在这里?他会考虑到这些事情,所以看到有人在那里喝茶,他就觉得不应该。不是不应该喝茶,而是一喝茶,一看报,整个的心情就放松了。心情一放松,警觉性就不够,就不会去考虑这个钱的来路怎么样?我们该不该收?收了以后怎么办?哪些事情要报告老板?哪些事情我自己处理就可以了?他一时就搞不清楚了。所以雪岩也许在杭州,在其他各地,不会这么严格地要求。但是他在北京,会有特别不同的、严格的要求。我想这是因为他了解到,京城是非常的地方。非常的地方,加上非常的时机,再加上他个人特殊的条件,如果不战战兢兢,迟早要出问题的。一个人有这样的警觉性,有这样谨慎的态度,我觉得会使整个企业的风气特别良好。果然不错,整个钱庄,收入那么多,每天进进出出多少各色各样的人,但是他们都处理得条条有理。让雪岩非常放心,让顾客非常有信心,就是因为他要求非常严格。我们看到现在很多银行,要求行员穿制服,对顾客做出不同的态度,经常有很多跟别的银行不同的做法。主要是什么?加强顾客的信心,防止内部发生流弊。我想雪岩的用意大概也就是这样。

十五、时时广结善缘

胡雪岩有权宜应变的机智，也有果敢决断的魄力，这是处事的才华。而在做人方面，他恩怨分明，却能够时时广结善缘，以求多恩少怨，增加经营的助力。

在京城开钱庄，目的在于“各位当官的，把银子往我这里一放，就算和我胡雪岩绑在一起了”。京城的政治行情最为敏感。朝里的反应，朝外的动静，随时都有变化，也时时都有机会。透过存款来广结善缘，是胡雪岩大展宏图的坚实基础。雪岩对员工的要求特别严格，是因为京城的顾客来头大，得罪不起。

金钱来往，最容易拉近人与人的关系。但是金银来往，也最容易引起误会，造成纠纷，甚至种下祸根。

重点提示：为官经商各有生存之道

京城是政治中心，凡事特别敏感。胡雪岩在北京开钱庄，是希望当官的把银子往阜康一放，就和胡雪岩绑在一起，建立了关系。他更借以打听朝里的反应，观察朝外的动静，以期看准风向，赚大钱。

李莲英呢？一心一意讨慈禧太后的欢心。身份再低微，照样可以影响大局，令人不敢不买他的账。

可见，不同行业，有不同的生存之道。同样行业，依据“市场区隔”的原则，也可以发展出不相同的生存之道。

个案简介

雪岩在北京开设阜康钱庄顺天分号,他认为上海钱庄的业绩蒸蒸日上,京城的分行少赚一些也不要紧。主要是打开京城的关系,因为京城的银子用起来十分有气势。因此他对京城钱庄规矩定得特别清楚,要求也特别严格。

成祥看到在京城开设钱庄,需要如此紧张、谨慎,感叹商无官不安,有了官也不安。商人和做官的在一起,似乎官的势高过商人。

李莲英应邀到钱庄用餐,雪岩和成祥全力奉承。忽然通报文大人来访。雪岩不知道来者是谁,李莲英却急着想要逃走。因为文大人是刑部尚书、六府大拿,武英殿大学士,李莲英惊叫祖宗来了,可见文大人的威势。文大人也来钱庄存钱,雪岩特别优惠,说小庄便是文大人的银库,随时可以不限金额,随用随取。文大人很高兴,嘴上却说刑部尚书不可知法犯法。

雪岩和成祥抽空逛八大胡同,看见一个满身是伤的小姑娘跪在那里,看起来不过十三四岁,却被老鸨打得遍体鳞伤。雪岩对老鸨说要替她赎身,让她远走高飞。老鸨开了一个高得不合理的价钱,以为可以吓阻雪岩。想不到雪岩想都不想,马上把钱付清,把小女孩带回家。

回到钱庄,雪岩问小女孩叫什么名字,回答说妞子。雪岩认为不好听,替她改名叫海棠,并且告诉成祥,再给她十两银子,让她做路费,打发她回家去。

成祥会错意,以为雪岩那么用心,是另有作用。海棠也不想回家,所以成祥也没有催促她。

雪岩很不高兴,说明花大价钱替她赎身,是为了传出去留个好名声,想不到成祥把她留下来,简直是要雪岩留下骂名。还告诉成祥这里是北京,不比上海,可以像玉惠那样,随便留人。

李鸿章听说雪岩获得四省税收的代理权,左大人也得以筹建船厂,让他十分恼怒。他想什么风头都给左大人占尽了,决定亲自进京,以便议事。

雪岩得到通报,李鸿章进京了。他肯定此事很不简单,必须小心应付。

李鸿章求见六王爷,亲自携带一桌英式大菜为六王爷开胃。六王爷也知道李鸿章有备而来,指点李鸿章运用策略,先占两江总督的位置,再设法让左宗棠挪位。

问题与解答

(1)阜康钱庄的规矩定得特别严,是什么道理?

我们都知道,任何一家公司,都有它自己的规矩,而且彼此并不相同。凭什么一家公司的规矩可以定得特别严格,而员工还愿意去遵守?这是有条件的。不是说老板爱怎么规定就怎么规定。第一,你的企业一定要形象良好,否则的话,你自己胡作非为,而要求员工遵守特别严格的规矩,我看员工心里是不服气的。第二,你的待遇要比人家好,如果只是给一般的薪资,而要求大家特别规矩,我想很多人会跑掉。第三,老板要以身作则。胡雪岩之所以对阜康钱庄要求特别严格,最主要是什么?就是用来警惕他自己的。你看员工马马虎虎,老板也可以马马虎虎。可是员工一认真,表现出特别的态度,老板自己也会比较谨慎一点。我想这才是胡雪岩的用意,由下而上,培养一种很谨慎小心的风气。对阜康钱庄的发展一定很有帮助。

我们都知道,创业不是一件容易的事情。好不容易把业创起来,这时候要有一些规定,建立一些制度,大家共同遵守,才会形成良好的风气。

(2)成祥认为商无官不安,有了官也不安,和左宗棠所说的你们这些商人没生意发愁,有生意还是发愁,有什么关联性?

我想大家都很清楚,这两句话有很密切的关联性,只是从不同的角度来说明而已。你看做生意的,当货品很畅销的时候,坐立不安。因为卖光了再进货,是不是又要涨了呢?卖出去的钱,还能够进多少货呢?可是当货品销不出去的时候,也是很愁。东西卖不出去,怎么周转呢?怎么生活呢?可见时时刻刻都有问题,才是正常的心态。有了靠山,就依赖靠山,而胡作非为,最后必然同归于尽。我们不主张彼此勾结,大家一起舞弊,最后是没有好结果的。我们希望做官的,按照法律来保障这些生意人。而生意人也一样,如果你照顾我,我当然也会适当地给你回报。你看很多人退休以后,去当银行的董事长,这不是一种回报是什么?为什么一般公务员退休就退休了,而这些人就可以当银行董事长?就是他在位的时候照顾银行,退休后当然可以去当董事长。只要是光明正大的事情,有什么不可以呢?还有什么好避嫌呢?本来就是互惠,本来就是彼此帮忙。只要一切秉公处理,没有什么不正常的。为了赚大钱,一定要看准风向。从事商业的人,对政界的变动也非常敏感,这是必然的道理。

(3)文大人与胡雪岩的对话,各有什么玄机?

两个人一见面就互相捧场,说一些客套话,都在套交情。中国人见面捧捧对方,对方捧捧自己,互相把场面温热一点,没有多大的作用。可是一到紧要的时候,就不能嘻嘻哈哈,不能够老讲那些没有用的话。胡雪岩马上告诉他,不计利息。不计利息的意思,就是说你随时可以拿,不受利息的限额。文大人何等的老到,他如果说好啊,谢谢你,万一被录音了怎么办?将来不是很倒霉吗?所以他绝不漏一点口风,他说以自己的身份,向来公正廉明,绝不会做这种事情。你看就算你录音了,能抓到他的把柄吗?我觉得一个中国人,做事情最要紧的,就是不要留下任何的把柄。这一点现代人恐怕还要多多留意,做任何小小的事情,都会被人家抓住把柄,然后搞得一塌糊涂,请问这个人还有什么本领?其实,一件事情,只要为公,只要无私、守法,怎么做都没有问题。文大人讲得很漂亮,但是实际上他是不是这样我们也不妨存疑。雪岩如果不这样试探试探,文大人会怎么想?你对别人就可以,对我就比较刻薄,将来整你,看你怎么办?雪岩也要试试看这位文大人,他是怎么想的?相信雪岩并不了解。因为尽管他讲得很好听,事实上,他到底拿不拿谁也不知道。

(4)雪岩为什么要替妞子赎身?和收买人心有什么关系?

我们想想看,如果雪岩逛窑子的时候,随便看到一个妓女就替她赎身,他能做好广告吗?大家认为他很风流。因为你替一个妓女赎身了,还有更多的妓女,你仍然没有办法替她们赎身。雪岩很聪明,他看这些正常的,看这些在那里跑来跑去的,他知道这不是他的对象。他一眼看到那个人,被罚跪,搞得满脸脏兮兮的,他觉得这是我要找的对象了。因为你放这么一个人跟放其他的人,效果是不一样的。可是成祥不能配合,成祥不了解,搞了半天,效果并没有如雪岩所预期的那样。可见主管跟部属,我们常常讲要一条心,就是要有充分的默契。为什么要逼雪岩清清楚楚地告诉成祥,说我这是假的,这是做广告。可惜成祥就是没有办法了解。

你看现在做公益广告,是不是也是同样的功能?我这边赚了很多钱,做了一些公益广告,叫大家不要吸烟。跟放一个妞子出去,有什么不同?收买人心的方法很多很多,做一些慈善的活动,参加一些公益性的活动,做一些公益广告等。

(5)成祥和雪岩相交已久,也相知颇深,为什么在很多方面,仍然不能了解雪岩的心意?老板比较容易了解干部,干部却不容易了解老板,这是为什么?

我们常讲知子莫如父,父亲很了解子女。但是,我们很少讲知父莫如子。

虽然是父子,但儿子想了解爸爸的可能性不大。因为爸爸有很多经历是他根本没有经历过的。怎样才能完全体会父母的心呢？我们今天说,要做子女的朋友。我提出很严重的警告,父亲做儿子的朋友,儿子只不过多了一个年纪大的老朋友,却失去了一个爸爸。父母做子女的朋友,子女就没有父母。有了朋友,而失去了亲人,值得吗？像很多子女,等到为人父母,了解到了一部分的时候,很不幸的,父母已经不在人世了。这种了解,也等于不了解。

管理就好比登山一样,高阶层的人爬得高。在山上,可以看得很远。快要下雨了,因为远方已经黑了。前面还有山挡住,所以风吹不过来,他看得很清楚。可是山底下的人,永远没有办法了解山顶上的人的感受。员工跟老板怎么沟通？我觉得我们要有一种层次性的分别,老板要关心部属,部属就凭你关心他而听你的话。而不是说,你有道理他才听你的话。他没有能力,他没有经验来分辨你是不是有道理。这一点,也请各位好好思考一下。

(6)雪岩为什么觉得李鸿章一进京,肯定是出事了呢？

一般人喜欢把数据跟名牌分开来看,认为数据是科学的,而名牌根本就是迷信。我们不赞成这样,因为名牌就等于数据,数据就等于名牌。同样是一大堆数字,你看到这些数字,知道所以然,它就变成数据。你看到这些数字,根本搞不清楚它是干什么的,那就是名牌。雪岩看到李鸿章到北京来,马上想到大概出事了,这是神通还是推理呢？如果是一般人,会把神通跟推理分开来看。认为推理才是科学的,神通就是迷信,也是胡说八道。神通就是推理,推理就是神通。一个人只把结果说出来,不说过程,就是神通。一个人把过程说出来,告诉你结果是这样,就是推理,两个是一模一样的东西。

老实讲,李鸿章亲自出马,一定非同小可。如果说是西太后叫他进京的,倒还没有什么稀奇。现在没有啊,敬事房说,西太后没有召见李鸿章。以李鸿章的身份,西太后没有召见他,他居然亲自进京,当然不是小事情。这个通过推理就可以知道,并不代表雪岩有什么神通。我们一路看来,总觉得雪岩好神,料事如神,什么事情他都知道。没有,雪岩没有神通,他只是很小心,不放过任何具有差异性的事情。他一路推理,想当然耳。想当然耳,大家都知道,叫作预测力。我们一直认为首长能够掌握未来的变化,对未来有预测力,是非常重要的。从这一次可以看出来,雪岩不过是警觉性高而已,不过是怀疑心重而已。他很容易了解到,以后的变化怎么样。这个叫不叫诸葛亮？其实跟诸葛亮也是大同小异。不过诸葛亮比较神化,而胡雪岩比较实际,大家都做得到。

十六、善尽社会责任

除了权变之智、决断之勇，雪岩还拥有取于之仁。他在善尽社会责任方面做了不少事，令人十分感动。

从出售生死米开始，就可以看出雪岩把经商和社会公益结合在一起。不像一般人那样，认为“企业是营利事业，不是慈善事业”。非到逼不得已，不考虑承担社会责任。雪岩在艰苦时期，几乎都以社会责任来脱困。因为取之于社会、用之于社会的理念，大家普遍都能够接受，乐意加以配合，收到更为可观的利益。

重点提示：真才实学 VS 广告吹嘘

人有才能，还得靠三分宣传。钟常常撞，钟声会扰乱人；钟老不撞，谁知道钟会响那么大声。自我推销是人人都必需的补助品。

做得再好的产品，也需要广告宣传来引起大家的注意。现在社会主要是信息太泛滥，而人的注意力十分有限。如果不是特别怪异，实在不容易产生卖点。

胡雪岩买放妞子，便是不像广告的广告。成祥看不懂，妞子不配合，难怪雪岩说：“再精巧的算盘，也有打错的时候。”人的真才实学，当然十分重要，但是，人间是非，是非人间，岂是真才实学所能够算透、看穿的？还是相机宣传，做一些广告吧！

个案简介

李鸿章获得六王爷的指点，准备晋见西太后。他想送礼，要丁日昌打听京城中哪里有珍奇古宝。回说有一处，叫论古斋。便陪着李鸿章一道到论古斋，直接指明要买稀世珍品。

老板拿出宣德炉,原来是雪岩买去送给李莲英的,后来老板又以较低的价钱买回来,现在正好卖给李鸿章。

李鸿章不放心,问若是假的怎么办?老板回以愿开出据,甘愿受罚。再问若是有人追究怎么办?老板马上变脸,把宣德炉收起来。李鸿章赶紧问多少钱,老板开价一万五千两,丁日昌嫌贵,老板说留着不卖。李鸿章忙说要了。

丁日昌拿出银票,老板一看,知道是上海来的,立即奉上端砚一台、象牙虎笔一支。李鸿章心想其中必有蹊跷,追问原因。老板说是官银,如果能到雪岩的钱庄去兑现,还可以多得二厘利息。存着不取,又可以多得二厘利息。老板十分高兴,所以赠送礼品。

老板把丁日昌的银票拿到雪岩的钱庄去存,免得夜长梦多,有什么变数。

阜康钱庄一下子收到这么大数目的银票,而且是上海的官票,赶紧呈报雪岩。问清楚是论古斋存进来的,雪岩知道李鸿章已经动起来了,马上就跑到论古斋,想要问个清楚。

雪岩来到论古斋,老板只开个小缝,连店门都不敢打开。探出头来,直说自己的店只卖些破旧器皿,专门吓唬人用的,硬是不让雪岩进门说话。胡雪岩一直劝说,老板却更加不相信雪岩真的只是想来看一看,直说抱歉,很快就把店门关上。雪岩吃了闭门羹,心中一直不得安宁。想到李鸿章开始有所行动,而且老是把他当作眼中钉的丁日昌也跟着来了。好不容易获得西太后的赏赐,会不会因而遭受破坏?特别是现在李鸿章的气势比不上左宗棠。像李鸿章自尊心这么强的人,怎么忍得下这口气?他动不了左大人,会不会动胡雪岩?胡雪岩越想越不对劲,赶紧找人再送东西给李莲英,要求特别照顾。

问题与解答

(1)李鸿章为什么要购买稀世珍品?

因为他要送礼给西太后,为什么他也要送礼呢?难道他没有老板吗?难道他不要送礼给老板吗?我们来讲一个笑话,美国的 IBM 公司,规定不能送礼。因为它是全球性的公司,所以一个命令给所有 IBM 分公司,说大家不能送礼。第一个反馈回来的不是中国，因为中国人属于这种类型——反正你讲归你讲，我送归我送，我不必跟你反映。首先反馈回来的是日本分公司。日本分公司说不送礼怎么行得通呢？IBM总部觉得很奇怪，怎么不送礼就行不通呢？不送礼就不送礼，怎么行不通？就派了一个小组，到日本去了解，为什么不送礼会行不通。一个礼拜以后，这个小组的人回来了，他说我们不必讲任何话，你只要看我们这一小组的人就好了，全身都是礼物。日本人要租房子，第一次见面送礼物，第二次送礼物，每一次都要送礼物。送礼有好有坏，不见得通通是见不得人的。这个观念我觉得比较正确，生意人要送礼，做官的也要送礼，因为再大的官也有顶头的人，有时候还送不进去。

请客跟送礼，是非常困难的事情。一般人没有做过，总觉得有钱，送礼是很容易的，其实送礼常常是很困难的，特别是送稀世珍品，结果又便宜了李莲英。可见李鸿章在这一方面，还是不如胡雪岩。

(2)李鸿章和胡雪岩对宣德炉的反应有什么不同？是什么原因？

我们来看一看，胡雪岩第一眼看到宣德炉，他就知道这是宣德炉，他二话不说就要了，可见他很内行。可李鸿章他问了一个很外行的问题，他说有人追究怎么办？我们常常觉得，一个人只要你把问题说出来，人家就已经掌握到你了。

我们现在以第三者的身份来看，胡雪岩的表现，跟李鸿章的表现，你觉得怎么样？李鸿章很少送礼，只有收礼的份，所以他对送礼很外行。胡雪岩是个跑街的，过年过节都要送礼，所以对送礼很内行，一下就看出来了。李鸿章问价钱，还在讨价还价。既然要稀世珍品，还讨价还价干什么？你看胡雪岩一看，值不值得自己估量一下，要不要花这个钱？二话不说，买了。可是李鸿章就不一样了，丁日昌还在旁边叫能不能便宜一点？结果那个老板说，我自己收下来好了，多难看。李鸿章是做官的，不擅长做生意。雪岩做生意的时候，他是做生意的样子；做顾客的时候，又是大老板的样子，这是完全不同的。我们可以看出来，雪岩的长处就是弹性比较大。如果他有机会做官，我相信也会做得很好。做生意像做生意的样子；当大客户的时候有大客户的气派；当伙计的时候是伙计的样子；当老板的时候，又有老板的魄力。这样是不是证明他的弹性比较大？扮演各种不同的角色，都能够恰到好处，这是非常不容易的。

(3)老板收受银票之后，为什么奉送李鸿章端砚一台、象牙虎笔一支？这种手法现代还流行吗？

中国人做生意，讲求的是公平交易，不占客人的便宜，当然自己也不能吃亏。老板收了钱以后，一看是官票，可以从中获利，因为我拿到胡雪岩那里，可以多得利钱。一个人占了便宜以后，就要分享给对方，这种分享的做法，才能够持久。所以老板一看，占到便宜了，马上送你礼物，表示说我跟你分享才叫作公道。如果老板一看，这个银票对我有利，他闷声不响，自己把好处独吞了，迟早客户也会知道，就会影响到他往后的生意。

现代人有一个毛病，就是鼓励别人去抗争，然后自己来当和事佬，这是人家很容易发现的事情。当然，两个人真的在争吵的时候，你出来当和事佬是很好的。可是你暗中鼓动一方，然后再来做调停者，这就有一点虚假，不实在。论古斋的这个老板是很实在的，他起初不知道他的银票有好处，所以说一毛钱不能少，就是这样子。可是后来一看，他觉得我应该给你礼物。我们再举个例子，当你坐飞机的时候，行李跟不上这班飞机，航空公司怎么办？有的航空公司认为，那是你的事，你倒霉，人家的行李都到了，只有你的没到，活该。这是一种做法。另一种做法是说：好，我先给你一个随身用品袋，包括换洗的内衣裤，还有牙膏、牙刷、刮胡刀，最起码可以先应付一阵子，我马上找你的行李在哪里。有的航空公司说，你没有找到你的行李是不是？没有关系，我替你打电话，问问他们是怎么回事？在你等待的时间，你拿我的票到餐厅去喝杯咖啡，稍微轻松一点，忍耐一下。因为我耽误你的时间，所以应该请你喝咖啡，这种做法也比较合情合理。

(4)官家的威风，商人如何因应才比较安全？

自古以来，我们都非常清楚，商人不与官斗。你要跟做官的斗，最后一定倒霉。一看情况不对，做生意人最好怎么办？躲一躲，避一避，不要去触霉头，不要直接去接触，这是上策。把店门关起来，出去休假，其实是躲在家里面生闷气，到现在还是这样子。政府要查禁了，自动把铁门拉下来，然后整修内部，暂时休业，其实你是无法跟人家抗争的。我们都知道官很威风，来势汹汹，你去跟他顶什么？

当然今天还有一种办法，就是说，大家走上街头抗争。最后的结局如何？我们也看得很清楚。台湾群众运动是愈来愈激烈，还是愈来愈冷淡？一个样子。你看刚开始我们觉得劳工意识高涨,老板不好当。但是弄几下以后,大家知道最后是员工倒霉,你有什么好抗争的?你走上街头,去吧,做官的不理不睬,不当一回事,你最后怎么样?不了了之。所以我是觉得我们不要直接去跟官斗,这是上策。我们还是要透过关系,好好去陈情比较有效。平常要建立官商沟通的管道,到时候他才听得进去。老实讲同样你去找做官的,关系够,很能够听你的话;关系不够,根本就是封闭的。就像一只狗,朝着火车一直吠。狗吠火车,根本就是浪费时间。

(5)古董店的经营策略有什么特别的地方?

我们看得很清楚,这个老板从来不主动去打听顾客需要的是什么,他只是让你自己看陈列的东西。你看中什么,你就要什么。因为打听得愈多,知道得愈多,将来愈倒霉。送的人是谁?会不会惹麻烦?谁知道!你看我们今天追查来追查去,经常会追查谁卖的?什么时候卖的?跟他有没有勾结?跟他有没有关系?这不是很麻烦吗?所以做古董店最好就是说,你要软的,你就买软的,你要硬的,你就挑硬的。你觉得什么好,你就买什么。我跟你只是很单纯的买卖,不做什么私人顾问。小东西要标价,贵重的东西不标价,表示什么?无价之宝。或者标得很贵,到时候再来调整。要老老实实的不二价非常困难。

再说经营古董店,一定要抱持一种心情,就是不急于卖。愈急,客户就知道这东西不是假的,就是东西太多了。如果东西很少,货源很难得,你根本舍不得割爱,急着要卖干什么?你看卖古董的人,跟一般做生意的人不一样,绝对不可能用薄利多销的方式。而且优哉游哉,一直跟你聊天,聊东聊西,聊到你出价,他还表示爱卖不卖的样子。这样,他就成功了。我们常听说卖古董的一年卖个一两件,他就可以过日子了。始终没有人知道,成本到底是多少,利润有多高。

(6)老板赶快把门关上是什么用意?

我们已经讲过商不与官斗,这个老板很聪明。一看外面乱纷纷,不会去凑热闹,不会去问到底怎么回事。万一事到临头,躲都躲不及,怎么办?他机灵得很,尽量避避风头,少触霉头。最好的办法,就是把门关起来。眼不见为净,跟外面隔绝,总是比较安全。他表示什么?表示我不跟你抗争,表示我没有抗拒,表示我没有跟别人联合起来。这样一来,自然不会惹起官方的注意,也就不会找麻烦。我们最怕的就是变成官方注目的焦点,把你拿来杀鸡吓猴,把你拿来开刀,那你就倒霉了。所以这个时候,不是出风头的时候,能躲就躲。我想中国人是很聪明的。该出风头,就当仁不让;该躲,躲得比谁都快。现在有很多人很少有这种警觉心,该躲的不躲,不该出面的拼命出面。结果怨天尤人,一天到晚骂人家,自己倒霉。我们惹不起官府,只好逆来顺受。关起门来,躲一阵子是上策。你看他一看到胡雪岩,马上说我不认识你,因为他搞不清楚胡雪岩是谁,胡雪岩跟他买过高价的产品,他一定记得住,就是来过的那位大爷。可是这个时候,再大的生意都不要做,保平安比什么都重要。

我觉得一个人看得开,就是该你赚钱的时候,不要放弃;该你躲避的时候,不要为钱所困。但是有很多人只知道赚钱,不知道麻烦已经来了。最后赚来的钱,还不够弃财保家的,那才是可怜。

结　　语
胡雪岩创业成功原因

(一)适时展现才能发展事业

胡雪岩的第一笔生意,说起来相当可笑,竟然是送粮食给湘军,然后从左宗棠手中赚取了一千四百两银子。能赚就赚,当取则取,是雪岩的商人本色,不是吗?

他征求则云和成祥这两位老朋友的意见,是要继续赚一笔干一笔呢?还是要分钱各干各的?

成祥担心资本不足,雪岩说可以用"嘴"来解决本钱短缺的问题。则云表示愿意,雪岩马上委以钱柜的重任。在三人当中,雪岩以他的才能逐渐取得主导权。

从再度拜访漕帮老大,和则云、成祥商量筹建钱庄,与左宗棠下棋,建议左宗棠成立常捷军,和王将军一道到上海购买洋枪洋炮,处处都是难关,雪岩则适时表现才能,逐一加以突破。

这种功夫,并不是先天带来的,而是后天好学、勤练的结果。只有平日多听、多看、多想、多问、多学习、少吹牛,才能够蓄积许多为人处世的常识,一旦面对问题,能够适时展现,使问题迎刃而解。

和漕帮打交道,如果不懂得帮规,根本不得其门而入。筹建钱庄,应该遵照老规矩:走官场先拜宝眷,会同行先说油水。与权威人士下棋,不是先输后赢,便是先赢后输,走到和棋最为安全。一边下棋,一边还要接受考验。因为权威人士,喜欢透过下棋来了解一个人的人品及修养。向当惯首长的人建议,必须明白"不建议不行,说错了会没命"的道理,把话说得恰如其分,恰到好处,还可能被视为"不无张狂之嫌"。若是幸蒙认为不无道理,那就已属万幸。初来上海，人地生疏的时候，要懂得找门路，建立关系，才能够由点而面，逐渐求发展。

建立政商关系，先要认定“做生意人总是吃亏的”，人家辛苦大半辈子，才得到这种地位，让我们靠，已经是天大的面子，一切费用，当然由我们支应；所有关卡，自然由我们打点。官不是白干的，钱也不会白花。

有靠山，就有人眼红。亲信的人，为了表示忠心耿耿，也为了维护首长形象及团体利益，免不了要打小报告。于是种种考验，有意无意地杀鸡吓猴，以及派人随同行动，协助兼监视，都应该及时运用智慧，适当地因应。官商之间，由互相提防而彼此信任，小心翼翼。

胡雪岩读书不多，只受过四年的私塾教育，但是他悟性很高，而且勤于学习。在担任钱庄跑街期间，接触到各色各样的人，对“否极泰来”“乐极生悲”“大树底下好乘凉”“义无反顾”“忍辱负重”这一类人生哲理，体会甚深。加上他喜欢听说书，从说书人那里，获得许多为人处世的道理和方法。

人有两种：一种是初看很行，愈看愈不行；另一种是初看没有什么，愈看愈经得起看。胡雪岩是经得起看的人，谁能够想象，一个年纪轻轻，没有受过高深教育，而且阅历不深，经验尚浅的胡雪岩，能经得起军威的惊吓、帮派的考验、左宗棠的教训呢？

同样从无到有，一起合作创业，雪岩却自然而然地树立起“东家”的身份与地位，这是他的才能表现，使成祥和则云自叹不如，看在阿宝眼里，当然出自内心尊称雪岩为东家了。穷小子变成东家，大家都服他。

出钱当老板，不如不出钱当老板。前者现在叫作经营者，后者则称为专业经理人。胡雪岩身兼经营者和专业经理人，完全是他的适时表现所获得的自然结果，既装不出来，也争夺不到，自然获得同人的尊敬和拥戴，实在非常不容易。

英雄不怕出身低，经商不怕学问浅。为人处世的本事，加上独到的眼光，不难适时展现才能，发展事业。

（二）胡雪岩创业成功的要因

如果没有雪岩，成祥和则云闯得出这么一片天地吗？他们两个人会不会死守在仁德钱庄,等到太平军攻下杭州,再落荒而逃呢?

可见阜康集团创业成功,和胡雪岩有密切的关系。其中的要因,分别说明如下:

第一,雪岩对自己极具信心。军爷把刀架在成祥和则云的脖子上,雪岩向他们保证:二位有事,有我呢,老板追究,我担着。他不是吹牛,而是有信心在危机处理上面,老板会肯定他的做法。想不到被开革,失业在家,仍然勤练算盘,认定将来准能用得上。时时刻刻想经商致富,当老板,终于心想事成,如愿以偿。

第二,雪岩不断充实自己的实力。有信心,如果缺乏真才实学,不过是整天做梦,却一事无成。雪岩自当学徒开始,有计划地自我学习,并且多听、多看、多体会,对于人情世故、历史故事、各种随机应变的案例,都尽量吸收,终于把自己磨炼成一个口才好、反应快、能屈能伸、脑筋清楚的人才。

第三,雪岩获得千载难逢的机会。有信心,有才能,若是遇不到良机,也将一辈子委屈,做梦做到死。太平军和湘军打仗,是雪岩创业的大好机会。加上王有龄、左宗棠的大力支持,雪岩的梦想终于成真,而他的真才实学,也得以尽情发挥,不但令昔日同僚刮目相看,而且使李鸿章、西太后,都不得不格外重视。

有信心,有本事,加上有机会,任何人都可以创业成功。所谓心想事成,应该分成两部分来看。心想包括信心和本事,所以不能空想,要配合着自己的本事来确立信心;事成是机会,一部分由人寻找、开发,大部分由天决定。心想的主导权在人,事成的主导权在天,成功是天人合一的事情,任何人都没有绝对的把握。

努力的人不一定成功,成功的人必定十分努力。胡雪岩绞尽脑汁,随时都在应变。但是连续应变得宜,固然是平日用心学习的结果,却也免不了上天的庇佑,才能如此顺利,处处化险为夷。

胡雪岩并没有接受经营管理的专业训练,然而他做起生意来,不但头头是道,而且符合现代的经营管理法则,这是什么原因?事实上到现在为止,大部分企业界人士,都还在沿用胡雪岩这一套来自中国传统、平淡无奇却能够历久弥新的修齐治平之道,也就是一般人常说的做人做事的道理。胡雪岩自学的是这一套,发挥出来的也是这一套。

台湾老板多,专业经理人少。老板依靠这一套从小耳濡目染的做人做事道理,治国、平天下都不怕,哪里怕经营企业?所以不用训练,就顺理成章地登上老板的宝座,并且一回生两回熟地愈来愈像东家的样子。

经营管理,不过是做人做事的一部分道理。一个人的经营理念,如果和他的人生理想相违背,我们很容易看出,他的经营理念纯粹是口是心非,用来欺骗社会大众的,无法真正落实,说不定一段时间之后,他自己也忘记了。胡雪岩成功的要因之一,是他的经营理念和他的人生目标一致:重诚信,说到做到,绝不虚伪行骗。讲道义,走上仁义的大道,不赚取有害人群、危害社会的钱财。有国家观念,不致以“商界无祖国”为借口而当了“经济汉奸”。

做人表现在人际关系良好,从王有龄到左宗棠,都大力支持,给他非常大的帮助。做事表现在工作绩效良好,从采购粮食到设立钱庄,业绩都十分可观。胡雪岩做人做事,都依据中国人家喻户晓的一些道理,却能够发挥得恰到好处,效果良好。证明中国人的道理,原本没有错,是我们长期以来,没有好好地加以整理,而且日用而不知,能做却说不出所以然来,这才有时候做错了,或者做得不够好,以致结果打折扣,削减了自己的信心。

扭转乾坤：

有全局眼光，才能未雨绸缪

一、巩固集团势力

胡雪岩看到官场和商界的斗争,知道必须设法加以巩固集团势力,才能够发展壮大。

透过钱庄的运作,把许多官员的关系搞好。要打通宫里李莲英的路子,还要动脑筋,想办法缓和李鸿章这一边的紧张关系。

他知道左宗棠生性孤傲,容易得罪人。完全靠他,恐怕靠不住。因此极力拉拢各方势力,以增强自己集团的力量。

但是,丁日昌这一股势力,始终采取敌对的态度,使得雪岩不得不特别小心。而对左宗棠这一方面,则加强联系,坦白表明愿意和左大人共赴危难的决心,以争取左大人的信任。

重点提示:卡位之争为经商大忌

胡雪岩和左宗棠愈走愈近,就被迫和李鸿章愈走愈远。雪岩再擅长抓心,也抓不住李鸿章的心。搞政商关系,最怕的便是受到派系之争的连累。得了这一派的助力,却惹起另一派的打压。但是,有人就有派系,迟早要卡位,谁能够逃避这种争斗,谁又能够躲开这种旋涡呢?雪岩再聪明、机灵,也不得不帮着左宗棠对付李鸿章的挑战。李鸿章再欣赏胡雪岩,为了打击左宗棠,也不得不使出撒手锏将胡雪岩整垮。

胡雪岩呢?政商关系密切,事业规模宏大。许多事情已经身不由己。就算他绞尽脑汁,叫人到租界俱乐部把李鸿章宴请恭亲王的餐费也一并支付了,还是得不到李鸿章的谅解,反倒是增加了丁日昌的恼恨。因为雪岩的举动,使他更显得笨拙,在李鸿章面前,更加抬不起头来。李鸿章愈提胡雪岩的事,丁日昌就愈恨胡雪岩。

官有清有不清,商有奸有不奸。官与官斗,商与商争。官场卡位之争,常常卡住清与不清,连带把奸或不奸都一并卷进去,令人防不胜防!

个案简介

胡雪岩害怕李鸿章拿他开刀,赶紧叫人送东西,向李莲英求救。

李莲英得到好处,便百般刁难,不让李鸿章晋见西太后。李鸿章很不喜欢李莲英,也不想送红包。可是李莲英再三暗示,为了能够晋见西太后,不得不送上纹银两千两。李莲英这才和缓起来,为他打开门路。

西太后装着不知道李莲英在捉弄李鸿章,心想整整他也好,谁叫他老是说什么新法,弄得我头痛。她直接问李鸿章:"是为了两江总督开缺来的吧!"看在六王爷的份儿上,答应了。李鸿章替六王爷多说了几句好话,惹得太后不高兴,下逐客令,李鸿章赶快退出。原本想趁机说一些左宗棠的坏话,也不敢讲。把带来的宣德炉放在地上,提都不敢提,就退了下去。

西太后问是什么东西?李莲英说是稀世珍品宣德炉。太后觉得好笑,宣德炉什么时候也变成稀世珍品了?她看都不看,叫李莲英扔到地沟里去。

李莲英连声说是,把宣德炉私自收藏起来。趁着太后休息的时候,叫小太监去通报消息,告诉雪岩有关李鸿章升官的信息。

雪岩赏了一个元宝给小太监,小太监说依他的身份,不敢领这个赏钱。雪岩也替他立一个账户,存了起来。

李鸿章向六王爷拜谢,并埋怨左宗棠掌握两江财政。六王爷说谁让你没有一个阜康钱庄?李鸿章叹气说:"钱庄好办,人才难寻哪!"

左宗棠在福州主持船厂事宜,看着现有的一些规模,心里感到骄傲与欣慰。

雪岩前来福州,一走进船厂,王将军就大叫:财神爷来了。雪岩报告说李鸿章派唐廷枢在上海开办招商局,而且他们的江南制造局也在黄浦江边造船。左大人毫不在意,反而说大家比一比,看谁造的船好。

雪岩担心李鸿章派人到船政大臣沈葆桢那里打听马尾造船厂的底细。左大人觉得雪岩想得太多,不必如此杞人忧天。

左大人霸气地说:"我左宗棠来时两袖清风,去时一贫如洗,我就不信邪能压正。"

问题与解答

(1)胡雪岩为什么叫小太监向李莲英通风报信?为什么商人最喜欢结交李莲英这样的人?

我们想想看,西太后为什么欣赏李莲英?当然有很多原因。但是其中之一,就是李莲英常常提供一些情报,必要时点西太后一下,所以很得西太后的赏识。我们看到李莲英没事的时候,他一定打瞌睡。你跟大人物在一起,他精力旺盛,他不睡觉的时候,一会儿叫你这样,一会儿叫你那样。他睡觉之前,又交代你去做这个,做那个,然后他去睡觉了。你想想看,他醒着的时候你很忙,他睡着了你又赶事情,最后一定死得很快。李莲英深深懂得这种道理,没事打瞌睡,所以一有声音,他马上就说,奴才在这儿。一听到是小太监,脸色马上板过来,你吓了我一跳,这都很正常。小太监给他信的时候,他往桌上一丢,表示你给我信,我就要看,你胡雪岩算什么?后来看到礼物,他就看在礼物的份儿上,看看胡雪岩的信。我们不能要求李莲英是圣人,这样比较好。小太监也做了一个非常好的示范,他把胡雪岩给他的东西拿出来,今天的人几乎都做不到。一般人认为,这是胡雪岩给我的,何必给李莲英看?不对,不应该这样。别人给小孩礼品,是看父母的面子。胡雪岩给小太监一些赏金,是看李莲英的面子。小太监把东西拿出来给李莲英看,李莲英也很懂事,连说:拿走,拿走。两边都恰到好处,小太监以后也很得李莲英的信任。而李莲英也可以随意指使小太监,从某一个角度来看,也不算是坏事情。也许他能够在紧要关头,提供一些信息,或是给你一条活路走。我觉得这对商人来讲,是非常重要的。所以商人很乐意跟李莲英这样的人交往,我觉得是必然的道理。

(2)李莲英叫太监告诉胡雪岩李鸿章升官的事,对雪岩有什么好处?

我想通风报信是李莲英唯一能够做的事情。当然这件事情迟早会传到雪岩的耳朵里,但是早一点告诉他,早一点有心理上的准备,对雪岩很有帮助。胡雪岩也不会寄望于李莲英太高。把西太后的心意改变掉,那是不可能的。他不过希望能够多少影响一点西太后。实在不行,那就把已经决定的信息,让我早一点知道。我想雪岩所求的,只不过是这样。所以当西太后决定之后,李莲英很够意思,马上叫小太监告诉他。这样一来,两边来往很频繁,慢慢的,关系就会拉得很近。雪岩知道这个信息以后，就知道怎样对付李鸿章这班人。虽然没有办法拉拢，但是可以想办法来减少敌意。

任何消息，无论对一个做判断的人来讲，还是做决策的人来讲，都是非常重要的，不可以放过。胡雪岩在这方面，下了很多功夫。多方去收集资料，到紧要关头，可以很明快地下决定。平常要花很多时间，不是说一个命令，人家就会把情报告诉你。也不是说，你临时要，才去求人家，这是做不到的。平常要撒网，把网布得很广。同时要往来，使对方很乐意替你做事情，紧要关头马上提供信息。这样一来，最新的信息都掌握住了，这叫作打情报仗。胡雪岩的成功，一个很重要的因素是他的情报抓得很紧。

(3)雪岩赏钱给太监，太监为什么不敢拿？

儿子有很多行为跟爸爸一样；部属有很多行为，愈来愈像他的上司。这个小太监，跟李莲英久了以后，慢慢学到李莲英一些技巧。各位可以看出来，这个小太监是很聪明的，他心里想，我把元宝拿回去，就是个元宝而已。我又不能开口说，我要和李莲英一样，存在你们的钱庄里面。我什么身份，我什么分量，我敢这样讲吗？所以他很有技巧地说，我不敢领这个赏钱。雪岩很聪明，他马上听懂这个小太监的意思。我想今天很多人这种能力已经慢慢在消退。没关系，没关系，你拿，你拿。小太监就觉得很奇怪，我不拿吗？我不应该拿吗？我不愿意拿吗？你怎么这样讲呢？雪岩他很清楚，他说，我明白，我明白。他就叫里面的人，也成立一个账户，比照李莲英处理，小太监当然很高兴。以后对他的事情就更加热心。同时小太监讲了这番话，他也希望这番话会传回去，传到李莲英的耳朵里。李莲英一定更重视这个小太监，将来对他的升迁有很大的帮助。这就是一石二鸟，一方面我得到好处，另一方面我的话又传回去，使我的主子对我更加信任。这么一来，两边都对他有很好的印象。从今以后，他无形中就变成两边不可或缺的桥梁。

一个人要慢慢把自己做成非我不可，他才是最安全的。什么职业保障，什么合同，其实都是不重要的。能够做到让老板觉得没有你我会很糟糕；让上司感觉到，没有你的话我很辛苦。有一天非你不可的时候，这才是最佳的保障。

(4)李鸿章为什么感慨钱庄好办，人才难寻？如果他真的欣赏胡雪岩，又为什么要当面给他难堪？

我们都知道，有人就可以开公司，但是不一定赚钱，因为这个人不一定是人才。有人，这个人是人才，开公司就可以赚钱。有人，可惜这个人不是人才，开公司就要亏本。我们要开公司，你去申请，去登记，很快就开起来了。但是也很快就倒闭了，因为你没有人才。很多老板都很积极地要找人才，可惜社会上人很多，但是真正你所要的人，实在是太少了。

李鸿章对胡雪岩很欣赏，为何不把他挖过来呢？他挖不过来的。他知道胡雪岩这个人，很讲义气，你没有办法挖他。如果他投靠你，那你就更害怕了。因为像胡雪岩这样的人都会弃左宗棠而去，将来他一定同样地会弃李鸿章而去的。所以他不会动这个脑筋，他很欣赏他，但是不会想办法把他挖过来。可是他又怕丁日昌这些人，也会说他非常欣赏胡雪岩，所以老骂他，老给他难堪。因此他也要当面给胡雪岩一些冷言冷语，给他脸色看。这样一来，才能够平定丁日昌的心。我想中国人在摆平这方面考虑很周到。该骂的时候骂；该给你面子的时候给你面子；该赞美胡雪岩的时候赞美；该给他难堪的时候，给他难堪。这样一来，丁日昌他们这些人心情才会平稳，否则就开始怀疑了。是不是要把我赶走？是不是想把胡雪岩挖来？那就天下大乱了。李鸿章在这一方面很有独到之处。你看他每一个表情，每一个措施，如果好好体会的话，都知道他在表示他的心意。中国人的习惯是，心里想的事不太用嘴巴讲出来，他会用行动来暗示。中国人常常要看对方的行动，去揣摩他的心意，这一点在今天还是非常必要的。

(5)左宗棠为什么把雪岩当作财神爷？他为什么不会怀疑胡雪岩倒向李鸿章那一边？

一般来讲，官员的理财能力总是差一点。最起码他的经验不够丰富，而且不方便自己出面。现在既然有胡雪岩这么好的理财人才，干脆把理财的事情交给胡雪岩去做。我觉得这是左宗棠很高明的一点，何况自从跟胡雪岩合作以来，左宗棠觉得每件事情都做得好好的，他所答应的事情，没有一件没有完成。可见雪岩的信用，是雪岩自己建立起来的。这一句话很重要，一个人有没有信用，是他自己所建立起来的。常常没有信用，人家就愈来愈不敢相信你；常常有信用，人家就愈来愈相信你。胡雪岩跟左宗棠没有什么渊源，以前也不认识。一方面是左宗棠很放心用人，另一方面是胡雪岩非常争气，每次承诺，都做得好好的。双方面配合，凑成了他们这种合作的关系。左宗棠这个人，跟李鸿章最大的不同，就是他很坦然。他觉得胡雪岩要倒向李鸿章你就倒吧，无所谓。所以他不会去怀疑这些事情。我觉得一个人会不会怀疑人家,完全是看你脑子里面有没有这种观念。一个没有变来变去的人,他不会怀疑一个人变来变去。左宗棠觉得,你和我跟李鸿章都一样,大家都是为国家做事情的人。他不会去怀疑,你会不会看到李鸿章升官了,势力大了,你就偏向他,出卖我?他不会。而且他还有一个好处,认为就算这样的话,那又怎么样?我们慢慢可以看出来,左宗棠这种个性,是他的优点也是他的缺点。

(6)左宗棠自许“来时两袖清风,去时一贫如洗”,真的就能邪不压正了吗?

我想各位心里都很明白,这是不可能的事情。自古以来,多少人有这样的豪情壮志,最后都不幸死在小人手下。我们一直埋怨小人那么厉害、奸诈、滑头是不能解决问题的。我们看看,中国历史十分可怜:治少乱多。太平时间很短,战乱的时间很长。一般人都认为这是小人的过失,因为小人把君子害死,所以天下大乱。我建议我们最好换一个角色,换一个角度来看。不要只知道以批评人家的这种立场、这种角色来看问题,我们反过来看,可以感觉到,这完全是君子的错。像左宗棠这样:我就是这个样子,你能把我怎么样?最后他的下场是不会好的。

一个人,不是说你很正直,很诚恳,一切为公,那你就够了,不是这样子。你还要跟小人周旋,还要能够战败小人。尤其是现代社会,根本就是好人跟坏人斗的一个时代。如果好人都斗不过小人,只能一天到晚骂小人,那这个好人有什么用?清流固然值得赞美,但是清流没有什么力量,也是一种遗憾。左宗棠认为,我不贪污,我不舞弊,我问心无愧,我一心为国为民,我还要跟你们这些小人打交道吗?我想这是他的致命伤。相反的,如果左宗棠在这一方面再加强一点,你小人,我装作不知道,我跟你应付应付;在必要的时候,我可以治你,可以打击你,他对社会的贡献会更大。很可惜,他就是受这种从古到今,几乎很多人不能改变的观念所束缚,使得他贡献有限。胡雪岩在这方面,我们可以看出来,比左宗棠稍微宽松一点。他知道谁是坏人,但是不会揭发他。以正胜邪,只是一种信心而已,还要加上技巧。

二、誓死共赴危难

左宗棠出于“国家不可一日无陕甘,陕甘不可一日无总督”的心情,直奔兰州去捍卫新疆。

胡雪岩马上警觉到,又要打仗了。他盘算着下一步要怎么发展事业,才能够因应市场的需要。

左大人由于雪岩一再大力支持,已经把雪岩看成不可或缺的助手。他坦白向雪岩说明:我此去陕甘,有三件难事,一是兵源不足;二为粮饷不够;三是武器不精,并且指明这三难之中,除了兵源不足,我再想办法以外,其余两件难事,都需要雪岩的帮忙。

雪岩满口答应,表示愿意和左大人共赴危难的决心。他知道自己应该怎样调整自己的步伐,这是成功的人必须具有的素养:随时合理地调整自我,以求制宜。

重点提示:灾难 VS 预警

台风带来大量土石流,是一种灾难,还是一种预警?如果当作一种灾难来看待,就会想办法善后。如果当作预警,不但想办法改善及预防再次发生灾害,而且会扩大范围,想到相关的事情,一并考虑在内。

胡雪岩得到左宗棠的信任,却惹来李鸿章的敌视,这究竟是灾难,还是预警?

灾难大多指已经发生的事实,而且过去就过去了。人是健忘的动物,很容易忘记灾难所带来的教训。等到下一次灾难再度发生,才又哭哭啼啼,怨天尤人。预警则是提高警觉,认为灾难刚刚开始,以后还有得受,不可以为事情已经过去。我们希望雪岩能够明白这一点,做好预防的准备。

个案简介

雪岩拍电报要则云赶到福州来,则云带来上海阜康钱庄的好消息,每月净存白银二三十万两,令雪岩十分得意。则云把雪岩交代带来的二百五十万两银票交给雪岩。想不到雪岩退还五十万两给则云,则云说这是左大人订的,雪岩说要订也不能超出税银太多。

左大人这边,着着实实地讽刺了丁日昌一顿,还故意让丁日昌跪着,不叫他起来。左大人严厉地责问:这一次到来,是不是奉李大人之命,来看一看马尾船厂没成气候?丁日昌赶紧辩称:两江与闽浙如手足相关、唇齿相依。左大人才不客气地叫他退堂,气得丁日昌马不停蹄地跑去找沈葆桢,共商联手对付左宗棠的大计。并且告诉沈葆桢,左宗棠很快就要受命西征,调到新疆去了。

雪岩听到这个消息,大吃一惊。赶紧请问左大人:要离开福建?左大人说上谕早就下来,很快就要去兰州就任陕甘总督,并且向雪岩说,国家不可一日无陕甘。

他向雪岩提出三件难事,一是兵源不足,二为粮饷不足,三是武器不精。指出这三件难事中,有两件和胡先生有关,要雪岩帮助。

雪岩向左大人表示共赴危难,责无旁贷。

问题与解答

(1)雪岩为什么先把五十万两银票退给则云?他的用意是什么?

我们已经看出来了,则云是一个很守原则的人。他非常谨慎,是一个很好的理财的人。所以雪岩也要在他的面前,表现自己是有原则的。他说这个钱先放在这里,因为我们不能够把自己的钱无限量地给官府去使用。官府有官府的钱,他用他们的钱,我们没有话讲,我们不能把自己的钱也贴进去。这是个原则问题。他说我们是做生意,不是做朋友。我觉得中国人把做生意跟做朋友分得很清楚,是很好的现象。朋友有通财之义,但是生意上什么事情,都要算得清清楚楚。不可以把生意上的钱,当成朋友一样扯来扯去,这是不好的现象。雪岩很清楚,一旦左大人离开造船厂,所有造船厂的款项必须公事公办,不可能再和以往一样无限支持了。

现在我们从雪岩所做的事情,可以看出这个原则。就是说处理私人的事情,可以列出预算,要动多少钱就尽量去赚,来满足我自己的需要。但是办公家的事情,那是有多少预算,就做多少事情。当然我们也不反对借外债,那是另外一回事。因为借债也是一种预算,也是一种收入,只是形式不同而已。

(2)丁日昌认为,当初李大人在这里教诲过他,骂过他,今后他也可以在这里骂别人,这是什么心理?

常常听到一些老板跟我讲他还没有当老板的时候,那时候他是人家的伙计,非常不欣赏他那个老板的作风。他说就是因为不欣赏原来那个老板的作风,才自己出来当老板的。没有想到当了老板以后,我才发现,愈来愈像我以前的老板。这种情况,我们经常可以看到。有时候儿子总感觉对父亲有一点反感,怎么这样子呢?可是当他当了父亲以后,他跟他老爸一模一样。媳妇受到婆婆的气,可是等她当了婆婆以后,照样让媳妇受气,这都是我们经常看到的现象。丁日昌来到这个地方,马上就想到,我在这里挨李鸿章的骂,现在轮到我当家做主,我可以骂人了吧?这种心理就是我们为什么始终没有办法改变作风的根本原因。

媳妇熬成婆,就慢慢忘记了她以前所受的罪,反而把这套施给她的媳妇。就这样子一直下来,永远不能改变,这是很不好的现象。如果丁日昌改变一下心情,我在这里常常受气,李鸿章给我难看,我心里是什么感想?一方面很感谢他提拔我,另一方面总觉得这种作风太过分了一点,所以我就稍微调整一下,不要给我的部属那么难堪,是不是更好一些?丁日昌的想法,就是左右他今后的作风。他老是想到以前那套,他就不会改变;他稍微调整一下,很快就改变了。我们常常讲,不要要求别人改变,最要紧的是自己改变。你看丁日昌自己一改变,以后日子就不一样了。他不改变,我们可以看出来,他也是用那种方式,来给他的部属难堪。这样一代一代传下去,这种官僚的作风,大概永远不可能改变。

(3)丁日昌为什么向左宗棠表示两江与闽浙如手足相关、唇齿相依呢？左大人有什么感想？

我们看到左宗棠对丁日昌那种态度，会感觉到有点奇怪。以左宗棠这么好的修养，怎么也是这样官架子十足呢？可是我们回头一想，丁日昌百般地刁难他的部属，如果今天不把丁日昌这股气压下去，也出出自己部属的气的话，他这个老板怎么当？如果从这个角度来看，我们就觉得左宗棠应该这个样子。只是如果一个人老是官架子十足，就表示他修养不好。偶尔官架子很足，而大部分时间很随和、很亲民的话，那我们就觉得，这个人修养相当好。因为恩威要同时都有，不能只有恩，而完全没有威。丁日昌知道，人在屋檐下，不得不低头。他平常给人家难堪，给人家受委屈，现在轮到自己，他也乖乖地趴在地上，也不敢造次，不敢顶嘴。他知道左宗棠一气，就可以把他斩了。所以他服服帖帖的，而且讲一番很好听的话。他说我们双方是唇齿相依，彼此要合作。丁日昌如果不讲这句话，他会怎么样？没有办法把左宗棠的怒气稍微地消除一点。他做不到，所以他这样讲也是对的。不能说小人，因为小人也要活命。另外，左宗棠在骂了一顿给他难堪之后，他还会收拾这个场面，就表示他修养很好。骂归骂，还要给他一种安慰。最后告诉他，回去跟李鸿章报告，我对你不客气。这句话是挑明地讲，反正丁日昌一定会报告的。意思也就是说，少添油加醋，对你比较好。我们从整个的过程可以看出来，左宗棠拿捏得恰到好处。在这种功夫方面，左宗棠会欣赏胡雪岩，就是因为胡雪岩在拿捏方面，跟他有同样的功夫。只是立场不同，一个站在官方，一个站在做生意的立场。当然胡雪岩顾虑会更多一点，不能像左宗棠说的我就是官，就是给你威风，他做不到。这个我们要把它分得很清楚。

(4)左大人为什么向雪岩坦承此去陕甘，有三件难事？又为什么说三难之中，有两难与雪岩有关？

我们想想看，一般人碰到雪岩，一定是牢骚一大堆。说他们整我，看我在马尾刚刚开始要造船，就想办法把我调到陕甘去，这里面派系斗争很可怕。他没有这样说，他非常坦然，因为他脑海里，没有这种整来整去的观念。他认为陕甘需要我，我就去；国家需要我，我就听命令。我在这里是为国，到了那里也是为国。我一定要在福建，我到新疆去不是一样吗？这是他很了不起的一种心态。因此他没有发牢骚，他只是告诉雪岩说，这件事情老早已经决定了。只不过,我在这里还没有一个眉目,所以我要求让我慢一点去。现在我要离开福建了,这边事情还是拜托你。但是那边事情,你要给我帮忙。他使得雪岩感觉到,已经把他当作自己人。各位想想看,如果左大人不是把雪岩当自己人,他会这样说吗?他敢这样开口吗?所以一个人交朋友,就是有一天我敢跟他开口。这样才叫作交情,不然什么叫交情?你看我们碰到一般人,老实讲要借一千块,你就半天不好意思开口,就是交情不够。交情够,拿三万元来周转一下,他很快就讲出来了。可见平常要让人家占便宜,到时候,你才敢开口,要占人家便宜。大家占来占去,这样才有交往。但现在的人都认为,我是我,你是你,分得很清楚。到了紧要关头,你就会发现完全没有一个朋友。

左宗棠心里想,你胡雪岩有什么难题,我都给你解决了;我有什么机会,都提供给你了。我对你还要怎么样?你有今天,你心里很清楚,但是我没有拿你一毛钱放在我口袋里面。我所要求你的,都是为公。所以他很敢讲,我有三件难事,其中有两件,你要给我负责。一方面,表示跟胡雪岩共患难,另一方面加强胡雪岩的责任,说你也跑不掉,不要以为,只有我挑这个重担而已,你也一起来。所以胡雪岩也没有办法,只能说好。这两个人的交情,很值得我们玩味,不是一般人能做得到的。一般人不敢向胡雪岩开口,就算开口,胡雪岩心里也会觉得好笑,你什么都找我,我欠你那么多?但是胡雪岩对左宗棠不敢有这种想法,而左宗棠也很放心地提出他的要求。这一幕很感动人,同时也非常难得。

三、派系优先策略

左宗棠当然也不是对每一个商人都一视同仁,他一生清廉自持,恐怕也只有对胡雪岩才敢下这么大的赌注。派杨昌浚当面把信交给雪岩,以此信为证。一切有关利率和款额问题,悉由雪岩自己定夺。

杨昌浚提及时机、果断是商道的智能,雪岩就是能够掌握时机,及时果断,才有今日的成就。

可惜雪岩读书不多,脑海里存有“只要手里有银子,不管是谁的钱,过咱们的手,就得生出新的来”的观念。虽然他坚持“拔毛要拔在明处”,不做买空卖空的投机取巧,终究不了解左大人劝他多读书的苦心。

重点提示:着眼大局,方能运筹帷幄

左宗棠调任陕甘总督,胡雪岩表示共赴危难的决心,是因为他和左大人相交甚深,冲着私人的关系,不能不对左宗棠的公务全力加以支持。

马尾造船厂既然交给沈葆桢,和胡雪岩没有什么密切的关系,所以雪岩吩咐钱庄掌柜,从现在开始,停止对马尾用银的投入。他认为,沈葆桢要用钱,应该禀奏朝廷,凭户部的折子从税银中扣取。

胡雪岩这样做,站在“法”的立场来看,当然合法。这样的态度,叫作“公事公办”。中国人一旦公事公办,这件事就难办了。

在商言商,雪岩的主张并没有错。历来大家对商人的评价不高,大概是由于商人有这种不得已的苦衷。一直到现在,企业主持人还是经常告诫干部们:“企业不是慈善事业,是营利事业。”

个案简介

雪岩听说左大人要离开福建，就任陕甘总督，赶快要则云算一算，在马尾造船厂一共投入多少银子。则云报告：到目前为止，已经垫进去四十七万两。雪岩交代，从现在开始，停止拨款。写一封信给沈葆桢，说是家母病重赴杭尽孝，今后需要用钱，请凭批谕列支四省税款。他说：钱庄帮官家，不过是为了营利，不能把阜康钱庄变成朝廷的米袋面缸。

沈葆桢看完雪岩的信，感叹李鸿章骗了我，左宗棠扔下我，胡雪岩甩了我，丁日昌早晚要收了我的摊子，灰心丧志地独自守在马尾船场。

李鸿章保荐丁日昌出任江苏和福建两省巡抚，丁日昌又惊又喜，提醒李大人朝廷历来把浙江和福建绑在一块。李大人不以为意，只说你能够搞船政、办洋务，我就有办法保你出任江苏、福建巡抚。

回杭州老家，雪岩见到老太太，告诉她自己晋见太后的经过。老太太却说：穷踏实、富劳心，总觉得这家业是赊来的。

阿宝跑到钱塘江边找芮瑾，芮瑾一直打听雪岩的消息。阿宝说的很多，芮瑾嘴上说不相信，心里很感动。

雪岩好不容易说动母亲，可以把芮瑾接进门来。他跑去看见芮瑾，不料却又说出心中的约法三章，芮瑾很不高兴，独自跑到江边，划着小船走了。

问题与解答

(1)雪岩急着要离开福州返回杭州，是什么道理？搞政商关系，不过是为了营利，这样对吗？

有一句话说，雪岩此时不走，更待何时？各位想想看，再待下去，他和沈葆桢建法，是中国人常用的策略。沈葆桢当然心里明白，可是又不能发脾气，我们跟做官的在一起，这种关系是为了什么？我想不是很单纯的就是雪岩那一句话——为了得到一些利益。不是这么简单的，你看他同左大人在一起，就有很多感情上的交往。可见他现在这句话，是冲着沈葆桢讲的。意思是我跟你没有特殊的关系，干吗要为你拼命？

历史可以证明，中国人也可以为国毁家。为了国家的安全，不惜把自己的家财都散尽，也有这样的作为。只不过我们要搞清楚，中国人向来是两把刷子，一把刷紧急的，另一把刷平时的。国家有难，我没有话讲。哪怕家财万贯，通通捐出来也无所谓，这是紧急。但是平时呢？不是到最后关头的时候，那么多人，为什么我一个人要负担？所以他选择离开，我们也不能说是不对的。

(2)李鸿章为什么要保举丁日昌出任江苏、福建两省巡抚？丁日昌说朝廷历来把浙江和福建绑在一起，李鸿章为什么也不在意？

这件事情，使我们想到三个作用：第一就是李鸿章要占地盘。他一定想办法，要把对自己有利的关系建立起来。像丁日昌这种人，他虽然很不欣赏，但是他一定会不断地提拔他，因为他是心腹知己。换别人来当巡抚，会不会像丁日昌这么听话？这是他第一个想法。基于占地盘，一定会安排自己的人，所以为什么我们常常讲有派系。而当事人都觉得我哪里有派系？我用人唯公，我用人才。但是从我们的角度来看，他就是在建立派系。我想他心目当中，也是为了占地盘。第二就是让丁日昌知道，我李鸿章是有办法的。我爱怎么样，就可以怎么样。虽然以前没有这个案例，但是我还是可以做得到。你放心，只要乖乖听我的，一直对我忠心耿耿。第三，他对恭亲王也不是很服气，但是最后想想还是自己人，大清的江山，又不是我一个人的，是祖宗留下来的。虽然这边给他难堪，那边还是要给他一些面子。所以我们常常感觉到很奇怪，为什么他一方面对恭亲王不欣赏，另一方面又很支持恭亲王？看起来好像矛盾，实际上是一种摆平的作用。我这边给你难堪，那边弥补回来，你心里就不会恨我。恭亲王对李鸿章也是这样，我这里给你难堪，但是你要，我就给你，反正这也不是什么了不起的事情。李鸿章也用这一套来对待丁日昌，我有好处，会想到你，但是你要好好做，不能背叛我。至于其他的事情，你看不可能，我看可能。我做给你看就好了，大概就是这个意思。

(3)沈葆桢感叹李鸿章骗了我，左宗棠扔下我，胡雪岩甩了我，为什么会弄到这种地步呢？

我们觉得沈葆桢这种想法，未免太不了解他自己，未免把自己看得太过重要。他为什么不想一想？就是在这种很尴尬的情况之下，才轮到沈葆桢。如果他这么一想，整个的心就松下来了。他办事情，也比较不会觉得有那么大的挫折感。很多人不是凭他的才能，而是凭在夹缝当中求生存。可是他还觉得自己很委屈，这是非常可笑的事情。各位可以想想看，如果李鸿章不是事先想把他当作一个棋子，说我把你埋伏在那里，将来我比较好变动，他会考虑到沈葆桢吗？如果左宗棠不是想到沈葆桢跟李鸿章是同科进士，彼此会照顾，他也不一定想把沈葆桢请出来吧！至于胡雪岩，他跟沈葆桢根本一点关系也没有，纯粹是因为左宗棠的面子，他才说好吧，有你这么一个沈葆桢的存在。从这种事实的衡量来看，沈葆桢应该觉得很幸运，就在这三面矛盾之下，才有了生机。如果他这样想的话，自己自然会走出一条路来。

命运摆布人，你看沈葆桢就在这么一个看起来很矛盾的情况下，最后还是有一条路子。这种案例，在我们社会上是经常发生的，所以我们常常感觉到，这个人没有什么才能，为什么当这么大的官呢？为什么有这么大的责任呢？其实很简单，就是各方面摆不平的时候，他得到机会。各方面都想利用他的时候，他就被利用了，就这么简单，却往往造成我们想象不到的结果，沈葆桢就是很好的案例。

(4)胡母认为穷踏实、富劳心，雪岩发财了，胡母却一想起来就发慌，总像欠谁什么，这是什么道理？

这句话是事实，一个人没有钱的时候，不会想太多，很踏实。反而有了钱以后，担心这个，担心那个，心就安不下来。曾经有一个人，他去算命。那个看相的人，倒是很有智能的，就问他，你现在有什么好担心的呢？他说我不知道，就是一天到晚担心。他说你很有钱吗？他说我没有。你想做官吗？我也做不上。那你的子女有什么问题吗？他说我根本没有子女。你是不是有财富怕人家偷走呢？他说我根本没有。那个人就问他：你什么都没有，担心什么呢？什么都没有，就没有什么好担心的。所以，为什么穷人很踏实，就是因为他什么都不用担心。这是很多人有了钱以后，所没有办法享受的一种福分。我们常常觉得钱够用，刚刚够用最好。愈多愈烦恼，这是很多人在追求金钱的时候，所没有办法体会到的。

胡雪岩的妈妈感觉到，我这个儿子，怎么一下子这么有钱呢？我们是不是欠了人家的？偷了人家的？将来迟早要偿还吧？所以她心里始终非常不安宁。我们看到很多有钱人，心很不安，所以要参加各种宗教活动，要常常做善事，要搞很多名堂。当然了，你往正当的方向走，我们不会反对。但是我们还是建议，心里头要自己调适。不安从哪里来？他们做很多事情，我们可以看出来，都是因为有钱所带来的不安，很可惜他自己不太了解。因此，胡雪岩再怎么安慰他的妈妈，他的妈妈还是觉得不太对劲，就是这个道理。

(5)雪岩为什么对芮瑾约法三章？芮瑾为什么不愿意接受呢？

我们看到，雪岩在很早的时候，非常穷困，就一直想把芮瑾接到家里面去。可见他对芮瑾的那一番心意，是老早就已经有了。他的母亲不同意，他就不敢造次。因此他这个时候，又一次向母亲提出要求，说让芮瑾进门来吧。母亲看他这个样子，就说好吧，我不反对。他有了母亲的承诺，就满怀信心，来向芮瑾求婚。芮瑾当然也很高兴，可是胡雪岩做错了。胡雪岩好像不是充分了解芮瑾，居然会提出约法三章。我想以胡雪岩这么聪明的人，这个时机是绝对不正确的。结婚以后再提，再慢慢来，何必急着现在就要讲呢？我们常常觉得一个人，当他很顺的时候，就很容易放纵自己。这一点是一个成功的人，应该常常记得的。

当我们走逆运的时候，当我们比较不顺的时候，我们会比较谨慎，考虑得比较周到一点。一旦有办法了，什么人都要听我的，我爱讲什么就可以讲的时候，常常招来对自己很不利的一些事情。各位可以看到，如果他把芮瑾接回去，慢慢地再跟她讲，我想芮瑾也是会配合的。可是这个时候，你就来下马威，说你要听我三件事情，以芮瑾的个性，她是万万不可能接受的。这是雪岩一生当中，少数几次因太大意，而造成对自己不利的其中一个，很值得我们借鉴。一个人愈顺，要愈小心，要愈警惕，尤其这么重要的关卡，居然掉以轻心，居然错失良机，我想雪岩也很后悔。相信雪岩如果有机会重新来过，这一幕他会安排得更好。

四、扩大经营范围

曾几何时,胡雪岩企业集团,已经掌握了钱、典、丝、茶、烟五大行业。柳成祥这位总管理处处长,认为已经够折腾的了,偏偏雪岩一听到左大人调到新疆,知道快打仗了。根据上一次战争的经验,料到药品的需求必然大增,所以赶快要成祥筹建制药厂。

成祥说:搞药品不是一件容易的事。雪岩却认为他这个人,就是不怕费力。雪岩说我们发展得太顺利,应该好好回馈社会。我们救不了穷,也应该要救急。搞药品能够让江南的老百姓都记着我们,非做不可。

雪岩扩大经营范围的动机,并不在于增加自己的财富,也不是为自己壮大声势。他所关心的,乃是国计民生。基于老百姓的需求,来扩大经营的范围,才是正道。

重点提示:国有企业VS私人企业

国有企业和私人企业,并没有"孰优孰劣"的问题。我们不能说国有企业优于私人企业,凡事都应该以国有企业为优先,才符合国家社会的利益,也不能认定私人企业才合乎自由竞争的企业精神,因而主张所有国有企业都应该开放民营,转移到私人手上,才能起死回生。

事实上,国有企业和私人企业都有存在的价值,对国家社会,也都有相当的贡献。而且,国有企业和私人企业当中,同样有经营得很好的,也有经营得不好的。从管理的角度来看,某些事情在国有企业很容易办理,在私人企业都很难行得通。反过来讲,也有一些事情,在私人企业简直轻而易举,到了国有企业,变成难以推行。一般而言,国有企业的弊端,在制度上绑死了大家,而心态上又以公事公办为准则,不设法变通,也不敢随便变通,以致因循苟且,似乎在坐以待毙。而私人企业，则又不够重视制度，心态上也以老板的意见为准则。大家随着上级的指挥而起舞，常常自乱阵脚。好像不攻自破似的，忽然间就倒闭了。

好在聪明人懂得透过政商关系，把党政支持和自有企业合在一起，借党政支持的力量，来增强自有企业的实力。既可以自由打拼，又可以享受若干特权，当然得天独厚，自己觉得高人一等。

政商关系处理得好，企业和个人两蒙其利。企业的经营获得成长，个人的权势也因而加大。但是，一旦陷入政治斗争，那就难免受到波及。不但个人受累，企业也跟着被压制，说不定比其他企业更加不自由。

胡雪岩凭的是什么？左大人支持，李莲英支持，再加上西太后支持，难怪他的家业愈来愈大，企业的范围，也愈来愈广。

政商关系最怕的是互相勾结，营私舞弊。像左宗棠这样难得的清官，我们用不着担心，万一碰到贪官污吏，那就害国害民，不知道有多少人要遭殃。生意人也一样，胡雪岩要赚钱，却不赚不义之财。比起某些什么钱都要赚，而且什么钱都敢赚的商人，真是不可同日而语。官有清也有污，商有奸也有不奸。怎样结合，才是我们所必须关心的。

个案简介

芮瑾听说阿贵在胡府支领薪水，气得把他赶出家门。雪岩却任命阿贵为胡府的内管，要他把上上下下都管出个规矩来。阿贵感激地谢过雪岩，答应一定要好好做。

杨昌浚来访，拿出圣旨，告诉雪岩身为上海转运局委员，不仅代表湘军，而且代表朝廷，可以大胆行事。

雪岩说：我在上海，大人在杭州，左大人又在兰州。相距遥远，联系不便。万一急着决定利率和款额，如何是好？杨昌浚说左大人早有来信，指示一切由雪岩定夺。他暗中佩服左大人真是神机妙算，预先知道雪岩的疑虑，要杨昌浚以信为证，让雪岩好做事。

大家在成祥家里打牌，梦瑾很得意，因为她刚学不久，就赢了许多。

雪岩问梦瑾:你能不能赢,我还不知道。可是你会输吗?梦瑾回答谁不会输,显得对自己的牌技十分有自信。雪岩说:"牌桌上想让谁赢,就让谁赢;想让谁输,就让谁输,这不是件容易的事!"

打完牌,成祥送雪岩出门。雪岩吩咐成祥,把二十几家当铺、上好的万亩良田上的茶山、桑田,还有稻谷管好,并且再建一个制药的作坊。

成祥认为,现在已经掌握钱、典、丝、茶、烟五大行业,搞药品可不是容易的事情,劝雪岩不要这么贪心。雪岩却坚持要搞,说什么不赚钱也要搞。

他认为前方打仗,需要药品。我们救不了穷,至少可以救急。再说这样能够让江南的老百姓都记住我们。他还强调,要让左大人看看,胡雪岩办事非同一般。

成祥一听是这么回事,于是不再反对,马上着手筹建药厂。

问题与解答

(1)雪岩升阿贵为胡府内管,首先交代他要把胡府上上下下,管出个规矩来。阿贵满口答应,他做得到吗?

我们心里都很清楚,阿贵是做不到的。阿贵曾经做过事情,他是王有龄的得力助手,他可以把一个职场安排得条条有理,可是他要想把胡雪岩的几个妻子管好,我想大概很不可能。连胡雪岩自己都没有办法,何况阿贵!可是他一定要满口答应。如果一开始说有困难,那他不是自己砸饭碗吗?一个人,既然上级认定我们有这个能耐,给我们这个责任,那我们就要全力以赴。至于下面要怎么做,再说吧。想办法,一步一步去做就是了。谁不知道你有困难?难道雪岩说,你把胡府上上下下管出一个名堂来,就表示说,一切可以很顺吗?没有。胡雪岩会叫阿贵做这件事情,已经表示他心里头,有这么一个问题存在。如果他觉得一切已经很好,他会这样交代阿贵吗?他不会的。所以当主管把责任交给我们的时候,我们心里头应该知道,就是因为有这么一个问题,才会把它交代给我。如果一下把它顶回去,那他怎么办?所以满口答应,然后自己看着办。不看着办,又怎么样呢?

可是看着办有两种,一种是马马虎虎,应付应付;另一种是尽我的力量,花我的心思，好好去做，就是这么不同而已。我们有一句话，也是最近常常讲的，但是很多人刚听，会觉得很奇怪，就是努力工作没有用。你看阿贵只是很努力地工作，但他肯定还是做不到的。雪岩应该了解这一点，一个人就算当到大老板，你也得乖乖地自己去小便。你能不能说，我有钱，我请个秘书，叫作小便秘书，到时候就替我去小便？做不到啊！你再有钱，你再有势，你自己惹来的事情，你自己要去处理。所以现在他把这个丢给阿贵，我想他心里也明白，只是说说而已，也不会去怪阿贵的。

(2) 雪岩为什么向杨昌浚提出定夺利率的权限？他打的是什么主意？

我们最好不要一下子就往坏的地方去想，说雪岩希望有这么一个权，就可以得一些暗藏的好处，就可以谋一些私利。我们不必一下子就这样认定。比较可能的是他想得到自主权：既然把这么大的责任交给我，我连一点权力都没有的话，那我在干什么？所以很多人很喜欢说，你可以让我做，但是你必须让我做决定。这是一般人所希望得到的东西，雪岩当然不会例外。他认为利率怎么定，由我决定。第二他会想到，你现在到了新疆，那么远，我怎么跟你商量？有时候为了争取时效，他也会提出这个要求。再说他在洋人面前，要表现出他是有权的人。所以从这些层面来分析，雪岩自然会想到利率怎么定的问题。左宗棠老早就想到了，他告诉杨昌浚说，你怎么怎么交代雪岩，可见左宗棠也有同样的想法。只不过我们慢慢发现，雪岩有了这个自主性以后，到底是对他好呢，还是对他不好？这倒是值得我们关心的。

有很多人，当老板不授权的时候，他非常不愉快；可是当老板授权的时候，他也没有任何的权。我们并不像西方一样，一定要什么权责合一，权责分明。中国人几乎都是权责不分的，而且是权责不合一的。你去看很多公司，他是总务课长，但是他没有权；他没有，也不能做决定。旁边有一个人，根本不是总务课长，但他什么都可以决定。职权跟职位分离，而不是合一，这才是中国常见的现象。

(3) 左宗棠为什么事先准备好授权信，让杨昌浚拿给胡雪岩？

我们从这当中，可以想到三件事情。第一，左宗棠用人，经常将心比心，他会站在雪岩的立场来考虑。我离得这么远，你好不容易接洽过以后，又不能做决定，这样一定很辛苦。我干脆就把该怎么决定利率的权授给你。他替部属想，用将心比心的方式，很快就知道部属的需求，这是非常好的主管。第二，表示他气度很大，认为我既然把这事情交给你，你就应该好好办。你也要将心比心，站在我的立场想一想，不要让我将来下不了台。既然我没有办法控制你，干脆让你做主。第三，才是最高明的，就是这么一来，左宗棠完全没有责任。当然，我们不能认为他是在放弃责任，而是我们可以感觉到，他非常了解胡雪岩这个人，知道他有才干，但是读书读得少，不是非常周到，不会考虑得很长远。再加上他没有那种使命感，要为国捐躯，为国奉献，他没有这个必要。所以他很早就料到胡雪岩大概有一天会出事，出事那一天，把我左宗棠也连累了，划得来吗？假定我平常，常常拿些银子回家，常常接受他一些礼品，那没有办法。两个人挂钩挂得很深，最后一起来挣扎吧！没有。既然没有，何必跟他绑得那么紧呢？所以干脆授权给他去弄。把这部分的权交给他，我乐得轻松，同时也没有责任。

我想很多主管也有这种心情，因为一个人有长处，就有缺点，你只能用他的长处，没有办法把他的缺点割掉，有什么办法？如果每一个人都看他的缺点，那就无人可用了。现在胡雪岩有这个长处，你用不用呢？左宗棠说用，用了怎么办呢？事先防范，他的缺点就不会把你牵扯进去。左宗棠这点非常高明，他替雪岩着想，主动替他解决问题，同时又摆脱了自己相当的瓜葛。

(4)雪岩为什么要成祥筹建制药厂？他已经掌握了钱、典、丝、茶、烟五大行业，难道还不够吗？

我们最佩服雪岩的，其实是他的市场敏感度。他对市场的需求，有高度的敏感性。这一点是经商的人非常重要的因素。如果不知道市场的变化，做什么都没有用。雪岩听说左宗棠又要调到新疆去了，他马上想到，他到新疆去干吗？去观光吗？不是。去干吗呢？去打仗啊！所以他马上想到，又要打仗了。打仗最需要的是什么？就是药品。所以他就说，我们来开个药厂。有这样的管道，有这么一个市场，我们可以掌握，这样子又扩大了自己的事业。但是他这样跟其他的人分析，其他的人不一定听得懂。所以他就说，我们要赶快来做。他没有分析这些事情，以致他们那些人都不太了解。这个人野心那么大，这样还不够？还要多？其实他不是的。他是见其可为才为之，有这么大的市场，有这么好的销售管道，为什么不做呢？我们也了解雪岩有一个心愿，就是说，就算不赚钱，也要开药厂，这一点是很重要的。因为他觉得，我做这些东西，都赚人家的钱，真正帮人家忙，还是要开药厂。他把他的心愿，最后都集中在药厂身上。他看钱庄只是把钱搬来搬去;开当铺,其实进当铺的人,心态也是奇奇怪怪的。他看多了以后,觉得做跟不做没有什么了不起。至于说香烟、蚕丝、茶,虽然讲起来是民生必需品,但是毕竟没有像药对人命这么重要。所以他下决心要开药厂,当然这里头又牵涉到赚了这么多钱,能不能守下去的问题,老实讲他自己也没有把握。

我们中国人老喜欢做一些对民生、对大家有好处的事业。你看有些行业坚持不杀牛,面里面有牛肉,但是我不自己杀。别人杀可以,我买现成的来做,其实也是根据这种理念。大家都要吃牛肉,可是我不杀牛,我向那些杀牛的买牛肉来,是不是也是同样的心情?最起码不是我杀的。你们要吃,我两边凑合凑合,这种想法,也是中国商人很有意思的一种做法。

(5)雪岩说救不了穷,能救急,是什么意思?

我们中国人都知道,救穷是很困难的;救急是很必要的。我们主张救急不救穷。朋友有急难,我们一定要救他!可是他很穷,你怎么去救他呢?你救不完的,没完没了。所以人不能穷,一穷没有人敢救你。可是你有急需的时候,你向人家开口,人家会帮忙的。换句话说,我只求你这一次,你无论如何,帮忙过这个难关,以后不再麻烦你,人家就敢救了。我没有办法,全身赖在你身上,那谁也不敢惹的。

雪岩这种说法是对的,那么多穷人,救也救不完。但是生病的人,他是很急的,我们救得了他。他把赚的钱,拿来做社会福利,拿来救济穷人,那是没完没了的事情。那不是我们私人的能力所能做得到的。所以我们现在开药厂,为人的生命来救急,这是我们应该做的。同时他也希望,在北方有一个很好的药厂,南方也应该有个药厂。他希望江南的老百姓,都能够记住胡雪岩,对他产生好感。他要设药厂,是传播好名声,留给后人好印象的一贯信念。同时他还有一个心愿,就是他认为,既然左大人这么看得起我,胡雪岩就要让左大人了解,我办事情跟一般人不一样,不是说推一步我才进一步,不是说你要我做什么我才做什么。我很主动,事先会推测,你有什么需要,到时候我就有。让他耳目一新,感觉到碰到这个人,是我的运气。这么一个感觉,也是胡雪岩很渴望得到的。所以他掌握了这么多的行业之后,还想跨入制药业,不纯粹是野心,而是一种自我期许,很想把它实现。

五、荣膺东南大侠

果真是树大招风，上海的一班难民，听说雪岩又升官又发财，竟然把阜康钱庄团团围住，弄得想要存兑银子的人都不敢靠近。

雪岩问他们想干什么？他们毫不避讳地说：您是上海有名的东南大侠，应该慷慨救济穷人。雪岩拗不过，干脆要大家明天到泰昌粮店，由阜康出钱，放粮三天。

中国人向来有分享的观念，谁赚钱多，就应该请客。一直到现在，公司钱赚多了，如果不敦亲睦邻，表示一些好意，周遭的人就会用环保、公害、污染等等名堂，给公司好看。我们认为一个人或一个组织的成功，努力固然重要，运气也十分要紧。努力得来的部分，可以独吞；运气的部分，当然应该分享。雪岩看得开，东南大侠嘛，慷慨一些也是应该的。

重点提示：形势可大可小时

做官的人，如果凭良心做事，其权势之大，就大到可以决定国家的所有政策，把国家治理得国泰民安。从这个角度来看，学而优则仕，是一条光明大道。许多人乐此不疲，也是理所当然。但是，若是不凭良心，全凭个人好恶，不顾百姓的死活，其权势之小，便小到抵不过百姓的议论。百姓不一定要揭竿而起，掀起革命的浪潮；也不一定要走上街头，公开指责官员的罪行。只要天天在家里边看报纸边咒骂，边看电视边诅咒，迟早就会产生意想不到而又逃避不了的报应。

个案简介

雪岩风尘仆仆赶到上海。居然看到一班难民，把阜康钱庄的大门围堵起来，赖在那里不肯离去。

则云报告已经围了三天，要求给予施舍。

雪岩摆出笑脸，问大家为什么这样？大家七嘴八舌，说雪岩是东南大侠，在北京又捞了一份肥差，既然升官发财，应该救济穷人才对。雪岩很高兴，大声宣布：阜康出银子，开仓放粮。交代则云给粮店五百两，放粮三天。则云表示心疼，雪岩干脆叫他连放六天。

进入内堂，看到玉惠和梦瑾，雪岩心情大好。先告诉玉惠，向英国汇丰银行贷款时，不必太委屈自己，否则可以向别的国家申贷。又交代梦瑾，以后要和玉惠好好学习，梦瑾也乖巧地答应了。

则云也出去贷款，找了几家洋行，连印度老板都求了，就是贷不到。雪岩怀疑有人搞鬼，要梦瑾换一身漂亮的男装，和他一起出去办事。

梦瑾着男装随雪岩到外国租界去，等了快一个时辰，都没有人理会。雪岩于是拉着梦瑾，坐在沙发上，动手脱梦瑾的衣服，梦瑾急得快哭出来了。雪岩把写好的字条，叫梦瑾大声念出来：汇丰汇丰会发疯，肥门往外拱；三千万两换百万，却往鼻子里面插大葱。洋人吓倒了，要唐廷枢赶紧通报丁日昌。

李鸿章接受英国公使的招待，叫一个洋剃头师傅帮李鸿章剃头。公使讽刺李大人在英国人的刀下，还这么匆忙。李鸿章则反讽公使特意来到上海，为鸿章北上赴命饯行。后来公使明说左大人要借钱，问李大人意下如何。李鸿章还是答以借不借两可。

梦瑾回到家里，想起穿内衣见洋人的窘状，放声大哭。玉惠劝她不必如此，还激动地说，以后我还不如你呢！正好雪岩进来，听到这话，非常不高兴。

唐廷枢知道事态紧急，找丁日昌商量，说雪岩要用各地的钱庄、当铺和全部家业共两千万两银子，做资产抵押，还放话汇丰不借，要向各国领事馆筹借。

丁日昌看见事已至此，反而表示借给雪岩算了。

问题与解答

(1)难民包围钱庄,是什么道理?胡雪岩为什么不听则云的劝阻,直接和难民见面?

我们今天也看到同样的情况。把一个厂给包围起来,说得好听,是为了环保;说得难听,就是中国人一个很古老的观念:你赚了钱,拿出一些大家花吧。当然,有人听到这种话,会觉得很生气。怎么把人看得那么坏呢?其实这也没有什么不好,因为中国人自古以来就有两个字:叫作分享,是一种很好的想法。当一个人赚到钱的时候,一定要拿出一些钱来,请请他的亲戚朋友。不然的话,亲戚朋友心里头就会很不高兴。我们要你这种亲戚干吗?我们要你这种朋友干什么?很多人看不懂,认为中国人见不得人家好;一看到人家好,就开始嫉妒人家,就开始想要绑架,要危害人家,其实不是这样。自己应该了解,今天赚到钱,反正我赚了一些钱,也要跟警察分享分享,那他就很愉快了嘛!一件事情,看你从哪个角度来想,不要想得太严肃、太紧张。往紧绷的方向去想,是没有好处的。雪岩很清楚,难民包围,我只好出面来解决。倒是则云的态度,是很矛盾的。他一面发牢骚说,这种情况,我们怎么做生意呢?一面看到雪岩要出去面对难民,他又说你不要出去。你不要出去。我觉得这也没什么奇怪,中国人本来就是一个矛盾的民族,这样他有意见,那样他也有意见。就是希望在这两个当中,找出一条平衡点来。他尽了他的责任,首先跟雪岩抱怨说,这种情况,我们怎么做生意,你要解决;另外一个,又说你不要出去吧,都提供给雪岩做参考。雪岩是个当机立断的人,是个从来不逃避责任的人,他觉得既然冲着我来,那我就出去好了嘛。他这种精神,其实是解决问题最好的方法。如果雪岩躲在里面,把则云推出去,是不能解决问题的。因为这件事情是冲着雪岩来的,而不是冲着钱庄来的。所以雪岩说,我出去好了,他也觉得应该跟人家分享。他觉得大家对他的抱怨,不是完全没有道理。他也觉得难民把钱庄包围起来,不能说完全是难民的责任,自己也有些做不到的地方。我想他有这样的心情,应该是比较容易化解的。

(2)雪岩为什么答应难民开仓放粮?则云为什么不表赞同?

我想这两个人的态度,都是正确的。站在雪岩的立场,他应该要花钱消灾。花钱消灾并不是消极,也不是说我只想逃避,纵容这些难民,都不是这样。

我们应该想到,难民也不是他自己喜欢当难民,也不是他从小立定志愿,要一辈子当难民的,环境要负很大的责任。是当时的战争、政情的不安,所造成的一种结果。每个人都分担一点责任,也是应该的。雪岩既然得到机会,赚了钱,虽然说没有办法救所有的穷人。但是应急一下,救济救济,也是应该的。所以他马上决定开仓放粮。可是则云,他是站在一个钱柜的立场,必须站在管钱人的立场,而管钱人的基本原则,就是合理的小气,而不是合理的大方。所以他说,哎呀,这样的话,我们要花多少银子啊?这也是正确的。如果说老板想要做好事,而部属又拼命照他的意思一下把钱花光了,将来检讨起来,还是部属的错,不是老板的错。所以老板说,花吧,部属稍微拦一下,这一进一退当中,就可以得到一个合理点。其实雪岩心里头,是有这一种想法:说你们这些难民,从一个角度来看,你们既然尊称我是江南大侠,好歹要有一个江南大侠的样子;何况这些钱,对雪岩来讲,不过是九牛一毛,而且说难听一点,你赚钱比人家容易嘛,拿一点跟人家分享,应该是合理的事情吧!你看那些难民,就是冲着他来的。你又得到好机会啦,你又赚到钱啦,我们可怜兮兮的,你总要想个办法吧。两边都稍微退一步想,不就海阔天空了嘛!

(3)雪岩为什么要梦瑾以后多和二太太学学,出去见见世面?玉惠这一次又出去办什么事?

雪岩想从内部培养人才。按理说,玉惠懂得外交,见过场面,又会讲一些英语,对他应该很有帮助才对。但是玉惠很喜欢要性子,让雪岩为难。雪岩一方面要用玉惠,另一方面又要受她的气。在这种情况之下,他才会想到,干脆把梦瑾培养出来。这就让我们想到,一个人如果让老板感觉到他在你面前,还要相当的忍耐,还要相当委屈的时候,他自然会想到叫人取代的意思。结果呢,对自己也是不利的。你看玉惠,她对雪岩也很好。可是她就是很喜欢要小性子,弄得家里的气氛不是很和谐,对她没有好处。但是对雪岩来讲,我们就不能怪雪岩下决心干脆培养一个新人。不必完全依赖玉惠,弹性会比较大一些。再加上他发现这个梦瑾,她是很聪明的,反应非常快。要学事情,很快就能学会。他觉得这个人值得栽培,而且机构也需要人,所以基于内部培训人才的需求,雪岩会这样决定。同时呢,他也知道,这一次要向外国银行贷款,如果完全靠玉惠,是不是能够很顺利?实在没有把握。多一个帮手,也许会增加一些机会,也说不定。

(4)则云为什么借不到钱?雪岩为什么要梦瑾女扮男装跟他一起出去?

我想当时的情况,是要跟外国人打仗。要到新疆去跟外国人打仗,又要向外国人借钱。借洋人的钱,来打洋人,那洋人当然不肯借,这是一个主要原因。再加上贷款是要抵押的,政府担保,非常不可靠。因为政府说没钱就没钱,你要抓谁?向政府要钱,就必须打仗。外国人如果把钱借给政府,将来要钱又要打仗,那不是花更多的钱?所以他们不愿意。叫则云去借钱,他凭什么?凭他是司库,钱庄的重要干部。外国人会觉得,你跟我借钱,你用什么抵押?没有抵押免谈,我觉得这是很正常的。雪岩呢,他一向很喜欢动脑筋。他的原则就是,此路不通,我走别的路。我觉得这是一个很重要的策略,假定此路不通,我一定坚持要往这里走,最后一定碰得自己浑身上下都是包。我想我们常常讲笑话,说西方人比较喜欢走直路。看到一座山,西方人第一个念头,就是开一个山洞。因为他只能走直路,非开山洞不可。再怎么辛苦,再怎么艰难,就是要把它打通。日本人就不一样。日本人是用爬的,一座山非把它爬过去。再怎么辛苦,我都要征服你,都要爬过去。我们中国人会吗?中国人不要打洞,打洞是破坏自然,而且也费很多精力。你去爬,要爬到什么时候?中国人专门看山跟山当中有什么缝,顺着缝弯、弯、弯,就跑过去了。我们比较会走弯弯曲曲的路子,所以中国人走出来的路,都是弯的,很少是直的。现在会走得很直,那是学西方的。这样稍微弯一下,很自然没有阻碍。雪岩说此路不通,我不走这一路,我走别的路。他动脑筋,其实他也不晓得要怎么办。他试试看要梦瑾干脆女扮男装,跟我出去,我们随机应变啊!到时候再看有什么办法,再说吧!我觉得他应该是这样子的。到时候再看,到时候再想点子,说不定临时有什么灵感。因为我不晓得,他要怎么对我嘛!人家怎么对我,我不知道。只有到时候,再来想办法。这是中国人的看家本领,一切看着办!

(5)李鸿章对英国公使的态度,为什么那样模棱两可,不有话直说呢?

现在有很多人,都在鼓励大家有话直说。这种层次是很低的,一般人当然可以有话直说,可是高阶层的人,怎么可以有话直说呢?你看政治人物,向来讲话都是模棱两可的。话说得太明白,自己就完全没有弹性,没有自留余地,最后是逼死自己。各位想想看,李鸿章直截了当,告诉英国公使说,你可以借钱给胡雪岩,英国公使反而觉得很奇怪。有时候有话直说,使对方更加怀疑,也更加不敢接受。人家是个公使,人家自己有脑筋,自己会判断。你凭什么直截了当地说，借给他。他模棱两可的意思，就是要引发英国公使自己去猜测，自己去设想，自己去判断。最后由公使自己做决定，这是很合理的事情。我们再看看，公使问他说左宗棠会打胜仗吗？他也是模棱两可的。他凭什么说左宗棠不能打胜仗？他又凭什么说左宗棠一定打胜仗？这种话，谁也不敢讲。所以有话直说，层次非常低，不是任何人都可以做得到的。常常有话直说，后果不堪设想。反正你说不说，其实是一样的。英国公使会听李鸿章的话吗？你叫他借，他就借；你叫他不借，他就不借了吗？既然结果是一样的，说这么清楚干吗？再说李鸿章的话，如果讲得很清楚，有话直说，这话迟早会传出去，有一天会传到左宗棠的耳朵里。那还不算什么，万一传到西太后的耳朵里，那担负得起吗？所以中国人讲话含含糊糊，有几个目的：一个就是尊重，让对方自己去想；一个就是减少自己的后遗症，免得传来传去，最后我一个人来挑。第三个，其实中国人看得很开，说跟不说有么不同？说得很清楚，跟说得不清楚，有什么两样？都没有两样。英国公使听起来都是一样的，何况英国人也都是模棱两可的。你看现在美国人也在学模棱两可，可见模棱两可有很多好处。只不过，长期模棱两可是不行的。一句话要记住，经由模棱两可的含糊过程，最后得到很清楚的结果。结果要清楚，过程大可以模糊。

（6）李鸿章为什么要唐廷枢游说洋行，不要助左宗棠西征？

我想这是很简单的道理，因为我们一向可以看出来，派系的利益大于国家的利益。很简单嘛，国家的利益是大家的，派系的利益是我个人的。我要顾国家没有错，但是我先要顾个人。个人顾不住，怎么去顾国家呢？一般人都会这样想，大家都是为国为民，但是一看到派系利益，总是优先去顾虑，优先去照顾，事实是如此的啊！所以我们觉得，怎样把这些小团体的利益，把它结合成大团体的利益，才是我们从事管理的人应该思考的事。不要一天到晚高喊口号，说为了团体的利益，要牺牲个人的利益。讲起来很好听，实际上万万做不到。我们站在李鸿章的立场，如果他尽量帮助左宗棠立大功劳，慈禧太后对他很赏识，将来一定对李鸿章不利。谁愿意搬石头砸自己的脚？所以站在李鸿章的立场，他在旁边说，你去跟这些洋行讲，表面敷衍敷衍就好了，不要借钱给左宗棠，这也是很合理的事情。左宗棠自己想办法，不能因为受了李鸿章的压制，就不去冒险。你要借钱，自己去想办法，果然左宗棠也是这样的人。

(7)雪岩为什么宁可以全部家产抵押贷款,对他有什么好处?

我想第一个我们应该想到的,就是雪岩的面子问题。他是一个很爱面子的人,我们现在老觉得爱面子不好,其实从某个角度来看,甚至从很多角度来看,爱面子并没有什么不好。一个人如果连基本的面子都不要,这个人还会争气吗?我们常常骂中国人爱面子,其实中国人之所以永远不败,永远不认输,一直力争上游,一个很重要的支持点,就是面子。胡雪岩认为,我借不到款,完全没有面子,宁可用全部家产作抵押,也要这个面子。我不能让左宗棠看不起,不能够让承诺泡汤,否则我这个面子,整个丢光了,这是第一点。第二点,他也知道有人在搞鬼,因此他一定要把那个搞鬼的人找出来。他一定要跟他分个高低,我觉得这也是我们中国人不认输、不服输的很好的一种内驱力,使得自己不折不挠,会去奋斗到底。如果他觉得贷不到款,贷不到,那就算了。我们会佩服胡雪岩吗?他以后事业会做得大吗?我想不可能了。他也知道丁日昌在搞鬼,丁日昌背后就是李鸿章,他也很清楚。可是你一下就被打垮了?不会的。他心里想,我还是要动脑筋。你阻挡我,我不会认输,我一定要破解,无论如何也要贷到钱,这是他的第二个着眼点。第三个,当然也有点责任感。我们今天很喜欢讲使命感。使命感啊,我觉得多少也得有一些啊。他认为左宗棠那么辛苦,迢迢万里为国为民去打仗,我答应他的事情,一定要做到,才不会让这么好的人,受到那么大的挫折。他帮我,我帮他。我觉得中国人向来是他帮我,我帮他的。我们不会说我得到好处,就什么都不管了,我们大概不会这个样子。他也欠了左宗棠很多人情债,这个时候该他还了。所以他拿家产出来。我觉得雪岩如果看开的话,应该想到这些钱,左宗棠帮了很大的忙;现在左宗棠要贷款,就算这些家财丧失掉,也是应该的。如果有这种心态,我们会更加佩服他。

(8)左宗棠说为官者,权势之大,大到可以治国;其势之小,小到抵不过百姓的议论。这是为什么?

我想官员有好的,也有坏的,如果他凭良心来治理,老百姓感受得出来。就会觉得这是个好的官员,我们要尊敬他。如果他不凭良心,老百姓不会跟他斗,因为向来民不与官斗。因为你斗不过他,他有权有势,可以为所欲为。他可以表面上说没有问题,背地里照样整你。中国人很聪明,你跟他搞明的,有什么好搞的?所以我觉得,中国老百姓最厉害的智能,就是大家在家里头诅咒他,一直诅咒,他就完了。大家不要以为这是没有用的。如果了解宇宙磁场的变化,就知道诅咒是很有用的。一个人,经不起背后很多人指指点点,他的运气一定是坏的。我看很多做官的人,大家都觉得他很神气,但是背后那种诅咒的声音,使得他越来越倒霉,这是我们经常可以看到的事实。所以今天做官的人,更需要一切凭着公道,一切凭着良心,就是这个道理。不过千万不要灰心,因为好官大家是很尊敬的,我们千万不要以为中国人是非不分明,好像谁好谁坏都看不清楚,不会。我们嘴上不太讲,心里非常清楚。好官就是好官,我们不会冤枉人的。不好,就是不好,我们当面不讲,但是心里很清楚。历史上有太多的证明,各位到杭州,看到秦桧跪在岳飞前面。秦桧如果有灵魂,看到他老是跪在岳飞前面,而且还真的有很多人向他吐痰,弄得他满面都是苍蝇,我想他应该是很难过的。

六、再次孤注一掷

雪岩担任上海转运局委员，要向外国银行贷款。英国公使威妥玛问李鸿章能不能借钱给雪岩？李鸿章说借不借两可，私底下命令唐廷枢游说洋行，不要助左西征，当然不必借钱给雪岩。

雪岩一向胆大心细，他用各地钱庄和当铺，以及其他家产，总共两千万两银子作资产抵押，由朝廷具名，向洋行贷款。并且放话：如果英国汇丰银行不借，他会向各国的领事馆筹借。然而，洋行还是不为所动。

后来丁日昌调侃雪岩，笑他为上海三胡之一。其中有一位名妓，叫作胡宝玉。雪岩不顾一切，决心再次孤注一掷。毅然决定，去找宝玉帮忙。他的意思是，一定要想办法把外债借到，兑现对左宗棠的一番诺言。

重点提示：疑人不用 VS 全面干预

疑人不用，用人不疑，是用人的最高原则。怀疑他的品格或能力，就不必用他；一旦经过考验，证实他的品格和才能都没有问题，那就不应该再怀疑他。

左宗棠让部将去打仗，自己坐在营中下棋。因为他疑人不用，用人不疑，相信他的部将，会好好打胜仗。

李鸿章好像就不是这个样子，他对丁日昌一百个不放心，采取全面干预的态度，把丁日昌当作奴才使用。

现代的人，既不能疑人不用，也无法全面干预。用人的策略，变成表现得好，就留下；表现不好，就走人。换句话说：有利用价值的，留；没有利用价值的，走。美其名曰公正无私，实际上毫无道义，只见利害。

疑人不用，是主管的才能；全面干预，同样也是主管的能力。最起码有知人、识人、用人的修养，才敢疑人不用，也才敢全面干预。对某些人疑人不用，对某些人全面干预，只要区隔得合理，分辨得恰当，谁也不能说左大人比较会用人，而李大人比较不会用人。

对胡雪岩，当然可以疑人不用；对丁日昌，自非全面干预不可。这只是两种方式。只有短暂的同事，没有长远的伙伴，说起来很动听，以绩效为依据。实际上显得主持人十分无能，既不能知人、识人，又不能合理指派工作，否则怎么会产生这样换来换去还换不好的惨局呢？

用人之初，要明白这个人的长处和缺失。用其所长，并且设法不让他的缺点有发挥的余地，自然无人不可用。胡雪岩用阿宝、用玉惠、用阿贵，都是按照这个道理。阿宝把一船粮食弄得被扣押，雪岩并没有责怪他，反而安慰他：怎么还哭哭啼啼？随我到王将军那里再做打算。玉惠已经是二姨太，对芮瑾的处置不当，雪岩照样给她难堪。阿贵无缘无故走漏上海的消息给芮瑾，雪岩也没有说他什么。既然用一个人，就必须觉悟：这个人的优点和缺点，同时都请来了。科学再发达，也无法把一个人的优点和缺点隔离开来，只把优点带到工作场所，而将缺点留置在家中。何况一个人的长处，往往就是他的缺失；这个人的缺点，正好就是他的优点。

成祥的缺点是反应不够机灵，但是对雪岩来说，刚好是一种优点。否则两个人都同样机灵，会不会形成左宗棠和李鸿章那样，弄得水火不兼容呢？

用一个人，必须同时用他的长处和短处。用得好，发挥长处而抑制缺点；用得不好，反而抑制了长处而放大了缺点。

做得好，疑人不用；表现得不理想，赶快改变策略，全面干预。这才是负责任、有担当的主管。

全面干预，部属能够接受，也承受得了，那么把他留下来。不断教育辅导，总有一天表现得好。不愿意接受，或者承受不了，他自己会走路，急什么？

自己走，其他同人没有话说，自作自受嘛，怪不得老板。叫他走路，同人的反应如何？看成祥对任老板的观感，可想而知。

个案简介

左大人的儿子向左大人报告，在京城时，听说雪岩的名声不大好。左大人说用人应重对于国如何，至于私事，也只好让他咎由自取了。

丁日昌来访。雪岩起身迎接，丁日昌说怡和洋行可以帮忙贷款事宜，他也可以当连保。雪岩故意说受宠若惊，丁日昌接着说胡先生大名，在上海被捧为三胡之首。

三胡是谁？雪岩并不知悉。丁日昌说是东南大侠胡雪岩，绘画大师胡公寿，以及胡宝玉。

雪岩不知道胡宝玉是谁，则云告诉他是个妓女。雪岩却没反目，反说有趣、有趣。

玉惠告诉雪岩一些有关宝玉的事，雪岩马上要阿宝拿几个大元宝，要去会会这个宝玉。

来到宝玉住处，看到宝玉身着外国男装的俏模样，雪岩看得说不出一句话来。

宝玉知道雪岩是浙江人，胡雪岩觉得很好奇。宝玉说干这一行的，不用出门，便能够听到外面的贵人贵事。

雪岩见到宝玉说："深知小姐落入风尘，乃于生活所迫。要借小姐的芳名香威，做一件为国的大事。"

宝玉不在乎地问：什么事？

雪岩说出向汇丰银行贷款的事宜，宝玉说她从心里恨官府、恨洋人，因而满口答应。

回家后，雪岩吩咐则云拿一千两银票给阿宝，让他送给宝玉，筹划贷款相关事宜。

问题与解答

（1）左宗棠说用人应该着重在对国家的贡献，至于私人生活，只好让他咎由自取，是什么道理？

我们都知道，任何人有优点，就有缺点。其实再讲简单一点，一个人的优点，往往就是他的缺点；而他的缺点呢，恰巧就是他的优点。你看，胡雪岩，如果不是他这种个性，他能够施展得开吗？三教九流都可以来往。戏子，戏子又怎样？只要对我的事业有帮助，照样跟他交往。如果不是这样的个性，左宗棠用他，又用什么呢？所以左宗棠的想法很对，是不是对国家社会有益？有益，我就敢用他。至于私人生活，实在无权过问，也过问不了。因为你要胡雪岩改掉很多左宗棠认为不合适的事情，那恐怕要等下一辈子了。左宗棠能够无人不可用，就是他用人之所长。我们看胡雪岩也是这样，胡雪岩无人不可用，只要用他的长处就好了，管他有什么缺点呢？尽管很多人在左宗棠面前打小报告，说胡雪岩这样不好，那样不好。左宗棠听了，都是一笑置之。因为他一开始，就抱定了我要用这个人，但是我不会把自己跟他绑在一起的决心。他的私生活，他将来咎由自取。我觉得咎由自取这句话，最能够代表左宗棠的心态。我用你，是用你对国家有利益的部分。可见左宗棠有知人之明，又能够善任。我觉得当一个老板，知人善任，这四个字是很重要的。但是要把它分开来看，有很多老板，会知人，但是不会善任。他了解这个人的长处，但是没有办法去用他，这是很可惜的事情。左宗棠了不起的地方，就是他了解胡雪岩，知道他长处在哪里，又能够很适当地用他。而且一开始，在很多地方，就划分界线，不让自己被胡雪岩拖下水去，很值得我们做参考。

(2)丁日昌为什么要拜胡雪岩？为什么要当面给雪岩难堪？

我想这是为官之道，想尽办法，要挡住胡雪岩的财路。不让他顺利借到洋债，可是后来发现好像挡不住了，这个时候，他就顺水推舟，干脆让他借。所以他跟唐廷枢讲，你就让他借好了。因为借了以后，我再利用机会，弄得他鸡犬不宁，这又是一种策略啊。我觉得我们这样走有路，那样走，也有路啊，这才是真正中国人的本领。反正我要整你，不管你怎样，我都要整你，整到底就对了。现在他呢，直接来看胡雪岩，目的是什么呢？就是打听打听虚实。我是地方官，我要来，我就可以来，你也挡不住我。我来看你怎么应对？所以他就来了。雪岩并没有买丁日昌的账，他说：我不知道你要来，所以很失礼很失礼。这就暗示，丁日昌你最好少来，你来了，我也是不会买你的账的。但是丁日昌毕竟官架子十足，他的官僚习气很深，没有办法节制自己。他不是很高明的人，我相信他要跟胡雪岩比，那真的是如同李鸿章所讲的，差得太远了。他来看人家，又要当面给人家难堪。最后呢，自讨没趣。很多事情，要么去化解，要么就摆明说你看着办，这都比较有君子风度。像丁日昌这样，我们中国人比较不欣赏。你去看人家，就是客人，客人要有客人的礼貌。你要侮辱人家，在外面侮辱人家;要给人家难堪,人家去找你的时候,你再给他难堪。现在你登门拜访,再给主人难堪,这是中国人不太喜欢做的事情。这叫作什么?就叫作登门问罪。登门问罪,让全家人都受不了。最后呢,丁日昌自己也受到很大的难堪。这也是左宗棠所讲的,咎由自取啊!

(3)雪岩得知胡宝玉是娼门名妓,为什么不发脾气,却说有趣、有趣呢?

我觉得胡雪岩的根本原则,就是商人不重骨气,重和气,因为和气才能生财。我相信胡雪岩是很气,很气,很气。你看他的表情,他只是没有把气发出来而已,他能够把自己控制住,把自己的情绪稳定下来,嘴巴还是讲,有趣、有趣啊!使得整个气氛不会一下子凝结起来。这就是和气,而不是骨气。如果是骨气,当时就拍桌子,大骂你怎么可以这样,就把他赶出去,那就表示他没有风度。我们也不希望胡雪岩是那个样子的人。他心里很不舒服,可是嘴上还是讲有趣。他再坏,李鸿章要用他。李鸿章用他,也有李鸿章的道理。我们不是李鸿章,我们无权来评论这种事情。这个人不好,但是他的老板要用他,那是他老板的事情。胡雪岩的长处就是:他一听到胡宝玉是名妓,马上想到这又是一个门路,不如动脑筋,找胡宝玉帮忙,而不要跟丁日昌斗气,我觉得这是非常高明的反应。他根本不认识谁是胡宝玉,所以他就问胡宝玉是谁啊?后来一听是娼门名妓,他当然有点生气。但是他很快就想到,生气没有用。我把这个化解掉,好好找宝玉,把路走通,那才是真正气丁日昌的方法。现在跟他斗,谁也不知道谁对谁错。我相信有很多人,也不见得认为丁日昌是完全错的。因为每个人看法不一样嘛,立场不相同嘛!至少李鸿章认为,丁日昌是很值得栽培的干部,那你又能讲什么呢?对整体,对个体,往往看法是不一致的。

(4)雪岩为什么去找胡宝玉,他打的是什么主意?

我们都知道,胡雪岩的长处就是从不放过任何机会。他的脑海里面,很少有什么不可能的概念,他总认为,只要有路,就可以走得通。天无绝人之路,所以从不放过任何机会。而且任何启发,他都能很快抓住。无缘无故弄一个丁日昌来跟我讲什么胡宝玉,一般人都是用发脾气、骂人来斗气,反而错失了良机。胡雪岩没有,他认为你今天跟我提这个人,对我有好处。我去找胡宝玉,说不定又是另外一条生路。他抱着这种心情去试一试,行不通就算了,行得通又多一个机会。一个人应该这个样子,把任何事情,都从相反的方面去想,不要老是从一方面去钻牛角尖。无缘无故蹦出一个胡宝玉来,把她看作对胡雪岩的一种侮辱也可以，但是那样无济于事。胡雪岩说，说不定我找这个人，她来替我打通关节，对我很有利。因为她既然这么有名，一定有她的一套。他马上想到，玉惠都可以行得通，胡宝玉不是更神通广大吗？所以他就抱着这种心态，准备去看胡宝玉。

(5)宝玉对雪岩相当了解，这是什么道理？

说起来很好笑，公众人物经常是欢场共同的话题。大家见面，讲什么好呢？就讲一些大家认识的人，有什么秘闻啦，最近出了什么糗事啊，又创造什么新闻啊，我想这是最好的话题。公众人物，逃不过众人的耳目，大家对他都很有兴趣。好的拿出来讲，不好的，讲得更多。到今天为止，还是这个样子。胡雪岩既然在商场这么有名，妓女谈天，谈什么呢？就谈胡雪岩怎样怎样，所以这些欢场的女子，对这些商界的名人，对政界有名的人士非常清楚。作为他们茶余饭后，喝酒聊天的共同话题。胡宝玉对胡雪岩了如指掌，胡雪岩对胡宝玉反而不太了解。任何人见面的时候，都喜欢找一些话题。政治人物啊，商场的一些主持人啊，要觉悟。既然有这个地位，很容易被大家炒成话题，要特别小心！当然啦，也可以趁这个机会，闹些小新闻，来增加大家对你的认识，这也是一种广告，我们也不反对。但是丑闻啊，最好少发生比较好。偏偏很多人，就是没有这种警觉性。一天到晚，闹东闹西的，弄得自己名誉很坏，也是左宗棠所讲的咎由自取！我们也可以看到，现在很多商界名流，保镖好几个，每天定时招摇过市。在他来讲，是保护自己的安全；但是人家会当作话题，你看他把自己扮演得好像是大首领一样。车子一停下来，好几个年轻人就来开门，把一只脚踩出去，另外一只脚放在汽车里面，马上红色的卷宗就拿来了，显示他是非常重要的人。这样做，到底对你是好还是不好，看来只有自己知道。

(6)雪岩说他深知宝玉为生活所迫才入娼门，否则也是位巾帼英雄，有什么用意？

我想他所使用的，是我们中国人常用的一种，叫作高帽子政策。反正把对方捧一捧，给他戴一戴高帽子，他总是比较高兴！有一个人，一生专门给人家戴高帽子，死后阎罗王审判他的时候，很不高兴地说，你一生，就只做一件事情，到处捧人家，到处给人家戴高帽子，你是干什么的？那个人说，他们那些人，就喜欢这一套，所以我才会因应他们的需要，给他们戴高帽子。像你阎罗王这么英明的人，我就不会给你戴高帽子啦！阎罗王很高兴，就放掉他了。可见阎罗王也是喜欢人家给他戴高帽子的。人不管到哪里,总是喜欢听好听话的,阎罗王也不例外。雪岩就用这种方式来做见面礼,说宝玉是为生活所逼,不然怎么会走入这条路呢?我看你也是个巾帼英雄,宝玉当然听起来很乐意,两个人以后谈话会比较投缘。同时雪岩暗示她,我说你是巾帼英雄,就表示我也是英雄。一个人会看人家是英雄,就表示他自己是一个英雄。英雄惜英雄啊。你看人家没有什么了不起,就是自己也没什么了不起,我想这种心跟心的投射,是非常明显的。那么宝玉呢,将来听到他又是为国为民,要去借钱啊,那她心里想我是个妓女,能够担当这么神圣的任务,能够负这么重大的责任,一定要做吧!我想雪岩就会成功了。经他这么一激,宝玉的意愿被他激发起来,很快就答应雪岩希望她帮忙的事情。

七、官府也分忠奸

人在衙门好修行,这句话的意思就是官就有权,可以为百姓造福,也能够找民众的麻烦,甚至压榨百姓的血汗。如果造福,那就是带职修行,将工作当作行善来看。对自己十分有利,对社会大众也有好处。若是趁势欺凌民众,谋图私利,那就是造孽,不利于自己。

好事不出门,坏事传千里。大多数百姓心目中,官员贪污舞弊的居多,恐怕就是这个道理。

重点提示:爱惜枪炮 VS 打枪不准

左大人说洋枪洋药价值昂贵,得来不易,要爱惜使用。俄国人就认为:中国士兵一定打枪不准。其实,中国人讲的爱惜是,如果打一枪没有命中,就是浪费弹药,所以要每发都仔细打,才能从心底里做到珍惜弹药。而不是每天无所谓地、不用心地去练习,那样的话,再多的弹药也练不出神枪手。

宝玉说她从心里恨官府、恨洋人,雪岩却告诉她,官府也有忠奸之分。他明说是奉左大人之命,所借款项主要是用来购买武器,以抵御沙俄亡我西北、占我新疆的狼子之举。宝玉对雪岩的不畏强权更为钦佩。

个案简介

左大人奉旨督办新疆事务,决定向新疆用兵。俄国派侵占伊犁的索斯诺维奇将军前来兰州访问,故意提出在营中制定的爱惜洋枪、洋炮条例,向左大人请教。

士兵把条文背得很清楚：洋枪洋炮洋火洋药，不但价值昂贵，购买费用亦高。凡我官勇，务宜爱惜，不可浪费。左大人听了，十分满意。

俄国人认为平时不练枪，战时不可能打得准。

有一个士兵听不下去，猛的一枪，打下了俄国副官的帽子。俄国人吓得跌倒在地，抱怨说太危险了。

雪岩故意看英国汇丰银行的大班葛德立一眼。他将德国大班带到一旁，让葛德立看到他们在做一些私人谈话。

葛德立赶忙找宝玉，希望她拉拢雪岩。宝玉欲擒故纵，拉他上舞池跳舞。葛德立最终答应贷款给雪岩。丁日昌发电报给英国公使，转知各大股东，否决掉这笔贷款。唐廷枢告诉他晚了，葛德立已经获得授权，才敢出席宝玉的宴会。

葛德立自信地向雪岩夸耀着英国的实力，雪岩却关心利率是多少。葛德立出价伦敦金融市场拆息加百分之五，雪岩还价百分之一，并且说如果葛德立可以保守秘密的话，他可以向朝廷多报，中间的差额由两人对半分。葛德立终于松口，看过雪岩的财务资料之后，更放心地说：一言为定。雪岩说，在金钱面前，你我都没有把祖宗当自己的。

宝玉告诉雪岩，丁日昌要她出一趟牌局。雪岩把她安排在阜康钱庄后宅，并且要梦瑾参与。果然把丁日昌杀得脸色一阵红一阵绿，打翻牌桌才愤然离去。

问题与解答

(1)胡宝玉从心里恨官府，恨洋人，是什么道理？雪岩为什么告诉她官府也有忠奸之分，有什么用意？

社会上大多数的人，都对做官的没有好感。其实，这也是不公平的事情。因为，实际上，做官的还是好的多，坏的少。可是我们从小就听到父母在抱怨，说这些做官的怎么坏，长大以后，所听到的，也都是说贪官污吏。这样就造成一个印象，好像做官的都是坏蛋。至于洋人嘛，因为近百年来，洋人进到我们中国，就是一种非常不友善的表现。让我们感觉到，专门在欺负我们。中国人可以委曲求全,但是不会认输。雪岩特别讲到官府有忠有奸,他的用意,是想要化解宝玉心里头那种余虑。否则的话,你一开口,她就拒绝了。我们来到这里一个很重要的关键,就是你要跟人家开口,先要做一番心理建设。让对方能够接受,最好是乐意接受。如果对方是封闭的,你再怎么讲都没用。因此我们十分佩服雪岩,他先说官有忠有奸,不要一概而论,使宝玉的心理防卫稍微松懈一点,比较容易接受雪岩的建议,来帮雪岩的忙。这叫作说话的有效性,今天叫作沟通的有效性。

(2)左宗棠为什么要求部属爱惜洋枪洋药?俄国使者为什么怀疑湘军士兵打枪打不准呢?

我想这就是西方人不太了解中国人的地方,我们中国人讲爱惜,并不是说不用。俄国人认为爱惜枪炮弹药,不敢操练,怎么能打得准呢?所以他们认为:要士兵打枪打得准,就要多多让他练习,这种练习的钱是不能省的。现在左大人居然说洋枪洋药价值昂贵,得来不易,要爱惜使用。在这种政策之下,大家不敢动用洋枪洋药,怎么能打得准呢?他没有想到,我们中国人讲要,就含有不要;讲不要,就练习,但是这一枪一定要命中。这一枪如果没能命中,那就是浪费弹药。带着这种心情,每一枪都很仔细在仿真。这样子打一枪,等于打好几十枪。在这种训练的情况之下,虽然花的弹药不多,但是训练出来的,照样是神枪手。俄国人风闻左宗棠爱惜弹药,觉得很好笑。外国人要求证,就派人到湘军这边来,他一下子就开枪把这个目标打下来,好像要吓吓左大人。左大人说,我五十七岁的人,你这种小玩意,还吓得了我吗?你看中国人多有默契,他并没有叫他的士兵做任何动作,可是只要主帅讲这个话,士兵马上懂,立刻一枪就把俄国士兵的帽子打了一个洞。好险啊,当然险啊,不险你怎么知道我准呢?我觉得这个士兵非常有把握,才敢拿人家的帽子做目标。出乎俄国人意料,他一直不能了解,你们在这种情况之下,怎么把枪法练得这么准呢?我想我们中国人心里都很明白。中国人做事情,马马虎虎的话,那就是没有用的。如果很仔细,很用心的话,我想什么事情都难不了我们中国人。从现在开始,做事情不是说努力不努力,而是用心不用心。每件事情都用心,把心灌进去。虽然我们爱惜弹药,可是照样枪法非常之准。记住,努力工作没有用,用心做事才要紧。

(3)汇丰银行原本不同意借钱给雪岩,现在为什么改变主意呢?

我们都知道,汇丰银行的老板是英国人。英国人所实施的,是一种愚民政策。把一班老百姓培养得中规中矩,好像一点应变能力都没有。可是他们的高阶层,那种策略的运用,那种应变的能力,是非常强的。你看英国的老百姓一板一眼,但是英国的政治家非常的老到,可见他们区隔得非常清楚。在英国,如果能够受到高深的教育,那都是绝顶聪明的人。所以因材施教,的确是个好方法。我们现在提倡不要能力分班,我想这是个笑话。没有能力分班,老师怎么教?怎么样因材施教,把有潜力的人激发出来?英国人高阶层应变力很强,一看情况不对,马上见风转舵。

英国这些银行家,看胡雪岩跟德国人谈得很近。心里想糟糕啦,这一仗败给德国的话,那我还像英国人吗?就赶快想办法,来争取胡雪岩。其实胡雪岩是故意设计让他来中计的。从随机应变这个角度来看,我们不得不佩服汇丰银行,很有一套。

(4)丁日昌为什么要出席胡宝玉的酒会?唐廷枢劝他不要去,是什么道理?

我们都知道,丁日昌要去出席酒会,是为了面子。唐廷枢劝他不要去,也是为了面子。可见我们中国人的事情,大概大大小小都跟面子有一点关系。你看丁日昌这个人,可以说是既自大又自卑,他觉得大家都有请帖,只有我没有被邀请,这还像个地方官吗?所以我一定要去,给他们难堪,才知道我这个地方官的威风,这就是又自大又自卑的一种表现。唐廷枢呢,他比较冷静。为什么冷静?因为旁观者清,他是不是比丁日昌稍微高明一点,我们也很难讲。只是一个当局者迷,一个旁观者清,所以他就跟他讲,没有请帖你就去,不是不请自来吗?人家如果当事情,我们都看出来,也是雪岩有意安排的。这样安排,到底是好还是坏?我们往后还可以看下去。对付丁日昌这样的人,是不是应该用这种方法?值得我们省思。老实讲,对君子用这种方法,还无所谓。因为他会自己反省,会自己检讨改进。可是对这种小人,用这个方法,应该不是很恰当。因为丁日昌会恼羞成怒,一个人到了恼羞成怒的地步,就毫不讲理,反映出来的行为很难控制。这样一来,就会增加雪岩很多很多的苦恼。我们再往下看,看看他们的进展是怎么样的。

(5)葛德立为什么急着要与雪岩单独会谈?宝玉为什么向他保证没有问题?

葛德立是汇丰银行的代表人,既然银行决定要贷款给雪岩,他就必须把握时机，赶快跟雪岩会谈，以免被别人半途争取掉。我们在管理上，如果上面已经答应这件事情，因为我们耽误了时机，而没有完成的话，那个责任是负不起的。当上面一旦下定决心，代表去执行的人一定要记住，把握时机，不要错失良机，不要耽误时间。因此，他来参加酒会，虽然说他在跳舞，但是他的心情始终没有放松过。一个人在跳舞，到底是很轻松呢，还是很紧张？就看那个时候的任务是什么。我们可以看出来，很多当间谍的人，当政治人物，当大商人，他跳舞只是个样子而已，根本放松不下来。你看他眼睛到处在观望，看什么？看雪岩在干什么。雪岩是有意表演的，跟那个德国人好像谈得很亲密，好像什么事情都已经决定了。于是他更加慌张，这个英国人毕竟很老到，他知道一开口，万一宝玉跟他讲：我没有办法，很抱歉，那不是糟糕了吗？所以他马上拿出事先准备好的，一个最珍贵的瑞士新产品。那个名贵的手表，一戴上去以后，宝玉心里有数，她就说好，没有问题，我给你安排。至于宝玉。怎么敢这样笃定地答应他呢？也是她事先已经跟雪岩套好了。雪岩本来就想跟英国人借钱，只是怕英国人不答应。这些事情都经过先前的沙盘演习，就是我们中国人所说的套招。把招数套好了以后，自然就没事了。我们中国人最会套招，你看韩国朋友常常跟我讲，你们中国人真了不起。我说有什么了不起呢？他说，我们韩国人每一次走上街头，拼啊，结果呢，一定有人死，有人伤。只有你们中国人，什么街头运动啊，斗啊，拼啊！最后没有人死，也没有人伤。完全是套招，不然怎么没有死伤呢？就是做到差不多了，不要再过分啦。再过分，我命也没有啦，那你也不见得有好日子过。中国人这种套招是非常管用的。雪岩跟宝玉套招，加上宝玉也很老到，不会事先讲出来，不会跟那个葛德立讲说，没问题啦，他本来就想借钱。因为这么一来，那英国人又提防了，你们在搞什么玩意？而且她也得不到那个名贵的手表。所以有时候，你说有话就说，有话直说，这些话到底是对还是错啊？我希望各位自己去想一想。不到紧要关头，不要开口，这才是中国人的真功夫。

(6)雪岩为什么要和葛德立对分剩下的九厘利率？又为什么说“在金钱面前，你我都没把祖宗当自己的”？

各位心里有数，雪岩跟湘军打交道以来，就发现左宗棠这个人很厚道。你开口，他都会相信。所以我们常常觉得一个人的厚道是一回事，如果对别人完全没有怀疑的心理，到底好还是不好？也是应该想的问题。如果说左大人比较认真一点，比较怀疑一点，当然不能过分怀疑，过分怀疑，雪岩就不干了。稍微有点怀疑，让雪岩更谨慎一点，会不会更好呢？你说多少钱就多少钱，你说怎么样，我就相信你，利率也让你去决定。这样就好比开一部奔驰车，停在路旁边，钥匙又放在里面，路人看到，自然就开走了。到底是路人偷你的车呢？还是你引诱他偷车？我想这还有争论。雪岩办事情办得很顺，因此他很大胆地说，我们向朝廷报高一点，另外多余的，这个九厘，我们对半拆。你有好处，我也有好处。他不知道这件事情对他来讲，迟早会变成致命伤。他认为我们既然谈钱，那就不谈祖宗。

很多商人就是败在这里，钱一出来，祖宗算什么呢？为什么中国人从小就灌输我们有祖宗的观念，就是说你不要因为钱，而把祖宗的面子都丢光了。可是雪岩认为洋人是不认祖宗的，跟洋人打交道，还认什么祖宗？这是他的想法。同时，他认为洋人比较守信用，不像中国人那么不守信用，因此比较放心跟洋人勾结。到底是不是这个样子？我想这也是很危险的想法。中国人会窝里反，我们都很熟悉。外国人会不会一生一世守秘密呢？我想我们也不知道吧！

(7)丁日昌为什么要胡宝玉出一趟牌局？而且地点由宝玉安排？

我想这又是面子问题。丁日昌想，你让我没有面子，日子会好过吗？我没有面子，就这样认了吗？那我以后怎么做人啊？我想这是中国人常常感觉到很苦恼的主要原因。自己放不下，自己想不开。可是大部分人都是这个样子的。丁日昌说，好啊，你给我难堪，我就让你难过。因此他就想办法，怎么来整整这个宝玉？他就出个难题，说你给我出一趟牌局吧。如果丁日昌说，你到我这儿来，或者你到哪里，跟她都安排好好的，那就整不了宝玉了。所以他现在把一个滚烫的罐子往宝玉手上丢。等于我们现在讲的把球丢给对方，丢出去说，来，我们来打一场牌。地点你安排，才够宝玉伤脑筋，地点由她安排，丁日昌才能够采取主动，要答应或者不答应，要挑剔还是要接受？对丁日昌都是有利的。他这样做，也不愧是官场老手。可是宝玉呢，拿了以后，她就把这个热罐子又丢给雪岩：这是你惹的，你来解决吧，我想这也是很好的办法。雪岩当然不怕，雪岩说，那就在我的阜康钱庄好了。这一来，宝玉就壮了胆子。雪岩如果说，你们到外面去，随便找个地方打牌，那就表示他要推卸责任，想置身度外。现在他说，进来我家，就表示我们两个站在同一个立场。我支持你，要支持到底,这种行动很够义气。所以宝玉受到鼓励,很快就把信息传给丁日昌。意思就是说,看你敢不敢来,看你怎么办？这样把球丢来丢去,也是我们中国人常用的一种方法。丁日昌呢,他一看好啊,你们两个人穿一条裤子,他也想办法一石二鸟:一方面整宝玉,另一方面整雪岩。他在这个方面,当然也有他的功夫,也不是好对付的。我们还可以进一步来看他们,怎么继续玩这些花样。

(8)胡雪岩为什么选在阜康钱庄后宅打牌？梦瑾的表现如何？是不是帮了宝玉的忙？

我们已经讲过,选在阜康钱庄,表示我们支持宝玉。整个阜康钱庄做宝玉的后盾,意思就是说,你输赢都不用担心,我们出钱就是了。而选在后宅呢,有更深一层的用意,就是我们全家人都可以出动。那个时候,雪岩有比较大的弹性,可以在场,也可以不在场。他不在场,有家人在那边哄抬;他在场,有家人的气势一起来助阵。这样一来,客人更是单薄,更没有办法发挥力量。把人家请到家里面来,是一种壮大自己声势的做法。雪岩用这种方法,宝玉当然很高兴,所以就欣然接受。丁日昌在气头上,并没有想到这么多。一个人在气头上,只想发泄气愤,只想要回面子,往往不够冷静。他如果很冷静地盘算一下,就不会在这个地点跟人家打牌。他去了以后,果然不错,受到相当的冷待,三缺一。可是他还是继续闹下去,怎么主人不出来呢？后来梦瑾出来了。你看梦瑾迟到出来,第一已经先把丁日昌的气焰压下去;第二扛出两个金元宝,就是杀杀丁日昌的威风;然后又说她是高手,就这三件事情,已经把梦瑾的气焰捧得很高,丁日昌怎么会不输呢？赌场其实跟战场一样,就是要造出声势,使对方情绪低落,斗志受到抑制。然后一出手,当然无可抵挡。梦瑾很聪明,学会打牌以后,加上胡雪岩的调教,现在技术高人一等,要谁赢就谁赢,要谁输就谁输。已经能够控制自如,要帮宝玉的忙,是很简单的。她一来一往,往来自如。你看她赢跟让宝玉赢有什么不同？各位可以从这里面去想。如果一个人只能自己赢,不能够帮别人赢,这个人的技术还是差一点。

八、不慎种下祸端

常言道:聪明一世,糊涂一时。胡雪岩当然是聪明人,却在借洋债这件事情上做了手脚。向朝廷高报利率,从中赚取差额,岂不是糊涂一时?

一个人,发展得愈顺利的时候,就应该愈加谨慎,更加小心。因为这个时候,可能愈来愈大胆,而忽略了心细这一方面的重要性。胆大而不心细,一时大意,很可能种下祸根,酿成无可挽救的悔恨。

这种事情,发生的概率非常大。差不多到了这种地步,都会动这种脑筋。一方面是太容易了,简直一开口就能够如愿;另一方面是太有利了,几乎一张口就有大量金钱收入。不拿白不拿,少拿自己吃亏,也没有人感谢。多少人因此而坐牢,多少人为此而自毁前程,应该引以为鉴。

重点提示:中介佣金 VS 收取回扣

胡雪岩的致命伤——在向英国汇丰银行贷款时,居然拿回扣。

如果雪岩以上海阜康钱庄老板的身份,向汇丰银行大班葛德立要红包、拿回扣,那是相当平常的事,不值得大惊小怪。

问题是胡雪岩以大清朝钦封谕授的上海转运局委员身份,由朝廷出据,向英国银行贷款。双方说好利率四厘,然后向朝廷申报一分三。剩下的九厘,雪岩和葛德立对分,各得回扣四厘五。可能是雪岩一路走来太顺了,使得他艺高人胆大,为自己种下了祸根。

雪岩如果提高警觉,在众人最有可能怀疑的地方保持清白。大家一阵叫骂,然后查无实据,他就站稳了。在大家注意不到的地方动脑筋,不要在大家注意到的地方丢人现眼。不知道雪岩的算盘是怎么打的?是不是真如他所说的,再精巧的算盘,也有算错的时候。中国人喜欢说:人算不如天算,好像真的如此!

个案简介

宝玉问雪岩，这笔外债到底赚了朝廷多少？雪岩回答不赔就不错了。宝玉不信，说她这辈子什么也不图，就图个痛快。

雪岩不懂宝玉的意思，宝玉说：我的痛快，就是让你们不痛快。雪岩认为宝玉话说太多，把她哄睡了，赶快离开。

则云向雪岩报告：毕四姐走了，玉惠哭了一夜。雪岩说："我是个商人，不管是活人还是死人，都重不过我的算盘珠子。我的眼睛里只有钱，没有女人。"

玉惠刚好站在外边，无奈地掩面哭泣，伤心地走开。则云看见了，忍不住叫玉惠。雪岩也看见玉惠伤心欲绝的样子，问则云："我是不是太无情无义了？"

则云不得已回答："东家待人，历来是善始善终。"雪岩感叹现在有财有势，怕人家为了图利而靠近。则云说向洋人借债，弄得东家太累了，又冒风险。雪岩却十分有把握地说："向洋人借得越多，越不可怕，他会越替你维持。"他说自家人窝里反才最可怕。

问题与解答

(1)宝玉所期盼的痛快是什么？她为什么怀疑雪岩借外债赚了银子？

建议各位想一想，当你听到宝玉这句话，你能够让我痛快吗？不晓得对痛快两个字的反应是什么？一个比较冷静的人，听到痛快，也许觉得宝玉的痛快，会有另外的解释，这个人就比较冷静。我们每一个人，对一件事情的反应，其实可以回过头来，用来了解自己。宝玉所想的痛快，就是使男人不痛快。因为她有一种报复心理，男人到我这里想找痛快，我就让你不痛快。很多欢场女子都有这样的心思，所以为什么这边很辛苦赚来的钱，那边她会去整另外一个男的。这是一种报复行为，你想从我这里得到痛快，才怪，我就让你不痛快！你不痛快，我就痛快。因此她问雪岩，这次借外债，到底从中做了多少手脚？

到底赚了多少钱？她为什么会这样想？最主要就是平常跟大家谈来谈去，发现几乎每一笔交易都是不干不净的。每一次交易，总有人从中得到好处。因此她十分怀疑，雪岩真的一心为国为民吗？真的找我出来，完全没有好处吗？她非常怀疑。但是这句话讲出来以后，对她非常不利。

我们建议大家，不要让人家不痛快，也不要要求自己痛快。一个人最好慢快，不要痛快。慢快就是慢慢的快乐，它会很长期的愉快。痛快，一痛就快，快完更痛，没有好处的。因为雪岩从此跟她有了距离，他认为你知道的太多了，你知道我很多秘密，我不会跟你善罢甘休的。一个人祸从口出，但是宝玉并没有想到这么多。她只求我的痛快，是建立在你的不痛快之上，那怎么才能使你不痛快呢？就是问一些你不喜欢听的话。问一些你不想让别人知道的事情，结果呢，种下自己更不痛快的祸根。

(2)雪岩为什么自觉太无情无义？而则云却说他待人历来是善始善终？

我想用有情有义来看雪岩也对，用无情无义来看雪岩也对。为什么？这两个不是很矛盾吗？没有。雪岩是个非常重感情的人，很讲究义气，这点我们从很多地方都可以看得出来。但是他的感情，他的义气，如果跟他的事业相提并论的时候，很快就会比下去，只是这点而已。如果不妨碍他的事业，他有情有义；一旦妨碍他的事业，他可能很狠，无情无义。其实这是他的拿捏，我们也不能说他错。如果有情有义到妨碍自己的事业，请问这个人会成为企业家吗？我们常常讲老板要够狠，就是说不狠下不了决心。可是狠到没有人敢接近，没人愿意在一起工作，那就无人可用，所以还是要有情有义。用有情有义把人招来，用狠来吓唬大家，使大家不敢乱来，这就是老板。雪岩自己知道，可是他很想听听则云的意见。一个人自己觉得这样，总喜欢别人来印证一下。所以他故意跟则云讲，你看我这个人，是不是无情无义啊？可是他这样问，则云怎么敢回答呢？所以他就说我是无情无义的。则云当然会回答说，没有啊，你是善始善终。你看这个善始善终，跟有情有义还是有点区别。可见则云心里头也有这么一点感觉，有些地方，你的确显得无情无义，但是你会有头有尾。有头有尾跟无情无义，又稍微有点不同。无情无义，就是说我这一刀砍下去，不管你的死活，你以后怎么样，通通跟我没有关系。这种人，没有人敢再追随他了。雪岩不是，雪岩这边砍一刀，后面他会去照顾他。他跟毕四姐讲，你要走，就走啊，好像无情无义。但是他又说，只要玉惠一天在这里，你就一天有得吃。意思就是说,你没有钱,随时回来拿,可见他还是善始善终。

当然,则云现在的身份,已经跟以前不一样了。以前他会跟雪岩讲,你叫我怎么说呢?现在他会这样讲吗?他不会。当然说,哎呀,你不错啦,你已经做到该做的事情啦,你是善始善终啦,总之讲得好听一点吧。

(3)为什么雪岩认为向洋人借债,借得愈多愈不可怕?他为什么又认为风险并不可怕,自己人窝里反才可怕?

雪岩这种观念,一直到今天还存在。很多国家为什么欢迎外资?就是因为外资进来以后,外国人就跟着要保护这个地方。各位想想看,如果我们投资在某一个地方,我们会用炸弹去炸那个地方吗?大概不会,因为炸来炸去,都是炸到自己的财产,损失更重。对方有我们的资金,对方有我们的资产,我们不但不会去打他,反而更加保护他。所以引进外资,形成很多国家的一种国策,就是这个道理。进来的越多,越关心这个地方;就越不敢在这个地方引起战争,所以就更加安全。多向洋人借钱,洋人就不会在我们这个地方发起战争,所以越多就越安全,越不可怕。雪岩当时有这么一个看法,实在很了不起。当然,今天这已经变成一种常识,大家都想象得到。风险是经营企业不可避免的东西。雪岩一开始就认为做生意本来就有风险。太平军要他买粮,说你这一次替我们担了很多风险。他当时就说,这是我们生意人应尽的本分!生意人如果不冒风险,怎么赚得到钱?风险越大,赚的钱就越多;风险越小,赚的钱当然就相对的减少。至于最可怕的是什么?就是自己人窝里反。我们可以看出来,很多事情,都是自己人提供情报,勾结外人,然后才会一枪射中目标。因为我们的弱点在哪里别人不知道,只有自己人最清楚。自己人窝里反,串通外人,一下子就抓到弱点,根本没有办法挽救。所以雪岩最怕的是自己人造反,他并不怕外人给他制造问题。外人制造问题,他一向都处之泰然。他最担心的,就是自己人。奇奇怪怪的动作,使他不放心。

九、权衡轻重利害

一般人都认为自己具有判断力,能够权衡轻重利害。有时还把自己当作神看待,对是非曲直看得很准确。事实上,一旦事到临头,才发现自己简直是刘姥姥进大观园,什么都没有把握,也弄不明白。

事后之明,人人都具有。事先和事中,由于当局者迷,而且事态不断在变化,实在很不容易看得清楚。

中国人回答问题,很喜欢说:很难讲。因为我们知道,自己是人而不是神,看不精准。何况一切都在变化,世事难料,当然很难讲。

所有问题,对中国人而言,可以归纳出一个答案,那就是简单的三句话:很难讲,看你怎么讲,随便你讲。放诸四海而皆准,聪明人听得很明白。不聪明的人听得十分迷糊,认为说了好像跟没说一样。

重点提示:是非曲直实在很难讲

毕四姐离开胡府后,梦瑾怕玉惠想不开,玉惠却说:“人的命天注定,人的情自知重。”是也? 非也?

这些问题,说起来只有一个答案:“很难讲!”

是非曲直原本没有一定的标准,各人的立场不同,看法就不一样。要不然,社会上为什么有那么多意见,而又彼此难以协调呢?

李鸿章和左宗棠,是曾国藩的左右手。对曾国藩的“体制内改革”方案,李、左无不衷心敬服。然而李、左之间牵涉到卡位之争,自然非明争暗斗不可。

孰是孰非? 很难说。中国人常说凭良心,就是因为除此之外,怎么说都说不明白。人事、人事,好像只有当事人才心知肚明,其他的人,实在难以臆测。

个案简介

丁日昌得意地告诉唐廷枢，左宗棠建功京西，李鸿章建功京东，两人谁也不让谁。不过，李大人荣任直隶总督兼军机大臣，这就有了朝臣和地方官的区别。只要李大人海防压住左大人的陆防，雪岩就完了。

唐廷枢问新任两江总督是谁？丁日昌说李鸿章举荐沈葆桢。要他荣升，才能交出快办成功的船厂。

丁日昌想起宝玉，恨得穿起官服，带着大批人马，要封宝玉的妓馆。宝玉请阿宝带信，向雪岩求助。雪岩却说找他有什么用？到租界找洋人求救。他不能为了宝玉，和丁日昌闹下去。

唐廷枢偷偷会见玉惠，告诉她宝玉嫁给了江西巨富。可是心里对雪岩的避而不见，恐怕有所不甘。

玉惠说雪岩一向不让女人参与他的生意，推想雪岩这种反应，大概是因为宝玉知道的太多了。

唐廷枢说宝玉为朝廷办了一件大好事，已经传遍整个上海滩。玉惠一不小心，竟然随口说："朝廷为此付出的利息，可是太高了。"说完十分后悔，赶快要求唐廷枢不要说出去。

毕四姐回到杭州，找到芮瑾。芮瑾虽然讨厌玉惠，还是忍不住问起，玉惠怎么办？毕四姐说玉惠是重情义的人，芮瑾却嗤之以鼻，说世间哪有什么情义可言，只有傻女人。芮瑾把毕四姐留在家里，令毕四姐十分感动。

胡妻听说毕四姐住在芮瑾家里，硬是要阿贵带她过来看看，探听一些雪岩的消息。想不到芮瑾一番气话，胡妻哭着回到家里，拿起剪刀就要割腕自杀。

阿贵不知如何是好，赶紧去告诉老太太。胡母气得七窍生烟，吩咐阿贵将成祥叫来，务必把雪岩在外边的女人全都接回来。她说："别让人说我们胡家门里没有规矩。日子长了，还不定在外面惯出什么毛病来。"

长此以往，国之必空，民之必怨，大清朝怎么能不完呢！

问题与解答

(1)丁日昌为什么希望李鸿章的海防能够压住左宗棠的陆防？李、左二人，不都是为朝廷做事吗？

我们都了解，国家是大家的，而派系才是自己的。嘴巴都讲得很好听，以国家的利益为重。但是心里头，都很注重派系的利害。因此派系斗争，好像永远没有办法停止。几乎只要有人，就有斗争。李鸿章、左宗棠，都不是坏人，他们都一心一意要替国家做事情；一心一意要为国为民来谋福利。可是组织是金字塔形的，底下的人也许不觉得压力那么大，愈往上就愈觉得不一样。好像卡位卡得很紧。慢慢就觉得，有你没有我，有我就没有你。何况他们两个都是曾国藩所看重的人。曾国藩的接班人是谁呢？两个人都会想。当然，左宗棠也许比较不在乎，可是李鸿章呢？比较有志在必得的决心，其实也不是坏事情。如果大家都无所谓，那也不见得好。何况做首领的人，只是有这个雄心壮志而已。他们也不见得希望用一些卑劣的手段，而手下偏偏不择手段。丁日昌就是个很典型的人，处处用尽心机，不管是正是邪，反正只要达到目的，什么都可以做。我们最怕的，就是这种人啊！

一个人有策略是很好的事情。但是有谋略，就比较可怕了。现在有很多人动不动就讲谋略，我觉得中国人最好讲策略，尽量少讲谋略。权谋奸诈，看在中国人眼里，都是小人。丁日昌是个小人，眼光不够远大，心胸不够宽广，容不得别人。他的心中，好像只有李鸿章。除了李鸿章以外，什么人都不对劲。好像什么人都是敌人一样，这又何必呢？

(2)李鸿章为什么推荐沈葆桢接任两江总督？对沈葆桢而言，是不是因祸得福？

沈葆桢是李鸿章的同科进士，对我们中国人来讲，有关系总比没关系好。多一重关系，将来拉扯起来，总是比较方便。李鸿章会找沈葆桢，就是出于这种心理。拉一个自己人，总比让给别人要好。这是一种占地盘的心理，也难怪，大家要竞争啊！谁的地盘大，谁的势力自然就强。何况李鸿章有意把马尾造船厂拿下来，很好，你把他挖掉，这种事情人家比较怀疑。可是在官场，我们倒是常常看到。以前有一个很讨厌很讨厌的干部，可是你拿他没有办法，整天在你的左右，跟你斗来斗去。所以就想尽办法，把他推荐出去，让他高升。他一高升，心里头多少有一点感谢，不好意思再和你斗。而你呢，也消除一个心腹大患。我们不要认为某人推荐的，就一定是好人；也不要说某人推荐的，一定是坏人，都不一定，也许他真的很好，认为你对我贡献很大，应该高升，所以我就推荐你。也许他是觉得，你在我面前老是捣蛋，我干脆做个顺水人情，让你高升，我就可以找一个比较合适的人。对于沈葆桢来讲，完全是因祸得福。他在马尾几乎已经没有办法了，几乎已经干不下去了。因为李鸿章看上了他这个缺，反而高升了。我们常常在社会上看到，这个人又没有怎么样，怎么职位升得这么高？就是他好几次因祸得福，所造成的一种结果。

(3)胡宝玉有难，向雪岩求援，雪岩却避而不见，是什么道理？

各位都看到，雪岩是一个很讲义气的人。当然前提就是说，不要影响到他的事业。他求宝玉帮忙，宝玉满口答应，说连人带事都免费奉送。这个时候，怎么雪岩会避而不见？这个避而不见，好像跟雪岩做人做事的道理有点相违背。但是我们不妨想一想，他们两个交往很少，纯粹是利害关系。原先他并不知道有宝玉这个人，是偶然听到的，而且是在一种很不愉快的情况之下听到的。但是他很机灵，认为我管他呢，只要对我有好处，多一个桥梁有什么不好？抱着这种心态去找宝玉，而宝玉也老早听人家说，雪岩这个人很讲义气，值得交往。所以很快就变成利害上的朋友，而不是道义上的朋友。这种以利害相结合的，大多数结果不是很好。因为利害一散，就各自离开了。我们有信心，如果这一次是芮瑾有难，胡雪岩再怎么样，也会全力以赴。就算会被关起来，他照样会去救。如果换成玉惠的话，就要找机会考验考验，一般人就是没有在平时考验自己的朋友，所以一到紧要关头，常常被朋友出卖，这非常可惜。

(4)雪岩不让女人参与他的生意，是什么道理？玉惠参与借洋债的事，又做何解释？

一般来说，女性的接触面比较小，因此看得不够远。往往看近不看远，因而放不开。如果让女性参与生意的话，有很多的意见可能会妨害到雪岩的做法。雪岩所接触到的女性，我们从他的母亲，他的妻子，以及芮瑾，然后到玉惠，这些人给他的感觉，都是觉得她们对世面的认识不够多。因此胡雪岩对她们参与他的生意很不放心。我们不能用现代的眼光来看当时的女性，因为当时的女性读书比较少，参与社会活动的机会也几乎没有，长期被关在屋子里，让她去参与外界的生意，当然比较危险。雪岩这样决定，基本上也没有错。至于玉惠,为什么让她参与借洋债的事情?因为那个时候,雪岩刚到上海,举目无亲,找不到关系。因缘际会,正好在街上碰到玉惠。玉惠又认识很多洋人,而且也会讲洋话,正是雪岩所需要的人选,所以就很热心地去找她。玉惠大概也是因为搞久了交际的缘故,很厌恶歌唱的生活,所以就很热心地来帮雪岩的忙,这样子才发生感情关系。刚开始不过是个桥梁而已,打算借完钱,送她一些礼物就算了。可是后来,因为很多的因素,才把她变成二太太。

(5)成祥为什么说没有女人就办不成大事?他为什么要把苏环带到上海?

成祥刚刚到上海的时候,就发现这个玉惠简直神通广大,透过她的媒介,那么一大笔钱就借到了。后来他又发现,还有一个比她更厉害的人,这个人叫宝玉。她一出现,各国的银行家都来捧场。所以他有了没有女人,根本办不了大事的这种想法,可是我觉得,他跟苏环讲这种话的用意,是希望苏环不要对雪岩有不好的印象。我常常看到很多干部,喜欢在自己的家人面前,批评自己的老板这样不对那样不对,结果有一天,我们需要家人来支持我们的时候,家人认为这样的老板,你跟着他干什么,反而给我们泼冷水,增加我们的困扰。所以一个人要决定,要不要跟这样的老板?要的话就替他美言几句,不要让家人对他有不好的印象,将来产生很大的阻碍,因此老板的一切一切,我们要不要很真实地跟家人讲,也是值得考虑的。成祥一方面希望苏环不要对雪岩有太坏的印象,另一方面也觉得既然她也有这种想法,干脆跟我出去,让你实际上了解一下,对这些传言,就不会放在心里头。免得将来有一天,对成祥也怀疑起来,不是更糟糕吗?我觉得这种方法很好,就是让自己的家人有时候也到自己的工作场所来了解一下。看看自己的生活,增加对自己的了解,减少彼此可能产生的误会,对大家都有好处。

(6)左宗棠为什么感叹大清朝怎么能不完呢?他为什么不直接向朝廷奏明实际的情况?

左宗棠是一个很正直的人,他听人家讲起关于这样贪污、那样舞弊的事感觉非常痛心。他感叹说,这样下去的话,老百姓一定非常怨恨。得不到民心,这个国家还有什么希望?同时把银子这样子乱花,整个国库,有一天会被这些贪官污吏掏空,大清朝不完才怪!尽管有这样的忧虑,但他还是不敢把笔拿起来,直接就写上一大段,然后上奏给朝廷。为什么?因为这里头又牵扯到很多派系的问题。就算把事情抖出来,最后也是公说公有理,婆说婆有理,大家牵扯不清,说不定把自己也卷进去,更是让人家看笑话。他感觉到上情下达,下情上传固然看起来很容易。以他的身份地位,看起来要上达很容易,实际上非常困难,可以说有理说不清！像这种事情,不是说一个人一句话,或者说胆子大,或者说勇敢站出来,或者说全力挑战,甚至说,走上街头就能够改变的。没有那么简单！风气的转移,主要靠最高位子的人。是不是脑筋很清楚、威望很够,同时大家从心里头服他。只有这样的人,才有办法转移风气。否则的话,到最后都是亲者痛、仇者快,没有好处的。

十、避开正面冲突

雪岩一向重视诚信原则,言出必行。但是,宝玉为他奔走,惹出大祸,求救于雪岩的时候,他却理直气壮地说:找我有什么用? 去找洋人帮忙才对。

他的理由是不能因小失大。跟丁日昌闹下去会对雪岩集团不利。

为了组织的团体利益,避免和丁日昌正面冲突,雪岩才暂时回避,交代先把宝玉安顿在一家上等客栈,告诉她雪岩正在忙着打点,不久就会来见她。

避开正面冲突并非懦弱、胆怯,而是让一步海阔天空的做法。人家正在气头上,顶上去准没有好事。不如躲开,让对方情绪稍微平静下来,再做计议,通常可以收到良好的效果。硬碰硬,是不得已的手段。闪开些,会有回旋的空间。

重点提示:花女中介 VS 欢场寻乐

政商关系的建立,商人之间的交易,花女中介经常扮演一种十分重要的角色。则云和成祥要到上海开钱庄,什么关系都没有。雪岩特别交代他们,初步安顿下来,就要物色一位花女,透过她去建立关系。

找官员讨论事情,到办公厅太严肃,只有打官腔和说一些不着边际的应酬话,等于浪费时间。到府上拜访,又过分唐突。除非有足够的交情,一般人不敢造次。就算有交情,也有很多不方便的地方。顶多聊聊家务事,关心一下,也不便多谈公事。因此最好的办法,便是请其吃饭喝茶。酒醉饭饱之际,往往三两句话,就一切 OK。看起来很花钱,实际上最省力。

社会上声色场所很多,主要的对象,当然不是一般的社会大众。愈是隐秘性高、不对外公开的场所,花费愈大,愈是高官贵客、大商人聚集的地方。

花女是固定的,官员和商人是流动的。于是花女认识的高官贵客,成为商人寻求中介的桥梁。透过花女中介,是古往今来常用的方法。

到底做生意需不需要酒色的媒介,就这一点见仁见智,各有不同的见解。同样一个人,喜欢此道时,会觉得非如此不可,不然做不好生意。不喜欢此道时,又会毫不犹豫地说:做生意重在诚信,大多数官员都规规矩矩,根本用不着这一套。可见话都是人说的,花女中介或者欢场寻乐,也都是自己的选择。真相如何?自己最清楚。

个案简介

王将军抱怨雪岩的动作慢,左大人要他沉住气。他说前中后十五营,每营要配足三十八两。王将军好奇地问,为什么要这么多?左大人反问他:不然,借那么多外债做什么?

晚上,左大人和士兵闲聊,解解乡愁。士兵们和左大人开玩笑开得有一些过火。吓得士兵们跪下来请大帅恕罪,左大人毫不在意,大家才松一口气。

文大人从京城中传来信,说借外债一事在朝廷引起纷争。左大人赶忙修书告诉雪岩,并且决定火速进京替雪岩辩护。可是雪岩看到信以后,却咬牙切齿不以为然。

雪岩接到左大人来信,虽然对朝廷十分不悦,却也赶紧打理一切,风尘仆仆赶到北京。听说李鸿章一到军机处,便接连奏本,认为新疆旷地不值得收复,想撤回西征。将所借洋债用来作为海防开销。

至于左大人如何?暂时尚无新的信息。雪岩交代部属继续打听,自己则用心考虑对策,不允许有人阻挡他的财路。

问题与解答

(1)左宗棠为什么要借那么多的外债?他想为自己造成什么样的势力?

我们看到现在,都有信心。左宗棠从来不为自己设想,这是他的优点,但也是他的缺点。因为他不为自己设想，满脑子只有国家民族。借那么多外债，纯粹是为了把军中的装备弄好，使得英国人、俄国人，不管什么人来，都有办法对付，纯粹是这样而已。可是别人看起来，就不是这样子了。一口气借那么多外债，是不是想把你的势力搞得很壮大？将来还会有什么企图？我觉得左宗棠就是比较缺乏这么一点敏感性，如果他把这些外债留一部分，自己使用；另一部分，好，你现在海防需要，我就拨一部分支持你海防。这样一来，整个的局面可能又会改观。我们也不能够说所有怀疑左宗棠的人都是错误的。因为各人立场不相同，所以观点不可能一致。左宗棠只有为国为民的想法，但是他没有派系的观念，固然显得坦荡荡，却也经不起人家的打击，因为他没有提防别人的心理。一个人有派系观念，不一定要去打击敌人；有派系的观念，也可以用来防备自己。今后左宗棠会产生什么样不利的后果，我们等着瞧吧。

(2)左宗棠为什么和士兵们开玩笑？他的领导哲学是什么？

我们一天到晚都在职场里工作，虽然说回家的时间也不短，但是毕竟回家大部分是在睡觉。所以我们的一生，可以说大部分时间在工作中度过。特别是像左宗棠这样的人，大部分的时间，不是跟他家人在一起，而是跟他的部属，跟这些士兵们生活在一起。如果他整天都很威严，整天板着个脸，你想想看，他的生活还有什么乐趣？而且大家看到他以后，就会敬而远之。反而没有什么亲和力，很难去抓住部属的心。左宗棠发起威来很够威严。但是平常他会尽量保持轻松，跟部属开开玩笑。我们常常感觉到一个老板，如果经常板个脸，说难听一点，你有时候不高兴板脸，人家都看不出来，结果害了自己。左宗棠说，我左宗棠也没什么价值，放下身段，跟你们很亲近。大家开开玩笑，好像一家人一样。但是你们要小心，当我板脸的时候，你们要自己注意，这样他就达到目的了。而且大家对他也会在亲近当中，保持一种高度的警惕。这样双方的配合，都非常之好。

(3)雪岩借外债，在朝野引起纷争，雪岩有什么反应？

我们都知道，一个人如果什么事都不做，最起码不会得罪人。雪岩如果要求默默无闻，可能会平平安安。一个人庸庸碌碌，好像无所作为，这种人有个好处，就是没有人要打击他。谁要打击没有能力的人？谁要打击没有出息的人？谁要打击没有表现的人？大概不可能。相反的，一个人如果想有所作为，有所表现，就要小心了。各种打击不管明的暗的通通会出现。所以从某个角度来讲,有人打击的人,表示他比较有成就。如果连一个人都不想打击他,大概这个人就没有什么好说的,没有什么好看的,就这么回事。大家不会把他当目标,他也会减少麻烦,这都是相对的。雪岩应该心理上有准备,突然间冒起来,而且有这么大的神通,有这么好的表现,各方人马都不会放过他。他有这种准备,就会好好去应付,知道非应付不可。可惜雪岩不这样想,他心里想我债也借了,钱也花了,干吗还要跟你们这些人东解释西解释?你放屁嘛,就是这么一个很痛快的表现,他将来就不痛快了。所以我们还是再说一次,做人九分努力,还要加上十分忍耐。雪岩事业愈成功的时候,他愈需要的就是忍耐。可惜他的脖子还是不够软,将来有得碰的。

(4)李鸿章为什么认为新疆不值得收复,海防比较重要?

我们不要说他有私心,也不要认定他完全基于派系的斗争,完全没有国家观念。李鸿章不是这样的人,我们看当时的情况,不难发现中国疆域太大,早已成为西方列强动脑筋的对象。英国从印度发展,一直向我们逼进;俄国要开拓中亚细亚,必须从新疆做一个过路。很多国家之所以在中国动脑筋,就是看到我们地大物博,是个好地方。所以在我们这里跑来跑去,他们是不怀好意的。同治十三年,也就是1874年,日本派兵侵略台湾,海防又引起全国的注意。新疆有英国、俄国;台湾有日本。这样一来,到底是海防重要,还是陆防重要?引起很大的争论。李鸿章为了筹划海防,主张与其花那么多钱,去保住一个不毛之地的新疆,不如把钱移过来,充实我们的海军,扩充我们的舰队,使得我们能够把日本人打退;我们能够把东南这块富庶的地方保住。这样一来,就直接保障了京都的安全。可是左宗棠认为不要看新疆是不毛之地,只要好好去种植,照样可以绿化。它有很丰富的资源,每一寸土地都不可以随便去掉。东南固然要紧,西北也很重要。这样争来争去,构成当时议论纷纷的重点。左宗棠说:保新疆才能保蒙古,保蒙古才能保京师。而李鸿章说保台湾就是保江浙,保江浙就是保北京,都有道理。最后还是由西太后决定,当然有人说笑话,说因为她自己是西太后,当然认为西比较重要。所以她就决定,先把西北问题解决,然后才来提升海防的力量。因此才会同意借那么多外债供左宗棠使用。

十一、奠定药行基础

药业界有一句老话:修制不明,则药性不准;汤方无准,则症不验也。简单说起来,药品制造得好不好,直接影响到治疗的效果灵验不灵验。

胡雪岩一直有心要办一个好药厂,他始终认为事业发展得太快了,也太顺了,必须多做善事,才能够持续成长。而办药厂制造好药品,则是正确的途径。

梦瑾回到杭州以后,过不惯无所事事的生活,常常跑到工作场所去凑热闹,被雪岩责骂为:小姐身子丫鬟命。

但是,梦瑾闷出病来,却歪打正着地增强了雪岩办好药行的决心。他认为自家人的病,最好用自己制造出来的药品。这种动机,恐怕只有雪岩自己心里明白。

重点提示:企业成功的三大要件

胡雪岩的雪记药行,第一有优秀的药工;第二有严格的规矩;第三有丰厚的待遇。有了这三大要件,雪记药行自然兴盛发达,为众人所称道,而享誉业界。

正如柳成祥所说,药工都是从各地请来的,个个身怀绝技,都是制药高手。因为胡雪岩一再强调,没有高手,就炼不出精品,人才是企业成功的第一要件。

有了优秀的药工,还要立下严格的规矩。因为无规矩不足以成方圆。大家要分工合作,协调配合,必须共同遵守规矩。以期分中有合,合中有分,把药品做好。

人才找到了,规矩立好了,如果没有丰厚的待遇,照样留不住人。识才、觅才、征才、用才之外,还需要留才。大家长期共处,互相了解,更容易建立默契,配合得恰到好处。药品做得好不好,直接影响药效的灵验不灵验。留住人才,不断研究改善,自然精益求精。

个案简介

胡妻拜访芮瑾，说玉惠很得老太太欢心，希望芮瑾帮她出个主意，改个名字。芮瑾问她叫什么名字？回答叫水莲。芮瑾不主张改名，却告诉水莲要强势一点，要不然一辈子都是给人欺负的命。

梦瑾走进药厂，假装自己是老爷，边巡视边指点。忽然听见冰冷的声音：是谁站在那儿？

原来是雪岩，板着脸问怎么到这里来？简直是小姐身子丫鬟的命，要她回去。

梦瑾第一次被雪岩骂得这么惨，心中很不高兴。回到胡府，已经是下午梳洗时间。耳边传来丫鬟们的脚步声，梦瑾自言自语道：好吧，我今天就当太太给你看。

她冲到丫鬟面前，尖声大叫：都给我站住，听见没有。丫鬟吓得不敢动，梦瑾指着她们大骂：怎么不在我门前站一个？你们没看见我吗？

玉惠听见吵闹声，出门阻止。老太太和水莲也出来一探究竟。老太太不悦地问：谁这么没规矩？

梦瑾看见老太太，更为火大，泼辣地回吼几句。

玉惠叫她少说几句，梦瑾根本听不进去。老太太叫大家回房去，梦瑾则气得吐血。

雪岩不知道家中发生吵闹，在药厂和成祥闲聊。

他告诉成祥，经营药厂的三大要件：一是有好的药工，二是有严格的规矩，三是要有丰厚的待遇。

雪岩笑着问成祥，定了几条规矩？成祥说要雪岩来定。

雪岩说你很能干，为什么不敢挑大梁？

他还问成祥，让他在闹区开药店的事办得怎么样？

成祥笑着说：先把药厂办好，忙过这一阵子再说。

问题与解答

(1)胡妻要改名，芮瑾不赞成，是什么道理？

中国人对名字非常重视。自从秦桧把岳飞害死了以后，就从来没有人用桧字做名字。为什么胡妻不喜欢她的名字呢？我们从头看到现在，玉惠是有名字的，芮瑾是有名字的，连宝玉都有名字。可叫惯了，就觉得顺耳了。别人叫你的名字，就是尊重你；你接受你的名字，就是接受自己。芮瑾虽然没有读什么书，但是相当懂得道理。她鼓励胡妻说，对自己要有信心。你就是这个名字，水莲。水莲很好，有什么不好？把父母给你的名字改掉，更不好。现在有很多人，一直想要改名，有没有这个必要？改了以后，又怎么样？实在是很难说的。一个人最要紧的，是自己要奋斗，自己要有信心，自己要走正道，至于叫什么名字，我们承认它有关系，但是没有我们所想象的那么重要。把名一改，整个命运就改掉了，那是不太可能的事情。

(2)梦瑾到药厂看看，雪岩为什么不高兴？小姐身子丫鬟命，是什么意思？

雪岩一向反对女人参与他的事业。他认为女人家应该打扮得漂漂亮亮的，在家过舒舒服服的日子，才表示男人有能耐。你不要来参与生意，男人这么紧张，这么操心就够了，还要女人也一起来吗？我想这是他的看法。所以他看到梦瑾，居然到他所禁止出现的地方，在那里七搞八搞，当然很不高兴。这是你该来的吗？这是女人该来的吗？这一句话代表他的心意。然后他就想到，我给你小姐的身份，你偏不要。你非干这种丫鬟的事情，不是自讨苦吃吗？他没有想到，梦瑾不是这样想的，梦瑾从小过惯了苦日子，不动就不舒服。你要她整天待在家里，她就觉得没有价值。每个人有不一样的价值观，尽管雪岩认为男人工作是为了让女人过舒服的日子，最起码芮瑾跟梦瑾都不这样想。雪岩在这方面，似乎应该尊重每一个人的想法，而不要以他的想法来强迫所有的女人都要接受，这样会比较好。这个问题，到今天也值得商议，到底夫妻两个人一起出来工作比较好，还是先生或者太太一个人出来工作，留一个人照顾家里面会比较好？都值得我们想，值得我们探讨。我觉得不必固定，但是至少可以多一个选择。如果整个社会都是由家庭里面的一个人出来承担家计，一个人赚的钱，就够全家人生活，当然也是一种方式。现在每个人都出来工作，搞得家里没有人照顾，小孩回来以后找不到父母，难道这是很理想的吗？

(3)梦瑾为什么大吵大闹？玉惠又为什么对她好言相劝？

我们替梦瑾想想看，她会不会觉得，好，就算我不能同大太太、二太太比，最起码我可以和三太太、四太太比一比吧！但是她发现事实不是这样，她连一个可以帮忙的人都没有。她就觉得很奇怪，难道你们通通可以欺负我吗？那我算什么呢？所以她一下子觉得自己非常委屈。她最受不了的，就是发现好像所有的人都吃定她。我想作为一个中国人，最不能忍受的就是这一点。可以受人家一点欺负，可以忍受一些委屈，但是你们吃定我的时候，我就跟你拼了。我想梦瑾就是基于这种态度。反正豁出去了，大吵大闹，看你们怎么来收拾？而玉惠，因为她唱了那么多年的戏，唱了那么多年的歌，她从这些歌词、戏文里面，想通了很多事情。而且从上海回到杭州，她慢慢也体会出一套善于打圆场的作风。这是她的长处，但是也很显然是她的短处。所以她劝梦瑾不要生气，了不起以后我侍候你。你看她是二太太的身份，都可以说我来侍候你。可见她在这方面的涵养是相当好的。可是看在别人的眼中，又觉得你看，你在讨好梦瑾。其实，不要讨好任何人，不要得罪任何人，才叫作两全其美。

(4)雪岩要成祥在闹区开药店，成祥为什么不去办？

我想这里头牵涉到一个我们时常看到，而且也很重要的事情，成祥他想，你要办药厂，是那么简单的吗？所以他觉得，你要给我时间。匆匆忙忙办出来的药厂，会办得好吗？我们现在已经有那么多事情，我根本就照顾不过来。你说开药厂就开，它不像开钱庄，不像开当铺，不像卖茶叶，总要充分准备，从长计议吧！你昨天讲完，今天就催；前几天讲，今天就逼。幸好成祥修养很好，因为他很了解雪岩，两个人配合得非常好。如果换成一般人，恐怕就不那么容易沟通。主管不是不能催，而是部属最好及时做阶段性的报告。比如说这件事情，成祥换一个角度，主动跟雪岩讲，你交代要办药厂，我已经在注意了，目前进行到什么地步，雪岩就不会催了。而雪岩催的时候，成祥也心平气和的，不认为你在逼我，两个人就能够配合得很好。一方面问是可以问，但是不要说得好像是在埋怨的样子。我叫你做，你怎么还没有做？不要有这种态度；另一方面主管催的时候，你不要认为，逼这么紧干什么？你反而想想看，抱歉，是我的错误，我疏忽了，没有主动跟你报告。这时候主动把筹办的情形，遭遇到的困难，打算怎么解决，通通向主管报告，这样沟通就良好了。

(5)雪岩药行为什么要有好的药工？有严格的规矩？还要有丰厚的待遇？

雪岩在这方面，给我们一个非常好的启示，也是非常有用的一种模式。我们都知道，要创立一家公司，最要紧的是人才。人才第一，永远是经营者要记住的一个原则。有人可以开药厂，但是不一定开得好。必须有真正懂得药的人才，不但对药材内行，对管理有所认知，而且能够以身作则。这样的话，才能够把药厂开好。有人才还必须有制度,如果没有制度,各人有各人的看法,就算都对,也是一团糟的。制度也就是雪岩所讲的有规矩。但是有一句话非常重要,管理必须有制度,可是制度化的管理,不是好的管理。因为制度会把所有人都绑死了,这点是我们特别要说明的。有人才,有制度,这个制度还必须弹性运用,才能够让一个人在制度底下充分随机应变。这就必须有丰厚的待遇,如果没有丰厚的待遇,他心里想,我就照制度做好了。一旦照制度走,那就是公事公办。公事公办,有什么问题,那活该。制度是这样定的,我就这样做,管你效果怎么样?今天我有了丰厚的待遇,舍不得这份工作才能够在做好工作之外,还会用心去研究发展。

(6)成祥为什么要雪岩定规矩?雪岩说成祥很能干,只是不敢挑大梁,是什么意思?

各位觉得,雪岩这个老板容易相处吗?觉得成祥这个干部值得我们学习吗?我想大家都很清楚,如果不是成祥,别人恐怕很不容易跟雪岩共处得这么好。成祥有开创性,但是也有相当的保守性。他不是完全开拓,不顾一切。他相当尊重制度,相当守本分。他也知道,反正是要定规矩的。因为雪岩那么忙,怎么可能来做这种事情?可是在礼貌上,他一定要说,东家,你来定规矩。他一定要这样讲,讲完了,雪岩才会顺理成章,而且很放心地说,你定就好了,干吗我定?我们想想看,成祥如果没有这么一套,就擅自定了很多规矩,雪岩会不会高兴?雪岩一定不高兴。他就开始怀疑了,你翅膀硬了,功夫高了,心目当中没有我的存在,连问一声都不问了,那就糟糕了。可见老板跟干部之间有些互动是非常重要的。干部一定要先尊重老板,说你来做,看看老板怎么样?老板说我做,那就表示他本来就要做。你率先做了,一定冒犯他。他不高兴,还不是自己倒霉。成祥先说你来定吧,雪岩就说,你定好了,何必我定呢?这就是授权。可是授权还是不算的,成祥定完以后,还是要给雪岩看一看,雪岩说不必看了。这么一来一往,这件事情才比较圆满。成祥对雪岩的感情,纯粹是说,我们当年是同事,没有错;我们是邻居,没有错;而现在你是东家,我该守我干部的本分。我有没有能力是一回事,该怎么表现,是我应该守的本分。这样一来,他才可以跟雪岩相处得这么融洽。大家处得这么久,成为非常难得的工作伴侣,彼此都很有福气。

十二、成为三大后盾

左宗棠奉命调到新疆，临行前告诉雪岩，要他多多协助。雪岩对左大人的知遇之恩念念不忘，自然完全承诺下来。两人之间的交情令人十分感动。

胡雪岩不但全力支持左大人，而且非常用心。要做到让左大人觉得，雪岩非同凡响。他这种想法是把事情做得尽心尽力的最佳驱动力。

他在粮饷、枪支弹药之外，还想出一项左大人没有交代，而雪岩却从经验中充分体会出来的，那就是药品。

任何事业，都以人才为根本。左宗棠之所以打败太平军，远征新疆，击退俄国人，主要得力于胡雪岩的鼎力相助。他看出雪岩是商场上的奇才，所以十分信赖他。果然他的眼力不错，雪岩的药品、粮饷、枪械成为他的三大后盾。使他的抗俄目标得以局部完成。

一个人能够自动自发，主动为他人设想，才是真心诚意的表现。若是交代一件办一件，交代两件做两件，是不是和推一下动一步，不推不动，同样地令人觉得毫无诚意，只是存心应付应付，能省即省。

重点提示：圆滑 VS 圆通

胡雪岩的药品、粮饷、枪械，成为左宗棠西征的三大后盾。当初离开福建时，所提出的三大难事：兵源不足、粮饷不够、武器不精，胡雪岩已经解决大半了。

但是，李鸿章一到军机处，马上接连着上奏，新疆不值得收复。他主张暂时不管西北，采取弃地分封的策略，不必卷入英俄的纷争，并且将借来的洋债改做海防之用。和左宗棠的想法有很大的差异。

左宗棠为官，一直以来时两袖清风，去时一贫如洗自许，不相信邪能够压正。

一般人分不清圆滑和圆通，以致把圆通也看成圆滑。君子当然不可能圆滑，但是不够圆通的结果，常常使君子斗不过小人，为小人所害。连累国家社会也跟着动乱起来。

治少乱多，好像是君子不够圆通的恶果，这一点，请各位朋友多多花一点心思，好好想一想。

小人非常重视人际技巧，很容易打动别人的心，进而抓住别人的心。君子往往觉得自己凭良心，不做亏心事。有资格直来直往，不必讲求什么人际技巧。因而时常得罪人，引起别人的怀恨和报复。这一点是君子不及小人的地方，吃亏的是君子。为什么不改变一下，同样注重人际技巧，增强和小人的竞争力呢？

胡雪岩比左宗棠圆通，相信有人认为雪岩不是圆通，根本就是圆滑，可见很多人没有办法区分圆滑和圆通。

其实，要分清楚圆滑和圆通非常简单。用推拖拉来推卸责任，不想解决问题，叫作圆滑。用推拖拉来解决问题，以求事缓则圆，能够圆满解决，就是圆通。

个案简介

左大人快马加鞭，从西北赶回京城。可是当他到了城门的时候，居然被守城人拦了下来。原来守城人认为这些在外当差的，天高皇帝远。早捞足了，当然要懂得规矩，送一些银子。

跟随的小厮为了不耽误左大人的行程，赶紧送上一些银子。左大人却气恼得命令王将军，夺下守城人的腰刀，摘下他的顶子。

守城人听说是左大人，马上跪下，死命磕头求饶。左大人厉声说：回去告诉你们的九门提督荣大人，左宗棠没有这份买路钱。守城人连称自己该死，不是东西。

左大人返走，守城人气恨地说：要去告诉荣大人。

进不了城门，左大人只好先去找雪岩，严厉批评这种收红包的陋习。雪岩请左大人息怒，交代开一百两银票，给守城人送去。左大人厉声喝阻，还走到桌前写折子,荣大人求见,雪岩报告,左大人正在写折子。荣大人变了脸色,要雪岩劝劝他。一进内室,马上转笑脸,亲切地叫左大人,说荣禄特来请罪,并请左大人进城。左大人不理会,继续写奏折。荣大人愤愤地甩甩手,转身就走。这时李莲英忽然来了,要左大人接旨。原来要召左大人早朝进宫,御前候询。

李鸿章在早朝时直言新疆地广人稀,遍地不毛,不如将其人力、财力,用于海防。西太后不高兴,要左宗棠表示意见,还让李莲英搬凳子给他坐。左大人不敢坐,只说在西北患眼疾。太后说先帝留有一副茶镜,送给左大人使用。左大人谢过太后,说宁可抬棺材出关,战死疆场,也绝不许外侵的敌人,侵入大清朝一寸领土。太后大喜,命他为钦差大臣,规定从现在开始,三年之内不得参左。

下朝后,李大人气得差一点吐血。三年不参左?难道三年内左宗棠说得都对?

唐廷枢求见,则云建议不要见他。雪岩则说见了才知道他想干什么。廷枢表示想做一笔茶叶生意,要借五万两银子。雪岩摇头,笑着说可以借他五十万两。

雪岩表示有钱大家花,愈花愈多。

问题与解答

(1)左宗棠为什么要守城统领回去告诉九门提督荣大人?他难道不怕得罪荣禄?

左宗棠生性孤傲,认为自己清廉,公正,正直,谁都不怕,谁也不必买账。这是他的优点,我们非常钦佩;但也是他的缺点,正是他吃亏的地方。当然我们不反对,有些人认为这样就够了,你还要怎么样?但是讲这种话的人,经常是不得意的人。他怕不怕荣禄?他当然不怕。有什么好怕的呢?可是他就没有想到,荣禄也不怕他。你一个左宗棠,能够把我荣大人怎么样?可是荣禄会很委屈地来看左大人,跟他赔罪。讲得左大人的气又消掉了,荣大人就比左大人厉害。一个很耿直,得罪你我也不怕;一个是我不怕你,但是我会跟你敷衍一下。这两个人,哪一个比较高明?各位自己可以判断。当然也可以自己选择:要做左大人,你就做左大人。相信很少人要做荣大人。如果左大人有荣大人这一套功夫的话,左大人就会立于不败之地。左大人一点都不圆滑,这是很可喜的事情。但是他不够圆通。不够圆通,是他的致命伤。我们现在看不懂,什么叫作圆通,什么叫作圆滑?所以会非常佩服左大人这样的人,因为他已经是了不起了,不能再苛求了。但是有一天当我们知道什么叫作圆通之后,恐怕很多人的观念会改变。左大人如果再圆通一点,对大家有更大的帮助。圆通是大士,圆滑才是小人,这两个一定要区分清楚。

(2)统领为什么一面求左大人饶命,一面却说"我告诉荣大人去"?

我们回想一下,雪岩也曾经拍过胸膛说,有事我担着,我负责。可是当任老板要把他开革掉的时候,他照样下跪求饶。因为人到了这个时候还不求人,那你是什么?这样算勇敢吗?好像不是。对家人没有交代,对生活没有交代。

中国人说,好汉不吃眼前亏。这是的的确确大家都应该做到的。左大人一声令下,就可以把这个统领杀掉。性命攸关的时候,统领一定会跪下求饶。保命第一,脑袋不搬家最要紧。这没有错,可是左大人走了以后,发现部属都在笑他,大人是不能让部属笑的。一笑,就没有面子了。没有面子,就要想办法找回面子。所以他就说,我怕你,才怪?刚才是因为你在我面前,我不得不向你下跪;现在你离开了,我怕你?我去告诉我的老板,我老板是谁?荣大人。可见他之所以敢这样为非作歹,后面有一个人撑着。如果不是荣大人默许,甚至纵容的话,他会这么大胆吗?现在碰到挫折,当然要去告诉荣大人。只要荣大人出面,什么事都可以解决。我想这是他的想法,是不是真的这样?我们也不清楚。我们为什么说,打狗也要看主人。因为狗会对谁凶,会对谁好,都是主人在后面控制。主人稍微暗示一下,狗就很听话了。我们常常觉得,把一切的罪行都推给统领,这是不合理的。统领背后那个荣大人,才是罪魁祸首。

(3)雪岩为什么害怕西太后准了左大人参荣大人的奏折,还说会家破人亡?

这牵涉到一个很重要的问题,就是主管常常告诉部属说,我是很公平的,我会明察是非,你们要相信我的判断力。而且他会说,我是有规矩,有原则的。一旦判断出是非,我会惩处该惩处的人,也会奖励该奖励的人。尽管嘴上经常这样讲,一旦事到临头,都做不出来。因为主管有一种心态,很奥妙。就是说我会支持你们,但是你们不要给我找麻烦。我会分是非,但是你们不要在我面前制造是非，因为是非都是很难判断的。奖惩也由不得主管决定，因为他上面还有人。上面的人一个脸色，一通电话，他明明知道这样公平，也就自然变成不公平了。左大人和荣大人斗，西太后摆不平的时候，一定会拿雪岩开刀：就是这个家伙，才害得我两个爱将在这里斗。他们两个都没有错，你就倒霉了。她要整胡雪岩太容易了，胡雪岩的警觉性很高，令我们十分佩服。因为你们两个大的斗，害死我这个小的。在这两个大的之间，实在是很难存活的。中国人在摆不平的时候，常常拿第三者开刀。有时候，不相关的人也会被抓去，就是因为相关的人摆不平。那就把不相关的人抓来充数，反正你有话也没得讲。你讲了也没有用。我们最好心眼放灵活一点，多设想一些可能的状况。我常常觉得，所有人际关系，在我们中国是最复杂的。所有事情的变化，在中国也是最神奇的，往往料想不到。我们多推演几个可能性，设想得更周到一点。也就是说，警觉性要高，怀疑心要重，才能够趋吉避凶。中国人因为警觉性很高，所以怀疑心很重。因为怀疑心很重，才证明警觉性很高。胡雪岩脑筋一动，知道你们两个仙跟仙在拼，最后一定害死我，他是很高明的。

(4)李鸿章为什么敢在西太后面前主张放弃新疆？

我们都看得很清楚，凡是自己经管的事情，一定要让它显得特别重要，这样自己的贡献才会显得更加有价值。所以中国人上当经常不讲出来。我上当，讲出来了，别人就不会上当。他们没有上当，就笑我是傻瓜。所以中国人上当的时候，总是说一切都很好，然后别人才会上当，我想是相同的心理。一个人去看电影，看完后说，糟糕，这种电影有什么好看的？可是有人问他怎么样？他却回答很好很好。再骗几个人，心里就安慰了。一个人到外国看一看，明明在那里受尽委屈。回来却说很好，样样好，大家才会重视我。留美的一定强调美国好，政府才会重视留美的；留英的一定强调我们要学英国，它才有价值。李鸿章身为军机大臣，不可能完全不替国家的安全设想，可是现在新疆是谁在收复？是李鸿章的对手左宗棠在收复。如果新疆是丁日昌在收复，那他就讲新疆很重要。自己主管的业务，如果连他自己都不重视的话，别人怎么会重视呢？别人不重视他所主管的业务，怎么会重视他呢？这种连带关系，我们非常清楚。纯粹就是这一点私心而已，没有什么了不起。我们建议各位，以后少来这一套。因为这一套对中国人来讲，没有几个人看不懂。只是大家看笑话，不愿意讲出来而已。

(5)西太后为什么赐座给左宗棠,又给他一副茶镜?

我们很容易看得出来,在西太后的心目当中,左宗棠的分量远大于李鸿章。但是中国人的习惯是不会口头说出来,比较喜欢用行动来暗示。假定有人不服的话,可以否认说,我没有这个意思,是你们自己的猜想而已。如果一个人想做什么,就用嘴巴说出来,这就完了。因为你自己说了,别人都听到了,你还能否认吗?所以我们中国人比较喜欢用行动来表示,不喜欢用语言赤裸裸地说出来。西太后赐座给左宗棠,就是让左宗棠知道,你在我心目当中是很有分量的,我很尊敬你,有话可以直说,没有关系。同时她看到左宗棠眼睛一直眨,问他为什么?他说因为新疆风沙很大,弄得眼睛得了一种病。西太后就讲既然这样,我有一副眼镜,反正现在没有人用,你拿去戴好了。中国人不能说我送你一副很珍贵的眼镜,不能这样。因为这样的话,左宗棠就不会接受了。反正没有用,搁着也是搁着,说不定坏了,你拿去看看,能用最好,不能用就没办法了。你讲得愈轻松,愈平淡,对方愈容易接受。这是一种诚意的表现,而不是奸诈的行为。话可能是假的,心一定是真的。中国人不太相信人家的话,就是因为话可以讲得很好听。可以东拉西扯,见人说人话,见鬼说鬼话,说完又不认账,你怎么敢相信他的话?可是他的心,是没有办法隐瞒的。他的心会影响他的行为,会从他的态度里面显现出来。我们中国人一定要磨炼一种方法,叫作读心术。就是把对方的心读出来。你一看,就知道他心里在想什么,而不是老听他在讲什么,这样比较保险。西太后讲这些话,你会觉得那有什么意思?就是给坐,就是送他一副眼镜,有什么了不起?但是你去体会她那种心意,可以感觉到,西太后对别人不是这样子。但是她对左宗棠的确是另眼看待。

(6)西太后规定"三年不参左",是什么用意?李鸿章为什么不服气?

我们中国人嘴巴闲着没事,就喜欢讲几句闲话。反正是闲话,大家也不必追究。就是因为这种心态,所以弄得有人就有很多纠纷。闲话一句,一句闲话,有时候就搞得天翻地覆。但是你禁止不了,因为嘴巴长在他身上。他认为现在也不吃饭,也不干吗,讲一句闲话,会怎么样?你听得进去,你就听;你听不进去,你就不听。但是他就没有想到,是是非非,风风雨雨,就是由于闲话所引起的。西太后很了解这种状况,也知道左宗棠这个人很耿直,看他顺眼的人不多,而左宗棠自己又没有办法对付。她为了使他情绪比较好一点,比较专心地把新疆顾好,所以规定三年之内,你们不要讲左宗棠的闲话。但是这一句话,一传到李鸿章的耳朵里,他就非常不高兴。认为西太后保护左宗棠干吗?难道他三年之内都没有错?左宗棠再神,再了不起,但是多多少少总会有点错吧!所以他就不服气。我想,这种事情也不能怪李鸿章,我相信,任何人听了都不服气。只不过李鸿章说出来,别人没有说出来而已。我们常常怀疑,老板赏识一个员工,用有形的物质来奖励他,到底是害他还是帮助他?这一点也让我们想到,为什么中国人常常用暗盘的?因为暗盘的,不会引起反弹。你摆明的就是他好,你说他好,就是说我不好,我怎么能服气呢?我当面不敢讲,背后一定讲,结果又制造了很多闲话。三年不参左,只是参到不让西太后听到而已,没有什么实质上的意义。

(7)唐廷枢求见,则云主张不见,雪岩却要见他,是什么道理?

则云个性比较保守,比较拘谨,一板一眼,从来很少有什么变通。他是一个很好的管钱的人才,因为管钱的人不可以大方,相反的,应该要合理的小气才比较安全。所以在这方面,我们很钦佩则云的做法。他说你见他干什么?他无事不登三宝殿,他神气的时候会来找你吗?你找他,他不一定见你。现在他居然来找你,我们可以料到,他是向你开口借钱的。你不见他,什么事都没有,你干吗见他呢?可见他的分析很有道理。可是雪岩还记得,唐廷枢不管怎么样,总是帮过自己的忙。这个时候不见他,万一传出去的话对自己不好。有事求人,就缠着人家;人家倒过来找他的时候,他就避而不见。所以廷枢找他,他说好了,现在你找我了吧,该我扬眉吐气一番了吧。这种个性,使他不会放过机会,要见唐廷枢。

(8)唐廷枢开口借五万两,雪岩却答应借五十万两,这是为什么?

雪岩很喜欢表现,他认为自己有办法,五万两算什么呢?所以要借就多借一点,这是一种想法。第二种是说,反正我的银子来路多,这么多的钱,如果不用出去一些,也不合乎经营之道。他认为要贷款,就贷多一点,只要好好做,就放心了。同时他又想到,你借他五万两,你能管他什么?你对他没有什么约束力。你如果借他五十万两,那他就乖乖的要听我雪岩的。在这么多的考虑之下,他就认为,好了,既然你敢开口,我就勇敢的答应你,五十万两,你好好去做。这么一来,廷枢受到感动,今后也许会收敛一点,不找雪岩的麻烦,甚至会站在雪岩这一方面,帮他一点忙,也说不定。我想一般人的想法也是这样,能够挽回的尽量挽回；能够化解的尽量化解；实在迫不得已的时候，中国人就出来了，有事不怕事，得罪你又怎么样？所以我们要从两面来看中国人，不要从一面去了解中国人，这样才比较周全，比较保险。

(9)雪岩说：有钱大家花，愈花愈多，是什么用意？

我们常听到大家在说，舍不得花小钱的人，终究要花大钱。你看一个人很齐啬，人家吃饭，他都假装没有付款这回事。能混就混，能躲过去就躲过去。小钱能省，就绝对不花。这种人，你看看后果怎么样？他的朋友一定会想办法敲他一大笔。让他大大地心疼一下，大家才高兴。

凡是经营事业的人，职位相对比较低微的人，要舍得花小钱。他跟你一起出去，你不要老揩他的油；他赚的钱比你少，一出去，你就要他付钱，请你吃饭，成什么体统？跟部属一起出去，这些小钱要舍得花，部属自然心里有数，会替你多做一点事情。我们看到很多老板，出去吃饭的时候，碰到了干部，他也是打个招呼就走了，那干部有什么想法？或者他在那里吃，吃完只付他自己的账，不管他的干部，大家又有什么想法？要当老板，连个气派都没有，还当什么老板？我们说树大荫也大，就是说，收入多，就花得多。花得多，才会赚得更多。有钱独吞，是做不成大事的。有钱要分享，人际关系才会好。我们看到很多人，看到钱就往口袋里面装。他的手好像有胶水一样，碰到钱，就掉不下来了，就粘住了。这种人，你说他人际关系会好吗？你说他事业做得大，我们真的不相信。雪岩这几句话，其实也是亲身印证过的。敢花钱，就表示会花钱。会花钱，比会赚钱还重要，还难。很多人一辈子，只会赚钱，不会花钱，这个钱就没有价值。会赚钱固然重要，把钱花得有价值，所赚来的钱，才会有价值。

十三、药好才能称王

雪记药厂只做军用药品，以致梦瑾病重，还得向叶仲德堂买药。叶老板本来就对雪岩很有成见，趁机叫伙计放话刺激雪岩，有本事的话，自己开一间药店。

胡雪岩心里不服气，开就开，怕什么？他把知名的医生、药师都邀集起来，一起来商议，筹建一个足以和北京同仁堂媲美的胡庆余堂国药店。

要做，就做最好的，这是雪岩制订标准的原则。取法乎上，有时候仅得其中。如果一开始便取法乎中，那就很可能只能得其下了。

只有药好，才能称王。雪岩的决心，加上不折不挠的毅力，果然使胡庆余堂成为江南最好的药店。但是，万丈高楼也要从地基盖起，所以雪岩一开始就非常小心，考虑到每一个细节，一点都不敢马虎。

重点提示：世间祸福都有可以预见的先兆

世间事有祸有福，然而不论是祸是福，都有可以预见的先兆。经营管理，其实就是敏感地抓住这种"差异性"，加以深入的分析和比较，从中找出趋吉避凶的道理。

先兆可能是细微的差异性，一般人看不出来，或者看出来并不加以理会，甚至理会了却找理由把它轻松地丢弃掉。等到事态严重，才来焦急、后悔，都已经太迟了，梦瑾和家人处不好，雪岩如果联想到重要干部的家属，可能也有同样的问题。何不及时冷静检讨，以资改善！这一念之差，其实就是祸福的分歧，往往差之毫厘，谬之千里。有人归之为命，实际上却掌握在自己的心中，不可不慎。

个案简介

雪岩听说梦瑾生病，玉惠要请大夫诊治，老太太不准。赶紧叫阿宝，快去叶仲德堂抓药，越快越好。

老太太认为梦瑾不明不白，主子不像主子，丫头不像丫头，这样撒野下去，怎么得了？

水莲刻薄地说：有几个是明明白白的？还白了玉惠一眼。

玉惠当着老太太的面，不敢发怒。装出笑容说：水莲姐，有钱难买家和呀！

阿宝抓药回来，诉说叶仲德堂不肯帮忙，很不客气地，硬是要他排队，否则不给药。

打开药包一看，居然发霉了，全不能用。

阿宝跑回叶仲德堂，要求换药。

叶仲德堂的阿大不但不换，反而凶恶地问：是胡宅的吧？

阿宝说对。

阿大挑衅地说：回去告诉胡大先生，本店只有此种货色，嫌不好，你们自己有药厂，可以自己制造。

阿宝回说雪记药厂只做军用药品，阿大说那就另外开一家吧！

雪岩听了，有请柳成祥。要成祥邀请名医、药师，共商筹建胡庆余堂药店的大计。

他认为江南没有一个像样的药店，所以不建则已，要建就要和北京的同仁堂一比高低。

成祥为了招募人才，发出通知。前来应聘的人，由他自己面试。

宋宝财说保证每年赚进十万两银子，陈富贵夸口初赚小钱，再赚大钱，以稳取胜。

成祥不待他们说完，立即送客。

叶仲德堂的阿大也混进来刺探军情，被成祥识破，嘲笑了一阵，同样下逐客令。

芮瑾举荐余修初，只告诉成祥，不直接找雪岩。雪岩原本不想接见，听说是芮瑾推荐的，马上要成祥请他进来。余修初力陈办药乃仁术也，必须以人为本，义利相济。雪岩大为欣赏，说要找的就是他。

阿莲嫂趁着则云高兴的时候，建议把后院收拾出来，搬进去住。则云被阿莲嫂弄得又羞又恼。德国泰莱洋行的冯鲁克大班，派人送来帖子，请则云到六国饭店见面。

冯鲁克提出武器的价格，要则云过目。表示有几十万两银子，要送给则云。则云推辞，冯鲁克说是中介费，应该得的。

则云收了，快步离去。丁日昌从后面走出来，称赞冯鲁克办得好，并且把所亏款额如数奉还。

问题与解答

(1)叶仲德堂的伙计为什么和阿宝过不去？

同行是冤家，本来他们彼此之间就有一些敌意。何况阿宝来的时候，那种神气、那种气势，也让这些伙计受不了。他心里想，你们老板神气，是你们老板，你算什么？你来这里买药还不客客气气？还这么大声，所以他们就给他难堪。一件事情的发生，两边多少都有点责任，可以把它扭转过来，不要完全靠哪一边，而是要靠两边互动，才有办法得到比较圆满的结果。换句话说，就是要大家主动来互动。这么一个转折，让大家都有面子，大家就不会忌妒他，也不会打击他。雪岩在这方面做得不够。他心里想，我有钱，我有势，我爱盖多大就多大。我爱办药厂，就可以办最大的。我爱当江南药王，就可以当。这种作风多少还是有点英雄主义。当然我们不能怪雪岩，因为他出身贫寒，能够有今天，多少有一点暴发户的心态。我们希望看了这一段以后，所有的人，如果赚钱赚得太快的话，要记得不要有暴发户的心态。任何事情还是从长计议，慢慢去促成，让大家把自己捧得高高的，这样比较自然。我们现在可以看出来，阿宝因为跟着雪岩已经有一段时间，说话的口气也已经有一些不对了。他如果说，我们老板叫我来的，请你们老板多多帮忙。我想这样一来，伙计听了也会比较心平气和。

(2)雪岩为什么叫柳成祥速来见他，有什么要紧的事吩咐？

我们都知道，雪岩的心思动得很快。一看梦瑾的病治不好，就觉得他们这个药是不是有问题？后来果然发现药材有发霉的，就说你要去买好药，可是人家又不买账。

很多不顺心的事情，换成一般人，就会在那里埋怨、发脾气，可是雪岩的态度一向不是这样。雪岩碰到困难的时候，他会用一种积极的态度来因应，这是非常好的现象。他说买不到我们可以自己做，自己怎么做呢？我就盖药店。所以他说，你赶快给我找柳成祥来，我要跟他谈谈盖药店的事情。雪岩的一颗心，始终紧紧抓住他的事业，只要有任何机会，他都不会放过。同时他发现，梦瑾的病虽然重要，可是他会把这种病的需要化为设药店的动机，他才会成就那么多的事业。这个时候，雪岩所要做的事情是什么？就是赶快自己办个江南最好的药店。我们建议那些钱赚得快的人，不要光是表现出暴发户的行为，反而要用钱来做更多的善事，使自己的根基能够更稳当，今天叫作回馈社会，善尽社会责任。我们从这种角度来看雪岩，比较不会误解。以为他什么都要抓，什么都要做，老是要发财，他不是这样的想法。他说我今天有钱了，有什么方法可以善尽社会责任，回馈社会大众？当然是一种很好的思考方式。

(3)雪岩为什么要筹建胡庆余堂国药店？为什么要和北京同仁堂一比高低呢？

我们如果细细斟酌，会发现雪岩很少临时起意。他不是那种冲动型的，看起来他是想到就做，实际上他是常常动脑筋，常常想东想西，才会快速的做决策。如果说平常不想，只是看到什么，便立即反应，那这个人是很鲁莽的，而且非常危险，已经不叫冒险，简直完全是下赌注。雪岩看起来是这样，实际上不是。他常常动脑筋，心里头想要设药店这件事情，已经酝酿很久了。现在梦瑾的病治不好，买不到好药，只是一个导火线而已。如果用这种眼光来看雪岩，会比较深一层地了解他。同时他向来是不做则已，一做就要做最好的。他不是说马马虎虎盖一个药店就算了。因为马马虎虎盖一个药店，做出来的药，不过跟其他药店一样，有什么意思？他马上想到，北京有个同仁堂，这个同仁堂是全国闻名的。不管在规模方面或者实质方面，以及将来在我的名声方面，就算不能超过同仁堂也一定要跟他们比一比高低。我很欣赏胡雪岩这种平常多想，到时机成熟以后能快速达成决策的性格。同时决策出来之后，他会有个目标，有个标准，同时有个期限，使自己很快地，可以完成他的理想。否则的话，就变成了空想。一个人做梦做太多了，就表示他是个空想家，做一次梦就兑现一次，才叫作理想家。

（4）柳成祥甄选人才，标准是什么？为什么看不上宋宝财和陈富贵？又怎么能够一下子就识破叶仲德堂伙计的捣乱呢？

我们非常关心，在甄选人才的时候到底有没有标准？如果说毫无标准，只是看得顺眼就要他了，看不顺眼就叫他走。这样甄选人才，实在很危险。完全凭第一印象就要论断一个人，这是很可怕的，因为很可能看不准。怎么能够看得准呢？平常我们在甄选人才的时候，都有一套标准。我们要先去打听，我们要去应征的那家公司需要什么样的人？我合适不合适？然后才去应征。而不是盲目的，人家在征求人才，我就去应征。结果浪费很多时间，使得自己挫折感很重。雪岩这一次所要的人才，一方面要对制药很内行，另一方面要怀抱着仁义济世的观念。一定要这两种条件都具备，雪岩才会要。成祥就秉持着雪岩的理念，来甄选人才。我们回想一下，当年在甄选钱庄的人才时不是这样子的。可是现在甄选药厂人才，他非常重视有没有仁义为怀的想法。所以你看，宋宝财一副唯利是图的样子，只想怎么赚取利润，当然成祥是看不上的。另外我们可以看到，一开口就说先赚小钱，然后赚大钱，而他本身的名字也叫作富贵。这个陈富贵，也是成祥看了会摇头的。这两个人，我们不能说不是人才，只是不合乎药店的需要，他可以到别的地方去求职。但是他到这里找工作，一定不会被看上。成祥也懂得一些面相，面相在我们中国社会也是很重要的。很多公司甄选人才的时候，这边有一个主考官问东问西，旁边坐了一个人，就是专门看面相的。专门看应征人的举止行动，然后双方配合，才知道这个人可用不可用。所以，当叶仲德堂的伙计来应征时，成祥一看这个人有点面熟，马上就知道了。你就是叶仲德堂的伙计，今天来干什么呢？分明是来捣蛋的，所以他才会当面给他难堪。

（5）成祥选中余修初，是不是因为芮瑾举荐的关系？雪岩为什么也看上他了？

我们都知道，芮瑾这个人很讲道理。她举荐余修初，完全是因为他是个人才，只是运气不好，把自己的厂办倒了。可是他没有直接去找雪岩，因此雪岩根本不知道是芮瑾推荐的。我觉得这种态度是推荐人一种最好的表现。就是说我会推荐人才，但是我不会给你压力，我不会用人情包围，要你一定用他，我没有。你认为可以用，你就用，不能用，就算了。我们在甄求人才的时候，应该把门打开。任何人推荐的我们都欢迎。然后从中去筛选合格的。而不是一开始，就把门开得很小，限制这个不能推荐，那个不能推荐，令人怀疑到底有没有甄求人才的诚意？大家都很怀疑。雪岩看上余修初，完全是欣赏他以仁为本、义利相济的理念。因为只有这种理念，才能够把药店办好。制药这一种行业，跟一般的行业不一样。我们如果把医院管理也当作一般企业管理来做，就非常不合适。规定一个医生一个小时要看几个病人，这是很奇怪的想法。但是我们很遗憾，现在有些医院，用这种企业管理的精神，来从事医生的管理，这也是值得我们深思的。雪岩刚开始的时候，对余修初很不客气，你这样怎么样……讲一大堆。后来他觉得这个人经得起考验。我们发现很多董事长，并没有亲自主持甄选。可是他会半路插进来，讲一些比较难听的话，一方面是试试这个人的胆识，另一方面考考看，他经不经得起刺激。结果发现余修初表现得非常合乎雪岩的理想，他马上改变主意。从大概不可能是我要用的人，到我就是要他，这样的转变是很自然的。雪岩并没有一开始就有成见，没有。他只是说我出些难题、设定些难关，看你能不能解决、看你能不能顺利闯过。如果可以的话，这就是我所要的人。一方面很认真在甄选人才，另一方面是非常有诚意地来应征，当然可能合作得很好。

(6)阿莲嫂为什么要让人把后院收拾出来，好搬进去住？她为什么觉得成祥占的便宜比较多，而则云比较吃亏？

雪岩回到杭州以后，上海的房子他没有再住。阿莲嫂常常觉得很纳闷，你东家花那么多钱，回杭州盖大宅子，成祥家也盖起来了，我们就活该倒霉了吗？所以她经常在则云的耳朵旁边叽里咕噜讲些不好听的话。成祥当然不知道这种事情，雪岩也不知道这种情形。而则云，他又是一个很重视情义的人，认为这种小事情不要讲了，无所谓。可是经不起妻子在旁边三天两头的唠叨。则云虽然嘴上讲以后不要再提这个问题，谁再谈这些问题，我就不客气了。但是我相信他的内心多多少少受到影响。这一类事情也使我们常常感觉到，人事管理要延伸到员工的家庭里面，就是这个道理。往往家里面的事情会影响到公务。你看阿莲嫂她说，我跟站着的人怎么比？我们常常讲坐着的人，看着站着的人比较舒服；而站着的人，又看坐着的人比较舒服。因为他们两个是不同的背景，不同的基础，怎么去作比较呢？我们觉得，人最好不要和别人比，我们常常和自己比。只要自己不断地有进步，就心满意足了。自己和别人其实是无法比的。可是我们常常会不知不觉地跟别人扯在一起，然后比来比去。阿莲嫂就有这个毛病，常常跟这个比，跟那个比。比来比去，就觉得自己吃亏。因此就埋怨则云，则云多少会受到影响。将来很可能会在公务上也产生这种心理，那就更不好了。

(7)冯鲁克为什么要给则云好处？则云为什么会答应？

我想我们都很清楚，商界来往，几乎很少是朋友有通财之义的情形，很少。人家给你好处，多半是有目的的。更可怕的是，他会设下很多陷阱，把你套牢在里面，把你牢牢掌控住，一切要听他的，那就更糟糕了。冯鲁克会无缘无故地给则云好处吗？我想这是不可能的。则云难道没有这种警觉性吗？我相信他是有的。只不过长期受阿莲嫂的嘀咕，难免会在心里头发生一些作用。他一定是想到，我不上套。我们看到很多人，就是这么一下子，真正是：一失足造成千古恨。

中国人常常讲，要谨慎要谨慎。老实讲现在的教育，不太可能达到这个目标。我们从小对也骂，错也骂，骂到什么事情都不敢想到就讲，才会很谨慎。骂到不敢什么事情想做就做，才会说再考虑一下，才会推拖拉。推拖拉如果是用来思考，那是非常好的一种途径。则云如果说这个事情我回去研究研究，说不定他回来跟阿莲嫂讲，阿莲嫂一听反而会告诉他，这种事情，你不要开玩笑，也说不定。说不定她跟成祥研究研究，成祥说你敢吗？你这样弄对你没有好处。人家怎么会凭白送钱？人家会提醒他，但是他没有，一动念，好，要了，完了。我相信他将来会很后悔。

(8)冯鲁克和丁日昌在打什么主意？为什么有钱能使鬼推磨？

我想如果丁日昌摆明了把则云叫去，说我们两个设好套了，我们要害雪岩，则云一百个不会同意。而且马上会告诉雪岩，整个事情就会明朗化，也就失去了作用。真正别有用心的人，一定会躲起来，不会自己出面。丁日昌设计好了以后，叫冯鲁克去执行。这样的话，则云比较不会警觉到，又是丁日昌在搞鬼，因此比较容易上当。我们中国人很高明，就是认为眼睛所看到的都不一定是真的。我们要看到后面那个，我们看不到的部分。所以我们常常觉得，看不见的部分，其实比看得见的部分更重要。

十四、慎重选聘良才

有人才有事，先找到合适的人，才能放心求发展，这是雪岩经营事业的大原则。

战事甫告停息，雪岩第一件想做的事情便是开设钱庄。因为成祥和则云都是内行人，做熟悉的事，必然十分顺手。现在他要办药店，首先要找合适的人，雪岩才会放心。

雪岩看起来神通广大，好像什么事情都算得很准。其实他是慎重推理，按照事理，一步一步向前推进。

问题是：良才也可能出差错。雪岩曾经说过：算盘打得再精，也有算不准的时候。则云在购买武器上面居然收取了冯鲁克的回扣，岂不是出乎雪岩意料之外！则云是一位能干的掌柜，却也掉入了人家的圈套，真是不知道从哪里说起。

重点提示：神通 VS 推理

一般人的错误是把神通当作迷信，却把推理看成科学。其实，神通和推理是一样的，我们可以这样说：神通就是推理，而推理也是神通。

一个人把推理的结果说出来，而不把推理的过程加以说明，叫作神通。一个人把推理的过程说出来，然后才说出推理的结果。没有人认为这是神通，都说是推理。

从事经营管理的人，静坐、修炼，目的都在于培养灵敏的第六感。配合丰富的经验，以期获得有如神通的推理能力。

个案简介

则云根本不知道已经掉入了丁日昌的陷阱，认为只是拿一些回扣，又不是出卖雪岩的机密。

丁日昌的第二个陷阱随之就到，经手茶叶的徐润主动找则云，表示要拒收货品。理由是名不副实，价格也不合理。要则云在退货合同上签字，则云不答应。

徐润说："如果阜康钱庄收来的银子成色不足，会不会让它入账？"

则云回答："茶叶质量的好坏，不是你徐买办一家可以定的。"

徐润接着说："千真万确，恰恰是买家不肯妥协。"

则云表示可以降级出售，徐润说洋人不要次茶，只好拒收。

则云说只要不付钱，茶叶就是徐润的。徐润强硬地说：只是那几十条船的茶叶停在码头上，你们不但每天要付码头钱，还要防盗、防霉、防沉船，一切与我无关。

徐润最后指出，冯鲁克为了把洋枪洋炮卖给你们去打别的洋人，已经遭到友邦的攻击。如果再让他得罪其他的人，未免辜负他对你的器重了。

则云心虚，终于投降了，签下了自己的名字。

梦瑾装疯，害得玉惠十分着急。成祥问雪岩，要不要把梦瑾带到上海去医治？雪岩则认为应该留在杭州，用胡庆余堂的药把她治好。即使是回天乏力，也要引以为戒，积善图新。

玉惠听到心有妒意。梦瑾凄凉地笑着，知道留在这种地方治不好。水莲听了，转身讪讪地离去。

问题与解答

(1)徐润为什么要退货？则云为什么不答应？

徐润跟丁日昌是一伙的，他们都是李鸿章派系底下的重要人物。大家一起来合谋，怎么样把胡雪岩搞垮。他们的目的是想把左宗棠也一起打击下来。则云是一个事务型的人，对策略性思考不太在行。我们在经营管理方面，最好把人才稍微区隔一下,有些人事务性做得很好,但是策略性就很欠缺。有些人策略性很强,但是事务性不一定内行。你看雪岩就属于策略性的人物。你要他去做些枝枝节节的事情,他不见得做得很好。成祥可以说两面兼顾,所以能够考虑得周全一点。而则云很显然是办事务非常谨慎,按部就班,规规矩矩,非常可靠;但是在策略思考方面,却很难表现出可圈可点的地方。像这种事情,如果他只是很单纯地认为徐润说茶叶的品质不好,要求退货,从这个层面来考虑的话,就很容易上当。如果提升到策略性的思考,觉得这只是借口而已,后面还有更大的阴谋,就不至于上当。他会跟他讲,这些问题我们好商量。他会用推拖拉的方式,把事情往下推延。同时回去马上找雪岩,或者成祥,大家研究研究。一个事业,要能够稳固的话,这里面的人才要彼此合理地搭配。现在我们看到雪岩,他把整个上海这么大的基业都交给则云。固然很重视他,但是他没有想到,万一碰到策略性的事情,则云承不承担得了?如果他事先考虑到这一点,交代他一般事务尽可放心去做,碰到有什么策略性的话,我们赶快见个面谈一谈。我想对则云也会有更大的帮助。

(2)徐润和则云的谈判,谁对谁错?

这牵涉到一个很有趣的问题,我相信我们如果问一个西方人,这两个人谁对谁错?他们的答案会比较明确,会告诉你谁对谁错。可是你如果问一个中国人,他们两个人到底谁对谁错?我相信中国人的回答,多半比较暧昧。我们觉得这个人有对的地方,也有错的地方;那个人有对的地方,也有错的地方。像徐润跟则云这种事情,按照我们中国人的标准,就是两个都有错,两个人都有道理。实在很难讲。你看我跟你买东西,能够说退就退吗?总要有一个退的理由。

像茶叶这种东西,是会坏的,你跟我买了,拖很久时间才说我不要了,这谁也受不了。可是买的人说,我讲好是要上等货,你现在给我这种次等货,甚至劣等的东西,我怎么能要呢?我当然要退。公说公有理,婆说婆有理。中国人的事情,几乎永远牵扯不清,更需要有一个明智的决定。我们可以看到,如果事先他们两个都有比较长远的观点,说好,我们这次订合同,如果将来我们两边有了意见怎么办?我们是不是有个仲裁条款?如果有一方或者双方都违约了,我们怎么办?是不是来订个违约条款。有了违约条款,有了仲裁条款,就比较有依据。偏偏我们中国人不太喜欢丑话说在前面,然后把一切都规定得死死的,所以才会发生这样的争执。我们觉得朋友归朋友,做生意归做生意,最好把它分开来看。朋友无所谓,反正到时候再说。可是做生意,我们希望尽量把可能发生的事情加以预防。换句话说,丑话说在前面,应该是做生意比较合适的态度。不要说没有关系,反正到时候再说。做朋友可以,做生意最好把一些可能发生的事情先拿出来给大家讲一讲。因为这个时候,大家的情绪比较稳定,讲起来也比较容易沟通。一旦事情发生了,每个人有每个人不同的利害关系,就会僵持在那里。实在讲,很不容易沟通。

(3)徐润用什么来要挟则云？则云有什么感想？

我们常讲一句话,给人家一点点好处,就等于把他整个人套牢。这是则云所没有注意到的原则。徐润给则云一些回扣,则云拿到手以后,他就翻脸了,他就要挟了,则云拿他一点办法也没有。我们常讲,贪到小的最后失掉大的。我相信则云拿了回扣以后,心里很不安,非常后悔。但是有什么用？没有用。有些事情可以从头来,有些事情根本无法回头。则云那么辛苦,一路跟上来,身负重任,有很大的贡献。但是这一次栽跟头,就是因为一不小心,一时大意。我们从《三国演义》里面已经知道"大意失荆州"的故事。通俗的话也叫"阴沟里翻船"。我想这两句话,现在用来形容则云最合适不过。一个人,如果想要防止这些陷阱。最好的办法,就是不要贪小便宜。天底下没有白捡的东西,没有。我们今天有一句话,叫作"没有白吃的午餐",当然这句话不完全对,实际上却可以警惕我们。人家凭什么白送给你钱？人家为什么给你好处？说不定后面包藏祸心,所以要特别提高警觉。我们得到人家一点点好处,就被他抓住把柄。这是最划不来的,一定要小心提防。

中国人为人处世,必须记住不要留下把柄。常常告诉自己,这样会不会给人家一个把柄？将来抓住以后,怎么办？当然职位愈低的人愈没有这种顾虑。职位愈高的人愈需要在这一方面多多提高警觉。

(4)五太太为什么病成这个样子？

我们大概都可以感觉得出来,梦瑾和芮瑾的个性,真的相当一样。她们两个都相当明理,最主要的是都想贡献自己的能力,要求有所作为。换句话说,都是闲不住的人。有些人,可以忙于工作,也可以乐于清闲,这种人最幸福。可是很多人,只有在工作当中才有乐趣。一旦闲下来,就觉得这样不对,那样也不对,因此就闷出病来。梦瑾这种病,严格说起来是心病。她心里头受到了很大的压抑,心想我在胡家,好像是被关在鸟笼里面的小鸟,还有什么价值？而且跟这些人整天扯来扯去,讲些废话干什么？她这些心里话又讲不出来,也不敢讲。这样压抑的结果就闷出病来。这种心病，药物很难医治。心病要靠自己调心、养心来治疗，并不是一般的药物所能够奏效的。你看梦瑾，就是个很好的案例。一个很健康的小孩子，她有什么病？她没有病。可是在那种环境之下，她就闷出病来了。

（5）成祥为什么要带五太太回上海治病？

成祥对梦瑾的处境相当了解。而且旁观者清，比较容易体会梦瑾的心情。所以他大概知道，梦瑾是心病。心病当然要靠自己来调理，可是梦瑾毕竟年纪很轻，如果干脆让她到上海去，其他的人最起码可以和谐一点，免得雪岩心烦，影响他的情绪。还有一点，就是说既然梦瑾在这个环境处不好，让她到上海去，也许自己会改变想法。在别的地方待一阵子再回来，可能会有一个重新的开始。这些都是解决问题的方法，只不过雪岩不一定会接受。这就告诉我们同样一件事情，每一个人因为立场不同，解决的方式也不一样。很难说谁对谁错，成祥有他的立场，有他的看法，不会牵涉到感情方面，只是站在公务的立场来考虑。因为他跟梦瑾没有那么深的感情，那么亲密的关系。反而比较冷静，会想出这些方法来。那么雪岩呢？各位可以看到雪岩的态度好像不太一样。

（6）雪岩为什么要留五太太在杭州？什么叫作引以为戒，积善图新？

我们看得很清楚，如果让雪岩拿女人和事业作个比较的话，都会把女人比下去。他是个事业心很强的人，曾经讲过，所有的女人都比不过他的算盘珠子。是不是表示他这个人没有感情？不是。他也是个感情很丰富的人，只不过在事业第一的情况之下，丰富的感情被压在了事业之下。感情第一是放在不会妨碍事业发展的前提下的。他也希望梦瑾自己要改变，而不是老依赖别人。因为梦瑾依然是一个小孩子，所以他要用心来训练她。我觉得雪岩这种苦心，我们也应该加以体会。

什么叫作引以为戒，积善图新？就是说杭州的医药界，如果只想着赚钱，发霉的药都可以卖的话，跟善心，人心，完全背道而驰。这样的医药界是不可取的，他也希望用梦瑾来刺激药界。说得难听一点，就是甚至牺牲了梦瑾他都不在乎。他要让大家激发善念，产生一个新的局面，我想这是雪岩心里头所想的东西。我们说他对，说他错，我觉得都不必要。我们已经看到成祥的反应了，现在再来比较一下雪岩的反应，可以看出这两个人的个性有很大的不同。但是我们很难说谁对谁错，因为价值观相当主观，我们不是雪岩，实在无法置评。

十五、特赐一品顶戴

雪岩的母亲听说雪岩见到了西太后,高兴地说:胡家祖辈积下的阴德叫雪岩赶上了。中国人喜欢把祖孙几代的感情联结在一起。精神生活,无形中丰富了许多。而且一代一代,一辈一辈连贯起来,丝毫没有代沟,彼此随时可以有效沟通,减少了很多疏离感。

现在由于左宗棠的大力推荐,朝廷特赐封雪岩一品珊瑚顶戴。雪岩受封之后,马上命众人退下,他自己要叩拜高堂。中国人把自己的成就归功于父母,是不忘本的表示。可惜现代人很奇怪,大多只说是自己的努力,心目中没有父母的存在,不知道孝道的观念。

重点提示:胡庆余堂仁本济世美名永传

1878 年,光绪四年,胡雪岩在左宗棠精心保举下,被清廷封为一品顶戴候补江西布政,并赐黄马褂一件、御库全书二百三十八本。赐其骑马进宫,成为显赫一时的红顶商人。

胡雪岩自创业以来,历经二十余载。企业规模宏大,范围跨越钱、典、茶、丝、烟五大行业。又兼任陕甘上海转运委员,可以说登峰造极,十分辉煌。

然而,如果没有胡庆余堂,胡雪岩的一生几乎和一般人一样,来也空空,去也空空,纯粹是白忙一场。

幸亏有胡庆余堂源远流长,迄今一百多年,仍然蜚声海内外,为人们所交口称道。胡雪岩亲笔所写的"戒欺"两个大字更是令人难忘。由胡庆余堂而想到胡雪岩,应该是胡雪岩这一辈没有白来,血汗没有白流的最佳保障。

胡庆余堂还没有正式开张,雪岩就决定招些闲人,让他们到江湖跑码头,背着胡庆余堂的太平袋,免费赠送药品。打算连送三年,使胡庆余堂的名声到处远播。这种行销观念和做法,到今天还有很多人想象不到呢!

雪岩规定所有药品都要由自己的分号直接销售,把全国各地的药号、药行、药店三种类型同时经营起来。现代化的连锁店、直营商,雪岩当时已经想到了。

胡庆余堂的经营理念,雪岩明确指出:是乃仁术。用“饮和食德,俾寿而康”作为药厂的招牌。杨昌浚非常钦佩,说它既道出了养身之道,也说出了和德精神。

雪岩认为做药一定要采办务真、修炼务真。从采购药材开始,便要选购全国最上等的材料。否则药材欠佳,甚至有假,怎么能够做出好药呢?制作过程中,品质管制十分要紧。修炼认真,才能做出好的药品。

顾客买药,一时供应不上,雪岩还负责安排顾客的食宿。这种顾客至上的观念,雪岩早已相当明白。胡雪岩宏图大展,胡庆余堂美名永传,果然是有道理的。

个案简介

则云从上海来到杭州,雪岩和成祥都很吃惊。难道是上海出了事?要则云马上到书房见面。

雪岩认为退货合约不应该说签就签,成祥更斥责则云,亏你还是总号主事,做出这样的事情砸自己的脚。

成祥越说越气,雪岩却淡淡地拍拍则云的肩膀,说上海不能一日无主,你先回去吧!

阿宝传话说,老太太吩咐的酒席准备好了。

雪岩说已经和杨大人有约,因此要成祥好好陪则云。

阿宝问雪岩要不要乘轿,雪岩回说他什么时候说要见杨大人了?阿宝知道雪岩心里有事便偷偷地跟随着。

雪岩心想茶叶生意不大,可这连着那笔国债。输也要输个明白,天时地利人和到底哪里失误?走着走着,竟然来到芮瑾的铺子。

芮瑾问他怎么会有闲心到这里来?莫非心中有事?

雪岩说没有,芮瑾却直接指明是茶叶上的事。要雪岩不行就赶紧卖出,赚多少无所谓,不赔就好。雪岩说不是钱的事,是人的问题。

胡府上下忙成一团也快乐无比。杨大人穿着官服大声宣读圣旨:特赐封正一品珊瑚顶戴,候补江西布政使衔,并赐黄马褂一件,赐其骑马进宫,钦此。

雪岩谢主隆恩,大家齐呼万岁。雪岩穿戴整齐后恭敬地向母亲磕了三个响头,然后坐着接受大家的叩拜。礼毕换上平常衣裳后雪岩向杨大人屈膝一拜。杨大人口唤使不得,雪岩说这一拜表示对左大人的全力提携感激之至。

杨大人说左大人还是劝雪岩,虽不以科名为重仍需发愤读书,求得正经学问,才能律己济世。接着又劝雪岩态度不要太硬以免得罪人。但是雪岩仍然说明自己的原则:既不欺世盗名,也绝不委曲求全。

问题与解答

(1)胡母和谭则云是熟人,为什么交代阿贵要接待得讲究一些,而且她自己要去敬酒?

我们常常讲一家人,到底什么叫作一家人?就是说儿子的客人,就是母亲的客人。现在有很多人认为,这是儿子的同事,这是儿子的朋友,跟我这个做妈妈的没有关系。这不是我们中国人一家人的观念,所以胡母说,你帮我儿子的忙,就是帮我的忙。你是我儿子的客人,也就是我的客人。所以她交代阿贵说,虽然以前是熟朋友,但现在身份不一样,我们要比较隆重地来接待他。何况以前我们做不到的时候,人家到我们家只是粗茶淡饭。现在我们家有钱了,对这些老朋友,更不可以怠慢。我觉得这整个的表现,就代表胡母虽然没有读过什么书,但是也很懂得道理。阿贵当然照胡母的交代去做,只是他也不一定搞得清楚,为什么胡母要这么慎重地交代他说我要自己去敬酒。因为如果不交代的话,阿贵很可能不会来邀请胡母也一起去吃饭。胡母设想很周到,人家则云为自己的儿子在那里做事,我这个做妈妈的,如果表现得隆重一些,就表示我的儿子,跟我讲他很多好话,他会比较有面子。如果我对他冷淡,也许他就会怀疑,是不是雪岩在妈妈面前讲了我一些不满意的话?反而使他们以后不好相处。为了表达这种心愿,她就交代说我要去敬酒。从这些措施里面,我们深深了解,什么叫作一家人。这种行动必须出自内心,最要紧的,还是一家人的彼此关心才是重点。

(2)雪岩为什么叫则云先回上海？成祥为什么责怪则云太糊涂？

我们很清楚地看到，雪岩心里头始终放不下心，因为他的第六感让他隐隐约约感觉到，则云这次忽然间回到杭州来，好像不是很简单，不如他所讲的那么单纯。所以他让则云赶快回上海，因为上海不可以一天没有人做主。其实他的意思，是要则云回去以后，好好冷静想一想，看看整个状况到底有什么办法是可以补救的？一个人难免做错事情，做错事情不要愈陷愈深，应该及时刹住，重新检讨，想办法挽救或者做一些弥补，这才是雪岩要则云赶快回上海的主要原因。

成祥责怪则云太糊涂，是因为成祥非常了解雪岩的作风。就是说，做生意有亏有盈，输了钱，或者丢掉一些本钱，雪岩是不在乎的。做错了，就算了。他最怕的就是这种见不得人的事情。大家也许会怀疑，你自己不也是在贷款上面做了手脚吗？为什么对则云就这样斤斤计较呢？所以，成祥猜测到了可能背后有什么见不得人的交易。

(3)雪岩说输要输个明白，是什么意思？他为什么托词要见巡抚大人而避开用餐？

雪岩最讨厌的，就是死得不明不白的人。死无所谓，死了再想办法。把它当个经验，下次避免不就好了吗？死得不明不白，就是没有得到教训，不能够积累经验。这样一次又一次，才是伤心的事。因此他一再说，你输没关系，但你要输个明白嘛！你告诉我，你到底输在哪里了？可是则云敢讲吗？我想他是不敢讲的。他不是不知道，只是他说不出来。至于说雪岩明明没有要去见巡抚大人，却说要去，弄得阿贵糊里糊涂，唉，你不是要见巡抚大人吗，怎么不坐轿子呢？雪岩问他，我有说过我要见巡抚大人吗？这也是使我们感觉很奇怪的地方。其实也没什么好奇怪的，老板常常说他要出去，实际上没有出去；老板常常借故要开会，实际上根本没有会议。要不然，他怎么讲呢？他说则云你们去吃饭，我虚晃一招，甚至是讲给别人听的，不是讲给你听的，不要把它当真，这样比较容易跟老板取得密切而且良好的配合。老板常常讲，那种话我是讲给他听的，你听那么清楚干什么？我想这种事情，我们应该加以体会才是。

(4)雪岩说赔钱不怕，只怕什么？是不是他对则云有什么不满或怀疑的地方？

赔钱当然不用怕，因为赔钱如果可以得到教训的话，也是很值得的投资。我们常常讲交学费嘛！你总要交一些学费，才能得到痛苦的经验。下次才会避开,才会走上正道。雪岩说亏一点钱有什么关系,我们可以再赚;就算赔光了,我们从头再来。我想他讲的是心里话,不是讲好听的。可是他怕什么?他怕人心变了,他怕一个可以信赖的人变得不能信赖,这才糟糕呢。他一向对则云很信任,但是这一次茶叶事件他愈想愈不对。为什么?因为则云从来不会这样。我们已经讲过,他对这种差异性的敏感度是非常高的。一个人平常是这样,现在突然间变那样,这当中的风吹草动的差异性,我们一定要抓住。他为什么会这样?则云向来是有话就说的,这次吞吞吐吐的;他用不着答应人家的,居然答应人家,这就是差异性。这是使雪岩感觉到很不解的地方,所以他有一点怀疑。我们也了解人是这样子的,不怀疑则已,一怀疑就会愈来愈怀疑,愈想愈不对,这也许是雪岩在钻牛角尖。但是他经过几次反复的思考,总觉得事出有因,很值得怀疑。到底他怀疑得对不对?我想往后我们可以进一步了解。为什么说钱丢了,可以再找回来?因为那是有限度的,而且是很明显的。亏多少,大家心里有数,将来赚多少,大家也容易算出来。只有这种人心的变化是很难预料的,防不胜防。这次骗你五块钱,下次说不定骗你五十万,谁知道呢?这次跟你保证,下次也会翻脸做出完全违反保证的事情。可见人心的变化非常可怕。钱丢掉了,相对看起来反而是小事情。

(5)雪岩不让女人参与他的生意,为什么茶叶回抛的事,他却询问芮瑾的意见?

我们都很清楚,雪岩对芮瑾的感情相当特别。他发现芮瑾处事很冷静,很有条理。平常他不同意女人参与他的生意,可是这次他会主动地问。我想这就是我们中国人常讲的两把刷子,而不是一把刷子。一把刷例行,另一把刷例外。

我们中国人做事情都是两套,不会只用一套。平常我不问你,但是紧急的时候我会问你。你要主动参与,我不许可;可是我主动问你,可以讲出意见来,这样并不矛盾。雪岩的意思是说,你平常叽里呱啦一直在参与,会把事情弄得很乱。可是当我需要的时候,譬如说他想要知道外人的事情,想要知道洋债的情况,他会问问玉惠问问当时去找的那些朋友,他会主动去问。可是他们如果不断跟他啰唆,他就不愿意。一个是平常的,一个是紧急的;一个是被动的,一个是主动的。这两种情况,不可同日而语,这叫作两把刷子。我们中国人赞美人,很少说这个人很了不起,有一把刷子。我们常常讲,这个人很了不得,有两把刷子。这两把刷子,就是有变化的。我们常常感觉到,这个人好像没有原则,其实不是没有原则。有两把刷子的人,他的原则就是中国人最熟悉的,叫作持经达变,有原则地应变。雪岩这种做法,不是情绪不好,或者是临时起意,他完全是按照基本的原则在运作。

(6)雪岩为什么获赐一品顶戴,还可以骑马进宫?他为什么要叩拜高堂?

我们看到,雪岩一路走来,替清朝做了很多的贡献,对左大人也有很大的帮助。所以左大人向清廷建议,颁给胡雪岩一个红顶戴,送他一些书,给他一些荣誉。一个商人能够获得这么高的荣誉,是很难得的。雪岩得到这个荣誉以后,并没有像一般人一样,说这是我自己的能力表现,他首先感谢老天爷的保佑,然后感谢父母的栽培。一个人能够这样做,就不会引起别人的嫉妒,同时大家相处得会比较和睦一点。可是他毕竟是一品大官,穿着官服,不能够向母亲下跪,所以就叫他的妻妾代表他向母亲下跪。他自己在旁边致意,这也是两全其美的做法。千万记住,一个人最好不要把成就通通归给自己。认为这是凭我的能力,我凭我的本事得来的,你们还有什么话讲?如果这样,这个人连老天爷都不会保佑他。

(7)雪岩为什么主张既不欺世盗名,也不委曲求全?

雪岩一向很爱惜自己的名声,但是他并没有用不法的手段来欺世盗名。这一点是我们很钦佩他的,他完全用实际的行动,来表示他的善心。当然我们不能否认,他是想留下一些好名声。我想作为一个中国人,有几句话,一定常常放在脑海里,第一句话叫作钱要赚,第二句话叫作性命要顾,第三句话就是留一些名声,给人家好好打听打听。雪岩现在钱赚到了,身体还不错,因此他会想到,怎样使我的名声好好传扬出去。但是他是很倔强的人,脾气也不好。不委曲求全。一个人要做硬汉,也是很命苦的。太刚直了,跟环境一定格格不入。我想,雪岩对委曲求全这四个字是不了解的。事实上懂得委曲求全的人,他的理解应该跟雪岩讲这种话的时候心情不一样。委曲求全,并不是像雪岩所讲的那种,才叫委曲求全。要全一定要委曲,直线不可能全。我想这里有很深的道理,每个人彼此让一步,然后才可以委曲求全。大家都委曲才能全,其中有一个人不能够委曲,就无法求全。我很对,我就是这样,跟你干到底,这叫硬汉,并不是我们所追求的做人做事的目标。雪岩会吃亏,就是他有这种硬汉的个性。

十六、江南第一药店

胡大先生变成胡大官人，当朝一品，还戴珊瑚顶子，穿黄马褂。雪岩如果仅止于此，一下子就过去了，很快就从大家的脑海里消失得无影无踪。

有史以来，多少达官贵人，我们记得了几个？风光一时，便烟消云散，有如泡沫一般转瞬就不见了。

雪岩大概知道这种道理，所以一心一意要办好胡庆余堂。他心中有数，只有胡庆余堂才有可能使他长远地活在众人的心中。古往今来，多少人追求永生，雪岩终于找到了一条最有效的途径。

然而世间多少医师，多少药店，还不是一阵子就成为过去，丝毫没有留下任何痕迹。雪岩不办则已，办一定要办最好的，才使胡庆余堂得以流芳万世，流传至今。

重点提示：永续经营 VS 辉煌一时

任何事业，都乞求永续经营。几乎没有人只求辉煌一时，不久就成为过眼云烟，一阵风便不留痕迹。

事业要求永续经营，必须做好三件事情：第一是打好根基，使事业的基础非常稳固。胡雪岩的主张，是定好规矩，也就是立好制度，一切按部就班，务求有条有理。然后提升士气，使每一个员工都能够兢兢业业，把本分工作做好。同时讲求分层负责。

根基稳固的事业，第二件大事，就要阶段性的调整。依据实际的需要，不定期地阶段性调整人员和业务，以适合当时的变迁。

事业发展的过程中，每一阶段都有每一阶段不同的难题。如果因应不过来，很可能一夜之间陷入倒闭的惨局。经营者如胡雪岩，可以说无时无刻不在动脑筋、想办法，无论如何要化险为夷，突破难关，以求顺利解决所遭遇到的种种问题。

永续经营的第三件大事,就是人才的持续成长。根基良好,也能够及时做好阶段性调整,如果不能培育人才,使成员与组织同步成长,总有一天,会发生人才断层的危机。

打好事业基础,雪岩是做到了。不论经营哪一种行业,都抱着“不做则已,要做,就要做最好的”的心态,丝毫都不马虎。经营策略必须采取不平凡的高明策略,来取代那些平凡商人所用的平凡策略。在这种严格的要求下,事业基础,当然十分稳固。

至于阶段性调整方面,雪岩更是灵活无比。从平价出售生死米开始,雪岩就已经展现了这一方面的机智,可以说做得相当良好。

唯一令人担心的是,则云这一件案子,会不会愈滚愈大,愈闹愈凶?我们不知道杨昌浚所说的浩瀚官场,世态炎凉,指的是什么。胡雪岩内心不安盘算能不能顺利地化解掉?

一个人在成功的巅峰,往往像抛物线一样。到了顶点,就开始向下跌落,希望雪岩不要这样才好。

个案简介

雪岩看到药工十分尽力,余修初非常仔细地检查每一个药方。有了这样一个胡庆余堂,雪岩真的心满意足了。

他告诉余阿大,我身为商人几十年,哪能没做过一点昧良心的事呢?阿大不知如何回答。这时有一个药工兴奋地报告,诸葛行军散、避瘟丹和红灵丹,都做出来了。

雪岩盘算一下,要余修初除了送给西征军以外,从明天开始,招些闲人,让他们到江湖跑码头,背着胡庆余堂的太平袋,往外送药,决定连送三年。

余修初说这样要亏十万两银子,雪岩表示为了广告和获得社会大众的信任,值得这样做。

济世思想造就了雪岩高超的商道,也惹得同业十分眼红。大家说他为了当江南药王,花钱送药。叶老板更说商家就是冤家,同行就是对头,决定亲自到胡庆余堂一探究竟。

胡庆余堂开张,大肆铺张,热闹非凡。叶老板愈看愈不高兴掉头就走。同行的许老板，听到余修初说胡庆余堂药号、药行、药店三种类型同时经营，在全国绝无仅有。好奇地问：酒散膏丹都是自制的吗？成祥回答从不替他人经销，所有药品自制齐全。

杨大人也来参观，询问雪岩的胡庆余堂有什么与众不同的地方？雪岩答以主要精神在于视药品为仁术。再问拿什么做招牌？雪岩回答：饮和食德、俾寿而康。杨大人击掌叫好，称赞既道出养生之道，也说出和德精神。

虎骨追风膏卖得太快，供不应求。真正的虎骨又很难找，采购建议用豹骨代替。余修初认为采办务真，是头条店规，加以否定。采购再三劝说，余修初勉强同意，叮咛千万不要让别人知道。

有一位老先生，哑着嗓子要买五盒虎骨追风膏。当他拿到的时候，忽然觉得味道有一些不同，自言自语地说，味不对呀！

雪岩刚好看到，马上问他有什么不妥？老先生说和以前的味道不一样。采购赶紧上来解释：因为改变药柜，串了气味。雪岩心里有数，交代伙计先找个旅店，把老人家安排住下，吃住由柜上负责，办好以后马上回来，查明事实。

问题与解答

（1）雪岩知道自己多少做了些昧良心的事，他想怎么办？

做官的，做生意的，都难免有这种感觉。你要把每件事情做得让大家都感觉很满意，实际上是不可能的。你想每一笔生意赚来的钱，都能够心安理得，恐怕也很困难。就我所知，有很多人，他就不敢尝试去做法官，因为他认为法官在判案的时候，万一断错了，将来怎么办？有很多人不敢去当医生，因为他怕诊断错了，人家胃没有痛，没有病，你把它割掉了，心里会安吗？雪岩有这种感觉，我们非常能够理解。他心里想，我是一个明着赚钱的人，我是一个很公正的人，我是一个讲义气的人，但是我所赚的钱都是很坦然的吗？他还是觉得有点愧疚。有些钱我赚多了，有些钱不该赚的我也赚了。虽然我还是理直气壮，但是心里头有所不安。所以他才念念不忘，要做好事，要追求好的名声。我们看到很多生意人，在做神庙的事情，在做社会慈善事业，多多少少也有这个想法。为什么说人在衙门好修行？就是说，你没有权，想做坏事也不可能。

我们觉得一个人,抱着修行的心态来做事会比较顺利,比较坦然。做生意的人,也要记住:无商不奸。无商不奸,并不是说每一个生意人都是奸商。我们是把它当作警诫的话。我是商人,千万不要做奸商,有没有类似奸商的行为呢?我自己也没有把握,所以我尽量避免。只要有机会,一定要多多做善事。能够从这个角度来看,就很容易了解雪岩现在的心情。总比那些暴发户,自己认为了不起,不但不做好事,反而做了更多的坏事要好得多吧!

(2)雪岩为什么被称为江南药王,对他的一生有什么重大的影响?

我们非常清楚,如果没有胡庆余堂,胡雪岩的一生很可能就白过了。有太多的人,虽然过了一辈子,但他没有留下任何痕迹,可以算是白走了一趟。因为跟我们老百姓没有关系,再大的官,再大的势力,再多的钱,对大家都没有什么影响力,时过境迁,统统忘光了。幸好胡雪岩有这么一个胡庆余堂,所以我们到现在还记得有胡雪岩这么一个人。大家因为胡庆余堂而想到胡雪岩,不是因为胡雪岩才想到胡庆余堂,我想这是个关键。如果他一生没有当过江南药王,一生没有创立过一个可以跟北京同仁堂相媲美的胡庆余堂。什么一品顶戴,什么蚕丝、茶叶、钱庄、当铺,做得再好都没有用。我们很庆幸,胡雪岩抓住了机会,发挥了无比的仁心,想要济世。他完全出于真心,而不是沽名钓誉。才会一直到今天,我们还知道有胡雪岩这么一个伟大的人。

(3)叶老板认为商家就是冤家,同行就是对头,这是什么道理?

商业所重视的就是竞争。所以商业竞争是无可厚非的事情。既然要竞争,跟谁竞争呢?当然现在不同的行业也开始竞争了。现在竞争的对象比较广,以前是同行竞争。所以一看到同行,就想到冤家。你要经商,就得竞争,就有冤家。因此叶老板对胡雪岩,一开始就有很大的敌意,这也是人之常情。尤其是冤家路窄的时候,那更是死对头,常常想要打垮对方。好像把他打下去你才能起来。他愈起来,对你威胁愈大。胡雪岩在很多行业的环境都有介入。但是他多半讲义气,帮助同业的人,得到一个共存。可是这次他在杭州,很显然一开始就跟叶仲德堂搞不好。当然跟叶仲德堂本身的修养有关系。可见有时候,我们很想大家和平共处,但是有人非咬住你,非跟你斗的话,也相当难以避免。各位不妨自己想象一下,如果你是雪岩的话,会怎么处理这些事情?是不是可以比他做得更为圆通一点?

(4)雪岩认为胡庆余堂的特色是什么?杨昌浚为什么也大加夸奖?

这边是饮和食德,另一边是俾寿而康。杨大人看到了这两句话,道出了养生之道，说出了和德精神，他非常赞同。我们不妨想想看，一家公司如果开口就说，我们是营利事业，不是慈善事业，赚钱第一，等等，你想想看，他有资格来经营医药这个行业吗？医药最主要是救人，当然，我们没有说它是慈善事业，但是最起码不可以标榜它是营利事业。应该是在慈善的大前提下，来赚合理的利润。这样会说得过去。胡雪岩在那么久以前就知道把此作为经营理念，拿出来作为大家共同努力的目标，把招牌打响，让人家知道我们这家药行的目标是什么。因此杨昌浚大人加以夸奖，把慈善事业和营利事业合在一起思考，胡雪岩把它叫作义利相济。一方面讲义气，另一方面讲利润，义利不一定冲突，不一定矛盾，可以做到义利相济。换句话说，要有充分的医德。

医德，医术，是做医生的人必备的两大条件。医术很高，医德不行，没有良心；医德很好，没有医术，经常把活人医死。我们一直怀疑，医药管理到底能不能完全用现代这种企业管理模式？我们今天跟医生相处，事实上有很多矛盾的地方。我们希望一次就看好，这基本上就是不对的；一次就看好，他一定用重药。他一定用那种将来吃多就没用的特效药，最后害死自己。我们希望这家医院布置得很堂皇，堂皇的钱都是我们付的。所以我觉得，我们有很多观念应该调整。不要要求一次就看好；不要要求每次看病都要吃药，因为那些都是错误的观念。什么时候我们把医院管理，把药物管理，把病人的观念都搞清楚了，我想这个行业，会很快走上轨道。

(5)为什么做药一定要采办务真，制作一定要修炼务精，而进货又必须是进全国最上等的材料呢？

我们制造一样东西，第一个关卡就是进料。如果进来的材料本身的品质就不好，怎么可能制造出优良的成品？所以胡雪岩很坚持采办务真。你是买料的，就要负责买到真材实料。买到上等的材料，才有办法制造出上等的药品，这是第一个关卡。我们常常看到很多人在买材料的时候，就只想到价钱便宜，没有注意到材质够不够规格，这会使得整个产品受到影响。所以采购材料的人，他的责任是很重大的。我们看到很多公司，一进门就有一个供应材料厂商的登记表。哪一家厂商卖给我们的材料，我们认为他是合格的，或是不合格的，都一目了然。这也是给员工一个警惕。接下去就是要制作。制作要怎么样呢？就要一路上都很认真。做充分的过程管制，才不会浪费掉好的材料。材料很好，制程乱七八糟，最后药效没有，就对不起那个采购的人。采购人凭良心,制作人也要很认真。最后我们才能保证,我们的药品,品质是优良的,医疗是有效的。我们从整个过程里面可以了解到,胡雪岩虽然没有受过现代管理的教育,但是他对进料制程,最后包装、形象、价格以及顾客服务,都注意到了,是不是很难得的一种现象?可见任何事情只要用心去想,大概可以八九不离十。胡雪岩的特征就是非常用心,他不做则已,一做就要全心投入。所以设药厂第一就是采办务真。然后是修炼务精,用心因应顾客的需求,顾客的反应,以及价格的高低,全盘都掌控了。难怪胡庆余堂这么闻名。

(6)老翁发现药品有一股刺鼻的怪味,雪岩怎样处理?

这位老翁对药品非常内行,也很敏感。这位老翁平常很注意药品质量,拿起来很自然会闻一闻,闻了以后感觉到有怪味道可是他还是收了,因为我对你们有信心。胡雪岩非常机灵,远远看到这个动作,过来就问是不是有什么问题呀?老翁讲平常没有这个味道,怎么现在有味道呢?胡雪岩马上问:这是为什么呢?人家就告诉他,因为放置的地方有味道,透进去了。这种临时找个借口抵挡一番,也是一般人常用的做法。可是雪岩不接受这种借口,他认为就算是真的,我们也不可以这样做。他交代先照顾这位老先生去住旅店。今天晚上的食宿我们公司负担,这是非常现代化的。各位搭飞机,如果临时告诉你,飞机要送修,这一班要延后。那让旅客怎么办?可以不负责任,是你们倒霉嘛,我也损失很重呀。但是旅客会服吗?不会服。我们讲简单一点,你人到了,可是发现你的行李没有送到。你可以看到每一家航空公司处理方法就不一样。有的认为你倒霉,过几天再来看看,他什么责任都不负。有的就不是,先给你一个小小的盥洗包。说你今天晚上要用的,先给你准备。你丢的东西,我们马上给你查,你住在什么地方?告诉我,我们查到了,会给你送去,这就比较负责任。

我们讲顾客至上,讲顾客服务,讲售后服务,这些观念,胡雪岩当年都已经有了。只是他把它做出来,别的厂家未必做到,如此而已。胡雪岩的一举一动都显示出是个很细心的人。但是他在决定事情的时候,是非常胆大的。可见一个人不但胆大,而且要心细,不但心细,而且要胆大。胆大心细,我们平常把它连在一起讲,好像是一回事。实际上可以拆开来看,该胆大的时候,胡雪岩比谁都胆大;该心细的时候,他是细腻得不得了。再微细的地方都骗不过他,都瞒不了胡雪岩。虎骨跟豹骨他根本不懂,他不了解,但是在这当中,他就能看出个所以然来,这是他很了不起的地方。

结 语
商道无平道，交手见输赢

一、商道无平道，交手见输赢

研究历史的人都知道，中国的商道，主要以勤俭、诚信、不欺为基本特色。范仲淹认为“不欺”二字，可以终身行之。胡雪岩则以“戒欺”二字，作为经营理念。

清末民初以来，这种基本特色逐渐动摇，以致生意人骗来骗去，几乎成为大家心目中的共同体认。

但是，我们仍然具有无比的信心。不欺的商人，才能够持续发展，成为大企业家。不诚实、没有信用的商人，很快就会被揭穿，充其量只能骗一阵子，不可能持久。所以现代化商道仍以诚信、不欺为主要原则。

商道的道字，表示商人除赚钱之外，还有他的功能。15 世纪时山西商人席铭说：“大夫苟不能立功名于世，抑岂不能树基业于家哉！”他认为，士的基业在国，求立功名于世。而商的基业在家，求传之久远。

希望家族的基业传之久远，必须使家族企业永续经营，所以一方面要求家和，家人相处以和为贵；另一方面要求诚信，长久活在社会大众的心中。

出于这样的使命，商业已经具有庄严神圣的意义。王阳明曾经指出四民异业而同道，可见商人也需要重视商道，表现出高度的敬业与自重。

家人、族亲不够用，引入学徒、伙计。一旦成为同道，即须共同遵守店规，形成一家人的关系。以厂作家，实际上是化外人为家人的一种共同合作的过程。不但要和谐，而且要诚信不欺。

然而，同业之间的自由竞争，也是不可避免的事情。胡庆余堂的创建，直接引起叶仲德堂和许广和堂的高度警觉。认为胡雪岩财大气势也大，很可能抢走客户，导致业绩的降低，甚至构成生存的威胁。

自由竞争之下，各有不同的策略，有如各出奇招。而且出招之后，市场马上有反映，可谓输赢立见。

胡庆余堂还没有开张就白送药品，许广和老板心想以后的生意怎么做？叶仲德老板更是明确表示：商家就是冤家，同行就是对头。

于是许广和堂和叶仲德堂采取联合降低价格的策略，企图以老店欺压新店的姿态，逼得胡庆余堂难以支撑。想不到胡雪岩以价二不真、真不二价来反击，弄得许、叶两位老板难以还手。

胡雪岩筹建雪记药厂的时候，基本上只制造军用药品，并不和一般药厂互相竞争。他的市场划分策略，反而引起叶仲德堂的轻视，刺激胡雪岩有本事就自己开一间药店吧！可是胡庆余堂建立起来之后，叶仲德堂又派人捣乱，始终和胡雪岩过不去。

尽管胡雪岩一直主张义利相济，以仁为本，对同行也相当讲究义气。不过商道本来就不是平道，同行竞争，一出手便分出高下，也看见输赢。

商界重和气不重骨气，在和气生财的大前提下，竞争起来还比较客气，大多来软的不来硬的，来暗的不便明目张胆，放谣言中伤而不至于公然破坏。万一和政治扯上关系，那就更为麻烦。潘五敢纵火烧胡庆余堂，如果没有丁日昌的支持，大概不敢如此心狠手辣吧！

政治人物嘴上很喜欢说双赢，实际上心中有数：不是你输，便是我输；不是你死，就是我死，哪里有什么双赢的可能？商场上还可以多赚少赚一些，而政界浮沉，加以世态炎凉，反映出来的是浮出线的门庭若市，和沉下去的门可罗雀。

经商之道，最好不要大小通吃，弄得同行后退无路，只好尽全力拼了，对自己并没有好处。市场划分，尽量走出和同行不相同的途径。大家各有所长，也都有饭吃，比较容易和平相处，达到和气生财的目的。

但是，不和别人竞争，不能保证不被同行吞食掉。所以生存有生存的策略，发展有发展的策略，进攻有进攻的做法，防御也应该有防御的做法，才能足以立于不败之地，至少保持不输不赢的局面。

二、胡雪岩大展宏图的奥秘

清朝同治三年，公元1864年，胡雪岩四十一岁那年2月，左宗棠攻打杭州大捷，雪岩返回故里，拜见高堂，是他大展宏图的开始。到了光绪四年，1878年，短短十四年间，也就是雪岩五十五岁，在左大人精心保举下，被晋为一品顶戴，破格奖赏穿黄马褂，成为显赫一时的红顶商人。这一时期，雪岩到底凭借哪些优势，得以快速而顺利地大展宏图？我们列举三个主要的项目，说明如下：

第一，抓住市场的需求，既精又准。

到了北京，胡雪岩意外地晋见西太后，并且获得江苏、江西、福建和浙江四省的税收代理权，立刻想起应该在北京设立钱庄。而且规矩定得特别严格，三回、三清、三不收以适应北京特殊的复杂关系。

雪岩自己说得很明白：看准风向，定能赚大钱！

他交代成祥，要小心听朝里的反映，观朝外的动静，也就是用心收集和分析市场情报，以便及时抓住市场的变化，切合市场的需求。雪岩在这方面的眼光确实既精又准。

第二，掌握高明的策略，主动出击。

杭州战役之前，雪岩一心一意求生存。他采取"有奶便是娘"的策略，谁按着咱们的脑袋，咱们就听谁的。杭州之战，雪岩明了商无官不安，官无商不富的道理。有了左大人这棵大树做靠山，生存不成问题。于是，他摒弃任老板那种平庸商人所使用的平庸策略，只知道鸡生蛋，蛋生鸡，以求愈滚愈大。他改采高明的策略，主动出击。

常捷军的建立，使雪岩增强了信心。不必等待左大人的吩咐，自己看准了，可以别出心裁，做出让左大人另眼相看的作为。

忽然接到进京的命令，雪岩以为李鸿章那班人动不了左宗棠，要拿他开刀，当作替罪羔羊。雪岩毫不犹豫，决定"如遇不测，弃财保家"的策略，也是一种主动应变的方式。

最成功的，当然是筹建胡庆余堂的策略。要找好的药工，给予丰厚的待遇，炼制出好的精品。而且要救命不救寿，多做一些大众需要的药品，这才使胡庆余堂得以和北京同仁堂媲美,而成为江南第一药店。

第三,善用灵活的手腕,机动调整。

芮瑾送雪岩一把小象牙算盘,成祥说它挺精巧的,雪岩则感慨地说:再精巧的算盘也有打错的时候。

眼光再精准,策略再高明,也可能出差错。这时候需要灵活的手腕,随时机动调整,李鸿章拿这张官票买了什么古董,说不定进一步可以抓住送给什么人的信息。雪岩的表现简直和情报人员一样的小心而且细心。

把名妓胡宝玉请出来帮忙贷款,也证明胡雪岩的手腕很不简单。将梦瑾从一个穷苦小女孩,训练成干练可靠的帮手,更是不容易。

精准的眼光,高明的策略,加上灵活的手腕,使胡雪岩充分掌握钱、典、丝、茶、烟五大行业,同时顺利地进入药业和房地产、军火业,宏图大展的奥秘,尽在于此。

艰难守成：

从商为富且仁，方是赚钱的根本

一、坚持诚信原则

诚信是中国人为人处世的基本原则。不幸的是现代中国社会，由于近百年来被误导、被扭曲，以致愈来愈多的人，相信巧取豪夺，讲求推诿取巧，并且时常骗来骗去。似乎不诚不信，才是时髦；诚恳信实，必然吃亏。

其实，中国人的商道是以诚信为原则，讲究童叟无欺，不使用不正当手段来赚钱。在大家都不相信此道的时代，若能坚持诚信原则，反而显得突出，获得意想不到的好处。胡雪岩之所以能够大展宏图，主要在于赚在明处，一本诚信，深得大家的信任。

不二价不是一种政策，不应该由政府来倡导。它是商家自己以实力创造出来的形象，必须由商家自己来塑造。能够获得大众的信任和支持，自然顺理成章，再无疑虑。

重点提示：价二不真所以真不二价

雪岩要阿大把“真不二价”反过来念，成为“价二不真”。他说：“比着压价，只是权宜之计。比着降价的同时，就是比着降质。”药的品质降低，药效便跟着打折扣。要大家向顾客说明“真正的好药真不二价”，因为“价二不真”，降价的药品，不是好药。

要做到真不二价，并不是定下规矩，不得讨价还价，或者标榜不二价商店，一切照定价，就行得通的。

真不二价，必须具有良好的企业形象，做出真正值得顾客信赖的产品。经过顾客的试用、实证，传出良好的口碑之后，才能够为顾客接受，而贯彻施行。

常见不二价商店，照常讨价还价。这不表示中国人特别喜欢此道，也不表示中国人不接受不二价政策。而是中国人通常只相信自己证实过的事实,讨价还价没有结果,这一次也许会恼羞成怒,下一次就会认定是真的,加上品质好,效果好,不买可惜,非买不可,谁还会不相信真不二价呢?

个案简介

雪岩听说由于虎骨难得,余修初决定以豹骨来代替,气得全身发抖,马上叫孙永康到账房结账,离开胡庆余堂,并且叫余修初到耕心草堂,先训他一顿,再要所有员工聚集到后院,由余修初率领着,跪在那里赎罪。

他又亲手写了训示,要余修初高声念出来:戒欺。凡百贸易,均着不得欺字。药业关系性命,尤为万不可欺。余存心济世,誓不以劣品以取厚利。唯愿诸君心余之心,采办务真,修制务精,不至欺福。冥冥为诸君之善,特余谋也。可为诸君之善,自为谋也亦可。

余修初念毕,五体伏地请求卸职还乡,无颜再为药业。雪岩欣赏他不推卸责任的态度,请他留下,把这一店规立起来,让它代代传下去。

雪岩吩咐把这些不合格的药品公开烧毁。烧得指出药品有怪味的老人十分感动,终于相信世上还是有这样有良心的商人。烧了这些药,雪岩心里踏实,大家也可以引以为戒。

刘典负责运送药品到新疆去,他年纪大了,经不起劳累,病得很厉害。左大人说有现成的药为什么不吃?刘典说要留给比他年纪轻的士兵吃,才能够为国打仗。左大人无言以对,刘典还拿出放在怀里的沾了血的《申报》,上面写着胡庆余堂新张淞沪,西征名药义赠千家的新闻。左大人看了十分欣慰,连连叫好。把申报递到刘典眼前,怎知刘典已经再也睁不开眼了。

丁日昌请唐廷枢吃饭,要好好想办法来扯雪岩的后腿。唐廷枢提醒丁日昌,雪岩是当朝一品,背后还有左大人支撑。丁日昌说左大人再行,也要在洋务上败在李大人手下。他要唐廷枢合力坏雪岩的生意。唐廷枢依然不肯,告辞离去。丁日昌只好找潘五,设法找同行打击雪岩。

余修初报告许广和堂和叶仲德堂联合降价,影响到胡庆余堂的收入。雪岩要余修初把真不二价反过来念,变成价二不真。雪岩说真正好药品买不二价,告诉顾客价二不真,这是做生意的金门之道。

潘五找到徐润之,到杭州和许老板商量共同对付雪岩。许老板不敢,建议找叶老板,叶老板私自找人到雪岩店中,大声诬告:什么全鹿丸全是假的。

伙计愈劝阻这人闹得愈凶。雪岩亲自出面,才把来人吓住。

雪岩认为谁敢怀疑胡庆余堂,我就做给他看。交代余修初在杭州开养鹿场,要公开杀鹿,以昭公信。

问题与解答

(1)雪岩为什么叫余阿大到耕心草堂来见他?

雪岩对药厂费尽心思,一心想要把它办好。想不到发生这种用豹骨取代虎骨的事情,使他非常痛心。他当场把阿二辞退,表示绝不改变立场的决心。雪岩不是说不能够辞退人吗?怎么他自己也这么狠心,说翻脸就翻脸,把阿二辞退了呢?我想我们中国人,一方面说如兄如弟,大家是一家人;另一方面说要壮士断腕,当机立断。可见这又是两把刷子,这个人可以收容的时候,你没有理由叫他走;这个人如果不能用,就要及时挥刀把他砍掉以免后患无穷,要当机立断,叫他走人。因为这种事情是属于不可原谅的。他也知道这件事情是阿大做的决定,所以把阿大叫到耕心草堂去。雪岩自己写上两个字:戒欺。戒欺这两个字,一直流传到现在。就是说要从事药业,就要凭良心,不可以欺骗顾客。然后他把戒欺的原因,都写得清清楚楚,要阿大来念。这也是雪岩一种十分高明的作风,因为叫他自己念,念的人自己会惭愧,产生很深刻的印象。余阿大是总管,雪岩一定要找他。找他不是给他难堪,不是骂他,不是处罚他,而是要他把这个规定念出来。念完以后,你真能够做到,那么你还是总管。雪岩这样做,叫作机会教育。为什么对于有的人要采取机会教育,有的人要杀一儆百呢?我想这也是一种不同的拿捏。如果对每一个人都采取机会教育,威力就没有了。如果每一个人都不行就辞退的话,这个药店也办不下去了。所以他两边兼顾,最主要的目的就是要告诉大家,客户是我们的衣食父母,我们没有理由欺骗他们。只要能够把这个精神贯彻下去,这一次用豹骨来代替虎骨就是最珍贵的经验。

(2)雪岩为什么拿东西叫余阿大照着念,这样做有什么作用?

我们之所以又把这个论点凸显出来。就是因为根据我们的了解,大部分的老板都不会这样做。他们都会把余阿大叫来,好好训斥他们一番,叫他们要反省。结果呢,答复都是好好好、没有问题,然后又忘得一干二净。可见那种方法,叫作片面的沟通、片面的宣导、片面的指示,经常是没有效果的。雪岩比较懂得教育心理,所以他写完了以后叫阿大自己念。

人对别人的交代只是应付应付。可是人对自己的承诺会坚持到底。我想他就是利用这种心理来收到更好的效果。一句话,别人讲,那是你的事,我听多少算多少。可是我讲呢,我会记得很清楚,因为这是我自己讲的嘛。所以当老板的人,千万要记住,你讲一百遍,部属都可能当耳边风。你让他讲,他讲出来的话,经常会算数。一个人,对自己讲出来的话都不敢掉以轻心。对别人的话,可能是听了跟没有听一样。这一点,雪岩是抓得很准的。所以他都很少训话,很少自己讲一大堆道理,他都是叫当事人来讲讲看。对方一开口,他就知道用心的程度。到底是嘴巴念得好听的,还是发自内心的,他一看就很清楚。像余阿大这样的人,肯定会深深后悔,感觉自己有这么好的机会,居然大意,差点丢掉饭碗。他会非常谨慎,把它当作一回事。今天既然有我余阿大说出来的话,就代表我的承诺,我一定全力以赴。只要做到这一点,胡庆余堂的前途,一定非常光明。

(3)余阿大为什么说,烧了这些药,大家才可以引以为戒?

我想这种事情,我们现在也常常在做。把仿冒的东西拿来销毁,把有毒的东西公开毁掉。这样,可以使大家引以为戒。以后不要再做这些事情了。胡雪岩认为我们要取信于公家,要使大家亲眼看到,才会相信。你今天说,我已经改善了,大家还是存疑。你以前那批货还不是要卖光为止?说不定还在卖存货?大家一观望,对胡庆余堂就没有信心了。所以他下达命令,公开把这些不良品烧掉。而我们的人才会把它当作一种警诫。

(4)左宗棠为什么赞美刘典?又为什么颂扬胡庆余堂?

一般人都有一种监守自盗的毛病,自己运送药品,自己有病,当然优先吃。就算没有病,也会留一些送给亲戚朋友,或者以后万一自己要用的时候才有药吃啊。刘典刚好相反,他自己运送药品,可是自己生病了,都舍不得吃。左宗棠问他,满车都是药品,为什么不拿出来吃?他说我年纪这么大了,吃药有什么用?

那些小伙子才应该吃,他们有更长的时间去报效国家,这种心态很令人感动。刘典是累死的,他自己有病舍不得吃药。并不是他不懂,而是他比较之下,觉得好不容易得到这个药,要让给最有用的人。这种精神,实在令人钦佩。

同样一个东西,要给最需要的人来用,这是很重要的原则。左宗棠听了刘典的话,有不同的看法。他认为虽然年纪很大,但是你的功劳绝对不输于年轻人。这两个人看法不同,却都很值得我们钦佩。刘典又把上海的《申报》,有关胡雪岩的报道带来给左宗棠看。因为他觉得左宗棠推荐胡雪岩,让他有这么高的荣誉,现在报纸登了他的善人善事,当然也应该让左大人分享这种快乐。左大人看了以后,感觉很欣慰。自己推荐的人,终有一天,人家会了解,会认定。

(5)唐廷枢为什么不答应丁日昌再坏胡雪岩的生意?丁日昌为什么还要一而再地找雪岩的麻烦?

我们都知道,官有忠也有奸。商人里面,有好人也有坏人。不一定每个人都是奸商。买办也是一样,那个时候买办有很多很多是叫人非常痛恨的,像唐廷枢这样的人,还算是相当有良心的。有时候,他为了职务上的关系,不得不做出一些自己不想做的事情。但是事后想一想,会觉得这种事情再做下去,实在没有意思。可见他还是个好人。唐廷枢认为在茶叶上,已经坏过雪岩一次生意。雪岩还抵挡得住,并没有垮掉,自己也赔上一些,现在还要我来做,我不干了。一个人适可而止,这个人还是有气节的。如果一路下去的话,那就是什么?就是为五斗米折腰,完全没有人格。可是丁日昌不一样,因为他是李鸿章的死党。只要李鸿章存在一天,他就完全靠向李鸿章这一边。按理像胡雪岩这样的人,你整他一次两次,良心自然会发现,整这种人干什么?可是丁日昌没有,他死咬到底,非把你咬垮不可。当然我们也谅解他,因为他受气太多。李鸿章几次当他面前说雪岩怎么怎么好,当面给他难堪。这股恨,恐怕是难消的。

(6)真不二价和价二不真有什么关系?为什么雪岩称它为做生意的金门大道?

我们常常觉得,中国字要竖写,是有它的道理的。一直到现在,只要是讲中国人的道理,大家都比较喜欢竖写。因为竖写,有一个层次性在里面,比较容易了解。横写呢,用在理工方面的东西,大家比较容易接受。因为理工反正是科学,没有什么层次性。横写,往往从左至右,跟从右至左,会产生不同的意义。你看明明是讲本日大卖出,可是反过来读,就变成出卖大日本。日本人也懂得汉字，觉得我们开他们玩笑，出卖大日本干吗？而且还写得那么大。我们没有这个意思，我们只是本日大卖出，为什么不可以？这种笑话是很多的。雪岩听到真不二价，马上就想到价二不真。这倒是他独到的体会，余阿大就没有想到。后来雪岩叫他倒过来读读看，他读了半天，才发现价二不真。凡是能够有不同价格的，大多是偷工减料。不然为什么要降价呢？

雪岩认为可以降低成本来降低价格，但是不可以降低价格来竞争。用降低成本来降低价格是可以的，没有降低成本，你就降低价格，最后一定是降低品质，那就不是好事情了。雪岩把这个分得很清楚，也是非常难得的。现在大家都在降低成本，可是千万不要在成本没有降下来之前，就采取价格竞争的策略。因为拼到最后，通常都是同归于尽的。

(7)许老板为什么不敢同雪岩斗？后来却又建议、鼓动叶老板去斗雪岩？

如果按照中国人的观点来看，我们会觉得这样的发展是很正常的。当丁日昌的部下来到杭州，他首先去找许老板。许老板听说要斗雪岩，根本就是一副拒绝的样子。因为他认为雪岩财大气粗，我凭什么跟他斗？可是中国人还有另一种想法，就是说我如果不跟他斗，我就得罪你。我两边总要得罪一边，我干吗自找麻烦？不过我可以给你介绍一个人，他是武举出身，谁都不怕，就两边摆平了。

我们常常觉得，到底是谁上谁的当啊，实在很难讲。因为你逼人家的嘛，你凭什么去求叶老板出面？你凭什么吗？你既然要他出面，他推给别人，要不要接受？你自己要决定。这样来思考，是比较正确的。因为叶老板看到多少人同雪岩斗，只是斗不过他嘛。而且他常常会照顾同行，让同行也可以生存，这种人你还跟他斗什么呢？可是既然你出面了，我就给你一条路，至于走不走得通？反正看着办了。叶老板为什么会被人家当作目标？这也是叶老板自己要负责任的。为什么人家想要谁的时候，就想到这个人呢？也是这个人自己做出来的。我们从这样不同的观点，来了解一件事情。就会觉得本来就很自然，一点没有唐突所在。

(8)余修初为什么说不过顾客？顾客为什么一定要当面给雪岩难堪？

这个人是谁？他就是叶仲德堂派来的人，他是有使命的，要来闹这个局面，要来给胡雪岩难堪，所以才会采取这种态度。他恨不得所有的人都围过来，看他演出这个闹剧。尽管余阿大怎么跟他讲道理，他就是不听。你叫我看，我不看，看也看不懂。我就认定你这根本就是伪药，就是劣品。他本来就抱着要来吵闹的态度,当然不讲理。幸好胡雪岩出来,一个人的架势,跟他的声望有直接的关系。余阿大怎么讲都讲不过他。但是雪岩一出来,那个伙计就有点胆怯。就说好啦,既然老板出面,那就好说。因此雪岩才有办法,说出他心中的意愿。就是说办不好的话,我把它烧掉。再搞不好,我把整个招牌砸掉。这也是给所有在场的员工加强信心。我有决心,大家不要怕。一个人存心找碴儿的时候,他是有备而来的。一个人很有成就的时候要小心,随时有人要来找碴儿。从两方面来想,我们就知道以后该怎样面对这样的挑战。没有人喜欢看你这样顺利,总有人因为种种的关系,要来找你的麻烦。如果连这个都没有防备,连这个都不能够因应的话,那苦恼是不断的。

(9)雪岩为什么忽然想到,要在杭州养鹿?还要公开杀鹿?

这件事情,就是由叶仲德堂的伙计所引起的。因为他到胡庆余堂,马上说你们这是什么全鹿丸?里面连一点鹿的东西都没有。雪岩经过这样的刺激,他就想到公开在杭州杀鹿。公开表明这个鹿的材料,就是要做全鹿丸的,那你们就没话讲了吧?但是余阿大告诉他,鹿一向都养在关外。我们在关外买鹿的材料进来,在这里制造药品。雪岩反应非常快,他说那我们就在这里养鹿好了。从来没有人在杭州养鹿的,雪岩就开始在杭州养鹿。养过一阵子,就公开杀鹿。大家看到以后,自然传出去,就没有话讲了。雪岩很懂得中国人心理,你怀疑我没有老虎的东西,我就公开杀虎。你怀疑我这个是代替品,不是真的鹿,我就公开杀鹿。你还有什么话讲?没有鹿自己养。他不会因为任何困难就退却,这是我们应该学习的地方。有什么困难,我们去解决;有什么困难,我们去排除。最后的目标,是一定要达成的。这是雪岩一贯的作风,也是一种广告。

花多少钱来做广告,还不如用这种方式来证明,公信力更强。中国人为什么敲锣打鼓?鼓的声音是最有吸引力的,再远,听到敲鼓的声音,你都会慢慢接近。想去看看到底怎么回事!可见中国人敲锣打鼓是作为一种力量,把人从远处吸引来。把大家聚集起来,广告力才会强。就好像今天我们所讲的,收视率要高。如果就这么几个人看到,没有什么收视率,怎么做广告呢?可见雪岩当时的所作所为,好像都是想到什么就做什么,其实不是的。他都是根据需求,来做实际的反应。任何事情,只有需求就给他一种反应,这才叫作市场原理。市场需要什么,我就做什么。顾客怀疑什么,我就证明什么。广告要做给很多人看,所以我会想办法,把它公开化、大众化。同时,可以解除大家的怀疑,这是非常有效的一种方式。

二、同行恶性竞争

虽然说不竞争无以进步，但是真正竞争起来，却很难做到光明正大。往往不择手段，形成恶性竞争。

政界的派系斗争，使得同样为朝廷效忠的李鸿章却尽力要打垮左宗棠。丁日昌更是以“倒胡”为目的，想尽办法，要制造问题，让胡雪岩好看。

商界竞争，当然以同行最为激烈。胡庆余堂的建立，由于规模庞大、资金充裕、人才济济、宣传得宜，加上不计工本，使得同行倍感压力。丁日昌派潘五前来杭州，鼓动叶仲德堂和许广和堂这两家药店，以联合降低价格来迫使胡庆余堂降价不成之后，又以造谣中伤的手段，诬指胡庆余堂制卖假药。凡此种种，都是恶性竞争所带来的不良行为，导致同行不和，有时也会损及顾客的权益。

重点提示：降低成本 VS 降价竞争

降低成本是一种好方法，它并不影响品质，不致减损疗效。对健康、安全没有损害，却能够降低价格，减少顾客的负担，这才是正常的做法。

成本降低，出售的价格跟着降低，这是凭良心的经营方式。偷工减料，以低劣的药品来鱼目混珠，用低廉的价格来欺骗顾客，那是没有良心的勾当。

一般人不动脑筋，只知道采取价格竞争的方式，你降价我跟着降低价格，你便宜我卖得比你更加便宜。结果呢？两败俱伤，大家都宣布倒闭。对顾客损失更大，因为买不到所需要的东西。就算不倒闭，一味降低品质，受害的也是顾客。顾客只能用劣等货，受苦、受难、受气。

个案简介

许老板看到雪岩真的公开杀鹿,知道斗不过,劝叶老板不要再做这种吃力不讨好,又不自量力的事情。

叶老板认为胡庆余堂的地点不如自己的好。许老板规劝无效,拍拍屁股走了。叶老板不解,说不出话来。

雪岩到灵隐寺烧香拜佛,希望佛祖原谅他的杀生行为,保佑胡庆余堂救人治病。智仁师父说胡施主果然是务实之人,告诉雪岩无心病即无身病,无外患亦无内患,自家人尚不能治,何以服人?雪岩赶紧要求指点迷津,师父在案上留下一包灵物就走开了。

回到胡庆余堂,阿大说灵物称为铜石龙子,是天竺山灵隐寺的神虫,可以用来制造避瘟丹。雪岩急于治理梦瑾的病,决定隔天就带人到灵隐寺捕拿备用。

芮瑾也一起来帮忙捕捉铜石龙子,刚好和智仁师父分成一组。智仁说芮瑾又帮了雪岩一个大忙,芮瑾则说不是帮雪岩,是帮自己,说当初是自己把雪岩逼出杭州,才有他今天突然暴富。变富了也变心了,希望梦瑾早一天痊愈,可以骂个痛快。

其实她的心里,仍然惦记着雪岩。不想看他烦忧的样子,才这样帮他的。

问题与解答

(1)许老板为什么劝叶老板不要再惹雪岩?叶老板会接受他的劝告吗?

表面上看起来,许老板三番两次的劝叶老板不要斗了,不要斗了。但是我们往深一层想,发现他好像不断在挑起叶老板和雪岩之间的斗争。我们常常觉得一个人到底是好意还是恶意?是在激你还是在劝你?实在讲,不用心去分辨,很难搞得清楚。许老板属于文身,叶老板属于武身。许老板觉得我来斗不如你去斗,因为你比较勇敢,比较有力气,你去斗当然比我有胜算。他也不见得是恶意,他也没有想把叶老板害死的想法。只不过我们两个在一起,当然你出面去斗。因此我表面上是劝你,实际上是激你。

看人不要看表面,好像他是和事佬。可是和事佬有时候也会趁机打你一下,你才看出原来他是假的。表面上充和事佬,事实上他偏向那一边。这种情形,我们经常可以看到。叶老板始终没有放过雪岩,一方面是他的个性,另一方面是利害关系,还有一方面也是因为许老板不断在旁边冷言冷语。当然从地利来讲,许老板和叶老板占尽了便宜。四面八方来的人,一到码头,一上岸,就到了这两家药铺。胡雪岩的胡庆余堂位置比较偏僻。但是人很奇怪,宁可走远一点,宁可偏僻一点,也要到胡庆余堂来买药。你又有什么办法?可见地利只是一种因素而已。地点好,铺面大,招牌老,这些都是很重要的因素,但是不能代表全部。最后的决胜点,还是在于哪一种药有效,这才是最要紧的。所以品质的观念,实际上讲是非常重要的。如果品质不好,光做表面工作,最终是不持久的。

(2)雪岩为什么求佛保佑胡庆余堂?智仁师父的看法如何?

我们回想一下,雪岩第一次把钱借到的时候,他面对一大堆银票下跪,感谢苍天的保佑。一个人当然要相信自己,可是如果有神佛保佑的话,那不是更愉快吗?我们中国人是靠自己,我们不会把自己的命运完全交给神佛。但是我们会假借神佛的力量来增强自己的信心。什么叫作命?我们把无可奈何叫作命。就是当一个人感觉到山穷水尽,而又无可奈何的时候,当然要求助于命运。雪岩心中之痛,就是梦瑾的病治不好,还算什么江南药王呢?这使他一筹莫展。这种情况之下,他心里想,靠我是靠不住的;靠这些药业的同业是靠不住的;靠胡庆余堂里面的人,好像也靠不住。唯一的一条路就是求神拜佛。求神拜佛,并不是求神佛给我什么东西,而是希望靠神佛的力量,看看自己能不能突然间想出什么好办法来!果然不错,智仁师父也知道雪岩这番心意,告诉他:自家人都不能治好的话,是没有办法去说服别人的。意思就是说,你要加强信心,加强研究发展,精益求精。除此之外,没有好的办法。可见我们求神拜佛,请教别人,只有一个目的:就是证明自己的想法是对的。同时借由大家的力量,来激发自己的潜力,加强自己的责任感,使自己更加勇往直前。而不是说我没有办法啦,把一切都交给神佛,我想很少人是那样子的。

我们不希望大家从表面来看中国人,好像一切都是仰赖神佛,我相信很少人是这样子的。大家都知道天助自助者,神佛是保佑那些自己不断努力的人的。

(3)老德宝为什么把他的儿子带到胡庆余堂？为什么说做什么都行，不给钱也行？

我们可以看到，这个老先生，就是说虎骨里面有怪味的那位顾客。而他的儿子，就是被胡雪岩辞退的那个阿二。胡雪岩把他辞退，是因为他采购不真。可是这个时候，他的父亲又把他带来。老先生想不到有这么好的生意人，他的儿子好不容易在胡庆余堂工作而又被开革掉，因此他以做爸爸的身份来担保，向雪岩表达一种愿望，一种心意，就是说一个人在一生当中，好不容易碰到好老板，就一定要做好，哪怕不要一分钱。这种决心，令雪岩很感动。雪岩认为，是因为你错了，我才叫你走。现在你愿意来，我再给你一次机会。至于你进来以后，照样会训练你，会给你责任，会给你应有的待遇，这才是企业家本色。老先生非常诚恳地说，我这个儿子学什么最重要？学做人做事最重要。他能够跟你，只要学到你的一半儿，你的三分之一，你的十分之一，我就心满意足了。

三、不慎中了圈套

自从雪岩、成祥和则云三位合作创业以来，则云就负责钱柜的工作。企业规模庞大之后，雪岩把支撑整个集团的阜康总号交给则云掌管。有关财务的调度和处理，则云不但内行，而且十分谨慎，堪称稳当可靠。

不料，雪岩盖了豪华的家宅。成祥以及北京徐掌柜、宁波刘掌柜等人也都先后盖了新宅。只有则云仍旧住在阜康钱庄的大院里，他经不起妻子不停地抱怨，心有不平。把德国泰莱洋行的回扣收了下来，一下子掉进了丁日昌的圈套。从此三人之间的交情产生很大的变化。尽管则云认为自己受委屈，是逼得他拿这种黑钱的原因。成祥知道不在乎损失多少银子，而是人心已变，才觉得可怕。则云有如关羽当年大意失荆州。似乎历史常常重演，不过略有不同而已。

重点提示：为商不仁终将坑人害己

胡庆余堂刚开张的时候，也曾免费赠送药品。但是那种做法，无非为了广告宣传，算不得善举。想到这里，立即告诉余阿大。从今天开始，避瘟丹、紫雪丹分文不取，连续赠送三天。余修初想不通东家为什么要这样做，劝阻说：这药本来成本就高，价格又定得那么低，现在又要免费奉送，怎么承受得了？

成祥到达上海，东打西听，想弄清楚则云为什么如此这般地处理那笔茶叶生意。

则云终于向成祥坦承自己中了人家的圈套，要求成祥不要在雪岩面前提及此事。但是成祥知道雪岩对这件事已经产生怀疑，所以不敢答应则云，要则云自己看着办。

成祥虽然没有答应则云，不过出于兄弟的感情，当雪岩来到上海的时候，他还是推三阻四,没有把调查的实情向雪岩报告。成祥这种双方面兼顾的方式,很合乎情理的要领,可以说合情合理。

看到成祥的样子,雪岩已经心中有数。不用成祥细细说明,也已经料想到七八分。

由于则云看到事情马上要败露,就赶紧找到唐廷枢求助。唐廷枢却感叹地说:文人无行,还可以嬉笑怒骂皆成文章。可惜为商不仁,终归会坑人害己。作茧自缚,终将不能自拔。则云听了,才知道一时大意收受了回扣,已经逼得自己走投无路。顿时愧疚、悔恨,同时涌现在心头。他哪里知道,害己并不是最主要的,连带把整个胡氏集团都拉下了水,才最让人痛心。

经商生涯,难免有偏离正道的行为。一有机会,就要做善事,无非是一种以善补过的行为。用实际的行动,来补救自己的过错,比懊恼、悔恨要有效得多。

个案简介

几天后,余修初报告好消息,英国怡和洋行要买胡庆余堂的十大名药。雪岩听了,下令一律不卖。余修初想不透其中的奥妙,雪岩却执意不卖。

雪岩要去上海,胡妻和玉惠都忙着为他收拾衣物。玉惠对上海比较熟悉,故意在胡妻面前卖弄,交代阿宝怎样找到雪岩所需的衣物。胡妻则说老爷一走,这里里外外还不都得她操心。后来觉得说不过玉惠,只好说:不就是个戏子嘛!

梦瑾负气出走,在路上换成男装,千辛万苦才抵达上海。她找到阜康钱庄,要求柳成祥不管什么行业,调出一件交给她操作,让她能够施展所能。成祥不敢做主,只能给她一些银票支用,气得梦瑾哭了起来。成祥说雪岩最恨明人做暗事,要梦瑾死了这条心。

则云设宴为成祥接风,抱怨成祥到上海这几天东打听西打听。为了那笔茶叶生意,怀疑则云,为什么不当面问呢?他向成祥坦承他吃了五万两回扣,边说边将五万两的银票丢在桌上,说是被逼的,又怨责雪岩从来没有把他当回事儿。在雪岩眼中,他不过是一个跑腿的伙计。

问题与解答

(1)玉惠说五太太一走,是给你们胡家大院丢脸,胡妻却认为这些没有走的姨太太好像更丢脸,这是什么道理?

我们不妨想想看,到底是了解别人比较困难,还是了解自己比较困难?很多人都认为,了解自己最容易,我还不知道我自己吗?要了解别人,好像很困难,其实不是这样。了解别人比了解自己容易。玉惠说,五太太一走,我们就没有事了。她总认为她是很讲理的,只有梦瑾不讲理。装病、吵闹,但是在胡妻的眼光当中,完全不一样。这就说明,每一个人的立场不同,标准不同,心态不一样,所以看法也不相同。如果是这样的多元化,我们认为是很好的多元化。只不过我们现在很不幸,我们的多元化根本是纷杂化。有些人是日本人的想法,有些人是德国人的想法,有些人又是美国人的想法,而心里头又是我们中国人的想法。我想,这样才是乱糟糟的根本原因。

一家公司里面,如果大家有共识,形成一个企业文化。然后再来见仁见智,经理有经理的看法,课长有课长的看法,我觉得这个无所谓,而且很好,这样才能集思广益。可是一家公司根本没有共识,每个人的想法都不一样,这就叫作乱七八糟,不叫作多元化。课长想的是日本人的想法,经理想的是中国人的想法,而总经理呢,最后用美国人的方法来做结论,谁会服气?我们说大同小异,必须先要有大同,然后再来做不同的主张。根本是不能乱的,枝枝节节的东西每个人看法不一样,这是合理的。现在我们看这个大院里面就是没有共识。中国人有一句话,我们特别要说一下:叫作马不知脸长。每个人还是自己多多反省比较好一些。

(2)胡母骂梦瑾上不敬老人,下不睦姊妹,有什么话讲?玉惠、胡母、胡妻都承担起叫梦瑾走的责任,还能怎么办?

我们都看得很清楚,大太太明明说有事我扛着。可是等到雪岩说,谁看见了?她却闷声不吭气。她是欺骗吗?不是。她不是这样的人,她是在等时机。你看,她等到雪岩的妈妈出来以后就开始承认:我看到了。因为她有靠山,雪岩这个时候想打她也不敢打。中国人厉害就在这里,如果一开始就说:是我。一巴掌就打过去了,那不是倒霉吗?你再看玉惠小姐,她也不马上承认,先用眼睛看看大太太,雪岩心里就清楚了。根本就在暗示是她看到的。但是她承认了,大太太也拿她无可奈何。后来胡母出来,干脆承认是我叫她走的,看你能把我怎么样?胡母一承认,马上大太太就承认了。玉惠趁机讲一些话,然后哭得好像很委屈的样子。这些行为都是我们中国人所谓的扮演不同的角色,让雪岩无可奈何。雪岩再能干,也知道清官难断家务事。可这么多人,竟没有一个替梦瑾讲话的人,雪岩就没办法了,他不能因为一个人而得罪所有人。所以大家是怎么想的,应该都摸得很清楚,这个人才有资格来谈领导。否则光听人家的话,人家话讲得很好听,甚至可以骗你。领导要看一个人内心的变化,而不是光听他的话,或者看他的表情。那样很表面,而且很危险。

(3)为什么要向外撒钱心里才痛快?送药三天,分文不取的策略是怎么产生的?

我们很容易了解,而且也有很多人跟雪岩的看法一样。认为有了钱,什么问题都解决了。有了钱,家人就相处得很愉快,从此过着幸福快乐的日子。但是现在呢,雪岩觉得很奇怪,好像不是这么回事,简直越来越糟。他感觉到,钱没有用,钱有什么用?辛辛苦苦赚来的钱,给谁,谁都不领情。一般人总认为:像雪岩这样丢钱就叫花钱。这不叫花钱啊,药送给人家有什么用?他没有这个病,把这些药拿回去干吗?雪岩如果从这个角度来看,便知道他这样做,并不是懂得花钱。但是就他的修养,他只能这样。用不客气的话说,叫作发泄。发泄不是解决问题的方法。但是雪岩实在无可奈何,一个大老爷,受这么大的挫折,一筹莫展。只好撒钱,把钱往外撒,这纯粹是发泄嘛!

(4)英国怡和洋行为什么要买雪岩的十大名药?雪岩为什么不卖?

年轻人看到顾客上门,心里都很高兴。认为有人来买东西,很好。但是年纪大一点儿的人就知道心存怀疑,抱着不一定的心情。顾客的花样很多,有的来买东西,不要发票;有的光买发票,不要东西。这里面的机关太多了。也许他是认为雪岩的药好,想卖给外国人,也许他是想买一点儿回去,掺入一些假药,来制造问题,把雪岩搞垮。也可能把药买来,然后用很便宜的价钱卖出去,在价格上给你搞乱。他们有很多事情可以做,所以雪岩听到怡和商行居然要买他的药,脑筋就开始转了,这是好主意呢,还是坏主意?所以他说我不卖。最起码有一段时间可以想一想,可以知道会产生什么反应?

再来决定后面的策略。如果开口说卖，就没有这些对自己有利的因素——可以给自己比较长的时间，来思索和了解对方的企图。雪岩这种反应是中国人很典型的作风，先说不，然后才说好。干吗不先说好呢？一说好就完了。说不，中国人常常讲不要啦，不要啦，最后才决定要。这个过程对自己非常有利。雪岩心里想，怡和商行是不是不怀好意。西方人不太吃中国人的药，干吗买我的药？而且指定要名药，他这种警觉性值得我们学习。而且他现在说我不卖，不卖，看看他们反应怎么样，再做后续的思考，这是一个决策者很重要的一种做法。可惜现在很多人都先说好，然后再来想，弄得连思考的时间都没有。

建议各位把这两种模式稍微比较一下：先说不卖，如果对方不要就不要，你就会知道，他可能没有什么恶意；如果你说不卖，他越认真想尽办法要，这个就危险了。这样才知道对方的企图到底是什么？如果你说要，根本就是无条件投降。会做生意的人，客户的要求不能马上拒绝，也不能马上接受。但是今天不是客户，今天是采购员跟你讲，所以你讲不要。我们觉得老板常常往否定的一面去走，我们真的不了解老板打的是什么主意。他是对比了自己的胜算占多大之后才这样做的。采购员如果过分要求，我们就开始怀疑，是不是跟客户勾结在一起想骗我？这样的话，采购员拿你真的没有办法。很多老板都埋怨上当了，其实是自己的警觉性不够。

(5)胡妻和玉惠争着说自己的事情忙碌，这是为什么？胡妻为什么说玉惠不就是个戏子吗？

中国人听话，很少听他说什么，因为说什么其实没有什么关系。会听话的人，都是听他怎么说，怎么说比较重要。这两个人讲话的内容不重要。但这两个人只有一个目的，就是想气对方。把对方激怒，目的就达到了。研究他讲些什么，那是浪费时间。你看我们在餐馆里面，如果听到有些人讲话声音非常高，你就知道他的目的不是在讲什么，只是在引起你的注意。你看我这么有钱，妆化得这么亮丽，穿得这么漂亮，你看到了没有？只是表达这些信息而已。讲什么话，完全没有关系。会听话的人，不要去听人家这些话的内容。其实玉惠的目的就是要气胡妻。胡妻则表示我看不起你，你能把我怎么样？你不过是个戏子嘛！我们也不能说胡妻是对或是不对，有的人对戏子很尊重，有的人对戏子不尊重。这是见仁见智，我们不置评。

(6)梦瑾为什么要求成祥不管哪行哪业,调出一个交给她操作?成祥为什么不肯?

在雪岩的脑海里面,所有的女人都好像花瓶一样。好好供养起来就好了。实际上并不是这样,这就是雪岩始终没有面对现实的一种表现。他这样想,就认为是这样。他为什么不想想,芮瑾是不是这样,梦瑾是不是这样。梦瑾从小跟随父亲在外面做生意,已经养成勤劳的习惯,养成工作的习惯。把她闲置在家,她觉得很痛苦。好像鸟一样被关在笼子里面。感觉到没有价值,感觉到活得没有意思。她为什么出走?不是对胡家不满意,不是对胡雪岩有什么怨恨的地方。她只是要求工作,可是成祥没有答应她的要求,他还没征得雪岩的同意。所以,一般人的做法,是当面跟梦瑾讲:没有问题,没有问题。然后请示雪岩,雪岩否定了以后,再来跟她讲,没有办法,老板不同意。这种做法,叫作出卖老板,不是沟通的能手。一个会沟通的人,先说没有办法,然后把这个信息传给雪岩。雪岩同意的话,再跟她说:这是老板的好意。把好人推给老板,而不是自己来做好人,才是干部应有的态度。

各位看到:成祥表面上说不行不行,实际上留下一张银票,数目还不小。意思就是说,我们自己人,我会帮你忙。但是这种我不能做决定的事情,我现在没有办法给你任何承诺。私的方面,我们可以想办法;公的方面,一定要按照老板的指示,或者按照规定来走。成祥从以前一直到现在,在扮演干部的角色方面有很多优点。他两边都照顾到,一方面威,另一方面恩。心地善良是一回事,立场要很坚定,这样老板才会放心。我觉得当干部的不妨再把成祥的所作所为好好想一下,能够学到几分,对自己是很有帮助的。至于说老板怎么样,那是老板的事情。成祥也不是百分之百地满意雪岩,但是能够跟他配合,配合得很好。各位站在雪岩的立场来看,你会觉得怎么样?如果觉得配合得非常好,这就够了嘛。

(7)成祥说最恨明人做暗事,是什么意思?

什么事情,我们说好了你才去做,大家都很坦然。有些事情,你不讲就做了,这就叫做暗事。如果说我们大家合伙做生意,里面有一个人不跟大家讲就去做了,其他人,心里会有什么感想?一定觉得这个人很奇怪,是不是假公济私?是不是替自己弄一些好处?会不会伤害到公司的利益?大家一定会朝这方面去怀疑。

明人做暗事，在一个团体里面是大忌，难怪雪岩非常不以为然。他再三讲，做生意有盈有亏，亏了多少钱，不在乎。我觉得这也不是讲好听话，做生意亏本就亏本，那有什么办法？可是明人做暗事，就表示心里头已经不正了。心不正，大家就没有办法信任。雪岩的这种主张，不管从哪一方面来考量，应该都是正确的。这是心里话，而不是针对则云而来的。我们不要认为，他是不是想把则云踢出去？或者是找机会给他难堪？我相信雪岩没有这个必要，更何况他做人也不是这个样子。他只是觉得，我们大家讲得好好的，有什么话就讲，可以做就做，不能做就算了，你干吗背地里玩这套花样？这是他最痛恨的。讲到这里，我相信大家心里也觉得怪怪的。你胡雪岩本身不也这样吗？不也跟洋人来一手吗？说我们回扣平分吗？难道这不是暗事吗？又怎么说呢？各位不要误会，雪岩认为我雪岩拿回扣跟则云拿回扣，在意义上有很大的不同。这一点我们现在暂时搁置一下，往后我们慢慢会了解为什么这当中有不同。

(8)则云为什么说是别人逼他吃回扣？他为什么觉得自己在雪岩眼里不过是一个跑腿儿的伙计？

这是个很有趣的事情，就是我们每次做错事情，我们很少说，是我自己做错的，很少。我们总会找理由说都是你害的，都是他逼的。如果不是这样，我怎么会这样呢？特别是我们中国人，动不动就讲我是那种人吗？我不是那种人啊！我会这样做全是你们害我的。现在则云就是很典型的人，他并没有说，我对不起兄弟，我吃了回扣不应该，他没有。他找出很多理由，我会这样吗？我则云是这种人吗？我告诉你，我不是这种人。不是这种人，为什么会有这种事呢？因为你逼我的！你看大哥不像大哥，他花几十万替自己盖豪华宅子，我呢，我的房子在哪里？成祥说：人家盖房子是做我们公司的门面的。他说，那你的呢？你，他就想到了；我，他就没想到。可见人和人一比啊，会比出很多差异性来。特别是则云的太太，一天到晚在耳边嘀嘀咕咕。我想这个时候，我们慢慢可以了解到，雪岩为什么不允许女人参与他的生意，其实也不是完全没有道理。所以当则云太太在他耳边嘀咕久了，他也不知不觉地受到感染。认为自己只是一个小伙计，人家雪岩才是老板。所以我拿回扣也是应该的。人往往就是这样子把自己害死的。想来想去，不平，老替自己找很多理由支持自己。做了以后，才后悔，这是非常不好的一种过程。

现在我们可以看到，成祥讲出来了，你是身负重任的人。就凭这一点，你就够了！还要怎么样？一个人到底领几份薪水，自己要去评估评估。曾经有一个老板，把他的员工找来，对他说，我每个月发你三份薪水，你有没有感觉到？那个人说没有，我只领一份。他说你领的那一份是公司给你的薪水。你的第二份薪水，是我对你的信任，你都没有感觉出来吗？那个人笑了出来。老板问他，难道我对你的信任不值一份薪水吗？那个人就问第三份呢？第三份是我给你的自主权，你爱怎样就怎样，这不算一份薪水吗？我们每一个人都要明白老板对我到底怎么样，一般人只求看得见的那一份薪水。计较来计较去，他多一百块，他多一千块，就觉得自己很委屈。如果看长远一点，一个人能够得到别人的信任，能够在一个公司里面，说难听一点，爱怎么样就怎么样，这也是一种待遇。我们今天讲一句不客气的话，老板出钱给员工去要，给员工去玩，给员工去下赌注，谁倒霉？老板倒霉！如果从这个角度来看，你会觉得老板比伙计倒霉。但是从另外一个方面来看，你觉得老板比较神气。你看雪岩可以骂人，可以自己住豪华宅子，想怎么样就怎么样，你们反对也没有用，好像他很霸道。看到这里，我们应该从不同的角度，重新再来领略一下，然后才能得其平。现在则云就是不平，不平则鸣，所以替自己找了很多的烦恼。

四、慎防吃里爬外

则云把心赔给别人，雪岩左思右想，若是把他换掉，阜康所有的账目都在他的肚子里。万一通通告诉对手，岂非更为不利？何况外界同行，要如何来看待这件事情？丁日昌那边，会不会迫害则云，要他交出更多的情报？亲信的干部叛变，往往是致命的伤害，不可不特别谨慎。

他决定把则云留下，并且进一步加强交心的工作。再次重申"天若败，败我胡雪岩，决不败二位兄弟"，其余同事，也是同样如此。

然而，人与人之间的交情有如玻璃一般，一旦有了裂隙，恐怕永远都无法复原。雪岩和则云能不能恢复原有的信任状态？各位朋友，必然心中有数。吃里爬外，实在是难以忍受的事情，必须双方面良性互动，彻底禁绝。

重点提示：听奉承话 VS 忠言逆耳

阿二擦匾，擦得很起劲。胡雪岩喊他，他都没听见。但是他后来说出的那一番话：上至官朝，下至老百姓，哪个不知道您胡大官人的恩德？江南大侠，胡庆余堂所做的善事，谁人不知！每一句话都打动了胡雪岩的心。

雪岩高兴得请阿二去喝酒，要他在酒桌上继续说下去。可见恭维话人人爱听，愈是有自信，愈是有成就的人，愈爱听恭维话。

问题是：恭维话是不是等于奉承话？如果是的话，岂不是人人都是小人，喜欢被奉承，都忘了忠言逆耳呢？

可是，恭维话不等于奉承话。一般人把这两种话混在一起，分不清楚，以致产生严重的误会，认为吹牛、拍马屁是成功的必要条件。

成功的人，实际上是不吹牛也不拍马屁，却装得像吹牛、拍马屁一样。换句话说，用吹牛、拍马屁的形式，来说出有根有据的实话。忠言逆耳，而奉承话又十分危险，容易被对方听成挖苦话。现在把忠言逆耳和说奉承话统合起来，说出一番有事实根据，却让对方听得进去，而且听起来很是受用的恭维话，才是有效的途径。

把事实的重点说出来，加上适当的形容词，叫作宣传。没有事实的依据，加上很多形容词，就成为不实的广告。恭维话和奉承话的不同，大概和宣传与不实广告的区分相当类似。

多说恭维话，少说奉承话。说得恰到好处，效果必定良好。

个案简介

成祥摸清楚了则云在茶叶生意上收取五万两回扣。但他不敢告诉雪岩，当雪岩急急追问的时候，反而要雪岩先找个地方放松放松。雪岩心中有数，知道成祥有事瞒着，所以说要请成祥看戏。成祥失声笑了出来，他不知道雪岩到底发现了多少，既然雪岩没有再问，他也不再多说些什么。

丁日昌听说雪岩来到上海，急电则云前来密谈。则云心中害怕，先到唐廷枢府上，告诉他雪岩不卖成药给英国怡和洋行的消息。廷枢说他们是想在药品生意上坏雪岩的名声，所以才要买药，听得则云脸都绿了。

唐廷枢说他即将离职，以后再也不会干这种萁豆相煎的事情了。他告诉则云，文人无行，尚可嬉笑怒骂皆成文章。为商不仁，终究会坑人害己，作茧自缚，终将不能自拔。

则云跪求唐廷枢，要其对自己的过错守口如瓶，并且指点一条明路。

廷枢说他自己尚且迷途难返，哪里有什么主意给则云。

雪岩忽然来访，廷枢觉得十分意外，而则云则吓得双脚发软。廷枢赶紧叫则云躲到门后，则云十分感激。

廷枢整衣，笑脸迎接雪岩，口称胡先生大驾光临，有失远迎。雪岩自称不速之客，问廷枢近来可好？他看出则云来过的痕迹，故意问廷枢坐在这里不妨碍别人吧！廷枢连忙回答不妨碍。

雪岩说特来致谢，廷枢告诉雪岩，说一些外商责怪他厚此薄彼，早想拜会雪岩晓以利害。雪岩回说自己只想做生意发财，没想到有如此分量。

说到胡庆余堂，廷枢提醒雪岩，英国商人想以次品冒充，败坏雪岩的名声。雪岩故意说一切掌握在则云手中，没有人能让他吃里爬外。

则云听得心惊胆跳，雪岩则表示廷枢深明大义，钦佩之至。

问题与解答

(1)成祥为什么不把则云收怡和洋行回扣的事情告诉雪岩？他为什么要雪岩先找个地方放松放松？

成祥从来不会主动叫人家去放松放松，这一次他跟雪岩讲，找个地方放松放松。就在暗示雪岩，有事情要告诉你。只是开不了口，不方便说。一个人如果常常做这种事情，就没有人会感觉到他的差异性。一个人如果从不做这种事情，突然讲这个，就是给你一个警示。因此会听话的人，会听出你到底有什么事隐瞒着我？他会说，没有，没有，然后很自然地说出来，这是一种很巧妙的沟通方式。成祥为什么不方便说出来？我们中国人不骗人，但是有很多事情不能讲。不讲的原因是什么？不方便嘛。怎么好说这种事情呢！大家都是兄弟，你一来我就说则云这个不对，那个不对，将来三个人见面时，我这个做二哥的，像二哥吗？所以兄弟之间，有些事情反而不好讲。他的意思就是说，你直接去问则云就清楚了。因此他用各种方法来暗示我知道一些事情，可是由我来讲不如由你去问他。雪岩当然也懂得成祥的意思，就问他你到底有什么事？他说：我没有。我们中国人讲没有，就是有更大的事情，这个谁都知道。所以雪岩心里有数，明白成祥的苦心和用意。我们把整个过程分析起来，可以感觉我们很重视心理建设。心理建设就是让他心里有个底，你再讲时他能够接受。你看如果雪岩一进门，成祥就很紧张地跟他讲，可能他受不了；也可能盛怒之下，会把则云叫来当面对质，闹得不可开交。成祥没有，他传达了信息，但是他兼顾了雪岩的心理变化。让他心里有个数，然后才讲，他比较受得了。让他慢慢把情绪冷静下来，才把事情摊开来。这样整个的沟通过程显得缓和而圆满。沟通如果不能做到圆满的地步，只是纯粹做传声筒。一个人不要做传声筒。现在传播器材很方便，录下来，放给你听就好了，何必要一个人来传呢？一个人传人家的话，就需要过滤，就会有一些词句变化和调整分量。我们常常骂一个人说,你这个家伙,专门添油加醋。其实添油加醋,如果加得好的话,是很好的调味,有什么不好?问题是不该添加这么多的地方,加得太多,人家才会反感。一个传播人,应该很适当地添油加醋,而不是毫无节制或者根本不添油加醋。这个观念,成祥已经拿捏得非常之好。值得所有的干部在上情下达、下情上传的时候多多学习。很多干部赤裸裸地把员工的意见讲给老板听,结果老板当然很生气,就去找那个员工,这个员工又说是干部传错话了。我想这种事情在我们的周遭经常会看到。如果把成祥这种方式拿来运用,可以减少很多误会,而且会更加圆满。

(2)雪岩为什么知道成祥有事情瞒着他?

我们都很了解,雪岩在这方面的本事的确特别高。你要瞒一般人比较容易。要瞒雪岩这种人,实在很难。有一句话,叫作响鼓不用重槌。鼓本身如果很响,你只要轻轻一敲,鼓声就很大。一个反应很快的人,你只要轻轻点他,他马上就知道了。用不着说这么多话,以免引起反感。成祥很了解雪岩,知道雪岩的灵敏度很高。轻轻一点,他什么都知道了,用不着明说。他略微提一下,雪岩自然会反问:你到底有什么事情?由他来反问,跟你告诉他,各位做个比较看看,哪一种冲击力比较小?夫妻之间也是这样。太太从外面进来,马上给她一个受不了的打击,那是先生的错,因为用不着这样。你让她很稳定,心里知道你有事,让她回过头来问你说:到底发生了什么事?整个冲击力都没有了。我们要将心比心,要站在对方的立场来决定自己的作为。而不是说我爱怎么做就怎么做,我想怎么做就怎么做,这是现代人最需要反省的。如果不了解对方的感受,就没有办法拿捏这种沟通的尺度。一定要了解对方,对某一种事情,他的反应怎么样?轻重如何?然后再来用我们的行动,引起他适当的反应。这是人与人相处中非常重要的技巧。否则的话,各位想想看,为什么雪岩跟成祥能够配合这么好?因为他们彼此很了解,中国人叫作有默契。有默契,是合作做生意非常重要的基础。话是有限的,没有办法表达所有的情感。没有办法把心里头的事情完全讲清楚。因此要靠很多默契,来帮助我们做语言不能做的沟通。很多人太相信自己了,其实人家的感受,他完全不了解。

(3)雪岩为什么对成祥说要请他看戏?

明明是成祥说出来说我请你看戏,为什么雪岩还要讲:我请你看呢?因为按照我们中国人的规矩,兄弟在一起,多半是哥哥出钱。除非有特别的理由,否则多半不会让弟弟来请哥哥，这是表示老大照顾小弟的意思。老板跟干部一起出门，到底是干部请老板，还是老板请干部？照理说，应该是老板请干部。不应该由干部来请老板。但是我们现在看到有些老板，远远看到他的干部在里面吃饭，他就假装没有看到，赶快溜掉。这种举动其实干部看得很清楚。我常常开玩笑说：中国人啊，你冠冕堂皇地进来，他不一定看到你；你一溜走，他马上看到。中国人最会看到那些你不想让他看到的事情，然后心里好笑：一餐饭才多少钱？那么计较，从此你很难领导他。有些老板问我，难道我的干部在吃饭，我就要请他吗？我说不一定，但是你最好改变一下观念，好不容易碰到，平时请都请不到。有了这种心情，你的感觉就不一样了。平常请你的干部，人家会觉得奇怪，你怎么请他呢？而且他也会觉得不方便，我让你请了吗？如果在外面有这么好的机会，碰到了，没有几个钱，就替他付了，老实讲谁倒霉啊？我敢保证干部倒霉。因为他被你套牢，被你无缘无故请了这餐饭以后，他的心已经被你抓去一大部分了。以后你交代事情，他只好去做。明明不是他的事情，他也多少做一点。我想这才是算得长远的人，会看出整体的影响。雪岩说好我请客，然后又让成祥付钱。成祥的感觉怎么样？很简单，你要我付，我就付，反正我报公账。你不让我报公账，我就弄一些私的，我请你吃饭还要自己花钱吗？我觉得这才是人之常情。雪岩说他出钱，跟不是他出钱，其实都一样。老板出钱，干部回去比较容易报账；干部出钱，回去他怎么报账？因为管账的人会不同意。这当中，有很多不一样的地方。当老板的人，一定要了解才好。这种警觉性，平常一定要养成。到紧急时候，才不致没有应变力。

(4)怡和洋行到底为什么要买雪岩的药品？

从中国近代史来看，不难发现所有外国人都在中国的领土搞七搞八，各怀鬼胎。所作所为，都是为他们自己的利益。英国人看到左宗棠在新疆，打谁啊？打俄国人。俄国把阿古柏消灭以后，到印度就没有什么阻碍了。那我们英国呢？要把印度变成我的，必须阻挡俄国人进来，希望阿古柏在这里七捣蛋八捣蛋。为什么中国人的势力背后都有洋人？洋人为了他的利益，找一些中国人来出面！让我们看不清楚他们背后有什么企图？这是中国近代史经常看到的一些事实。英国人很怕左宗棠在新疆打胜仗，因此想影响朝廷，把左宗棠调回来，不要让他在新疆。所以英国人就跟李鸿章商量怎么办？李鸿章一心想要搞垮左宗棠，最好的办法就是先搞垮胡雪岩。要把胡雪岩搞垮，最好的办法就是把胡庆余堂搞垮,这就是一脉相连的策略。怡和商行得到这个使命,要把他的药买来,然后破坏胡庆余堂的信用。先把胡雪岩搞垮,顺便也把左宗棠搞垮。这样的话,中国永远是英国人的势力范围,俄国被抵挡在北方。商人被人家当作奸细来用,这是自古以来经常发生的现象。因为商人跑来跑去,不容易露痕迹。大家不会怀疑,到底是不是外国人派来的奸细。不容易被人家怀疑、不容易被人家发现的人,就是最好的奸细。所以实际上,每个国家都在做这种事情。我们不要把经商当作很单纯的行为,因为背后有人要利用。背后有人有不同的野心。商人常常为了小利被人家勾住,不得不做原本不想做的事情。我很慎重地提醒我们从商的人,单单纯纯从商好了,不要贪图小利,不要今天想做这个明天想做那个。要是哪一天真的被人家纳入奸细系统,想跑也跑不掉,这种惨痛的事情很多,只是很多人不知道而已。

(5)唐廷枢说为商不仁,终归会坑人害己,是什么道理?

古代中国人看到外国人,他的心是偏向中国人的,会把外国人看作野蛮的人。现代中国人好像刚好相反,跟外国人在一起的时候,心会偏向外国人,总觉得自己同胞好像是次一等的人。在清末,有很多像唐廷枢这样,替外国人做事情的人,他们的心态都非常可疑。唐廷枢自己检讨时感觉到很惭愧,帮外国人来打我们自己。他眼看着左宗棠跟李鸿章的派系斗争,结果外国人却渔翁得利,可是他毫无办法。所以他才会发自内心告诉则云说:为商不仁的话,终究是坑人害己。这句话在则云听起来,当然有格外不同的感受。因为他本身就是被坑的,然后又害了胡氏集团。但是他已经被套牢了,被人家纳入奸细体系,想逃也逃不掉。唐廷枢是有感而发,但是则云听起来心里头格外痛苦。我们从这一幕里面,应该看出很多很多的教训。唐廷枢呢,觉得要离开这个地方,摆脱让自己想起来都很愧疚的职务。

要替洋人做事,首先不要损坏我们自己国家的利益。偏偏现在很多人不是这个样子,动不动就要求我们中国样样要学西方。西方人做得到,为什么我们做不到?他就没有想到,真正有一天把中国人通通变成西方人那样,这个中国还有什么可爱的地方。那还是我们的祖国吗?

(6)雪岩来找廷枢,原本为了什么?廷枢向他说明之后,他又为什么对廷枢钦佩之至?

雪岩这次来找廷枢,只是想打听打听,并没有什么用意。可是他不能摆明地说，我来打听打听有什么消息？除非关系非常好，否则你开门见山地讲，对方会提高警觉，反而得不到任何消息。雪岩跟廷枢的关系没有这么深，所以他只能说好久没有来看你，这次来，一方面要告诉你，我们没有办法在这件事情上合作；另一方面，感谢你很照顾则云，这些都是借口。廷枢也是聪明人，知道这个时候，如果不讲真话，就会失去雪岩这个朋友。我们中国人高明的地方，就是该讲的话一句也不少，否则这个朋友就不相信我了；不该讲的话一句也不要多，否则我就得罪了这个朋友。廷枢既不愿意得罪雪岩，也不愿意失去这么一个朋友。所以就告诉他，要小心，有这么一回事情。雪岩听了以后，表现出很轻松的样子，说：这个跟我没什么关系，我相信也不会这样子。可是呢，他也暗示说：如果做的话，那就是则云。如果他真的这样，我不会放过他。各种表现，在同一时间完成。一方面表达对廷枢的好意，感谢你跟我讲真心话；另一方面表达我这个人的做法，谁背叛我的话，我不会饶过他的。同时他也很清楚，屋子里面躲着一个人。不是别人，就是则云。因为则云躲进去的时候，很慌张地把那个咖啡杯打翻了。雪岩很机灵，他进来一看就知道一定是他！如果是别人的话，廷枢会把它整理好，也会讲刚才是谁，怎么变成这样。种种迹象，都让他弄得非常清楚。他这是一石打好几只鸟啊！对成祥有交代，对则云有所警惕；对廷枢有所感谢。这是非常好的一种表达方式。廷枢趁这个机会表示说：以前的种种，并不是有意的，而是整个的形势罩着他，非如此不可。这样就为以后大家见面，留下更好的余地。

五、把心赔了进去

雪岩一再声明，做生意，赔上几十万两银子并不在乎，赔上上百万两银子也可以再赚。只有把心赔给别人，那就危险万分了，随时有崩溃的可能。

自从时来运转，生意愈做愈顺手以后，雪岩心中早已有了准备，要常常做善事，才能够持久发达下去。

人处顺境，常常以为有势可恃，有福可荫。因而胆大妄为，将自己导入逆境。顺逆起伏，其实是心态改变的结果。

雪岩对芮瑾"为人不可贪，为商不可奸"的交代谨记在心。他常常提醒自己，应该多做善事，来弥补自己不知不觉或者无可奈何的贪婪与奸巧。这一次则云把心赔进去的教训，更加强雪岩的决心。务必要把胡庆余堂好好经营起来，看看能不能有所补救。

重点提示：赚了钱就要做善事

谭则云收受回扣，以致茶叶生意赔钱，蒙受损失。雪岩发觉之后，首先自我反省，是不是自己做得不好？处处让成祥和则云寸步难行，才逼得则云不得不如此？

雪岩想了又想，则云这位好兄弟，怎么会变成这样？他终于想通了，是自己没有把老大当好，赚了钱没有赶紧多做善事，或者做得还不够，老天爷才会这样警告他。

当年，雪岩刚刚从事米粮生意时，芮瑾曾告诉他四句话："为人不可贪，为商不可奸。若想做善事，手中先有钱。"只是他现在可能多了一种感慨："有了钱，想做善事，有时也很不容易呢！"但他并没有因为不容易就放弃，而是因为则云的事，反而更坚定了做善事的决心。因为他现在手上确实有钱了，力量也更大了。

个案简介

则云拜访唐廷枢，虽然躲在门后，还是被雪岩识破。回到阜康钱庄，则云脸色凄惨地跪了下来，雪岩和成祥坐在高椅子上，什么也不说。

雪岩问则云，知道把他留下来的原因吗？则云回说是给他一个幡然悔悟、报效东家的机会。雪岩说他没有这么宽宏大量，我的意思是让你做一些反间谍的工作，提供一些情报给丁日昌，告诉他们雪岩已经回到上海了。

则云哭着求饶，雪岩丢一本庄规给他，则云反复地诵读：诚为本，信为先，务财勿迷，为商勿贪，商乃仁术，无仁则不义，无义则不通……

成祥听着十分辛酸，向雪岩求情，说上海的事难办。雪岩不以为然，成祥要雪岩亲自去问则云，雪岩则反问成祥是干什么的？成祥急着说自己忠于职守，雪岩说做生意如果赔上几十万两银子，我并不在乎，因为可以再赚。可怕的是则云把心给赔了进去，令人痛心。

雪岩认为能说出来的痛，其实没有什么。真正的痛是说不出来的，在心里慢慢侵蚀与折磨。成祥看着雪岩忽然像老了十几岁一样，心痛地喊着：则云不该呀！

后来雪岩在成祥面前也愧疚得自我检讨。早应该在乌镇老家给则云添个家业，成祥却反问：他在上海不好吗？雪岩决定不换掉则云，因为阜康所有的账目都在他肚子里。再者，也不愿意商界有所批评。他自责没有当好老大，忘记了赚钱就应该做善事。

那一天，雪岩穿着一身官服和大家见面。他告诉大家，在外经商，一怕听惯了女人的耳边风，二怕贪图对方的小利，这是经商的大忌。又保证天若败，就败我胡雪岩，绝不败二位兄弟。对大家而言，同样如此。大家听了，感动得说不出话来。

雪岩处理好上海的事情，又赶回杭州。到了胡庆余堂，看见一对耳顺之年的老夫妇，带着一个癫痫症的青年。雪岩好奇地询问，老先生流泪诉说他们的独子，刚刚中了举人，却变成这个样子。听说只有龙虎丹才能救治，而很多药铺都买不到。又听叶仲德堂说，要买龙虎丹得到胡庆余堂。雪岩追问叶仲德堂真的这样说？老先生说：不但这样说，还说买好了就去告知他，他要拜胡雪岩为师。雪岩大喜，赶紧问阿大的意见。阿大说不能制造龙虎丹。雪岩问是没有药方？还是没有材料？阿大说是有一味药毒性太强，没人敢造。雪岩马上向老先生保证，十五天以后来取药。

药工们都劝雪岩不要做龙虎丹，以免吃死人而吃官司。雪岩问大家是不是造不出来，大家回说不是造不出来，而是不造。雪岩鼓励大家在制造的工具上想想办法，有一个药工想出用中和药性的金银制具，大家激动得很，阿大也很佩服雪岩，居然能够激起大家的心志，去尝试做这一种古来难以成功的药品。

问题与解答

(1)雪岩为什么把则云留下，不叫他走人？他为什么要则云透露一些消息给对方呢？

这一件事情，很显然则云想得很单纯。他认为我做错了，我也承认了，你是不是应该原谅我，给我一条生路。实际上，雪岩的想法不可能这样。我们看到雪岩一向很当机立断，什么事情马上就可以处置，毫不犹豫。可是这件事情，他显然感觉到两难。一方面我们是这么多年的兄弟，你做错了，我也有责任。我觉得这一点，是雪岩很可爱的地方。他要替则云想一想，今天跟你翻脸，把你赶出去，是很简单的，可是对方会怎么想？对方如果逼他，他就会害怕。因为像丁日昌这些人，要对雪岩下手，多少还有些顾虑。要对则云下手，他们是不择手段的。则云根本不了解，雪岩这样做，真正是顾虑到他的安全。

所以才会跟他讲，你偶尔也要把我们这边的看法、做法，透露一些过去，给他们知道，让他们感觉到你还是保持原来跟他们的关系，会比较安全。可是我们这一边呢？雪岩不必讲，则云心里也很清楚。要把丁日昌那边要他做的事情也跟他原原本本地说出来。大家暂时维持一个表面，不要把他掀开了，这样对两边都有好处。可是雪岩心里头还是觉得这样的兄弟，以后怎么相处？因为人与人之间最重要就是一种信赖关系。现在我感觉到则云的心彻底变了，他的心已经不在我们这个集团了，我以后怎么相信他？如果雪岩不相信则云，这个合作关系就很难维持下去。有这么多错综复杂的想法，才使得雪岩，一方面感觉到很愤怒，另一方面又好像很无奈。这点也值得我们好好当作一个借鉴，以便防患于未然。

(2)雪岩为什么要则云高声念诵定下的规矩？雪岩认为最可怕的是则云把心赔进去了，这是什么意思？

我们首先要警觉，规矩是定了，制度是有了，职掌表也写得很清楚。但是人是会遗忘的，一阵子不看看制度，不看看规矩，不看看自己的职掌表，常常会把自己喜欢的东西记下来，把自己不喜欢的东西忘得一干二净。则云现在面对这个规矩，心里头应该很后悔。人家讲得那么清楚，我为什么会忘记？一般人一段时间没有看他的职掌表，就不知道他该做些什么，我想这是最要紧的启示。至于处罚的办法，一般人很喜欢把他叫来，臭骂他一顿，甚至罚他，跟他讲一大堆道理，这也是没有什么效果的。因为别人讲的他能够听进去几分谁也没有把握。雪岩很高明，东西写在这里，这么清楚，你自己念，看你怎么念。看你念了以后，心里有什么感觉。则云也不是个小孩子，他规规矩矩跪在那里，一声接一声地念诵，不会自己停下来。雪岩没有规定他一定要读多少遍。是他自己非常不好意思，念了一遍又念一遍，一边念一边还自己觉得很痛苦，很惭愧，这才是最严厉的教训。我们常常觉得，方法很重要。我们要一个人检讨自己，不是叫他把错误讲出来，也不是你有哪些错误我讲给你听，都是不对的。我们让他面对这么清楚的规矩，自己把它当作一个镜子，反省反省，这样非常有效果。雪岩也知道，我今天提醒你，把以前种种的规矩重新显现出来，保证你以后不会再犯这些错误。可是他心里头有疙瘩，因为人与人的关系，就好像玻璃瓶一样，只要摔过一次，有裂痕，永远没有办法弥补。我们的教训，就是说不要等做错了事情才来讲对不起。现在有很多人，老主张要承认错误，要跟人家道歉，要说对不起，这是很粗浅的感觉。

则云如果觉得这件事情很奇怪，他们为什么要送我回扣呢？他赶快跟成祥商量商量，跟雪岩商量商量，说不定两个人都认为你该收，那你就收，反正收下来，列公账就好了。而且我们可以将计就计，他要利用你，你就假装被他利用，然后我们全力来对付他。如果这样做他就没有事了。为什么雪岩很气，因为他明人做暗事。如果把它说出来大家把它当作一种策略，那就是明人做明事。明人做暗事，跟明人做明事，我们一定要把它分清楚。大家合伙，大家说得很清楚，怎么做都是明事。大家合伙，想了半天，你回去做的就是跟讲的不一样，这就是暗事。我们现在已经很清楚了，则云所做的就是暗事，不是明事。雪岩对这点很难过，几乎没有办法原谅则云。包括成祥在内，都感觉到以后三个人怎么相处呢？可是为了顾全大局，这次雪岩所采取的，就是一个比较长远，照顾到每一个人，希望将来能够比较顺的，顾全大局的一种做法。

（3）成祥的心里，对雪岩和则云有什么想法？为什么会这样？

这三个人，当初一起合伙做生意。大家通力合作，彼此互相信任，这是非常难得的事情。让我们想起桃园三结义的美事，好像在他们三个人的身上重新活起来了。成祥跟则云跟雪岩，正好在这两个人的中间。他对两边的了解，比他们这两个人彼此之间的了解可能更深刻一点，这个时候他的心里头当然觉得则云很不应该。可是我们也看得出来，他也觉得雪岩做得不够。则云刚开始很相信雪岩，但雪岩有些事情，也应该去跟则云讲，不应该闷声不响。难免则云愈来愈起疑。他认为雪岩有些事情照顾不周，思虑不全。而则云呢，又爱钻牛角尖，总认为自己很委屈。他对两个人都有一些不满意，但是他这个人很忠厚，不满意归不满意，还是把兄弟的感情摆在前面，他尽量想办法拉拢。后来发现事态很严重，因为雪岩已经没有办法接纳则云的心。而则云虽然后悔，却也开始跟这两个人有了一段距离。使得成祥深深感觉到，以后三个人的感情，会有很大的变化。他夹在中间，真的不知如何是好！我想这是他最大的感触。

我们如果很客观地看这件事情，成祥也有不对的地方。因为他看来看去，没有做好穿针引线的工作。如果他发现则云心里头有点不愉快。能够早点提醒雪岩说，我们两个人都盖了房子，他老弟还没有盖。或者把雪岩对则云的信任，把我们的根本整个交给则云，让则云也感觉出来。这样的话，就可以化解目前这种误会。他们三个人，看起来实在都有点不对的地方。但是我们也没有办法苛求他们，要是我们是他们的话，可能也会犯同样的毛病。原因是什么？跟今天大家的毛病一样：太忙了，忙到没有时间沟通。

（4）雪岩说赚了钱就要做善事，是什么道理？

中国人比较相信宇宙是天人共治。老天爷管一半，人管一半。这当中的区分当然很奥妙，很不容易讲得清楚。但是最起码我们中国人成功的时候，不会觉得这是我的努力所带来的。我们会相信除了我自己努力以外，老天爷保佑也占很大的分量。西方人当他受到奖励的时候，他会觉得这个奖是我应该得的。但是我们中国人很避免讲这种话，因为这种话听了不要说人家不高兴，连老天爷都不喜欢，下次就不会帮你的忙。它认为你既然那么有自信，既然那么有把握,你就自己去吧。一个人如果得不到老天爷的帮忙,再怎么尽力,也很难达到预期的愿望。在中国多数的人有这种敬天、事天的感觉,这是中国人比较特殊的一种想法。

天是什么？天就是自然的规律。自然的规律就是我们的良心,所以中国人常常讲,一定要多做好事。多做好事,就是凭良心去做事情,雪岩很爱芮瑾,我们也很清楚。芮瑾对雪岩最大的贡献,就是提醒他,你要做好事,要先赚钱。现在他赚了钱以后,就常常记起那件事情:我已经赚到钱了,就要开始多做好事。他心心念念,没有忘记要做善事。一方面出乎他的良心,另一方面常常想起芮瑾对他的提示。再加上有一点非常要紧,那就是雪岩内心很清楚:他出来闯天下,不敢说完全没有做不凭良心的事情。我想这一点是所有成功的人,最好都要自己反省的。在成功的过程当中,难免伤害了别人,难免做了一些有昧良心的事情。唯一的办法,就是多做善事,来把它弥补过来。我们还是讲一句话:一个人不要把老天爷踢开了。因为只有老天爷,才会让我们记住常常凭良心做善事。就算偶尔有点差错,也来得及把它弥补过来。

(5)雪岩为什么要穿官服和大家见面？他想表达什么意思？

我们很容易意识到,雪岩把官服穿出来,第一是表示隆重的意思。表示这次不一样,跟大家讲的话,大家要多留意一些。不是跟大家闲聊,因为这是很慎重的事情。第二,也表示我很尊敬大家,很看重大家,所以才会穿官服。他认为这次聚会,跟平常的聚会不太一样。我们很慎重,要处理一些大事情。我想给大家一种差异性的感觉,使大家特别用心地来聆听这次聚会的内容。这样的效果当然会提高一些。雪岩也在显示他自己的身份,除了老板以外,还替官方做事。换句话说,如果有人违纪的话,我不仅是老板可以处罚你们,我甚至以官的身份把你们送去法办都做得到。这样一来,就加强了对大家的约束力。可是发出这种威力之后,雪岩所讲的话,很缓和、很和蔼。这样的搭配,我觉得是恰到好处。雪岩并没有一开始,就由自己把所有的话都讲出来。他先让成祥讲,我觉得这是一种艺术。成祥很不方便把雪岩对则云的感想通通讲出来。他支支吾吾,吞吞吐吐搞了半天也没讲清楚。然后雪岩才讲:不是这样的。如果没有成祥这么一个前奏,雪岩马上讲出来,大家会不会觉得他太不顾兄弟的感情呢？现在让成祥先讲一讲,使大家感觉到,有些事情,光凭兄弟的感情,是没有办法解决问题的。像成祥这样的说法,大家还是搞不清楚。所以我干脆赶快说清楚一点。这样大家比较容易体谅他的苦衷,接纳他的想法。

(6)雪岩为什么说天若败,败我胡雪岩,决不败二位兄弟,其他的人怎么办呢?

我们都很清楚,雪岩的作风一向就是这样。有事我负责,不要连累大家。我想这是一个做领导的人,应该有的气魄,应该有的决心。不过我们也讲得很清楚,讲这种话实际上宣誓的意义比实际的意义要大。向大家宣誓,表示我有这个决心,表示我愿意承担所有的责任。他有这个心,实际上我们也理解,很多责任,还是要大家一起来负担。他说,有事情我负责,我不会让二位兄弟负责的。下面那个才重要,他说今天在座各位也都一样。换句话说,有事情我胡雪岩一个人担,不会连累你们。同时他也说,这么长久以来,大家也累了。觉得疲累的人可以自己选择,就算现在退休,公司也会供养你一辈子,没有问题的。

雪岩现在碰到了很重大的事情,老实讲,这种事情是火跟纸之间的关系。换句话说,只要火在,纸怎么包也包不住的。成祥还想打马虎眼,雪岩认为反正大家已经知道了,把它拆开来。拆开来以后,告诉大家我们重新来过。我觉得时机很恰当,措辞很恰当,做法也应该很有效才对。

(7)叶仲德堂为什么对老妇人说,要买龙虎丹得到胡庆余堂来?有什么用意?

龙虎丹是一种很不容易制造的药品,一般的药房都不敢制造这种东西。说清楚一点,就是根本买不到。所以叶仲德堂才会跟老夫妇讲,这种药你到胡庆余堂去买吧!这是将他的军,就是要给胡庆余堂难堪。你的药房能供应什么东西?你有本领就造造龙虎丹呀!很多事情表面上看是好意,说,你去买啊!他比我们能干啊!他做出来以后,我要去拜他为师啊!讲得很好听,但是背后是很恶毒的。当然在老夫妇听起来,不会感觉到这是人家在唆使她去做一些让胡雪岩难堪的事情。所以很好利用。老先生就原原本本地讲出来,看看胡雪岩有什么反应?他的反应,后面有一个人在看,就是叶仲德堂的老板。我将你的军,看你怎么办!当然啦,雪岩的个性大家很清楚,他是禁不起激的,你一激他就非干不可。一干就很可能上当,因为冒险去造这种药,迟早是要出人命的。一出人命,大家群起而攻之。趁着这个机会把胡雪岩整个打垮。我们常常觉得,任何一件事情,背后很可能都有一些阴谋诡计。当然啦,如果我们每一个人，都把每件事情想得那么复杂根本不要过日子了。可是话讲回来，一个高阶层的主管，一定要有这种警觉性。任何事情，想一想有没有这种可能？有的话，我怎么办？习惯成自然，也觉得很轻松啊！每一个阶层，要养成每一个阶层的一些态度，一些习惯，就是这个道理。基层员工不必想那么多，人家跟你买东西，你想有没有什么阴谋诡计？那生意不要做了。可是干部就要有比较高的警觉性：这个人平常不买这个药的，突然间买这个是什么意思？这个人向来是打电话来的，这次他不打电话，亲自来了。凡是当主管的人都应该要好好的给自己一些线索去思考，一定要警惕这个变异后面有没有阴谋。

(8)叶子耕为什么说不能制造龙虎丹？雪岩为什么一定要在十五天之内做出来？

叶子耕的理由讲得很清楚，这种药有药方有药材，应该是可以做得出来的。但这只是理论上说说而已，实际上，因为里面有一味药是有剧毒的，只要搅拌不均匀，分量稍微多一点，就会吃死人，所以大家根本不敢做。可是胡雪岩不认为这样，他认为有药方，药材买得到，就可以做。所以他满口答应，十五天之内，就到我这里来买。这样到底好不好？我觉得从好处看，他是很积极，很求上进。但是从坏处看，他实在太冒险了。而且没有跟干部商量，就这样决定，有时候会使干部非常为难。基本上，我们不赞成老板用这个态度，满口答应，然后逼迫干部去配合他。

话讲回来，如果他跟老夫妇讲：你们过两天再来，我们给你们消息。就当时大家的知识水准，都会认为雪岩没有气魄，也都认为胡庆余堂根本就做不出来。雪岩也许在当时的情况之下，为了争一口气，断然处置，也说不定。如果把雪岩这种做法，当作非常时期的非常措施，我们没有理由反对。如果把它当作常规，经常这样，我们还是觉得不是很好。当然，这一次幸好大家配合，如期在十五天之内做出来。假定不行的话，是不是更加难堪呢？所以我们再说一遍，胡雪岩的这种态度是他的优点也是他的缺点。用在研究发展方面，我们觉得很好；用在这种还没有十分把握，就开支票的情况，讲一句不好听的话，只能用在竞选，用在经商是不可以的。政治人物可以随便开个空头支票，到时候否认，说什么忘记啦，又说实际上人家不配合，讲一大堆理由。但是经商经不起一次两次没有信用，这是政治跟商业不同的地方。我们今天特别要说明，整个社会，几乎都广泛政治化了，好像政治可以做的，其他行业都可以做。实际上不是这样,经商信用第一,政客有时候胡说八道,也是言不由衷。我们还是谅解,但是最好少上当为妙。

(9)雪岩为什么要大家在制药工具上想想办法?他的建议有效吗?

这一点我们非常钦佩雪岩,因为他的做法,跟一般的老板完全不相同。各位看一般老板,开出支票承诺了,然后他就没有事了。把整个的责任都推给干部。我已经答应人家了,你们去想办法吧。这样的话,干部怎么做得出来?雪岩开出支票,却把责任放在自己身上。所以他自己倒茶,把大家邀约起来,说我们来研究。他把自己也当作解决问题的一分子,大家比较服气。大家看到老板已经答应人家,自然会有一种压力。再看到老板这么诚心诚意,想要把事情解决,就会心甘情愿地来讨论。既然药方、药材没有问题,那问题出在哪里?雪岩很聪明,马上想到,就是在工具嘛!没有搅拌器,用一般的工具怎么行呢。我觉得他这个人推理能力是非常强的。如果药材买不到,我们当然从药材上面去动脑筋。如果根本没有药方,那他也不会答应。没有药方的话,雪岩不会答应的。雪岩就是心里有数,有药材,有药方,那剩下的问题就很小嘛!就是制造过程中制造工具上面的问题。抓到重点他那边先开出支票,这边再跟大家共同努力,果然让他达到目标。又一次突破难关,再一次建立在医药界的信用。也是我们常讲的,把危机变成转机。看看叶仲德堂的态度怎么样,你想看我笑话,我就真正做出来了,你看什么笑话呢?从这个角度分析,我们也不得不佩服雪岩,抓得到重点。这在管理上,叫作 ABC 重点管理。就是把可以解决的东西先摆开;然后把不能解决的问题挪出来;然后按照重点来抓住,再一一来解决,很自然就可以把龙虎丹做出来。因为龙虎丹最难的,就是搅拌不均匀。现在想办法,让它搅拌得很均匀。用的药不会超过分量,它有毒,但是不至于毒死人。这样的话,就很安全了。所以做任何事情都要讲究方法,雪岩在这方面,有很独到的地方。

六、天助神佑制药

中国人对天老爷的感情特别深厚。我们相信只要一切秉持天理而行,也就是凭良心做事,应该能够心安理得地获得良好的结果。

胡雪岩看见老翁的独生子好不容易考中举人,一下子得了癫痫病。一笑起来就没完没了,实在很可怜。他决定要冒险制造龙虎丹,来治疗癫痫病的患者。余修初只好祈求天助神佑,药王托梦,来帮助药工把龙虎丹造出来,以拯救生灵。

这种天人合一的观念,在中国社会相当盛行。经商、从政、为学、做人,最好都要存有“敬天”的心态,随时祈求天助神佑,以资顺利吉祥。不过,前提条件是做正常的事情,求正当的利益。因为天助神佑,只会出现在正大光明的一面。

重点提示:人定胜天 VS 如有神助

余修初率领众药工向神明膜拜,祈求天助神佑,药王托梦,使治疗癫痫病的龙虎丹,能够早日顺利制成,以拯救生灵,恢复病患的神志。

人定胜天,固然很有道理。但是,天定胜人,也是常见的事实。这个世界,原本是天和人所共有,唯有天人合作,才能够天从人愿,万事顺成。

具有人定胜天的决心,还需要加上天定胜人的涵养。认清人只有在顺天、敬天、事天的大前提下,才能够胜天,就不会伤天害理,以人力来破坏大自然。

人定胜天和如有神助,并没有矛盾的地方,只有顺天、敬天、事天的人才定胜天,才可能如有神助。

个案简介

在胡雪岩的鼓励下，大伙想出用纯金纯银的药具来制造龙虎丹。到了要配药的那一天，雪岩亲自来到药房，听见大家齐声念着："天助神佑，药王托梦，龙虎成丹，拯救生灵，神法森严，恪遵而从。如有违背，天理不容。药王有令，特托仙梦，所有草药，画磨成粉。用此神棒，在药粉中连接龙虎二字九百九十九遍，必有龙虎显灵，使龙虎丹大功告成。"大家边念边在药粉中写出龙虎二字，连写九个时辰，才将所有药粉混匀。

龙虎丹造成，那个患有癫痫症的青年喝了之后，先是倒在地上，捶着胸口打滚，哀叫不停。不久居然坐了起来，病好了。雪岩高兴地大肆赏赐所有辛苦参与的药工，更加相信胡庆余堂没有做不出来的药。

这一天杨昌浚来拜访胡雪岩，雪岩马上到大厅接见，他直接提出要求，想在义廊搞个义渡，让绍兴和金华人不花钱白渡。

杨大人说，胡大爷已经将义渡兴建月余，现在又找我商量，是什么意思？话中略有不满，雪岩却说因为是造福人民，所以先斩后奏。杨大人表示无能为力，雪岩惊问为什么？杨大人说京城方面借题发挥，要力挫湘军在浙江的武官，他已经接到刑部传帖，要进京候审。他向雪岩说：此次造访，第一是向大人辞行，第二是劝大人在义渡一事好自为之。

雪岩试探能不能找左大人帮忙，杨大人回说没有用，只能走一步算一步了。这时下人脸色苍白地进来报告，义廊义渡出现纠纷，阿宝的腿被人打断。芮瑾也赶来，把阿宝带走，责怪自己把阿宝送进胡家。

胡庆余堂又要公开杀驴，同样是为了做广告，增加大家的信心。

问题与解答

(1)余修初为什么领导众药工求助神佑？为什么说神法森严，恪遵而从？

这是一种现代化的宣誓。他们当时的做法就是这个样子。大家一起来，高声求神保佑。和我们今天的宣誓，道理一模一样。如果说余修初用他自己的口吻下达命令：你们要这样，要那样。各位想想看，这些药工会服气吗？他们不会服气的。他们认为你讲几句话，我们就要当作神旨一样听，那才怪！你讲归你讲，我听归我听，到时候我爱怎么做就怎么做。中国人向来是这样子，我们也无从反对。我说无从反对，就是因为这样对他最合适。但余修初并没有这样做，他说我们一起来求神保佑，他是借着神来增加他的威力。如果说我讲的，人家不一定听。你说神讲的，或者神托梦给我，大家比较容易接受。这就是为什么我们的社会经常会蒙上一些神秘色彩的原因。老实讲不要从迷信的角度去看。只有人才会迷信神，宗教本身是不会迷信的。这句话最重要：如果你自己不迷信，一切东西到你手上，都是一种管理工具，不是迷信。

(2)雪岩为什么要搞个义渡，让绍兴和金华人不花钱白渡呢？

对中国人来讲，回馈乡里，造福桑梓，一向是我们最大的愿望。一个人功成名就的时候，如果在家乡没有一点点建设，所有的人都会骂你。大家认为你受地方的栽培，得到地方的好处，结果成功了，却完全忘本了。中国人最讨厌人家忘本，所以我们一有了名以后，一定要为家乡做些实事。你看做了大官以后，第一件事情就是荣归故里。一方面是分享荣耀，老实讲不是家乡人，你的荣耀跟谁分享？所以他要在这里做义渡，最主要的原因，就是做给大家看。我胡雪岩赚了钱，没忘了回馈社会，回馈我们的乡土，使大家没有话讲。第二点，我们也很容易理解，他是为胡庆余堂设想。因为他的药店离原先那个轮渡口比较远，一般人上岸，就到其他的药店购买。除非真正了解的人，才会跑到他这里来。现在他在这附近另外搞个义渡，很多人从绍兴、金华那边过来，就会直接到他这边。为什么会引起派系纠纷，为什么会搞到阿宝被人家打断腿？就是因为利益攸关，使得大家起纠纷。你伤害到他，他为了保护利益，当然全力加以阻止。就算是好事，也要阻止，这是我们今天还时常看到的事情。雪岩还有一个想法，就是要提高他的声望。他认为你们反对，我就要做，看你们能把我怎么样。有些事情，愈容易做的他愈不做；愈难做的他愈要做，这是什么心理？我相信各位一想就很清楚。中国人的想法，就是说当我有权有势的时候，我不做；将来没有权没有势的时候，我怎么能做呢？此时不做，更待何时？我相信很多人有这种想法，才会做出一些奇奇怪怪的事情。那些奇奇怪怪的事情，到底是好是坏，我们要比较冷静地来评估。没有秦始皇那个暴君的话，中国有长城吗？没有那些听起来好像很不像样的皇帝，会有那么好的艺术造谐吗？如果说音乐是大家都可以参与的，像今天的卡拉 OK 一样，还有高水平的音乐作品吗？我只是提醒一下，不要从单一角度去谈问题，任何问题有好也有坏。暴虐的君王很糟糕，大家都知道。可是在某些方面，如果没有那么专制，那么跋扈，没有老百姓那么怕他，我们也就没有那样的文化。从这个角度来看，雪岩这样做，最起码多了一个轮渡。我们不要怀疑他的动机是什么。只要往他为地方谋福利，为大家增加交通上的方便去想，他是应该这样做的。

(3)杨昌浚为什么劝雪岩好自为之？又为什么对雪岩说找左宗棠没用了？

杨昌浚本身是官场的人物，知道官场的险恶。老实讲，官场绝对不输给商场。商场还是纯粹的利害关系，要赚的钱比你多，要比你更气派，仅此而已。官场可不是这样，官场的拼斗是你死我活的，为什么？因为就只有这么一个缺，你得到我就没有。我想要得到，就要不择手段。官场的斗狠，有时候比商场要严重得多。他告诉雪岩，虽然你做义渡是好事情，但是站在派系斗争的立场，能不做就不做吧。一个人居然会劝雪岩不要做好事，可见他有很多很多感触。他知道说翻脸就翻脸，说没用就没用。因此警告胡雪岩说，千万不要把最后的希望寄托在左大人身上。你和人家斗，我去告诉他把他找出来，我告诉你找他也没用，为什么？因为左大人的个性太耿直。一个太耿直的人在官场绝对是倒霉的。他将来变成泥菩萨的时候，你去求他也没有用。他可能连自己都保不住。为什么跟左宗棠这么亲近的杨昌浚会讲这种话？其实很简单，杨昌浚现在也受人家密告，被人家讲东讲西，左大人也帮不上忙。所以他才趁早告诉雪岩，要好自为之。自己的好坏，自己要承受，不要想靠别人。这些话如果雪岩听得进去，对他以后会有很大的帮助。

(4)胡庆余堂为什么又杀驴了？芮瑾为什么怪自己把阿宝送进胡家？

很多人到现在还想不通，为什么一个房子失火了，那么多人在看热闹？为什么两部车子撞在一起，很多人在围观？原因很简单，因为我们中国人有一句话，叫作百闻不如一见。亲眼看到，才算数。你讲的可能是骗我的。要看一看，因为机会难得！如果朝这个方向去解释，就很容易了解中国人的心态。杀个驴子，大家围起来看，就收到宣传广告的效果。登个报纸，大家不一定看到；发个传单，大家把它丢在纸篓子里面。敲个锣，打个鼓，杀驴啰，保证大家通通来了。大家才相信，胡庆余堂真的杀驴，不是骗人的。我亲眼看到的，哪里假得了？杀鹿，杀虎，杀驴，其实只有一个目的，就是以昭公信。让大家知道，胡庆余堂不是随便讲讲而已。真的在杀，真的用这些做材料，大家不用怀疑。这种广告的效果是很强的。当然啦，大家会觉得这不是很残忍吗？怎么可以当街表演呢？

实际上，我们中国人的讲法是，宇宙中的一切一切都是以人为中心。人杀驴，人杀鹿，在我们讲起来，并没有什么不对的地方。如果用今天环保、爱护动物的眼光来看，我们很难去想象这些事情。可是我们要了解，时代背景不一样，我们不能用现在的观点，来看雪岩当时的情况，我们更要同情芮瑾，她认为当初我把阿宝推荐给雪岩，只是跟你一起好好奋斗。没有想到，现在连累到阿宝，腿都被人家打断了，这是我芮瑾的责任。这一点才是我们中国人很特别的想法，也就是说：我不杀伯仁，伯仁因我而死。她认为阿宝是我芮瑾害的，我有责任把你救治过来。因此她就说，我要把他带回家去。雪岩当然也要争一口气，阿宝在这里断腿，我难道没有办法把他治好吗？这是非常感人的，大家不推卸责任，都把责任往自己身上揽。后来雪岩说，那好吧，有毕四姐照顾，就让他去吧！两个都要，然后衡量谁的优势大，谁就对阿宝比较有利，而不是对其他人有利。我们以阿宝的心情，来替阿宝解决问题，这是很妥善的思考法则。

七、梦瑾襄助工作

雪岩的想法是女人家打扮得漂漂亮亮，才是享福的生活，不要参与男人的事务。殊不料梦瑾的观念刚好相反。她整天待在家里，无所事事，觉得闷闷不乐。雪岩骂她小姐身子丫鬟命，她还是忍不住要跑出去找工作做。

她找到成祥，要求指派一份工作，让她发挥发挥，施展一下才能。成祥宁可给她银票供她花用，也不敢把工作交给她做。

结果又找到雪岩，坦承需要有想不完的主意、做不完的事，心里才觉得踏实。

雪岩经过一番体验，似乎也领略到人各有志，不能勉强，所以答应把蚕丝的工作交给梦瑾。

男人女人都一样，不必在性别上做太多的区别。有心把事情做好才最要紧。

重点提示：胡雪岩的经营理念

胡雪岩的经营理念，说起来可以用八个字来代表，那就是“功自心诚，利从义来”。雪岩听说左宗棠被迫离开新疆，生怕他气坏了身体。特地买了一些补药，要亲自去看他。临行前对余修初说出这一段话，希望余阿大一本初衷，好好经营胡庆余堂。

经过这么多年在生意上的经验积累，胡雪岩的经营理念，最后归纳成两个大字：“戒欺”。一直到现在，这两个字还是把胡庆余堂和胡雪岩紧紧地联结在一起。大家想起胡庆余堂，就会想起胡雪岩；而想起胡雪岩，就会想起“戒欺”这两个字。

戒欺，不但不可以欺骗别人，而且不能够欺骗自己，说起来正是功自心诚、利从义来呀！

个案简介

雪岩到上海之前，特别交代余修初，注意这八个字：功自心诚，利从义来。

老太太却交代雪岩，到上海要设法找到梦瑾，因为她好歹也是从咱们胡家出去的。

雪岩按照往例，去探望芮瑾。毕四姐热心地招呼他，说芮瑾在家照顾阿宝，没在店里。雪岩问毕四姐，你觉得阿宝怎么样？毕四姐红透了脸，怪不好意思。雪岩说宅子和家具都安排好了，意思是要给阿宝做媒，娶毕四姐进门。他说完正待要走，又转头交代：毕四姐，以后有需要，不管我在不在，跟我宅子上说一声就行。说完才快步离去，觉得格外轻松。

成祥听说雪岩来到上海，马上过来请安。大家谈起左大人，雪岩说约定在潼关会合，又问能不能找一些上等补品送给左大人？成祥回说按照您的规定，胡庆余堂救命不救寿，所以不卖补品。雪岩交代去买一些，还特别宣布梦瑾为阜康总号的副襄理，要则云以后有什么决断不了的事情多问问梦瑾。

成祥说要留在上海，过几天才出发，因为很多事情尚未交代清楚，放心不下。雪岩告诉成祥："成祥呀！我是离不开你啊！"成祥不好意思地低下了头，十分感动。

杨大人出任陕甘巡抚，多亏李莲英的美言相助。雪岩也恭敬地拿着甜食让李莲英尝尝。李莲英谦虚地推说是左大人的力举。雪岩则感叹地说：朝里有人好办事，这和李大人的提携至关重要。

曾纪泽拿着太后的密诏赶过来和李鸿章商量。李鸿章力主东防，对太后派曾纪泽赴俄复议十分赞成。曾纪泽担心左宗棠有意见，李鸿章说：当初曾、左常有国事兵略之争，他左宗棠总不会再挤对你这晚辈吧！要曾纪泽放心地上任。

问题与解答

(1)雪岩要余修初做到功自心诚，利从义来，是什么意思？

功自心诚的意思，就是说所有的事情，都是从心里诚不诚所发出来的一种功。我们常常觉得,有一句话是很普遍的:只要努力工作就好了。实际上这句话是不正确的。我们应该深一层去想:努力工作没有用。努力工作,不一定成果会好,因为没有用心!没有用心,很努力,最后成果不好,反而浪费更多的材料、更多的时间。所以我们把它修正一下:用心做事才要紧。中国人常常讲,你那个心有没有用进去?如果把心灌到事业里面去,把心灌到工作里面去,我们就叫他诚心诚意。一个人诚心诚意,就是我们平常所讲的,叫作有心人。有心人一定成功,所以叫作功自心诚。做任何事情要诚心诚意,不要老想到结果,要掌握整个过程。动机很纯正,过程抓得很正确,结果一定在自己掌控之中。利不是不好,只不过利有好几种:一种叫作合乎义的利,一种叫作不义之利。胡雪岩最反对不义之利,他主张利从义来。只要利润合理,我们一定要赚。不合理的利润,我们宁可不要。这样,一家公司,才会长久发展下去。很多人误解,孔老夫子反对讲利。我觉得很冤枉,他只是反对不义之财,孔老夫子不反对我们赚取合理的利润。我想这一点,今天大家已经慢慢想通了,不会再错怪孔子才对。利润有暴利、有邪利、有近利。我们要小心,因为这些东西看起来很好看,但是会把自己卷进去,弄得自己前途完全没有光明。所以我们最好把这些去掉,追求比较远程的,看得远一些,追求合理的利润。合理的利润,大家听听都觉得这是应该的。过分的利润,叫作暴利,除非不让人家知道,否则没有人能服气。可是不让人家知道,是很困难的,终究大家会知道,最后吃亏的还是自己。胡雪岩离开的时候,特别交代余修初,注意这八个字:要功自心诚,一切诚心诚意;利从义来,利润一定要合理,不合理的绝对不要。

(2)胡母为什么交代雪岩到上海找梦瑾?她不是很不喜欢她吗?

我想不喜欢是一回事,要找梦瑾是另外一回事。不喜欢她,只是两个人合不来,情感上不是很融洽。但是要找她,因为她毕竟和我们是一家人。中国人很善于把矛盾的东西统合起来。使它完全没有矛盾,这是很高明的一种做法。如果说我讨厌这个人,我就不想再见他了,这是朋友,这不是一家人。一家人,就是我讨厌你,但是我还是要跟你在一起。你不喜欢听的话,我还是要讲。我常常提醒现在的人,我们很遗憾,而且也很可怜。我们弄得只有朋友,而没有家人。这种话,我们不断重复的原因,就是我们现在痛苦的根源就在于此。我们可以看到胡母,她很不喜欢梦瑾,是因为她在这里面吵吵闹闹弄得家宅不安。站在一个女主人的立场,她当然不喜欢这种人。可是这个人,就算不是我把她请回来的，也是我的儿子把她讨回来的。我没有办法，看在儿子的份上，我也要照顾她，这才叫一家人。胡母这种修养很合理。她交代雪岩，到了上海，还是找梦瑾吧！我们毕竟是一家人。这一句话，当然雪岩也很喜欢听。因为雪岩心里头也是这么想，虽然他很生梦瑾的气，怎么可以这样走了呢？说走就走，还算是一家人吗？但是他还是希望她回来。我们常常看到一家人团聚的时候，妈妈的心往往在那个没有回来团聚的小孩身上。我们觉得奇怪，眼前这些人你都不觉得可爱，你却老要想那个没有回来的人？其实不是这样子，因为来的已经来了，大家面对面，已经有行为上的互动。当然要想想那不能来的人，缺了他我们就不圆满。他如果回来，我们一家人团聚该有多好。这种心态是很自然的。如果说一家人在团聚的时候，父母想到在外的游子，或者在外旅行不能回来的家人，我们不能认为他偏心，要认为这是很正常的。这样一来大家才能理解，什么叫作真正的一家人。

(3)雪岩为什么交代毕四姐，有事跟家里说一声？

雪岩是一个感情很浓厚的人，当然我们不能否认他的事业心很重。他常常想到还有很多人没有照顾好。尤其是则云发生这么大的事情以后，他更是要自己检讨，对则云没有照顾好，对阿宝没有照顾好。所以现在他特别想要让毕四姐跟阿宝成亲，来了断他照顾的心愿。可是这种事情，不是说马上就可以办的。所以他先跟毕四姐讲，讲完以后，为了让毕四姐能够心里头有这种家人的感觉，特别告诉她：有事不管我在不在，你跟家里说一声。跟家里说一声就好，把毕四姐和阿宝都纳为他胡家的人。这是一个好老板照顾员工应有的表现，当然啦，你说平常他就应该这样子，那是我们太苛求他了。发生这么多重大的事情，如果他还不能有这样的一个想法，那这个人真是心太狠、太硬，可以说无情。一个人无情，不是好老板。雪岩两边兼顾，一方面事业要跟人家斗，所以很狠；可是在亲情方面，他又很柔，想得很细。使人觉得他是一个活生生的、有血有肉的人。我们能够感觉出来，毕四姐本来对雪岩印象不好，经过这么一来，她对雪岩的印象完全改变了。认为这个硬汉，在商场上不得不如此。实际上他还是铁血柔情的。经过这么一来，毕四姐很感动，觉得照顾阿宝好像是她的事情一样。她觉得应该替雪岩做些事情，因为很难得有这么好的老板。

(4)梦瑾为什么想和刚开始跟雪岩在一起时那样，帮他做些事情？

如果梦瑾刚刚碰到雪岩的时候，雪岩就把她买回家来当丫头，我想她也习惯了。因为生来就是丫头的命！一进来就是这样子,她不会有现在这种想法。偏偏她跟雪岩刚开始在一起的时候不是这个样子。雪岩要她女扮男装,叫她做这做那,教她打麻将要输给谁要赢谁,使得她很有成就感。一个人有了成就感以后,你再不给她表现的机会她一定受不了。梦瑾就是我们所描述的这种人,因此三番两次都要求给她工作,让她有机会表现一下,心里才感觉到有存在的价值。她第一次求成祥的时候,再三表示她的心愿,可是成祥毕竟不是雪岩,没有办法做最后的决定。梦瑾是雪岩的姨太太,成祥更不可以做出越权的决定。所以成祥跟她讲,你不要给我找麻烦,可是梦瑾还是不死心。她在外面闯荡一阵子之后又回来了。雪岩把她叫回来,她真的非常高兴。因为她以为雪岩会骂她,会处罚她,甚至会把她关起来,或者送回家里面去,但雪岩都没有。雪岩说,好吧,我们再想办法吧！因此梦瑾开始燃烧起一股希望的火焰。这对梦瑾来讲,是她生命中一个很大的转折。一个人的成长,其实就是我们应该因应环境的变动。不过我们从开始看到现在,发现梦瑾的适应能力不是很强,这是她的致命伤。她有喜欢工作的愿望,但是缺乏人情世故的素养,没有在这方面向雪岩学习,这是很遗憾的事情。

(5)雪岩为什么规定胡庆余堂救命不救寿呢?

我们来虚拟一下,如果当初胡庆余堂专门做一些补药,专门做一些很贵重的可以延年益寿的药。那它的客户是谁?就是那些很有钱的人,胡庆余堂能够流传到现在吗?我想这是不可能的。因为有钱人不会感谢你,我有钱,要买什么东西都买得到。他甚至嫌你贵,甚至嫌你使他活得不够长,不会感谢你。而一般的大众,没有钱买什么补药、高贵的药,跟胡庆余堂根本没有瓜葛,更不会怀念这么一个药店。雪岩一开始,就替药店制定一个经营目标,这是非常正确的。用市场划分的观念来看,这一点雪岩也很先进。他说我们的药是救命的,不是长寿的。那些药我们不要做。他所做的药是大众所需要的。这样一来,价钱便宜,药品普及。使用的人多,受惠者众。所以他才会长年的被大家所怀念。

我们常常讲,市场划分,营业目标也应该往这方面想一想。如果现在没有,很单纯,只想到要赚小孩的钱;很单纯,想到小孩的钱比较好赚;很单纯,想到我所有的东西,都是来引诱小孩子,让他们对我发生兴趣。父母不买,他会吵到让父母买,这算什么经营目标?我们回想一下,雪岩一再说,要有爱心,要赚合理的利润,跟这个救命不救寿非常吻合。还有一句话也顺便提出来:叫作救急不救穷。中国人向来是救急不救穷,亲戚朋友有急难,我们一定要救他。但是穷人就好像活该,谁也救不了。所有穷的人都来了,你没有那么多钱去救他们。就算救他们,穷人认为反正有保障就不用奋斗,也等于害了他们。救急不救穷,救命不救寿,是同样的道理。只不过雪岩掌握得很准,拿捏得很巧妙,这是他很高明的地方。

(6)雪岩不是不让女人介入生意吗?为什么让梦瑾担任副襄理呢?

我们都知道,当一个人经历过很多事情之后,他的观念是会改变的。有的观念会加强,有的观念会减弱,有的观念,甚至会一百八十度地整个改变。印证过很多次以后,才知道这个观念是不正确的,他自己会改变。你看他对芮瑾,如果不坚持芮瑾不要干涉生意的话,很可能芮瑾就会答应跟他结婚。他跟芮瑾讲,你不要这样,芮瑾划着小船就走掉了。她心里想,你凭什么跟我约法三章?要不要介入,我自己决定,你多嘴什么?这个刺激对雪岩是很大的。他又发现,有很多事情还是芮瑾比较内行。他就会想到,如果让芮瑾来参与生意,说不定会给我更大的帮助。现在他又想到,如果不是梦瑾的话,他跟洋人打交道时,有很多事情他自己是没有办法做的。于是他就想到当初梦瑾也帮了他很多忙,也表现得不错。现在他又发现,梦瑾一心一意想要做工作。再说,他也需要人。则云如果很可靠,他大可很放心地离开上海。现在则云这样子,使他感觉到这个人到底是怎么回事?不完全交给他,说不过去;完全交给他,又放不下心。我觉得这是很有趣的事情,老板在放心跟放不下心之间,经常很犹豫。雪岩不是不放心则云,他是对很多事情放不下心。所以干脆说好了,让梦瑾挂个副襄理的名,彼此好有个商量。则云也不会说,糟糕了,怎么办?外界的人也不会逼迫则云,要他做决定,因为他现在可以推,因为还有一个副襄理。虽然总襄理不在,我还得跟副襄理商量商量。这么一来,可以得到很多好处。所以他才改变观念,让梦瑾来试试看,让她当副襄理。至于梦瑾做不做得好,我想我们现在不必推测,往后再看下去,看她得到这个新职务以后,怎么表现,怎么调适自己。

(7)雪岩为什么说他离不开成祥呢?

其实,这种话如果雪岩早说出来的话,成祥就会更有担当,更加用心,可是,他从没讲过。并且如果他早跟则云讲一讲,我相信则云也不会做出这种让人伤心的事情。我们对成祥真的没有话讲,干部做到像成祥这个样子,真是了不起。他有三个优点,我们把它归纳出来,大家一起来思考。第一,他有能力,又有责任心。有些人有能力,但不敢负责;有些人,完全没有能力,可是非常负责。这种人其实很要命,他没有能力,但他什么都要负责,结果搞得一塌糊涂。一个人要负责,千万拜托先要有能力。有能力的人,才有资格讲负责。成祥有能力又肯负责,这是他第一个优点。第二,他非常尊重老板的最后裁决权。就是说,你不点头,我不会做。你点头,我才做。这是非常重要的。一个老板如果连最后裁决权都掌握不住,请问这个老板怎么当?干部认为可以,就做了。干部认为没有错,就决定了。干部说我负责,然后他爱怎么样就怎么样,心目中还有老板的存在吗?若是老板不同意,该怎么办呢?一个好干部,不管多能干,多负责,都应该尊重老板的最后裁决权。他不点头,你不要行动。这一点,成祥做到了。第三,他会很体谅老板的苦衷,很配合老板的企图。你看他对雪岩的所作所为,都尽量往好的地方去解释。买房子,是为了大家的面子,不是为自己享受。那么多姨太太,是为了事业上的需要,不是他自己喜欢过那种特别的日子。一个人能够跟老板配合到这种地步,并且无怨无悔,老板总有一天,也会从心里头产生这种感觉,认为成祥我离不开你。这样,两人都非常愉快。人生短暂,只有几十年,能够碰到这样的知己,那才是最大的福气。成祥听了这话,当然很感动。东家怎么讲这种话?可是,他会更加效忠,更加卖力,我想这是没有疑问的。

(8)雪岩说朝里有人好办事,是什么意思?

其实这是一句老话,就是说朝里有人,你才好做官。如果朝里没有人,这个官就很难做得好。以雪岩自己的经验,朝廷里面有什么风吹草动,李莲英马上就找人来告诉他。他事先得到情报,就知道如何去应付。他自己有什么事情,也可以透过管道,让李莲英在西太后面前美言几句,减少很多的阻力。他自己尝到了这个甜头以后,才更能体会到朝里有人好办事。这种话之所以流传这么久,就是因为有很多很多的事实。大家听来听去,都觉得的确是这个样子。雪岩除了听来的,还加上亲身印证,所以他才会这样讲。现在又多了一层意思,就是说地方官常常找麻烦,如果朝里有人的话,地方官会比较收敛一点。他知道这个人惹不起,惹你,将来你报告朝廷,然后上面施压力,我这个地方官就会很吃亏。所以朝里有人,地方官自然会让你三分,你就比较好做事。我们中国人老是要把大官跟自己的照片挂在客厅里面,其实都是这些作用,告诉大家,你少惹我。你惹我,我有这么多关系,牵来牵去,有一天你会倒霉,仅此而已。

中国社会是人与人交互关系的社会。全世界都讲人际关系，中国人最复杂，也最重视。只要人际关系搞不好，你再有本领，迟早也要吃亏。雪岩之所以会成功，主要因为他具有这种观念，中国人根本就是牵来牵去，像整片的竹篱笆。只要一个地方掉下来，整个都会受到影响，必定要拉来扯去，只有整理得好好的，才不致破裂或散掉。雪岩很舍得花小钱，不舍得花小钱，人际关系不会好。他不是乱花钱，每个钱都想得好好的，如果他不这样一路思考什么地方要送礼、什么地方要花钱的话，请问一个穷跑街的，他的人际关系是怎么建立的？

(9)李鸿章说曾、左常有国事兵略之争，却认为左宗棠不会排挤曾纪泽这位晚辈，这是为什么？

中国人说起来很奇怪。一方面喜欢搞关系，另一方面又常常利用关系来做事情。有时候想到曾纪泽是曾国藩的儿子，左宗棠一定会给他面子，做事情比较顺畅。然后又会想起，父亲跟儿子是两回事，为什么扯在一起？公事公办，大家依法处理，亲戚又怎么样？我们经常讲两种非常矛盾的话。什么话有利，就把那个话当作真理。我觉得这是不合适的观念，我们应该改变一下才好。就是说任何事情要从合理的角度去看才会合理。从不合理的角度去看就不合理。换句话说，如果合理的应用关系，效果很好，大家都会接受。用不合理的手段，不合理的方式来利用人际关系，当然效果很差。这样的想法，应该比较好。曾国藩对清廷的贡献有目共睹。老实讲，很少汉人能够到达曾国藩这种层次，获得清廷这么大的信任。曾国藩讲什么几乎都是算数的。可是他非常自爱，从来不乱来。曾国藩在的时候，卡位之争并没有那么激烈。只要曾国藩讲一句话，左宗棠固然愿意听，李鸿章也会听。现在我们看到李鸿章的心意是不希望左宗棠继续在新疆打仗。他想让曾纪泽去议和，一旦合约下来，左宗棠不离开新疆也不行。他为什么找曾纪泽？一方面因为曾纪泽出面左宗棠没有话讲。可是如果真是这样的话，李鸿章现在会被人骂得很难听。实际上李鸿章也有他的考虑，我觉得也应该给他一些正面的肯定。因为像曾纪泽这样的人，是很好的外交人才。他当时在伦敦担任的职务叫作驻英公使。光绪六年，也就是 1880 年 5 月。他接到圣旨，以驻俄公使身份到俄国去签订条约。整个事情，在当时的情况之下，可以说做得相当良好。大家都认为，他是一位受人敬仰的外交家。李鸿章推荐他，因为曾纪泽是人才，左宗棠会让他几分。他两边兼顾，不是只考虑到一面。我们也不能不佩服李鸿章处理事情的手段，可以说相当艺术。

八、丝业种下祸根

梦瑾喜爱工作,自称对蚕丝的成色十分内行。雪岩一高兴,又想到如此一来,并不牵涉到自己的生意,不违反胡家的规矩。雪岩带着梦瑾去拜访老德宝,听说洋人买办剥削养蚕人家。每一担茧子,足足一百斤,才给四两银子。简直连灯油的钱都赔进去了。

雪岩以民族企业家自居,听到这种洋人垄断丝业的情形,当然很不高兴。当场承诺一百斤茧子给银子五两,而且有多少就收多少,为养蚕人家带来莫大的喜讯。

丁日昌建议汇丰银行,将大班葛德立走马换将。逼他说出雪岩从贷款中吃了朝廷利息的事。

这两件事情,会不会连在一起,造成危害?世间事往往无巧不成书,看起来不相干的事,合在一起的时候,居然产生很大的爆发力。

重点提示:民族企业 VS 跨国公司

民族企业和跨国公司的主要区别在于民族企业,纯粹以民族的不同来划分;而跨国公司,必须以企业文化来主导。不管跨多少国家,跨到哪一个国家,主要的首脑人物,总希望以自己的文化为主流,来塑造企业文化。所以任何国家加入 WTO 之后,民族企业的保护力降到最低。而运用跨国公司的组织,将自己的文化充分发挥,使其成为公司的主流文化,应该是下一波全球性的竞争。从事经营管理的人士最好提高警觉,在这方面多做思考,多作贡献。

个案简介

俄国使者拿着礼物晋见左大人，左大人喝令跪下。使者不从，一旁的士兵齐声吆喝，使者只好单脚跪下。

左大人对俄国使者视若无睹，下令把改造的机脚炮架向伊犁。然后拖着年老的身子，一步一步缓缓走出帐篷，悲壮地命令王将军把棺材抬上来。告诉使者，回去传话。伊犁是大清朝的，新疆是神州的国土，不管谁想割地求和，只要我左宗棠一息尚存，就休想圆你们的狼子美梦，喝令使者滚出去。

随着清政府的衰败，欧亚列强不断对中国进行军事和经济的侵略。雪岩在这个时刻，在蚕丝业上与洋人展开针锋相对的商战，也开始了他被扼杀的命运。

雪岩和梦瑾亲自下乡探访蚕农生丝的情形，发现收茧子的都是洋人的买办，他们总是想办法敲骨吸髓。一担茧子，足足一百斤，才给四两银子，连灯油钱都赔了。雪岩说：五两银子一担，我收！并且叫梦瑾过来对着蚕农说：这是梦掌柜的，我把她交给你，等茧子收上来，以雪记的旗号请人缫丝。蚕农笑得合不拢口，十分感谢。

雪岩回到胡庆余堂，看见一位从雪记退休的药工晕倒在店里，马上交代要好好照料，并且吩咐阿大：凡在雪记当过药工告老还乡的，一律发给纹银五两，已经去世的，就从去世之日起，每月发给纹银三两，按五年计算。不能让给雪记卖过力的人出去没有人管。他重复念着：为人不可贪，为商不可奸，要想做善事，手中先有钱。

阿宝的腿伤好了，芮瑾特别开心。因为她又能够再为雪岩效劳，阿宝也很高兴。

唐廷枢不请自来，在胡宅等着雪岩。表示几场风雨过后，已经精疲力竭。今日特来申谢。雪岩说有用得着的地方，尽管开口。廷枢又说几年来多有不周，请胡先生宽容。雪岩表示不要再提起往事，以免心里不舒服。

廷枢故弄玄机，说胡先生有所不知。然后说出了丁日昌建议汇丰银行将大班葛德立走马换将，雪岩愣了一下，马上哈哈大笑以掩饰心中的震惊说：跟我有什么关系？

“丁日昌处心积虑地盯住你向汇丰银行贷款这件事，怀疑你从中吃了朝廷的利息。”廷枢直截了当，一针见血地刺到雪岩的心坎。

他又点了雪岩一下：“你一直不让女人介入生意，但是说者无意，听者可有心哪！”

问题与解答

(1)左宗棠为什么要把棺材抬上来，让俄国人看？又为什么要向伊犁开炮？

中国人抬棺材只有一个作用，就是表示决心。战到死，都不退却。一直到现在，还是有些人抬着棺材去抗议，也不过表示决心而已。竞选的时候，我们也曾经碰到过，候选人把棺材放在旁边，说这一次不当选的话，就死给大家看。其实他只有一个目的，就是让大家了解当事人具有坚强无比的决心，仅此而已。俄国人看不看得懂这种事情？我们真的不知道。但是最起码，左宗棠叫人把棺材抬上来，他又讲了一番话，说伊犁是我们大清朝的国土，不管什么人想要割地求和，得要问问我左宗棠。只要我左宗棠还有一口气在，没有人能够得逞。我想这一番话俄国人会把它带回去。同时他又下命令向伊犁开炮，就是说我是有行动的，不只是有决心而已。我的行动随时会兑现。这种表现，其实也是我们常常讲的宣誓决心，显现行动。使俄国人跟我们谈判的时候不敢掉以轻心。这种手法，一直到现在，我们在谈判的时候也还会遭遇到。谈判的时候，常常会有周边的举动配合我们的诉求。使我们谈判的胜算率更高。左宗棠当时就是为了要跟俄国人对抗，所以才用这些我们今天也在用的花招。可见当时的想法，跟现在其实是一样的，只是方式不太相同而已。

(2)雪岩为什么要介入蚕丝的生意？他这样做，会不会得罪洋人？

雪岩会做蚕丝生意，完全是站在维护民族企业的立场。实际上他现在所要照顾的生意，规模已经够大，种类已经够多，已经够他心烦的了。只不过梦瑾提出来要做事情，而且又说从小对蚕丝有认识。雪岩一想，要做，当然要做你比较内行的。同时他又听到这些老人家跟他讲，洋人怎么样剥削他们，把蚕丝的价钱压得几乎血本无归。再这样下去的话，蚕也不要养了！他听了以后，觉得洋人怎么可以这样？一方面想替梦瑾找事情做，另一方面又想到这样一来，可以使我们的同胞生活上比较有保障。因此断然决定，我投资一大笔资金，来做蚕丝生意。这么一来，他一定得罪洋人。我们来设想一下，胡雪岩做这个决策的时候有没有想到洋人会怎么样？我想他应该是想到的。可是他不怕，他常常有这种使命感，认为我不得罪你，谁来得罪你？因为当时几乎没有人敢得罪洋人。洋人的气焰很高，特别是英国人，认为爱怎么样就可以怎么样。只要有做不到的，他们政府就会出面。英国公使跟李鸿章走得很近，就是为了保护他们的商人。胡雪岩心里想，你不提李鸿章还好，一提李鸿章我更生气。你不跟我讲洋人会生气还好，我就是要让他们生气。

我们可以看出，他有三个原因要介入蚕丝生意：一是同胞的利益一定要照顾，二是洋人不可以剥削我们，胡雪岩要跟你们对抗，三是梦瑾想做，找个机会成全她。就这三个原因，他才会介入蚕丝生意。可是天下事不如意者十常八九。我们不难想象，胡雪岩跟外国人对抗是很吃亏的。第一朝廷不会支持他，第二丁日昌会更加找他麻烦。再下去他是不是会更受罪？我们大家一起来关心吧！

(3)雪岩为什么要做到让员工老有所靠？为什么重复念着“为人不可贪，为商不可奸”这一句话？

我们现在一听到老人年金，就觉得这是很新的概念。对这种老人福利，大家都抢着说我有功劳。实际上雪岩当年，已经有这种认识。他认为一个人，一生在公司里面，把自己最精华的生命奉献出来。老了退休以后，公司仍然要照顾他。其实我们中国人的人事管理，王云五先生曾经用八个字来归纳，叫作进、退、奖、惩、教、养、老、死。一个人进来，我们要很慎重。一个人辞职退休，我们也要好好照顾他。奖惩是人事管理很重要的一环，用得好能够激励士气。教他，养他，同时要照顾他一直到死。这八个字，胡雪岩几乎都做到了。是不是很了不起呢！当年他就想得这么周全，实在不容易。他看到一个老员工退休以后没有人照顾，马上说，来，我们照顾他。把一个员工从生照顾到死，从工作照顾到退休，这是很合理的想法。但是一般人并不是这样，反而认为你为我所用。有利用价值的时候，我就雇用你；没有利用价值，就一脚踢开。老了没有人照顾，干我什么事？去找政府好了！雪岩不是这样想，因为他心里头常常念着芮瑾给他的两句话：为人不可贪，为商不可奸。他今天赚了钱，如果很贪心。一直想据为己有，舍不得跟人家分享，他就不会有这些念头。做生意人不赚钱干什么？抱着这种观念，就很容易变成奸商。自从芮瑾给他这两句话以后,雪岩常常想起来:为人不可贪,为商不可奸。对他有很大的帮助,因为无论看到什么,就想起这两句话。自然知道怎样调整,做到比较合适的地步。

(4)阿宝好了,芮瑾为什么特别开心?

芮瑾是一个性格很倔强的人,因此也吃了很多亏。她是一个很有爱心的人,我们从很多地方都可以看出来。她认为阿宝好端端的一个人,无缘无故被那些人把腿打断了,当然希望他早一天好起来。再加上阿宝是她的表弟,她当然希望他快一点好起来。当然,她还认为阿宝是她推荐给雪岩的,今天这个样子,她也应该负责。我觉得我们如果把这种气氛带到公司来,对公司的运作会很有帮助。如果每个人都认为,你生病是你的事,那么这家公司对安全的重视就会降低,这样一来,彼此不关心,生病的员工可能就会增加。同时大家也慢慢感觉到,生病我就请假,反正对公司也没有什么影响。可见一家公司,如果关心员工的健康,包括生理和心理两方面。很自然会把环境弄干净,想办法加以美化,使大家气氛上更和谐。我们把芮瑾这种心情,拿来用在公司里面,对加强竞争力,提高工作士气,都非常有帮助。公司千万不要认为,你们是来做工的。我提供机会,你们就应该心满意足。

我们应该想到,员工一天八个小时在这里,要受到工作环境的影响。环境对他不利,久而久之,就会产生职业病。很多人莫名其妙得病,公司应不应该负责?当然要负责。可是怎么负责呢?就是平常要把环境弄好,应该要整顿,应该要美化,应该注意卫生条件,使大家身心都能够健康。大家开心地工作,效果才会好。如果把它看作纯粹只是芮瑾跟阿宝的事情,我们就没有办法学到东西。如果把它扩大到公司里面,每一个人彼此之间的关怀。我们就知道,很多事情,我们是应该做的。

(5)雪岩为什么劝唐廷枢过去的就让它过去,并且说有用得着的地方,尽管开口?

我们会不会觉得雪岩厚此薄彼,这么容易谅解唐廷枢,那么不放过则云,是不是则云比唐廷枢倒霉呢?我想不是这样的。雪岩在则云身上投入很多心血,寄予很大的信任。所以则云的行为,使他感觉到格外伤心。而唐廷枢,本来就是洋人的买办,本来就是一个只在生意上往来的人。他并没有在唐廷枢身上投入多大心血,寄予多大厚望,所以雪岩对则云很失望,对唐廷枢反而没有这种感觉,这也是人之常情。

我们常常说，爱之深，责之切，的确是如此。我相信则云也能够理解这一点，因为彼此的关系不同，心里头那种负担也不一样。那种痛苦感受的比重完全不同。雪岩对则云的行为是不是看得开，我们让各位自己去评估。如果要问我的话，我认为他已经够看得开了。他可以把他开除，可以把他公开出来，把他牺牲掉。但他没有这样做，他还是念及兄弟之情。虽然这个打击实在是太重了，他还是相当看得开，碰到就碰到，会变成什么样子再说吧！可是他在唐廷枢这边，就显得非常轻松。因为并没有那么大的牵连性。廷枢整自己，自己也很清楚，现在他改邪归正了，给他一些帮助，给他一些鼓励，仅此而已。基本上我们可以看出来，雪岩是一个相当看得开的人。看得开是好事情，不过要记住，不能看破。现在很多人动不动就讲看破，看破就完了。看开而不看破才是真正正确的观念。我们从雪岩的一举一动，可以看出来他从来没有看破，看破他就当和尚去了。他没有看破，他还是很积极。什么事情都要伤脑筋，尽量要求好。可是他看得开，过去的就让它过去。碰到的就算倒霉，以后怎么做，再说吧！我觉得这是很好的修养。

(6)唐廷枢为什么提醒雪岩，丁日昌怀疑他从中吃了朝廷的利息？

我想这只不过是常理的判断。因为一般人都会想，借那么多钱，不从中得到一些好处，干吗这么热心？就是这样简单而已。一个人为政府去向外国人借钱，居然不动脑筋在利率上给自己一些好处，哪里去找这种人？我们常常替雪岩抱憾，认为他很不值得。聪明一世却糊涂一时。这么明显，这么容易被人家逮到的地方，居然犯这么大的错误。我想雪岩心里头也是很后悔的，只不过唐廷枢讲的时候，他很轻松地把它拨开来，有点四两拨千斤的味道。实际上不然，你看他一送客回来整个人都快崩溃了。他知道事态严重，知道后悔莫及。一个人千万记住，在容易被抓到把柄的地方要特别小心。他就是违反这条原则，才弄得自己走投无路。在一定会被逮到的地方会很规矩，这是中国人的基本素养。胡雪岩居然在这么容易被人家怀疑，被人家发觉的地方做了手脚，这是他一生的致命伤。再加上丁日昌这些人，无所不用其极，只要有点风吹草动，就会紧追不舍。不择手段地要把你的根都挖出来。雪岩这次总算是栽了跟头，从他的表情可以知道，他心里有数。但是他还是很高明，要掩饰自己，要保护自己。非到最后关头绝不放弃，绝不牺牲自己。我觉得他做得很好，只不过有很多事情，还是一句老话：人算不如天算啊！

九、胡府已露败象

家和万事成,反过来说,家庭不能和谐,影响到家人的情绪,那就诸事不顺,难求成功了。

妻妾之间,原本很难和睦。雪岩说是醋意太浓,闲话太多。现在唐廷枢指出玉惠无意中走漏消息,才使别人抓住贷款利息这一条线索穷追猛打。雪岩气不过,把玉惠找来,指控她是胡家的掘墓人。胡府的败象,至此已充分显露。雪岩心里清楚得很,只有玉惠始终不明白。

胡雪岩的领导风格是擅长抓住人心。往往三两句话就能够打动人家的心,到了无可抵御的程度。是不是这一招用得太精巧了,以致用在葛德立身上相当有把握,这才种下祸根。或许是用在一个女人身上,功效显著。女人多的时候,反而失灵。因而耗费精神,以至于不能及早设法挽救,形成坐以待毙的局面?

重点提示:胡雪岩的领导风格

胡雪岩自己知道,他看起来成天在金钱堆里打转,可从来没有把钱财当过性命。他所极力追求的,并不是名,也不是利。他最关心的是什么?是“人”。

要开公司很容易,公司要成功很难。这当中的关键,正是人。人找对了,公司才会成功,否则就算公司成立,很快也就会倒闭。胡雪岩明白这个道理,所以从小就多看、多听、少开口,学习与人相处的诀窍。在跑街那一段时日,更充分体会很多饱学之士,到处碰壁,有志难伸的原因,在于缺少对人的本事。无法获得众人的支持,也谈不上受到赏识。因此用心揣摩,多方思索,找到一些抓住人心的技巧。经过不断的尝试和改善,练成一身好功夫,也塑造出胡雪岩独特的领导风格。

领导的基础，说起来是找对人。而不是随便找人，再来教导他。胡庆余堂招贤纳士，雪岩面试余修初。找到了可靠的余阿大，胡庆余堂才能够顺利地成长茁壮。

人找到了，还需要立好规矩。定好制度，才有办法领导。

可见有制度，才能吸引优秀的员工；待遇好，才能使人奋发努力；而老板洞察人情、掌握人性，又能够抓住人心，才有办法表现出有效的领导风格。雪岩的用人、抓心，确实是需要我们学习的。

个案简介

廷枢暗示雪岩，是玉惠无意中走漏汇丰银行贷款吃利息的事情。廷枢走后，雪岩立刻叫人要玉惠到训善堂，说有事要好好跟她沟通。

玉惠觉得不对劲，雪岩又迟迟不来。她在训善堂心急地走来走去，饱受折磨。

雪岩一进门，跪扑到玉惠脚边沙哑地厮喊着：玉惠呀！你为什么要加害于我？

玉惠急得哭了，赶紧跪下来，连称没有。

雪岩恨恨地说：有一天我胡家败落了，你就是掘墓人。雪岩说完后扭头就走，留下玉惠一个人，在漆黑的训善堂中哭泣到天明。

梦瑾主持收茧的工作，这时有人带来一桶发黄的旧货，她不假辞令地说：不能收。任凭那人再怎么恳求，就是不收。但是她吩咐阿四，拿些银子让那人回去治病。

为了破除洋人垄断缫丝场的局面，梦瑾找黄佐卿谈筹设缫丝场的事宜，决定先斩后奏。雪岩知道以后，发现梦瑾开始在外边以雪岩的名义跟人家谈生意，摇头表示翅膀硬了，实在让他不放心。

黄佐卿觉得梦瑾这样年轻，便有如此的胆识，十分钦佩，不过仍不放心一个女人的行事决断。梦瑾说出自己的东家是胡雪岩，佐卿请问能否见雪岩一面？梦瑾则说他的事情今后全权由我代表。

成祥向雪岩建议，朝廷软弱，洋人的气焰更加嚣张，若是在蚕丝上跟洋人斗下去,恐怕会吃亏。雪岩表示不怕,也不相信会如此。成祥分析各种情况都对我们很不利。雪岩说已经投资两千多万两银子,不能说撤就撤。成祥再怎样劝阻,雪岩就是不为所动。

左宗棠加强火力猛轰新疆,各国为顾及自己的利益,拼命对清廷施加压力,李鸿章更是着急地求见西太后。但是左大人下令不可让俄人以为大清软弱、中国可欺,因此不胜不休。

西太后要李鸿章叫曾纪泽去议和签字,李鸿章则劝谏太后将左宗棠调回,因为左大人一日不离新疆,俄人便一日不相信和意。

王将军将西太后的旨令拿给正在外面巡视的左大人。左大人气得将旨令扔在大厅里,传令撤军。

问题与解答

(1)雪岩为什么叫玉惠到训善堂等他,问她为什么要加害于他?

雪岩听说英国的汇丰银行换了大班,内心非常恐惧,非常紧张。可是他毕竟很老到,装得若无其事,用笑来掩饰他内心的恐惧,我觉得这点是很重要的。因为人家也许在套他,被人家一套,就把内心的状况暴露出来,表明这个人的功夫还不到家。雪岩笑笑,但是心里头很恐慌。唐廷枢走了以后,雪岩根本就支撑不了了。坐下来,连茶杯都打翻了。他一方面用笑来掩饰,另一方面趁机要把唐廷枢的话套出来。他说,如果有这种事情的话,那你们是怎么知道的?唐廷枢也很含蓄,没有直接讲出来是玉惠,这叫作点到为止。他点出了这个人是谁,但是没有把姓名说出来。雪岩一听就懂了,他心里想,我一辈子不要女人介入我的生意,结果还是死在女人手上。他十分生气,马上叫人把玉惠叫到训善堂等他。意思是说,我待会儿问问她,跟她算这笔账。雪岩心里很清楚,现在做什么都没有用。可是一个人就算你有再大的定力,到了这个时候,能够表现得像雪岩这样,就已经不错了。

我们中国人,做人做事的第一个要领就是掩饰自己。不要让自己的内心很容易地暴露出来。唐廷枢也在掩饰他自己,他在透露一个非常紧要的消息,但是却装得像若无其事一样。雪岩更是了得,明知这是他的致命伤,却也笑笑，装得好像没有事情一样。大家心里都很清楚，可是通通不会赤裸裸地表现出来。跟西方人那种有话直说、有话实说的主张不太一样。如果将来真的要对质起来，唐廷枢说我没有讲，我哪里有讲玉惠？是你自己想的。他可以把责任推掉，因为他没有必要承担这个责任。至于雪岩要怎么想？雪岩想的是谁？那是雪岩的事情。我尽的是我的心意，你怎么想跟我无关，这才是要领。

（2）玉惠是真的不知道她害了雪岩，还是装成不知道？

我们首先来看一个问题，雪岩为什么一进门就向玉惠下跪？我想这不是下跪，他没有必要这么做。因为他已经气得要命，所以一进门来几乎被门槛绊倒，看起来好像跪在地上，其实并非如此。他知道事情已经无可挽救，再求玉惠也没有用。我相信如果事情还能够挽救的话，他真的会委屈自己，向玉惠下跪。他只是气急败坏，才变成这个样子。他说有一天胡家如果败了，你就是掘墓人。这一句话非常重，玉惠根本承受不了。像玉惠这种层次的人，她的知识与修养，还没有功夫来掩饰自己，所以她不是假装的。我们已经说出一个道理，就是说假装得需要有相当的功夫。像玉惠这样的人，没有什么功夫。根本就没有办法掩饰，她真的是不知道。

我们劝告知识不够的人少说话是有道理的。因为言者无心，听者有意，最后导致无心却败坏了大事的恶果。我们在这里趁机向各位企业家夫人或者员工的太太们建议，任何人谈到公事，最好只有一个答案说我不知道。我从来不参与先生的事情，这样比较安全。但是偏偏有很多太太喜欢装知道，充内行。不但人家问，她要答；人家不问，她也要讲。我不晓得这是在干什么？就算你非常清楚，也要说他的事情我从来不管，我根本不知道。这不是很安全吗？玉惠如果有这种素养，会闹成今天这个地步吗？她却没有这样做，因为她不知道利害关系，所以敢讲，这就是一般人常犯的毛病。玉惠不了解自己的缺点，所以才会闯下这种滔天大祸。对这种突如其来的压力，她根本承受不了，几乎发疯了。各位想想看，胡雪岩的母亲曾经讲过，就算玉惠发疯，我也会留她。果然不幸而言中了。就算被人家留下来，对你又有什么好处？所以还是少开口，慎重说话，比较安全。

（3）梦瑾为什么拒收不是当年的茧子？这样做好不好？

梦瑾这个人，我们已经看出来，她的缺点就是太倔强。但是她的长处，就是她很聪明，很负责。一个人太精明对自己并没有好处。一个人千万要聪明，但是不要精明。梦瑾年纪轻轻,就受那么多的苦头,她就是不了解这个道理。一个聪明人,不会随便外露。装得傻傻的,这个人就不会自己找苦恼。梦瑾不是,她聪明,就表现出来,好像很精明能干。但是,因此吃了很多苦头是没有必要的。她却表现出明察秋毫的样子,认出这根本不是当年的茧子,我怎么可以收?有这个必要吗?没有必要。可以这样说,这个茧子,我们可以做别的用途。但我们这次要的,不是这样的茧子,不就好了吗?非要把人家拆穿,做什么?但是她有她的优点,就是公事不能马虎。茧子不合品质,不合规格,我就是不要,这种态度很正确。可是呢,她叫阿四把银子给他,表示在私的方面,可以同情你。公的方面,没有人情可讲。这一点是她拿捏得非常好的原则。当然,梦瑾是很聪明的女孩子,她跟在雪岩旁边也很用心在学。可是,毕竟历练不够。在某些地方学得很像,可是一牵涉到个性的时候,她就没有办法改变自己。她说:这个茧子不合规格,这是一个采购人员最起码的态度。可是那个人要求她同情,说他家里怎么样痛苦,请你同情我,买我的东西。她也很慷慨,叫阿四给他银子。她这样做,表示公私分明,分得很清楚。当然,她如果再历练一下,态度再缓和一点,说话的口气让人家听起来不那么刺耳。那么梦瑾是一个可造的人才,很可能变成一个得力的干部。

(4)雪岩为什么说梦瑾翅膀硬了?他有什么不满意的地方?

我们很容易了解,梦瑾这个女孩子,也不至于那样的自作主张。如果说雪岩没有授权,没有对梦瑾说,以后你就是梦掌柜的,你可以代表我处理蚕丝方面的事情。我想梦瑾不会在外面讲,我可以代表雪岩,不至于如此。问题就是说,老板可以这样讲,而员工却不能够这样说,这才是重要的地方。老板说你代表我,他可以这样讲,但你不能讲我代表老板。讲了之后迟早会传到老板的耳朵里面,他就非常不高兴,而且非常不放心。我们中国人,有些话别人可以讲,自己不能讲。

老板说:你代表我。这是表示他对你的信任。你在外面一定要说,我要回去请示。你绝不能说,这个事情我可以代表。像梦瑾这样,叫作经不起考验。看起来好像雪岩很不讲理,怎么可以这样?明明授权得很清楚,现在又讲这种话?我想十个老板,九个是这样的。老板一定要抓住最后决定权,所谓授权,不是说干部可以决定的。干部可以在外面跟人家谈判,可以在外面跟别人讲得五分、六分、七分,甚至八分都可以。但是最后一句话,最好说明,我回去向我们老板请示以后,再给你答复。我想这样的人,老板才会放心授权给他。否则的话,老板一授权,干部就专权。自己决定一切,老板心里会发慌的。你看连客人都不太相信,梦瑾讲的话会算数。讲来讲去,梦瑾说我可以代表雪岩这种话,只有梦瑾一个人相信,可见这是没有用的。现代社会,很多人不懂得这个原则,好像什么话都可以讲,其实错了。千万记住,有些话只有别人可以讲,自己不能讲。

(5)黄佐卿为什么不相信梦瑾?他担心些什么?

黄佐卿是一个很稳重,而且很诚恳的人。他听到梦瑾讲出这么好的构想,心里头的反应总觉得你年纪轻轻,会有这么大的财力吗?就算你有魄力,你没有财力,讲了半天,也是空想,也是做梦而已。所以他就问:你后面的老板是谁?梦瑾就说,我老板是胡雪岩。黄佐卿当然听过胡雪岩的大名。他就说了,我可以跟你东家见一面吗?这个时候,梦瑾如果说,欢迎。改天替你安排,我们大家见面谈谈,相信黄佐卿就不会怀疑。偏偏梦瑾讲,我可以代表胡雪岩,没问题。她讲得愈有把握,讲得愈肯定,人家听起来,愈不相信。

很多人始终不了解对方的心理,讲得很自信。把话讲得好像没有商量的余地,表示态度很坚定。但是听的人反而感觉到你是在充面子,在支撑自己,可能内心很空虚才需要外表这么坚强。一个人,如果很有实力,不必用很猛烈的态度,好像很刚猛的样子,来表现自己。各位可以看到真正有钱的人,他敢骑破脚踏车;一个没有钱的人,再怎样也要去借一部名牌汽车来充面子,就是这个道理。一个人外表越强硬的时候,我们应该了解他的内心是软弱的,好像临终之前的哀鸣。很多人很奇怪,看到这个人软弱,就认为他软弱;看到这个人很刚猛,就认为他很刚猛。其实这是不对的。我们是阴阳民族,就是说外表跟里面是互补的。愈有自信的人,外表愈柔和;愈是自卑的人,愈是装得很了不起的样子。如果这个人讲话咄咄逼人,你就知道,这个人修养不够。梦瑾就是吃这个亏。她如果讲话客气一点,含蓄一点,谦虚一点,人家会比较容易相信她。相反的,她就是为了使人家相信,所以装成那个样子。把话讲得很满,以致连黄佐卿这样的人,都不会相信她。

(6)梦瑾说雪岩的事,今后由她全权负责。她这样做有什么毛病?

我们为什么刻意把这一部分拿来当作主要的问题?就是因为很多人经常犯这种毛病。说难听一点,就是死在这个地方。梦瑾为什么不看看成祥?雪岩几次跟成祥讲,你有本领,有能力,有魄力,你就是不表现出来,表现出来就好了。但是成祥,听了以后都是,是,是,是。依然循规蹈矩,丝毫没有因为雪岩的鼓励而改变原来的作风。他没有,因为他心里很清楚。这么长久以来,大家比来比去,才知道雪岩比他要高明得多。因此雪岩再怎么讲,他都紧守本分。也就是因为他紧守本分,所以雪岩才能够放心,不断鼓励他。

这里头牵扯到三个很重要的论点:第一点,一个守本分的人,人家才敢授权,才敢激励。第二点,如果一个人因为受到人家的鼓励,就以为自己真的了不起。我从来不知道,我自己真的这么了不起。然后就自我膨胀,膨胀到最后,连主管都不敢授权。第三点,中国人所谓的授权,就是最后你要等到他点头,才可以动作,这样叫作授权。当老板的人,一方面授权,另一方面要事无大小无所不知。你不让他知道,他就开始怀疑。你为什么不让我知道呢?你在隐藏些什么机密呢?会不会慢慢的,搞出些什么花样来呢?老板最要紧的,就是能够全盘掌控,他不容许有事情不知道。所以一个聪明的干部,老板愈授权,愈要及时回馈。及时向他请示,或者及时报告,都十分必要。不是回馈,就是报告,或者请示。你总要让他知道一下,他才放心。老板愈放心,干部就愈有自主权。老板一开始怀疑,他会把所有授权通通收回,顷刻之间,干部就毫无自主权。梦瑾能不能代表雪岩,是雪岩在决定,不是梦瑾可以决定的。我想这句话很重要,一个人如果认为自己可以决定的时候,老板就已经非常不放心了。老板越说你可以……你越要自己守本分,不要逾越权限,这样两方面才有良好的默契。有些人就是由于这么一两句话,把自己的前途都讲没了,而且他还不知道。主管可以讲的话,部属不一定可以讲。父亲可以说的话,儿子是不可以说的,这才叫作伦理。

(7)成祥为什么劝雪岩,不要再搞蚕丝生意?

这一点是成祥高明的地方。他毕竟旁观者清,看到雪岩同洋人这样斗来斗去,心里头有一点害怕。因为老实讲,当年洋人进入中国时,势力很大。不但有外国政府在后面撑腰,而且有我们很多官员情愿卖掉我们国民的利益,来求取洋人的一点小便宜。单凭一个商人,要跟洋商对抗是不太可能的。偏偏雪岩有这种勇气,为了使养蚕的人能够收入好一点,很勇敢地跟英国商人对抗。对抗的结果怎么样?成祥已经开始在担心了。所以他说,我们那么多行业都做了,这个行业不要做算了。我们现在的对象是英国人,不是说英国人怎么样，而是说我们跟英国人贷款的那件事情，将来会不会因为这样而搞得更不可收拾。我想成祥在这方面的顾虑，不但有必要，而且很恰当。可惜雪岩听不进去。雪岩应该从一个是梦瑾，一个是芮瑾两个人的身上，回头看自己，偏偏他没有。如果他从这两个人的身上回头看到了自己，也是太过倔强的话，那么他很可能会做一些缓和的动作。也许整个的事情会有不同的发展也说不定。但是他就是硬到底，看你把我怎么样？我们中国人常常讲，你要出头，就要准备被人家把头戳破。雪岩就是这种个性，你说他好，他也很可爱；你说他不好，他是跟自己过不去。我觉得这是个人的价值观，我们无从置评。只不过我们从这件事情，可以看出来，是不是要大小通吃呢？有些地方让人家会怎么样想呢？吃得下，你就吃；吃不下，就不要吃，是不是比较妥当的思考法则呢？有很多人，很喜欢大小通吃。吃到最后，吃不下了。有很多人又太过偏食了，一辈子只搞这一行，其他我不管。好像都是不太好的一种呈现。还是中国人那三个字最好，叫作看着办。雪岩如果保持这种弹性，那就很好。我们看得很清楚，他一向很有弹性，现在好像越来越僵化了。是不是因为环境把自己造成这样？这是值得很多老板深思的。他本来不是这种个性，却慢慢变成这种个性。本来他很谦虚，却越来越霸道。雪岩好像有这么一点儿倾向，很值得我们担心。

(8)雪岩为什么不接受成祥的劝告？从这件事情看，两人的得失如何？

雪岩一向自命为民族企业家，认为和洋人对抗是我的使命，这点我们很钦佩。一个人很难得有使命感，而且可以为自己的使命而不顾一切。但是请问，你有没有想到老母亲？有没有想到你娶的这些太太们？有没有想到你的干部，你的员工？我想这是雪岩没有想到的。一个人如果表现得过分的个人英雄主义，谁跟他在一起也是很倒霉的。他只有自己的使命感，完全没有别人的存在，这样对吗？雪岩有这个本领，当然可以跟外国人拼。但是你自己已经有把柄抓在人家手里头，又太忙于这些琐碎的事情，更没有做好比左宗棠更高一层的政商关系。就这样去搞，这样去斗狠，当然我们一再讲，不能怪雪岩，因为毕竟左宗棠看得很清楚，他读书还是读得少一点。他对道理不是那么清楚，只是有勇气，所以讲起来，两个人都有缺失，但是两个人都很可爱。他们始终搞在一起，很有默契，就是缺乏一个像诸葛亮那样的人在旁边指点他们。你看刘备，有那么好的兄弟，却始终一筹莫展。就是缺乏诸葛亮嘛！等到诸葛亮下山以后,他们兄弟三个人的力量才能够发挥出来。胡雪岩没有想到这一点,他们这个集团就是缺少一个参谋长。雪岩很能干,成祥,则云都很好,就是没有诸葛亮。

(9)左宗棠为什么下令不胜不休,却又命令三军撤兵?

看起来非常矛盾,好像大转弯,实际上也是有原因的。在左宗棠心里,新疆是我们大清国的领土,只要我左宗棠有一口气在,就不容许它被俄国人侵占。所以他说,打仗打到胜利为止,不胜利绝不停止。可是朝廷的命令一到,叫他撤兵,他有什么办法?军人打仗的时候很神气,可是碰到政府官员的时候,我们常常讲秀才碰到兵,有理说不清。事实上兵碰到秀才,照样有理说不清。他有什么办法?你看当年的岳飞,又能怎么样?左大人很伤心,说你们这些住在宫廷里的人,到底知不知道真实的情况?可是见仁见智,每个人的看法不一样,又能怎么样呢?我想这是历史上很多次重复不断的案例,也不是说只有左宗棠如此。左宗棠了解事理非常透彻,只是他觉得有些事情,算了,去争也没有意思。他是具有这种修养的人,不是没有能力。他心里想,我将在外,到底君命要不要受呢?这种情况之下,我能不受吗?有足够的实力,来跟朝廷对抗吗?朝廷那一些人,我愿意跟他们像狗咬狗那样咬来咬去吗?他心里想算了。所以你看他的样子,不是很乐意撤兵,但他是很无奈啊!我们从这一点,其实也蛮佩服左宗棠的。

十、外商横施压力

丁日昌一直怀疑,胡雪岩有什么不轨的行为,老想抓住他的把柄,以便把他打垮。

梦瑾很想工作,对蚕丝业十分热衷。由于年少气盛,加上雪岩本来就对洋人印象不好,以致严重地得罪了英国商人。英国公使向丁日昌求援,丁日昌趁机提出撤换葛德立的诡计。内神通外鬼,中英联手,自然轻易地把雪岩这位民族企业家整得走投无路。

雪岩希望梦瑾成为好帮手,梦瑾却由于经验不足,常常演出越俎代庖的戏码。雪岩会不会因为急于磨炼梦瑾,弄得英国商人更加下不了台,这和雪岩重和气不重骨气的主张不相吻合。

外商横加压力,官员出卖自己同胞,家人又缺乏良好的默契,雪岩的日子不好过,似乎很快就要向下滑落。

重点提示:做好帮手VS越俎代庖

做好帮手,最忌讳的,就是越俎代庖,把老板弄得不知如何是好!而老板授权给自己,自己要更加尊重老板的最后裁决权,老板才会放心。老板授权你,你却忘记了你不过是一个帮手,竟然要越俎代庖,马上就会引起老板的怀疑,这是咎由自取,怪不得老板呀!

好帮手的三大要件是:第一是让老板放心,第二是有本事把事情做好,第三是人缘好,不惹是非。

喧宾夺主,替主人做决定,是客人的大忌。越俎代庖,替老板下决策,也是干部的大忌。干部应该是好客人,应受主人欢迎,所以不应该越俎代庖。

个案简介

左大人从新疆撤兵，返回北京。王将军安慰他也算是班师回朝，至少保住湘军子弟兵。何况此次入主军机处还有希望。左大人则说李鸿章上下皆通，内外活动，两位太后口头上不怕洋人，心里却偏向李鸿章。他希望王将军掌管好湘军的帅印，一旦外患再起，好让国家有一支好队伍。他问起最近有雪岩的消息吗？王将军回说没有。左大人说一直没有忘记他，现在李鸿章权大势大，怕他容不得胡雪岩。而且如果真的有那么一天，自己恐怕也已经是一尊泥菩萨了。

成祥向雪岩报告，左大人奉召回京，入主军机处。丁日昌升官，已经到了上海。认为对洋人应该用一些心计，别激怒他们。

雪岩不以为然，认为对洋人不能太客气。

两位洋人求见雪岩，梦瑾出来接见，问他们有什么贵干？洋人说想出高价从胡大爷手里买一些生丝，梦瑾表示不卖。洋人说不卖，不是等于垄断吗？梦瑾回话这是中国，我们不把持，让你们把持不成？洋人问梦瑾可以代表雪岩吗？梦瑾回答可以全权代表。

雪岩正好在外边听到梦瑾的话，进来后厉声叫梦瑾出去，并且大声说：在生意上，你代表不了我。

梦瑾忍着泪跑出去，洋人莫名其妙。雪岩叫成祥给客人上茶，并且问洋人有何贵干？洋人说明来意，并提出价钱。雪岩故意抬高价格让洋人不能接受。然后吩咐成祥让洋人出去，自己也先走了出去。

梦瑾被雪岩吼出来，委屈地在房里哭泣。

洋人对雪岩的行为感到十分不满，联合所有英商到公使馆抗议，争相诉说雪岩的不是。

公使无奈，只好去找丁日昌。丁日昌听说以后和那些英商一样义愤填膺。激烈的程度超过公使的预料。丁日昌安抚公使说，早晚要为英国朋友出这口气。因为李鸿章早已交代，排左先制胡，倒左先倒胡。

成祥正在和雪岩商量事情，此时梦瑾求见。雪岩表示没有话说，不见。梦瑾披头散发跑进来说：不想见也得见。今天是你让我去见洋人，我之所以这样说是为了给老爷争气，让他们拜在我们脚下。你想让我怎样做，我都可以去做，要是觉得我说错了，可以让我滚。

雪岩对成祥埋怨道：梦瑾把这里当成客店了，怎么可以想来就来，想走就走呢？雪岩要梦瑾跪下，成祥劝阻也没有用。

问题与解答

(1)左宗棠为什么要王将军好好管好湘军的帅印？他为什么突然问起雪岩的近况？

左宗棠心里有数，知道只有把湘军交给王将军，自己才有办法应付以后的命运。他看到朝廷这样斗来斗去，而自己又不愿意参与。他已经明白，今后的命运是什么，不如趁早把湘军的接班人安排好。当然啦，王将军是不是能够真的把湘军带起来，我看也未必。因为从湘军的作风，可以看出来，他们很专心打仗，但是对各方面的关系都不是搞得很好，这也是湘军比较吃亏的地方。湖南人在我们中国的军队里面是很重要的一支。我们常常讲无湘不成军，就是这个道理。但是湖南人的个性，从左宗棠的身上也可以看出来，是稍微有点吃亏的。雪岩如果有左宗棠的智能跟修养的话，我们可以确保雪岩不会垮，他的事业会越做越好。因为左宗棠已经知道晚景不好，所以才步步为营。雪岩送到他家里面的米粮，他都拒收。送银子，也拒收。他从来没有把柄留在人家手上。各方想要打击他，也无从下手。如果雪岩学到左宗棠这一招，一开始就步步为营，什么事情都站得很稳。你打嘛，大家来打嘛，你再打，我还是江南药王。你再打，我还是东南大侠。他偏偏却是百密一疏，因没有注意到，而留下一个致命伤。

我们常常讲，一个人有他的长处，但是很难求全。你看左宗棠如果跟雪岩两个人加起来，那要比单独一个人强得太多。他们两个只是合作，但是没有互补，没有彼此学习，所以将来都有苦衷。现在他心里头已经有预感了，知道自己的势力向下滑落。趁这个时候，赶快交棒，可能比较妥当。他马上又想到，雪岩可能要倒霉。因为人家要打击他，一定先打击胡雪岩。以前他还撑得住的时候，还有利用价值，雪岩还比较安全。现在人家开始要打击他，他也没办法保住自己。所以他就问：雪岩怎么样啦？可见他是智能很高的人，几乎对整个变化都已经了然于胸了。

(2)左宗棠为什么说雪岩出乱子时,他自己也是一尊泥菩萨?

一个人有自知之明,是非常难得的。像左宗棠这样,几乎什么事情都看得很清楚,这是很高的修养。他知道雪岩迟早会出乱子,而当雪岩出乱子的时候,自己也帮不上忙。他三番两次要雪岩多读书,就是这个道理。我们站在左宗棠的立场想,像胡雪岩这样的人,他能不用吗?他不用他,用谁呢?你要想找到一个十全十美的人,再来跟他合作,恐怕一辈子也找不到。所以他看上了胡雪岩,并不代表他不了解人才的标准。我们可以这样讲,左宗棠比较了解胡雪岩,而胡雪岩不太了解左宗棠。胡雪岩如果了解左宗棠,他会事先有很多准备,他会用很多其他的方法来帮助他的事业。左宗棠一看到胡雪岩,就知道这个人讲义气,有魄力,求上进,干劲十足,有很多好的条件。但是毕竟雪岩在事理方面的了解还是不够的。所以不断地告诉他,就算不为功名,也要多读书。他呢?也想尽办法,联合大家来保荐他,给他一个一品顶戴的官位,增加他在官场活动的能力。这些他该做的,他都做了。所以他现在心里很安然,没有对不起胡雪岩的地方。他只是很感叹,说雪岩将来出事的时候,我可能是泥菩萨了。他是不是不幸而言中了呢?我想我们还不知道。我们往后再来进一步地观察。只不过我们现在已经看出来了,左宗棠不是心灰意冷的人。他只是认为,以我一个人来跟他们这样搅和,有用吗?我觉得这才是中国人做人的道理。可进则进,可退则退。不是说我不顾大环境,我该做的就一味去做,好像也不是这样。那样的表现,就是个人英雄主义。家人都置他们于不顾,于心何忍。

(3)雪岩为什么对洋人态度强硬?这对他有什么影响?

我们都知道,在清朝的时候和洋人通商,完全是出于西洋各国的强烈要求。当时我们中国人并没有这个需要,因为我国地大物博,我们的经济向来是自给自足。不跟外国人做生意,对我们中国人没什么影响。相反的,外国人来到我们中国,强烈要求通商。我们是被迫的,我们是被动的,不是心甘情愿的,这是当时的状况。再加上16世纪初期,最早来到中国的西洋人,是葡萄牙人。葡萄牙人来到中国的时候,他们的行为,他们的表现,简直跟海盗一样。怎么能怪当时的中国人看不起他们呢?当时的人普遍对洋人没什么好感,并不是说只有雪岩比较特别。只不过雪岩亲自跟洋人接触以后,更加证明他们很高傲,背后有政府支持,非常霸道。所以讲到这里,我们要给雪岩很大的支持,因为很难得有他这样的人。我们平心静气地想一想，如果说清朝政府也像英国政府一样的支持胡雪岩，我想胡雪岩还是有足够的能力来对抗洋人的。只不过中国人向来以打自己人为乐，所以雪岩恐怕很难逃过这一个劫难。雪岩自己心里很清楚，到紧要关头，清廷是不会帮助他的。没有把他打下来就不错了。就凭他自己的一股勇气，恐怕很难把英国人打下去。因为是个人对整体，你看英国人他们是整帮，以大英帝国的利益作为共同的目标。我们有没有这样？我想我们很少这样子。

(4)雪岩为什么当着洋人面前，说梦瑾代表不了他？他为什么把洋人赶出门去？

我们看得很清楚，雪岩这种举动，最起码有三个目的：第一，他要在洋人面前显示自己的威风，就是给洋人一个下马威。说我这个人不好惹，你少惹我。他为什么敢这样做？因为他不想跟洋人做生意。否则他不会选在这种时机这样表现的。第二，要挫挫梦瑾的锐气，因为上一次梦瑾跟外面的人谈生意，说她可以代表他，雪岩已经非常生气。现在居然当面讲这种话，所以就抓住机会，给梦瑾很大的难堪。我想他平常也不会这样做。第三，他要洋人知道，我胡雪岩只有我自己可以决定我的事情，以后不要动脑筋找任何人，直接来对我。我就是不买你的账，所以才说，你给我走开！我想这三个目的合在一起，才会使得雪岩有这种很不寻常的动作。因为他平常的主张，不是这样子的。他说生意人不讲骨气只讲和气。和气的人怎么会这样子？和气的人怎么会当面给人家难堪呢？不可能，他是有另外的用意。

我们常常讲，一个人在非常时机做出非常的举动，必然有非常的用意。应该用这种方式来了解，才比较容易看得清楚。当然我们没有认为他这样做是好的，因为可以用别的方式。这样做会引起梦瑾很大的反弹，是你叫我来的，结果你自己不认账，又当面给我难堪，你是什么意思？因为梦瑾的年龄很难了解这些事情。雪岩认为一个人不栽培，不会成器，所以他很用心，要把她的锐气挫掉，但是梦瑾始终没有办法理解。对洋人呢，这样一来一往，他们根本不了解到底在搞什么？可见雪岩的想法是对的，但是他搞错了对象，产生不出预期的效果，这一点也是雪岩没有想到的地方。

(5)丁日昌为什么要联络洋人打击雪岩？

借外力来打击自己的敌人，是中国人常用的方法。因为自己花力气去打，不如用别人力气去打,这叫作借力使力。借力使力可以用对方的力,也可以用旁边的力。现在洋人势力这么大,连朝廷都怕他们好几分。这个时候,如果拿洋人的力量来打击胡雪岩,也就等于打击左宗棠。对自己的组织非常有利,将来又是功劳一笔。所以丁日昌念念不忘,要打击胡雪岩。在我们看起来,是一种很可笑而且也很可恨的行为,但是在他有限的知识里面,会认为他是忠心耿耿的表现。我想问题就出在这里,你说他下定决心要做个坏人,我想也很难得有这样的。他只是认知不清楚,认为组织要打,我就无所不用其极。一看有利可图,有势力可以利用,很快就跟英国人结合起来,共同打击胡雪岩。利害关系一致的时候,彼此最容易合作。丁日昌跟英国人讲,只要把这件事情抖出来,他就死了。这种事情连英国公使都没有想到,所以英国人觉得你们中国人杀自己人的时候,真是丝毫不用自己的力量。可是他觉得有利,所以他就做了。英国公使称赞丁日昌说,丁大人你真是防不胜防。而丁大人听起来,也觉得非常满意。

中国人有天下的观念,没有国家的观念。这也难怪,因为我们一向自命为天下设想,所以大家不太有什么国家观念。他认为把胡雪岩打垮,才是最要紧的,哪里有英国跟中国的界线,他把国家观念模糊掉了,才会这么得意忘形。我们现在有国家观念,所以看丁日昌简直是卖国贼,简直是汉奸,怎么可以这样?但是在当时,我相信丁日昌没有什么卖国,没有什么汉奸的观念,这也是情势使然。

(6)梦瑾的话对不对?为什么雪岩听不进去?

这是很有趣的事情,各位都知道,梦瑾所讲的话每一句都对,几乎没有一句话不对。成祥听起来,也觉得梦瑾很有道理。雪岩心里很清楚,梦瑾讲的话都对。可是他所用的方法,就是我们现在常常看到的,叫作模糊主题。他不跟梦瑾谈这些,他跟成祥讲:你看看,她把这里当旅馆了。说来就来,说走就走。其实这一段跟梦瑾所讲的话,完全没有关系。为什么雪岩要这样?因为雪岩有一句话,他就是不肯说出来。他说你不要误会,我这样做是在磨你的锐气。就是这句话而已,但他不能讲,就是不能讲。我不晓得各位的看法怎么样?把它明白讲出来比较好呢?还是不讲比较好?各位用心思考的话,会觉得不讲比较好。因为梦瑾如果永远不能体会,她就一辈子不可能成器。这才叫作启发式教育。现代人非常奇怪,一方面要采取启发式,另一方面又要你把话讲清楚,这是根本不可能的。你想一个人把话讲得很清楚了还会有什么启发作用?中国人就是扯东扯西,才叫启发。梦瑾讲的话,雪岩也承认很有道理,但是他不跟她讲这个。他说,你看,你说来就来。你说你听我的话,你给我跪下。他为什么这样?他就在暗示,就在指点,你所讲的话都对,但是对有什么用呢?对,不能解决问题。对,不能把你自己培养成一个可靠而能干的干部。你不能啊!他扯来扯去,就是让梦瑾自己去了悟。如果她一辈子不能了悟,那雪岩也尽了心力。如果从这个角度来看,才知道中国的父母,为什么在教育子女的时候,对也骂,错也骂。我们听起来也觉得莫名其妙,为什么对也骂,错也骂?就是要骂到他很谨慎,不敢乱讲话为止,这才是真正的目标。你看以前的小孩子,以前的干部,都是听完话,仔细想一想,然后再找适当的方式,把意见表达出来,所以很容易沟通。现在有没有?没有。对方话才讲一半,你根本还没听清楚,就要反驳。这怎么沟通啊!这怎么会得到教训?所以对也骂,错也骂,不是代表这个人糊涂,而是他用对也骂,错也骂来让对方不要立即反应。雪岩最讨厌立即反应,老板话没讲完,你就讲了,你怎么知道老板在讲什么?这种毛病,现在到处都看得到,就是因为我们不了解,为什么对也骂错也骂。所以才产生非常严重的后遗症。

十一、苦中才有甘味

雪岩自己是苦过来的,他知道不经过苦难,不能够磨炼出一身功夫。他当然明白梦瑾的好意,想要成为他得力的帮手。作为全权代表人,来减轻雪岩的工作负担。

梦瑾在家中享福,一点也不愉快。反而工作得辛苦一些,才显得有甘味。在仓库中搬动蚕茧,累得满身大汗。雪岩感动得掉泪,梦瑾也想得通,感激不已!

然而,有些苦楚却没有丝毫的甘味。则云向丁日昌下跪,饱受咆哮。英商当着则云的面,要求丁日昌逼雪岩把生丝卖给他们。则云回到钱庄,又愧对雪岩和成祥。老朋友居然不能开门见山,还需要借酒说话,真是情何以堪?

苦中有甘,才有苦尽甘来的一天。苦到最后依然是苦,完全没有甘的踪影,岂非何苦来哉!受应该受的苦,不必找不必要的苦,慎断明辨,实在不容易。

重点提示:玉不琢不能成器

栽培员工,使其持续成长,原本是老板和主管的责任。但是,员工自身的学习意愿,才是能不能成长的主要因素。想学的人,学得多;不想学的人,怎么教都学不会,只能怪自己不用心。

现代人愈来愈不明白老板磨炼干部的心理,总认为老板故意要威风、整人、满足自己的虐待狂心理。其实,老板的苦心,是玉不琢不成器,干部不刻意加以磨炼,哪里能够成为可以倚靠的干练之才呢?

用心磨炼,让干部不再以评断的眼光来看待老板,却能够以逆来顺受的心情,全力配合。达到这种地步,上下之间才有默契。只有做到上下一心,互相团结,才是最有力量的团体。

个案简介

则云向丁日昌报告雪岩的近况，说雪岩一共买了四百万石生丝，耗资两千万两。丁日昌问钱从何来？则云说雪岩现在的财力有三千万两，从不擅动库存的银子。

丁日昌说才发起来几年，怎么有如此多的银子？并且要则云设法让他把这两千万两的生丝烂在手里。则云忙说做不到，丁日昌说这点儿小事一定能够办好。

成祥向雪岩报告说则云一夜没有回来。派人去打听，说有人看见他进入丁日昌的住所。两人料到是为了生丝的事，雪岩朝天大叫：成也萧何，败也萧何！

则云正好回来，低着头刚要走进账房。雪岩拉开嗓子叫他，并且叫阿荣备酒。雪岩要大家坐下，然后举杯对成祥和则云说：我们老哥仨成天围着银子转，从来没有坐下来好好聊聊。二十多年了，今天有什么话，痛快说出来。

雪岩和成祥你一句我一句，并不直接询问则云到哪里去了？为什么整夜不回来？则云受不住良心的折磨，说自己从丁日昌那里来，并且看到英国丝商为了生丝，送给丁日昌汇丰银行二十万两银子的存单。

成祥提议把丁日昌受贿于外国人的事告到朝廷。雪岩说国法不容的事情多了，咱们管得了吗？

则云说丁日昌给他五万两银票，要他设法改签茶叶的合约。这次为了生丝，又给他五万两银子，雪岩说不要白不要。

下人报告仓库有动静，雪岩和成祥马上跑过去察看。只见到梦瑾拖着瘦小的身躯，垫着脚尖，搬着一袋又一袋的蚕丝，认真到根本不知道有人进来。她一心想把茧子弄好，以免热坏了。

雪岩看得热泪盈眶，向成祥说：我高兴，我知足。有你和梦瑾在，我什么都不怕。

他接着说：我虽说精于商道，善于取巧，可从没有把钱财当过性命。我让你们历尽艰辛，为的是人才啊！成祥十分感动，梦瑾在里面听到，也跪下来流泪。

李莲英招呼李鸿章穿好丧服,请他进宫。看见左宗棠从另一头走过来,奉上丧衣,也要他换上。

左大人问是怎么回事?李莲英说慈安皇太后昨天升天了。左大人说不对,不对啊!昨天我还看见东太后好好的。李莲英说没错,左大人依然喊不对,不对!

西太后怪左大人老糊涂,好像怀疑东太后被谁害死似的,于是下令派左大人出京,去担任两江总督。

问题与解答

(1)谭则云为什么向丁日昌报告雪岩的近况?他为什么替雪岩辩说雪岩从不擅动库银?

我们看得很清楚,谭则云现在几乎已经变成双面间谍。一方面他要对丁日昌有所交代,另一方面则云的内心是很愧疚的。他感觉到对不起这位大哥,可是事至于此,他也无能为力,只能够尽量去做。他在有意无意当中要替雪岩澄清一些事情。所以丁日昌问他,怎么有这么多钱?他告诉他,钱庄好赚啊!丁日昌问他说,他动用这些钱财,是不是有不法的行为呢?他赶快说明,雪岩从来没有擅动过库银。我们从则云的言谈当中,可以了解到他的确对雪岩有所愧疚,想尽办法替雪岩掩护。因为彼此毕竟是多年的老同事,好朋友,兄弟一场,我想一般人大概也会这样做。

(2)丁日昌为什么要则云做一些不利于雪岩的事?难道他不知道则云和雪岩的关系吗?

丁日昌当然很清楚雪岩跟则云的关系,他们几乎是分不开的。可是丁日昌更相信则云是人。只要是人,就一定爱钱。他相信用钱就可以把则云的心整个钓过来。果然不出他所料,就这么一点点回扣,使得则云章法大乱。丁日昌认为,他现在已经可以控制则云。所以他才讲,你帮雪岩赚进这么多钱,我要你现在帮我让雪岩亏掉这两千万两。则云当然说:我没有这个能力。可是丁日昌讲,你有能力,你可以做到。我想整个的事情,是很自然演变而成的。则云这个时候有苦说不出,也不能多说话,否则就是出卖雪岩。可是也不能不配合丁日昌,否则他就性命难保。这种状况,使得丁日昌越来越有把握。

有钱能使鬼推磨,钱可以离间则云和雪岩,使他们产生二心。人与人之间如果联合起来,只有一条心,我们就很难去离间。万一是二心,那么离间一下就分开了。丁日昌敢这样做,就是看出雪岩跟则云已经产生一些误会,才敢趁这个机会要则云设法毁坏雪岩的产业。费尽心机,要把他们再推开一点。

(3)雪岩叫则云做反间谍,为什么又不放心则云的行动?

虽然说雪岩对则云的变心,感觉非常痛心。但是他毕竟很厚道,因为多年的兄弟,多年的朋友,多年的老同事,雪岩还是秉持我们中国人的两句话在做。这两句话是我们都很熟悉的,即防人之心不可无,害人之心不可有。我相信雪岩无心要害则云,说你给我做反间谍,让你去受罪。甚至将来死在对方手中,我也不在乎!他没有这个存心。但是他还是相当提防则云,因为万一则云把持不住,或者丁日昌那边的压力太大的时候,会不会又进一步做出损害我们集团利益的事情?雪岩实在没有把握。

我们一而再、再而三地提醒大家,就是说我们一定要保持人与人之间的正常状况。中国人常讲,君子之交淡如水。为什么要淡如水?这个淡如水跟左宗棠所讲的,大道如浮云,大概有异曲同工之妙。就是说平常保持正常的状况,太靠近也会破裂,太疏远也会裂开。大家正常交往,会比较持久一些。现在我们看到雪岩跟则云已经有了裂痕,你要叫他恢复从前那种彼此百分之百的信任,完全没有戒心,是不可能的。因为他怕则云受到更大的牵制,受到更多的威胁。反正已经变心,很可能变本加厉。我们不认为雪岩是很矛盾的,我们认为他是两边在拉扯,找出一个平衡点。一方面是多年的老友,不能害他。如果要害他很简单,只要给他个使命,然后给他施压力,规定他达成什么目的,就可以。但是他没有这样做。另一方面他很防备,很怀疑,你到底在干什么?他是这种心情。

(4)雪岩到现在才发现老哥们儿从来没有坐下来好好聊聊,是不是太晚了?

我想实在是太晚了一点,任何事情,没有出事以前比较容易预防。出了事情以后再来挽救,经常都是太迟了。我们来虚拟一下,如果说雪岩常常找些时间跟则云聊聊。则云的心里会起这么大的变化吗?我想不会。他就是眼看着你自己盖豪华的宅子,然后成祥也盖了一栋很漂亮的房子。我呢?我则云就该倒霉吗？发现他有这种想法时，如果及时跟他沟通，他恍然大悟了，就没事了嘛！就算太太跟他嘀咕，他也会讲，不要这样讲，不是这样的。他也会把这种情形让太太知道。现在没有，而是他自己怀疑，太太又一直嘀咕。久而久之，下错了决心，结果就做出这样的事情来！成祥有没有责任？成祥当然有责任，为什么成祥自己盖房子的时候不会提醒雪岩，则云也应该盖，为什么不盖呢？如果这个时候雪岩讲出一大堆道理来，成祥觉得对的话，也应该跟则云讲。说雪岩的看法，是你现在有房子住，暂时住在这里。将来适当的时机，一定给你盖房子。或者，则云要求现在就要盖，成祥也要跟雪岩讲。他有责任做这方面的沟通，可惜他没有。则云也不对，即使有抱怨也不能闷在心里头，不好意思直接跟雪岩讲，也可以跟成祥讲。怎么你们两个都盖了房子，我呢？成祥自然会转告雪岩。三个都没有做这些事情，就是因为彼此太相信。认为我们是同喝一锅粥长大的穷伙计，有这么多年的交情，还用得着什么沟通？很多合伙人，刚开始非常合作，最后四分五裂，就是因为彼此太相信了。没问题啦，不用说啦！这叫作熟不拘礼。熟不拘礼是不好的，即使对自己人，该说的话也要说清楚。就算是很相信的人，在可能引起误会的地方也要事先沟通一下。我们不要以为中国人老主张不说话，这是错误的观念。

很多事情，拿捏得不好，还是要自我检讨。中国人有时候不讲话，有时候要讲话；有时候讲得含含糊糊，有时候讲得很清楚，这才是真功夫啊！他们三个彼此太相信了，觉得不必讲就能沟通，出了事以后，还不能平心静气地从头来谈一谈。因为那时候还有回旋的余地，现在没有啦！弄得三个人三条心，成祥比较接近雪岩这一边，也不能两个人加起来吃他一个。局面会弄成这么乱，三个人都有责任。可是话讲回来，很难避免。只有事先防范，事后谁来想办法，都很难改变。

(5)雪岩为什么不直截了当问则云去了哪里？又干了些什么事？

我想不必问，因为问了再说，那是很没有意思的事情。你要说，自己就说出来；你不说，我也不方便问你，这也是一种方式。中国人沟通的时候，会采取很多种不同的方式，配合着使用。看起来好像参差不齐，变化很大。实际上，是这个时候用这种方法，下一次用那种方法，随时在变化，这样对中国人才有效。我们也可以想一想，如果雪岩看到则云，马上问他，你去哪里了？干了些什么？他会不会觉得，你那么凶干什么？你问，我偏不讲。他也可以这样想啊！则云一方面可以说你为什么不问呢？另一方面也可以讲你问了我就是不讲。你不必问，我自己会讲，你急什么呢？两种都可以。可见不是说只有一条路可走。雪岩的意思是说，我尊重你，你要告诉我，我就听，你不告诉我，我也不勉强你，这也是一种很客气的方式。则云说，你为什么不问？这也是一种说词。他也可以不讲这些话，就把去哪里，做了些什么，直截了当说出来，也可以啊！因为雪岩问则云，则云不一定会说真话。雪岩不问，则云自己愿意讲，反而多半说实在话。雪岩采取这种方式，我觉得很妥当。

(6)雪岩为什么觉得有成祥和梦瑾，他什么都不怕？

人与人有心结的时候，最好用行动去化解，现在得到一个很好的证明。梦瑾在那里气得要死，心想你摆什么老爷架子？我讲的有道理，你还折磨我？但是，她最后还是用行动来表现，她跑到仓库去，把那些茧整理来整理去，一心一意在为茧的变质担心，在那里调整。雪岩在旁边一看，就算他是铁石心肠，也一定非常感动。所以他才会讲，有你，有成祥我什么都不怕。他这个话如果早讲的话，也不会发生这么多的纠葛！可见人往往到了无法挽回的时候，才肯把自己的感受说出来，因为我们没有想到对方的需求。雪岩在这些地方没有顾虑得很周全，但是梦瑾感受到了，她心里想，原来是这样，你是对我好，我应该用善意的行动来响应。雪岩受感动以后，也用很适当的话，把心里的感受说出来。成祥跟则云，当然也都能感觉到，毕竟他们是同一个团体的人。有这样的东家，有这样的干部，像梦瑾年纪轻轻，就这样爱护我们的集团，当然充满着希望。当然，这个时候整个的环境压力很大，可以说非常恶劣。更需要大家同心协力。我们把它叫作什么？叫作一家人的感觉。这个时候，雪岩，成祥，则云，梦瑾，真正有了一家人的感受。

(7)雪岩为什么说他从来没把钱财当过性命？梦瑾听了之后，为什么对雪岩下跪？

做生意有损失，亏了钱，雪岩从来没有讲过。他最计较的，是人有没有发生问题？心有没有发生变化？因为他觉得钱亏了，可以再赚。生意失败了，可以重来。只有人一旦变了心，就很难挽回。可见雪岩把人看得比钱财还重要。但是，则云刚开始不是这样看，他认为雪岩心心念念只有钱，不在乎人。我想玉惠也多少有这种感觉，认为雪岩满脑子都是钱，我们这些人算什么？包括梦瑾在内，都会有这种感受。现在她才恍然大悟，雪岩这样那样，就是为了磨炼她,为了消她的锐气,使她能够更成熟一点,原来是一番好意,一番苦心,所以她感动得下跪。我们非常高兴,看到梦瑾终于理解,雪岩不是故意找麻烦,更不是故意当众让她难堪,他是别有用意。

(8)左宗棠说他昨天还看见东太后好好的,西太后为什么不高兴?她为什么要左宗棠去担任两江总督?

我们终于印证了一句话,一言可以兴邦,一言也可以把一个人的前途整个毁掉。左宗棠干吗讲这种话呢?你心里爱怎么想,那是你的事情。一讲出来,就不可收拾。人家已经在发孝服,大家都要去凭吊,都要去志哀,你却还在讲,不可能啊,我昨天还看到东太后好好的,那是不是表示,你怀疑东太后是在一夜之间被人家害死的?有谁能够在一夜之间,害死东太后?只有一个人,就是西太后。那不是直接跟她挑战吗?所以西太后听到传言:心里想把你这种人留在京城,我还有好日子过吗?我是看你有功,看你年纪大,让你回来享享清福,没有想到你给我出这种纰漏。所以她马上决定,让左宗棠出京。给他个两江总督,还算是给他面子。当然,我们也很清楚,左宗棠的智能不可能这样。他只是一方面心情不好,另一方面很疲累,所以才会做出这种大家看起来都觉得他实在是老糊涂的举动。其实西太后一向很尊重左大人,但是就这一句话,她整个态度就改变了。可见吃亏的,还是左大人。

十二、纵火烧胡庆余堂

丁日昌为李鸿章而存心整垮雪岩,潘五为丁日昌而纵火烧胡庆余堂。天底下真正坏的老板,其实并不多。那些整天出馊主意,满心为了忠于主子而不择手段的心腹要员,才是令人痛恨的凶手。

出点子,合理而有效,是忠臣。不合理却有效,必为奸臣。一般老板,过分重视有效性,以致常常害死自己。如果能多多思考合理性,相信可以减少很多祸害。

一把火,烧出了仗义的毕四姐,烧出了护匾的孙永康。一生一死,交情乃见。经过劫难关头,充分表现出人情的厚薄。然而,有有幸也有不幸。毕四姐勇敢牺牲,孙永康却获得功劳奖,可以分红入股。

气节不但养不活人,有时候根本活不了人。但是人活着,就是为了保持气节。活着而没有气节和死人有什么分别?人生之难,就难在又要活着,又要有气节。

重点提示:分红入股 VS 股票上市

分红入股,在现代企业经营上,已经成为相当常用的方式。员工得到公司发给的股份,无论要不要出钱、出多少钱,都可以成为公司的股东,有机会参与公司的经营,尝一尝自己当老板的滋味。员工当然会心存感谢,而且深感荣耀。不过,分红入股也有分红入股的难处。那就是主持人如果声望不够,领导无方,或者心有不正。那么员工入股成为股东之后,意见特别多。有时候还会兴起换人做大老板的念头,不可不事先充分考虑。

雪岩当年分红入股,纯粹是出于激励员工,感谢员工,不可能向员工扣钱,或者要员工交钱,并不含有分担风险、分摊责任的用意。

股票公开上市,拿大众的资金实现自己的理想,似乎是如意算盘。但是接踵而来的问题,有时候反而使自己的理想难以达成。有些公司坚持股票不公开上市,当然也有它的道理。

总而言之,分红入股不一定股票上市。而股票上市公司对员工入股,多少要给予若干优惠。这两种方式,对员工都具有激励作用。对老板则忧喜参半。如果是正派经营、合理管理、目标远大而光明,那就没有什么好忧虑的了。

个案简介

丁日昌在洋债上尚未抓到胡雪岩的把柄,又收买了一个小喽啰,要他去胡庆余堂闹事,让胡雪岩没有好日子过。这小喽啰到胡庆余堂走了好几回,看到是用木材建造,容易着火,于是决定火烧胡庆余堂。

他趁着大家用晚餐的时候,到处放火,一下子就烧得不可收拾。失火的消息马上传遍大街小巷,阿宝拐着脚急忙跑去救火,毕四姐担心阿宝的伤势,也担心胡庆余堂被毁,看见芮瑾一副慌乱失措的样子,不禁抓住她问怎么办。芮瑾拉着毕四姐,一同跑去救火。

余阿大看见情况不好,命令所有的人都不准再进入火场。这时候毕四姐不见了,原来她跑进火场,葬身火窟了。

阿大跑到书房,向雪岩请罪,要求从重发落。雪岩说这火烧的不是阿大,而是雪岩。

这时候药工扶着满身是血的孙永康走进来报告:"孙永康舍生忘死,保住了东家亲手书写的牌匾。"

雪岩非常感动,要阿大立好契约,拿出六股作为功劳股奖给孙永康,以表彰他的功劳。

孙永康推辞不要,说有那么多药工受伤。雪岩说都有奖赏。

胡母带着全家大小,头绑着白幡拜祭毕四姐。愿恩人之灵驾返瑶池,早登天堂。芮瑾在一旁哭泣,老太太也向芮瑾表示,她对不住芮瑾。

玉惠更是跪着不肯起身,她身心疲累,已经不堪丧友之痛了。

年三十晚上,雪岩设宴款待所有员工,说无论发生什么样的事情,都不会丢掉胡庆余堂,因为它使雪岩能够救生灵、修善业、赎活人的罪。

雪岩在蚕丝业上，同样承受很大的挫败。他感叹自己败的是银子，而朝廷败的是国业。他表示不怕一切，却又颓然地说：不怕有什么用？气节养不活人。

成祥报告说唐廷枢来信了，告诉雪岩朝廷已经知道洋债的事，建议找左大人，求他帮忙。雪岩说当初这样做，一是为了收复疆土，二是为了阜康大业，绝无欺国之念。了不起连本带利缴回，谁也不求。成祥劝他速回上海，他说上海有则云，让他好自为之，他自己绝不离开胡庆余堂。

问题与解答

(1)谁放火烧胡庆余堂，为什么这样做？

放火的人是丁日昌派来的，名字叫潘五。他是不是得到丁日昌的命令，才去放火的？我想不是。丁日昌不会笨到叫他去放一把火，把胡庆余堂烧掉。因为他知道这么一来，事态闹大了，大家都不好收拾。偏偏潘五搅了半天，想不出什么好办法，干脆放一把火，想把它烧掉。我们从这件事可以看出来，潘五自以为是，认为这样做，丁日昌一定会高兴。他就没有想到，这样做很可能把丁日昌也拖下水。

(2)芮瑾和毕四姐为什么要去救火？余修初为什么要请雪岩从重发落？

芮瑾一直很关心雪岩，毕四姐刚开始因为雪岩对玉惠好像有很多她不满意的地方，以致对雪岩有一些误会，因此才要离开胡家。可是后来看久了，发现雪岩也是一个有情有义的人，所以也很尊重雪岩，也很关心他。虽然说两个人的出发点不一样，但是看到雪岩的家产着火了，看到胡庆余堂有问题了，她们两个不会坐视的。中国人只要有危机，大家都会尽量来救，更何况是救火！所以她们去救火，是非常自然的事情。可是很不幸，这一去就把毕四姐给烧死了。芮瑾比较好，没有受伤。但是心里头的伤痛，也是不可言喻的。余修初更是责任所在，因为他是阿大，而且雪岩已经讲过，正式把胡庆余堂交给你，你要好好经营。现在发生火灾，余修初当然要求从重发落。这是我的失职，没有尽到维护公共安全的责任。我觉得余修初的做法，很值得我们好好学习。一个人碰到事情，不要躲避责任，不要推卸责任。余修初说这是他的责任，雪岩反而觉得不是，怎么会是你的责任？如果是余修初推三阻四，讲一大堆理由，雪岩反而认为这当然是你的责任,还讲什么理由呢?可见推来推去,结果推不掉。现在余修初用的一种方法,叫作抢过失、争责任。把责任抢到自己身上,别人反而不会全部给你。责任是抢出来的,大家抢来抢去,责任就很分明。大家推来推去,永远找不到责任之所在。一家人发生事情,每个人都承认这是我的错,大家都有错,没有人会觉得面子上过不去,就很自然说出来:其实你们都没有错,是我的疏失。大家都认错,比较容易讲出真正的心声。中国人要检讨,必须记住这个原则,过失是抢出来的。大家拼命去抢,自然水落石出。我们建议没有过失的人先抢,因为没有面子上的顾虑。引发那些责任比较重的,面子上搁不住的,不方便承认的,喜欢躲避责任的人,自然也会跟着一起来承认。大家都承认,自然水落石出,责任就很分明。

(3)雪岩为什么要拿出六股,做功劳股奖给孙永康,以表彰他的功劳?

我们看孙永康的故事,他在当采购的时候,曾经用豹骨代替虎骨,结果雪岩毫不客气地把他开除掉。他说你这样怎么行?品质管制做到哪里去了?他那个叫作什么?叫作壮士断腕,可是孙永康的爸爸又把他带来,说我这个小孩子,在你这里随便做什么都行。不领薪水也行,因为他要学你的做人做事。这个时候孙永康还很别扭,因为不知道雪岩会不会收他?可是雪岩说了一句很轻松的话,你要笑就笑吧!然后就把他收回来了。可见他还是如兄如弟一般的来照顾他的员工。一方面如兄如弟,另一方面壮士断腕。雪岩拿捏的功夫是第一流的。孙永康进来以后,也完全改头换面,重新做人,表现得非常好。这一次失火的时候,他又把那个牌匾护住了,以致自己受了伤。所以余修初就讲,他是有功劳的。有功劳就要奖励,雪岩说给他六股功劳股好了。功劳股,当然不必交钱。因为要交钱的话,员工不一定有钱交。员工分红入股,可以拿来用作激励的方式。不一定真正拿钱,才让员工入股。今天有功劳,就给功劳股;将来有创意,就给创新股。有特别的功劳,就给他特别的奖励,才合乎奖惩之道。我们从整个的过程来看,雪岩很有原则,该辞退就辞退,该重新给机会,就给机会。真的有好表现,就舍得给奖励。非常合理,做得恰到好处。

(4)胡母为什么拜祭毕四姐?雪岩为什么说他不会丢掉胡庆余堂?

胡雪岩的母亲的确是一位很能够代表长辈的典范。平常很少干预胡雪岩的事业,很少教他这样,教他那样。或者接受人家的关说,来增加雪岩的麻烦。可是每到紧要关头,应该以家长身份出面的时候,她都表现得十分恰当。则云从上海回来，她马上说要敬酒。现在毕四姐因为救胡家的产业而牺牲，对胡家有恩。雪岩的妈妈，当然应该代表胡家来拜祭她。这种表现，实在非常合适。让我们感觉到，她虽然没有读什么书，却很懂得道理。长辈出面，才表示隆重。随便派一个人，那就表示没有诚意。没有诚意，就算买再多的东西来烧给毕四姐，都没有什么意思。雪岩心里很清楚，其他的行业，做得再好，只不过是赚一些钱。虽然有益国计民生，可是会源远流长，让人家感念的，恐怕只有胡庆余堂。我觉得胡雪岩在这一点上面，眼光很精准，思虑很久远。我们已经看出来，他这一生如果没有胡庆余堂，他的奋斗最后也是空的。所以他很清楚，胡庆余堂，我一定要留它。我们每次听到胡雪岩说我的胡庆余堂时，不晓得各位有什么感觉？我感觉他这样讲，还是不恰当的，他应该讲"我们的胡庆余堂"，因为胡庆余堂是靠大家才有的成果。胡雪岩没有资格讲"我的胡庆余堂"。如果他说我们的胡庆余堂，相信大家听起来，会有更好的感受。而且也会更加心甘情愿地替他卖力。我们不是挑剔，而是说这些事情，必须常常记在脑海里面：一个人越少说我，他的人缘越好。越多说我们，他的助力会越大。很不幸的是现在我们因为受到西方的影响，动不动就讲："这是我个人的意见。"我们真不晓得什么叫作你个人的意见？你算老几？你凭什么说意见？我们中国人一开口，都说我们认为，我们认为，现在过分强调我个人的意见。就表示他已经有很浓厚的个人主义思想，对于中国社会相当不合适。

(5)雪岩说气节养不活人，是什么意思？

自古以来，气节只能够流芳后世，却养不活人。一个人想要活着，只有气节是不够的，还要有和气。我们看历史上十分刚直的人，能够有很大的发展，几乎是不可能的。有些人老觉得我很正直，我很耿直，我有话就说，我就是很透明化，那就不要怪跟人家格格不入。不要怪好的机会不会轮到自己，不要怪命运那样坎坷。当然，生死的选择每一个人都很慎重。胡雪岩认为我败的只是银子，可是你们这些家伙，也就是丁日昌这帮人，他们所败的是国业。这话怎么说？就是说你们把我胡雪岩整垮了，我只是损失一点儿钱而已。可是你们所出卖的是我们民族的企业，是我们老百姓的血汗。但是这一点有谁会重视？有几个人看得出来？我们很佩服雪岩有这样的气节。但是他要为这个气节，付出相当大的代价。只要雪岩自己衡量过，心安理得，我们也没有理由反对他做这样的选择。雪岩明知这条路非常危险，但是下定决心要朝这条路去走,实在很值得我们佩服。他读过很多历史,也看过很多小说,非常清楚有气节的人多半活不长久。但是这些人,明知道活不长久,就为了气节把命都不要了,才叫骨气。雪岩经过慎重选择,还是觉得干脆拼了,跟这些洋人弄个高低,我不在乎。他会这样做,不是出于一时鲁莽,或者出于无知。他一方面讲气节养不活人,另一方面也知道做生意的,要讲和气,而不是讲骨气。可是他还是表现出相当的气节,当然他必须承受相当痛苦的后果。

(6)雪岩为什么不赶快回上海共谋对策?

我想雪岩的心里头,不是很灰心,也不是说我看破了,什么都不管了。他只是说,现在这种情况,再到上海又能怎么样?如果去了以后,不能收到相当的效果,我去了不是更丢脸吗?所以不如不去。他自己不动,并不代表他不抗拒,没有反击的行为。因为还有成祥,还有别人,不只是他一个人。老板不动,干部动,也是一种方式。我们不要认为,雪岩心灰意冷,好像有点看破红尘的味道,整个人斗志都消失掉了。他不是这样,因为他心中有数,知道可能变化到什么地步。他大概认为,大不了就是财产充公,还不至于把性命送掉吧!既然这样,还有什么好后悔的?

做一个中国人,任何事情,慎始最重要。事先好好思考,非常警惕。一旦发生意外,甚至意料之中的一些不如意的事情,不必生气,不必后悔,不必怨天,不必尤人。赶快想办法补救,如果补救也没有用,那就看开好了。我们主张看开,不主张看破。如果胡雪岩看破了,也就不值得我们学习了。他是看得很开,又怎么样?钱都是我赚来的,亏掉,就当没有赚。这是看开,这不是看破。做人要看开,千万不要看破。事先要防范,事后不必后悔。雪岩通通做到了,我们不能认为他自暴自弃。好像自己的事情,自己都不热心。简直是坐以待毙,我想不是这样的。他有很多方法,可惜都没有事先做好准备。如果老早看准左宗棠这种个性,到紧急的时候不会帮忙。就应该通过左宗棠去跟更高一层的人来往。甚至直接通过李莲英,自己也结成一派。六王爷跟李鸿章一派,可以找七王爷跟我胡雪岩一派。大家来斗吧。当然也可以,不见得斗输啊!可是他不斗,又要这样做。要逞强,现在有什么好后悔的。事先都是心甘情愿的选择。我们也很佩服他这种做法。因为人各有志,每个人都可以选择自己所要走的路。雪岩既然走了他自己的路,而且是出于他自己的选择。他无怨无悔,我们也没有理由来批评他。

十三、侵占案情暴发

原任英国怡和洋行的中国总办威妥玛奉召回国，述职中将贷款大清朝廷的事提出检讨。于是，雪岩借外债，从中赚取利息差额的案情，一下子爆发出来。使得民众一窝蜂赶到阜康钱庄挤兑，甚至砸毁店面。传说谭则云在逃难中被杀身亡。

朝廷指派刑部尚书、六府大臣、武英殿太学士文煜，前来查封雪岩的财产，首先摘去雪岩的顶戴花翎，然后把所有资产折算成银子，以偿还积欠朝廷的银两。

左大人一句大道如浮云，随风各消散，断绝了梦瑾要求左大人施以援手的一丝希望。雪岩的母亲，把家里的细软浮财，分给几位妻妾，各自讨生活去了。

事发之前，一层皮还在，很好看。案发之后，那一层皮被剥开了，真相毕露，原来如此不好看。人生不过是一层皮，要善自珍重。

重点提示：暴发得快没落也快

一个人到了一生当中抛物线的顶点，无论如何，都要遭遇急速向下滑落的命运。暴发户不持久的原因，即很快到达顶点，然后快速滑落，有如泡沫一般瞬间消失。

左大人苦口婆心，屡次劝告雪岩多读书、多读书。他的用意就在于不要使自己抵达抛物线的顶点时，很快造成悲惨的结局。

公司的快速扩展会带来重重危机。事业急速发展，也势必产生很多盲点。什么时候发作，造成灾难，恐怕谁也料不定。最好的因应方式，只有一种。那就是：做好阶段性的调整，并且长远思考，避免种下祸根。

发得快，没落也快。并非天意，而是人为的自作自受呀！

个案简介

丁日昌痛骂放火烧胡庆余堂的小喽啰，说他无谋无略，根本没有动脑筋，才会做这种事。

李莲英认为胡雪岩是商人，借外债时私收朝廷的银子，再怎么说也是明着赚的。丁日昌私受贿赂，帮助英国人拆大清朝的台，才是有罪。西太后则认为没有一个是好东西，交代先把丁日昌革职法办，胡雪岩则交左宗棠处置，先摘去功名，再把所赚银子全部追回。

消息传开来，杭州的钱庄先行倒闭。上海阜康钱庄的存户争相前来挤兑，也宣布倒闭。李莲英除了把自己的存款赶紧兑出来之外，还派人通知六王爷尽速处理。文大人听到风声，也赶来挤兑，却拿不到银子。由于他心里痛恨所以说：胡雪岩我饶不了你。

雪岩跪在母亲面前忏悔地说：孩儿不孝，惹下这倾家荡产之祸，还望母亲宽心，切莫焦虑。老太太早已看破一切，反而要雪岩安心。她只是担忧这些姨太太如何安顿。雪岩说一一加以遣散。老太太叹气说：何必造这些孽呀！

则云夫妇收拾好所有的东西后，准备趁官兵不注意的时候溜走。却被梦瑾看见，大声喝令其站住，说他早就把各省积蓄汇来以弥补自己的亏空。则云否认，梦瑾说有账目为证。这时官兵闻声而来，梦瑾却挺身而出，说自己是胡大官人的副襄理，可以代替雪岩画押，承认破产。官兵立即逮捕梦瑾，让则云夫妇离去。

各地分行相继倒闭，雪岩一生事业尽付东流，眼看着财产保不住，成祥决心要把性命保住，即使花光所有钱财也不在乎。

丁日昌正沾沾自喜，以为已经斗垮了雪岩。不料钦差大人前来宣读圣旨：身为朝廷命官，却与外人为伍。收受洋人贿赂，私向洋人谋划机密，为洋人卖国效力，科以贪官汉奸之罪，殆不为枉。奉旨革职问罪，摘去顶戴花翎。丁日昌不服，口称有话要说，当然无效。

梦瑾不顾一切地偷偷跑来求见左大人。左宗棠不见，因为自己已没有什么力量，见不见都一样。后来陶大人来访，左宗棠知道他是来打听消息的。于是他接见梦瑾，告诉她大道如浮云，缘尽各消散，也好让陶大人回去向朝廷转述自己的心境。

问题与解答

(1)丁日昌为什么骂潘五放火烧胡庆余堂是无谋无略？难道他真的事先毫不知情吗？

丁日昌没有什么智能,也没有什么才干,可是做官倒是很有一套。他事先当然不会指示潘五放火烧掉胡庆余堂。如果这样的话,他干脆派一个人把胡雪岩暗杀了,不就结了吗？他不会做这种事情,因为人家很快就会查到。做官的人,不会做这种很容易让人家逮到的事情。他只是要潘五动脑筋,设法把胡雪岩整垮。没想到潘五是个没有脑筋的人。七想八想都没有办法,干脆放一把火把胡庆余堂烧掉算了。这种举动,显然是丁日昌所讲的无谋无略。根本没有动脑筋,才会做这种事情。我们再一次了解,胡雪岩的处境,固然很危险,但是不可能被谋杀。他很有胆量,就是因为他很清楚,不会被人家不知不觉地暗杀掉。像这种纵火案,他知道是冲着他来的。所以他也不会怪大家,怎么没有把防火设备搞好？怎么没有用心防范？他都没有这样讲。丁日昌毫不知情,胡雪岩无从防备,因为他没有想到丁日昌会来这一招。事实上,丁日昌也没有要用这一招。这完全是下属自作聪明,自以为是,认为是很好的点子。结果呢？往往害了上司。

(2)西太后为什么先下令把丁日昌革职法办？而雪岩的事,却等着左宗棠的奏折？

大家都在骂西太后,我们也可以跟着大家一起骂,可是骂完了又怎么样呢？倒不如看一看,西太后能够执政那么久,一定有她一些独特的做法。你看这件事情,她就处理得合理合法。同样是贪污,可是丁日昌是现行的公务人员,而雪岩是商人,当然比重不相同,先后应该不一样。何况丁日昌的老板是李鸿章,西太后始终对李鸿章没有好感,可是她没有办法。老实讲,做一个首长,这个我不喜欢,那个我不想用;这个不够看,那个没有能力,还有谁可用啊！虽然很讨厌李鸿章,还是用他做这个、做那个。这个时候,她知道丁日昌是李鸿章的大将,把他修理掉,也是给你难堪。看你怎么样？果然李鸿章一句话都不敢讲。胡雪岩是左宗棠的人,左宗棠这个人虽然脾气坏,个性耿直,讲话难听,但他毕竟真的是忠勇爱国得没有话讲。西太后很赏识左宗棠,只是有些话,让她受不了而已。她也很严肃,很伤脑筋。她一想就知道,好,丁日昌先革职查办。胡雪岩的事,要看左宗棠怎么处理。你看,轻松愉快,而又抓到要点。李鸿章却用毫不知情做借口,来推脱此事我觉得也没有错嘛!因为李鸿章叫你把胡雪岩搞垮,没有叫你去贪污,没有叫你去收人家的贿赂。你收贿赂,该死,自己看着办吧!左宗棠也是同样的心情,我没有叫你在差价上动脑筋。我叫你好自为之,现在出了事情,关我什么事?所以一到紧要关头,李鸿章不出声,左宗棠好像也没有动静。这是理所当然,事所必然,丁日昌应该早有觉悟才对。胡雪岩就比较聪明,老早心中就有数,知道迟早是这个样子。

(3)李莲英为什么急着要把存在钱庄的存款兑出来?为什么叫人去通知六王爷,赶紧兑银子?

我们今天叫作信息。什么叫信息?其实就是情报。情报灵通的人,自然可以得到好处。你看李莲英,他是何等精明的人。他一看情势不妙,胡雪岩出事了,钱庄迟早会被查封,赶紧在没有被查封以前先把自己存款兑出来,比较安全。这是很聪明的举动,现在也是这样。为什么银行会发生挤兑的现象?就是情报一出来,大家风吹草动,马上提高警觉。管他有没有危险,管他是不是真的,先把它兑出来再说。当年的情况,跟现在一模一样。有很多人老是要挤在达官贵人旁边,就是想听一些消息。要不然那么辛苦干吗?你看司机,愿意给大老板开车,就是你们在后面谈,他在前面听。你说哪个股票会涨,他赶快去买,就得到便宜了。消息灵通,是不是叫内情交易?我们也不敢说。但是自古以来,凡是通风报信的都有大功劳;凡是消息灵通的都得到好处,这是不可否认的事实。李莲英把自己的钱兑出来,请问他要不要告诉六王爷?将来六王爷有一天会问李莲英,老兄啊,你知不知道?李莲英敢说我不知道,才怪。你不知道?你知道,为什么连我都不讲?那李莲英又吃不了兜着走了。有情报的人其实也很辛苦。他一定要分清楚,该跟谁讲,不该跟谁讲,然后赶快去讲。小太监问他,还要不要告诉别人呢?李莲英就发火了,还告诉别人,告诉谁?可见中国人轻重缓急分得很清楚。李莲英一个小太监,居然会有那么大的权势,就是因为他很灵光,知道轻重缓急,知道谁得罪不起,知道谁要巴结。他的生存之道,现在通通表现出来了。你看别人钱兑不出来,李莲英就兑出来了。六王爷在家不动,就有人告诉他,甚至替他兑好。这就是权势,不然什么叫权势?

(4)文大人为什么说:胡雪岩我饶不了你?

这句话,谁都想讲,谁都会讲。只不过有些人讲了等于白讲,所以不如不讲。文大人就不一样,他官大势大,讲了有用,也只有他才有资格讲。他心里想,当初是看你胡雪岩样子还不错,气派也不错,所以才把钱存在你钱庄里面,现在你居然给我倒掉了。你事先不通风报信,也不叫我赶快来兑,我饶得了你才怪。其实每一个人,都是这样的想法。只是他讲得出来,很有信心,人家会当一回事。所不同的,只是如此而已。文大人很容易想到,我当年存款的时候,你告诉我,你的钱庄就是我的财库。我存是存了,利息是不算的,爱拿多少就可以拿多少。现在呢,言犹在耳,却通通变了。他这个气,当然消不掉。再说,每一个人的钱都是来得不容易。文大人也是辛辛苦苦存起来的几个钱,现在一下没有了,他当然心有不甘。文大人讲这种话,代表很多人的心声。现在只是用它来表示大家对钱庄倒掉的不满气氛而已。一个钱庄倒掉,我们所看到的只是大家吵吵闹闹。其实这并不重要,真正重要的是那些被倒账的人。他们全家人在家里诅咒,那才厉害,那个力量才大。

(5)梦瑾为什么责骂谭则云?她为什么要承担破产的责任?

这一幕可以得到很多的启示,第一,证明谭则云的心的确跟胡雪岩越走越远了。你看这个时候他跟太太两个人,鬼鬼祟祟地想要跑掉了。要不是梦瑾出面挡住的话,各位想想看,后果如何?梦瑾说你把收来的钱,补了你自己的亏空,这是正当的做法吗?可是阿莲嫂还讲了一大堆理由,我们做了半辈子的工,赚点工钱,总应该吧!但是我们看到梦瑾一方面义正词严地来教训谭则云,但是另一方面她又跟官兵讲,我来负责,你放他们走。我觉得梦瑾学到了胡雪岩处理事情的原则。经过胡雪岩的磨炼,她成熟了长大了。两方面顾虑得很好,该骂的,要骂;该放的,她就放。因为把谭则云也拖进来,有什么好处呢?我来承担,其他人放走。相信胡雪岩看了以后,也会觉得很欣慰。总算教出一个可造之才,可以担当事情了。梦瑾说雪岩对她很好,如果在雪岩最困难的时候,梦瑾逃跑了,她以后心会安吗?所以她勇敢地负起责任,我们中国人叫作一生一死,交情乃见。

(6)成祥为什么说保不住产业,也要把人保住?

各位还记得雪岩讲过一句话,他说必要的时候,弃财保家。这个弃财保家,跟我们弃车保帅,是同样的意思。你看官大的人,常常把官小的人牺牲掉,以保住他自己。现在也一样啊！如果保不住财产的话，一定要把人保住。留得青山在，将来还是有柴烧的。这是很对的策略啊！成祥很佩服雪岩，雪岩的交代他都记得牢牢的。一看情况不对，他想产业就算保不住的话，我们说好说坏，说死说活，再怎么想办法，也要把东家的性命保住。老实讲，那个时候，抄家、满门抄斩，是很常见的事情。所以他想尽办法，也不必样样请示胡雪岩。这时候你请示胡雪岩，胡雪岩一定讲不必了。他一定会这样讲。你该做的，自己就去做。同时他也知道，左大人远水救不了近火。左大人固然在朝廷上可以讲话，但是他要不要讲，此时此地的心情能不能讲？现在的处境，讲了有没有用？谁知道？成祥也想到李莲英。李莲英这种人，我相信大家也很清楚，他是见风转舵的人，因为他要生存。如果他跟你搞在一起，万一其他的人翻脸，他怎么办呢？他撒手不管，因为他又没有欠你，他欠你什么？你平常找他，他已经够帮忙了。紧要关头，他撒手不管，先保住自己，这是我们可以意料得到的。这个时候，成祥想来想去，恐怕财产是保不住了。所以他下定决心，保人第一。把性命保住再说，这是很正确的一种决定。

(7)胡母为什么骂雪岩造孽？她指的是什么事情？

人为什么会为财死？就是不懂得弃财保家的道理。一个人非要把财产保住，最后把自己的性命给赔上了，划得来吗？偏偏有很多人，就是想不开，认为钱第一，性命不在乎。用性命来换钱，是不是很愚昧呢？在轻重缓急的比较之下，我们要清楚，钱固然很可贵，很可爱，但是跟性命比较起来，一点也不值得我们用性命去换取。所以保命第一，然后再谈什么钱财产业，我相信大部分人都是这样认定的。钱要赚，第二句话就是命要保住，这两个东西能够同时存在，当然很好。万一钱财跟性命两个要选择的时候，那你怎么选？讲一个笑话，有一口气在的时候，多半想钱比较重要；等到没有这口气的时候，才想到人比较重要，往往已经太迟了。

胡母听到雪岩的财产被查封，她有什么感觉？她没有大骂雪岩，并没有觉得非常伤心，她没有。她很淡然地说，我打一开始就没有想到会一辈子富贵。因为她总觉得，我这个儿子怎么可能那么短的时间就赚这么多钱？进来得快，将来出去也一定很快，一段时间就不见了，她心里老早就有准备。她所耿耿于怀的，就是娶这么多年轻的太太干什么？让她们守活寡，让她们在这里七吵八闹吗？所以她说造孽啊，造孽啊，其实是指这方面的事情。女人更了解女人的心思,所以她一开始就反对芮瑾进到家门里面来。其实她对芮瑾也没有什么恶意,只是不希望雪岩做这种事情。她觉得雪岩已经有太太了,又来一个小老婆干什么呢?我们大概了解,当年胡雪岩娶这个太太,一定是胡母的意见。他那个时候已经跟芮瑾相当要好,可是做妈妈的认为差那么多岁不太好。所以她要雪岩跟这个人结婚,大概有这么一个过程,才会造成雪岩看到她只是很客气,却没有什么感情。偏偏做母亲的,又认为芮瑾比雪岩小那么多岁,那么年轻,把她娶进来做什么?两个人看法不一样,才导致芮瑾想进门又进不来,胡雪岩喜欢芮瑾又没有办法解决。可是后来呢?他这里讨一个,那里讨一个,胡母没有办法阻挡。她对这种事情始终不以为然,只是认为她儿子造孽。各位,我们现在平心静气来看,胡母所讲的很有道理。相信胡雪岩没有料到今天的结局,如果他料到,也就不会去做这些事情了。当然,我们话讲回来,胡雪岩从小读书,看到皇帝有那么多的妃子,看到有钱人有那么多的太太,难免有这方面的憧憬,难免有这方面的梦想。很多事情,要等自己闯进去,才知道糟糕了,这是火坑啊!要等到自己碰上了才知道,看起来好看,实际上很倒霉,可是都已经太晚了。

(8)丁日昌被革职问罪,他有什么感想?

我们重复过好几次,世界上唯一不变的因果律,就是自作自受。丁日昌一心一意要搞垮雪岩,所以一直动脑筋怎样把雪岩收取利率差额的事情暴露出来,然后治罪于他。他就没有想到,自己居然也收取洋人的贿赂,是不是跟雪岩同样,都犯了欺瞒的罪名呢?他怎么没有想到,他还是现职的公务人员,可能罪比雪岩更大。人往往看别人容易,看自己很难。他认为我并没有收多少钱,而且我拿的时候也没有人知道。再加上洋人跟我的利害关系一致,怎么会出卖我呢?还有一个很正当的理由,就是我要搞垮雪岩,我要花钱。这些钱并没有放到口袋里面,还是拿来为国为民。差不多所有的政治人物,一旦出了事情,都觉得很冤枉。认为我是为国为民,结果把我抓起来,怎么会不冤枉?丁日昌说,日昌有辩,日昌有辩啊,也就是基于这种心态。他心里想,我整天为国家,整天为老百姓谋福利,我想的都是正当的,结果你们把我也抓起来,这不是冤枉吗!

丁日昌觉得冤枉,实际上我们觉得他罪有应得。胡雪岩也很关心他到底怎么样了?文大人告诉他,你们的奏折生效了,丁日昌被革职了。雪岩只讲一句话,老天有眼啊!老天有眼,其实就是诅咒的力量发生了作用。各位想想看,雪岩心里头最恨的是谁?就是丁日昌。他心想我无所谓,我反正认了。但是丁日昌不下台,我死不瞑目。我想这种力量是我们所不能忽视的。人要想搞别人时,千万记住,自己也会被搞下去的。

(9)左宗棠为什么不见梦瑾?他为什么说大道如浮云,随风各消散?

左宗棠的心情一开始就表达得很清楚。他一再交代雪岩要多读书,要谨慎,要好自为之。这已经够清楚了,因为他不想互相勾结,你给我好处,我将来会替你出力,他不是这样的人。他一开始就说,我们都是为国家做事情,你不是为我,我也没有为你。我们之间的关系是建立在国家的利益上面。我觉得他是很坦然的君子。所以今天见不见梦瑾,其实都是一样的。见了又怎么样?所以干脆不见。不见,你还死心一点。见了以后,她该怎么讲,又怎么讲得通呢?但是他巧妙地知道陶大人这次来是想打听消息的,想看看左大人是怎么处理雪岩这件事情,所以他心里盘算,是让梦瑾进来,让你看看,还是不让她进来,让你不知道?正在犹豫的时候,梦瑾闯进来了。既然闯进来了,他更加提高警觉。因为他讲的每一句话,陶大人都会去报告西太后。各位有没有发现,说左宗棠是粗线条,但他并不是。说他完全口无遮拦,他才不是呢!他是非常有分寸的。只是上一次讲到东太后的事情,可能是一时大意,很直觉地说出来。不是每一次都这样的,他非常有技巧地把陶大人请到客厅里面去,然后把所有的人都支开。单独面对梦瑾的时候,告诉她:大道如浮云,人与人的聚散跟浮云一样,有缘大家聚在一起,缘尽了各自消散。他很清楚地告诉梦瑾,我跟雪岩是基于公共的利益而结合。现在闹出事情找我也没有用。各自想办法,各自负责吧!梦瑾听了以后,心里也很明白。东家啊,我看左大人也救不了你。她这种话,其实雪岩老早已经清楚了。他没有叫任何人来找左宗棠,而是梦瑾自告奋勇,觉得她有责任,觉得她应该走这么一趟。我们相信梦瑾从这一次的教训当中也学会了很多做人的道理。

十四、财去人得安乐

文大人存心要夺取胡庆余堂,他表现出一副公事公办、依法办理的模样,谁知道核算的结果正确不正确?反正一切由他,爱怎么说就怎么说。

他先捧一捧雪岩,说你所欠银两已如数还清,还称赞雪岩不愧为东南大侠。接着便露出了狐狸尾巴,你北京顺天阜康欠我的三十万两银子,还没有着落呢!他指定还债的条件,是以胡庆余堂的名义来归垫欠款。

芮瑾拿出珠宝首饰,文大人却不屑一顾。成祥取出五十万两纹银,文大人依然满口回绝。他坦白承认:归了他,也许能给雪岩留个口碑。

雪岩不怨天尤人,财去人安乐,果然应验了当年弃财保家的决策。不过家已不像个家,幸好有芮瑾这位多年老友。有这份关心的至情,与雪岩共度余年,也算是一大幸事吧!

重点提示:享尽荣华 VS 长留怀念

胡雪岩真是享尽荣华,然后归于简朴。就如左大人所说的,一切随风消散。我们可以说他一生奋斗,最后仍然归零。幸而他留下了胡庆余堂,使他们能够长留去思,让大家长远地怀念。

人生在世,不过短短几十寒暑。所有物质享受,不过是短暂停留,很快就会消失。一个人在短短几十年的人生过程当中,如果只重视物质,不注重精神文明,这个人迟早是空的。白活了几十年,什么都没有值得怀念的地方。

物质是不长久的,有所成必然有所毁。看得见的东西最后都不见了。精神才能够长久,万世流芳,是人的精神方面而不是物质方面。

胡雪岩如果只重视看得见的,只看重物质生活,他的一生,也顶多是享尽荣华,无法长留怀念。

幸好胡雪岩不但重视看得见的,也看重看不见的;不但重视物质生活,而且看重精神生活。所以他除了享尽荣华之外,还能够长留怀念。

个案简介

下人禀告文煜文大人到,雪岩早已穿好官服等着接旨。文大人宣告胡雪岩首先革职,由文煜严刑追究。

来人摘去胡雪岩的顶戴花翎,同时文大人也告诉雪岩:丁日昌已被革职查办。雪岩听了面无表情,成祥则对天感激地说:苍天有眼。

文大人算完公账,说:胡先生,你所欠的银两全部如数还清,不愧是东南大侠。不过你北京阜康还欠我三十万两银子,还没有着落。雪岩说可以在查抄中扣下,文大人则认为冤有头,债有主,他不向朝廷伸手。

雪岩说已经没有钱了,文大人拿出早已写好的合同,硬要雪岩签字。合同上写着:

胡庆余堂药号建于光绪二年,杭州大井巷地方,原系胡雪岩之产业。胡庆余堂、雪记药业,生意兴旺、远近驰名,诚为上等不朽之基业。因文氏与胡氏有存款交涉,故胡氏于光绪九年,凭中介将胡庆余堂、雪记药业等财产,交与文煜所有,以清欠款。

雪岩不肯签,文大人说这胡庆余堂有很多人想要,留在你胡雪岩手上,早晚也会被抢走。不如归文大人,也能给他留个口碑。

芮瑾拿出一堆首饰,求文大人留下胡庆余堂。文大人不接受,说胡老爷欠的是银子,这些珠宝我不稀罕。

成祥拿着一把银票,要求文大人代还所欠。文大人干脆明白表示,他要的就是胡庆余堂。

余阿大和药工们向文大人下跪,文大人宣布谁再多嘴,就是聚众谋反。

雪岩咬紧牙关,握着合同,想到自己多年的心血全没了,流着泪,在文大人逼迫下签下了名字。

显赫一时的豪商胡雪岩,终又一贫如洗。他所创立的胡庆余堂,迄今仍以其戒欺和真不二价的优良传统,屹立在杭州。文大人虽窃取了这份财产,而善良的老百姓至今还记得它姓胡。

则云的儿子，前来拜见雪岩这位伯父。雪岩的心情十分复杂，问他在做什么？芮瑾告诉他，子承父业，又在做掌柜的，雪岩笑着说，好啊，好啊！

问题与解答

(1)朝廷为什么指派文大人查办胡雪岩的案子？文大人为什么要趁机侵占胡庆余堂？

文大人是刑部的主管，这么重大的案件，当然由他来办理，这叫作职责所在。文大人也是秉公处理，因为他可以讲雪岩的财产根本不够偿还欠债，还亏空很多，但是他没有。他算了以后，认定雪岩的家产，刚刚好抵欠政府的债。所以他还很佩服雪岩，说他不愧为江南大侠。但是他趁机要侵占胡庆余堂，也是有道理的。因为他知道，这么好的一个产业，很多人都想把它抢过来。我们看文大人是恶意，但是如果从好意的方面来解释的话，我倒觉得，这是天老爷在帮雪岩的忙。因为雪岩不管怎么样，总是一路来都在行善。对这么好的人，打击得他体无完肤，这是天理吗？雪岩欠的债该还的要还，但是老天爷该给的还是要给雪岩。文大人动歪脑筋，他说，你欠我的钱没有还，我要你的铺子。初看起来，好像这个人很不讲理，好像在趁火打劫。实际上我们冷静想想看，如果胡庆余堂继续交给胡雪岩经营，后果会怎么样？所有被钱庄倒掉的人，都来这里要债。所有恩怨，都集中到这里来，雪岩根本抵挡不了，迟早要被人家拿走。与其被别人拿走，不如现在给文大人，反而比较好。因为文大人会好好地把它经营下去，比交给别人更保险。

所以我们觉得，看事情从表面上看，和从更深一层去看，会看出不同的结果。从表面看，一定觉得文大人这个人莫名其妙；可是深一层看，这是老天爷在帮助雪岩。我们已经讲得很清楚，雪岩该受的罪，他不能逃避，因为这是因果律。但是该还给雪岩的，老天爷一定会还给他。还给他什么？还给他长期活在老百姓的心里。尽管胡庆余堂被人家抢来抢去，大家还是认定这是胡雪岩的。这就够了嘛！还要怎么样？

(2)芮瑾要以珠宝首饰还文大人的债务，文大人为什么拒绝？

芮瑾一向很关心雪岩，她愿意尽一切力量来帮助雪岩。打从一开始，她就把自己赖以生活的小船卖掉,拿给雪岩做资本。现在雪岩碰到这么大的苦难,她当然是出自内心的,一种很真诚的关怀。她把家里头所有的东西放在一个盘子里,向文大人说,这些首饰值得那么多钱,你不要他的胡庆余堂了吧!可是文大人根本是存心的,他说你欠我银子,我要你还。你不能还,我就要这个,通通是借口而已。不管成祥也好,芮瑾也好,就算想尽办法,给他首饰他不要,给他银子他也不认账。已经摆明了就是要胡庆余堂。他就是看中了这个,不管用什么方式,要改变文大人这种企图,实在非常困难。文大人早已看中胡庆余堂,所以把合约都写好了,就看你雪岩要不要签?你不签,他会想尽办法让你签。这一点芮瑾当然不可能了解,她怎么知道做官的是这个样子?她尽她的力却遭到拒绝。我们也不必过分勉强来判断哪边对哪边不对,我们用有形的眼光来看,并不容易看出事情的真相。从计量上看,那些首饰换钱,就可以抵掉了。可是文大人说,这些首饰我看多了,不许抵钱,有本领去拿钱来!成祥拿钱来,他照样不理会。已经表示得很清楚,他是存心要胡庆余堂,其他通通是嘴巴讲得好听的,如此而已。

(3)文大人奉旨抄检,讨债还钱。他这样做,有什么不妥当的地方?

一个人用冠冕堂皇的话来达成自己的私利,这是常见的做法。任何人都不会赤裸裸地讲,我要抢你的财产。他只会说,你这样那样讲一大堆理由,都很冠冕堂皇。文大人说,你的家产抵还政府的欠债刚好够。可是你欠我私人的钱,你怎么还?胡雪岩知道他已经荡然无存,再也拿不出现金来了。文大人就是看他拿不出现金,所以才有借口要胡庆余堂。你可以用胡庆余堂来还我的债,我没有抢你任何东西啊!从这个角度来看,我们也没有办法说文大人是违法的。这给我们一个很好的启示,那就是法到底是保护谁的?有时候很难讲。法有时候保护好人,有时候偏偏就保护坏人。你看文大人有什么不合法的地方?你去告有什么用?这跟司法清不清白,其实没有什么关系。我们一直认为这是司法问题,跟司法有什么关系?根本就说不清楚!好,文大人说:你现在拿钱给我。你没有钱,唯一剩下一个胡庆余堂,就用这个抵好了。他还说:要不要抵?我很尊重你。中国人很厉害,打到人家无路可走的时候,那你就看着办吧!雪岩不愿意,胡庆余堂是他唯一的命根子。可文大人说别的什么都不要就要这个。胡雪岩一辈子都反应快、毅力够,这个时候却都没有用。文大人一出现,雪岩就拿他没办法。我们也了解,讨债还钱其实有很多种方式。可是文大人坚持要胡庆余堂。我们退而求其次,觉得一个人到了这个地步,也应该听听文大人的话。他说胡庆余堂交给别人,可能搞得更惨,交给我的话,会比较好。我想这是很多人在找理由的时候,会把它当作一个很动听的说辞。你与其给别人,不如给我。到别人手上,一定糟糕,干脆到我手上。这种话我们听得很多。文大人也不一定心很黑,手段狠辣,也可能跟别人不一样。我们觉得也没有什么,因为差不多的人,都会想出这一招来,都会这样做。当形势对一个人有利的时候,他所讲的话,都很有力量。当形势对一个人不利的时候,已经江郎才尽了,就算讲出什么有力量的话来,也显得没有什么作用。

(4)文大人抢走了胡庆余堂,却抹杀不了百姓们对胡雪岩的记忆。从这个角度来看,文大人是不是帮了雪岩大忙?

中国人把老天爷叫作天公,因为我们相信老天爷是公正的。它该给你的不会少;它不该给你的,不会多给,这才叫公正。什么叫作因果律?就是同一个人,做坏事的部分,你要去承担,你要去抵罪。做好事的部分,你可以得到回报。老天爷不会把两个东西搞在一起。老天爷不是一个算总账的人,那不是很糊涂吗!老天爷很清楚,雪岩拿了人家回扣,占了利率的便宜。一生的辛苦,财产充公还给政府。这是应该的,老天爷不会帮雪岩的忙。可是雪岩的心地很善良,做了很多好事,很想把胡庆余堂好好经营下去,使大家都能够受到好处。这点老天爷也很清楚,所以叫文大人来抢雪岩的财产,实际上是保护了他的家业,维护了他的名誉。相反,如果胡庆余堂真被别人收买去,或者雪岩传给自己的儿子,是不是会有现在这种美名?有这样的名誉传下来?谁也没有把握。

我们往往看到在第一代手中做得很好,可是到了第二代,好名声就败坏掉,资产摧毁掉,搞得根本就不像个样子。与其这样,倒不如给文大人,还能替雪岩保持好名誉,也是替胡雪岩做了一桩好事。我们都很清楚,大事由老天爷决定,小事由人决定。文大人只能够决定要抢胡庆余堂,他的能力只到此而已。至于要后人记住,这个产业是谁创办的,只有老天爷才有这个本领。各位想想看,为什么我们老是记住胡庆余堂是胡雪岩的。我们为什么不会认为胡庆余堂是文大人的?为什么明明是文大人的,可是大家都记得是胡雪岩的?这是老天爷的力量,不是人的力量。

(5)谭则云的儿子为什么要见雪岩?

则云的儿子从小就听父母讲起有这么一位伯父,说不定他还亲自见过雪岩,也跟雪岩打过交道,有很深刻的印象。现在发生这么大的变故,他当然很好奇,很想见见这位显赫一时的伯父,现在又一贫如洗,他的生活怎么过,心情怎么样？只要有机会，就想来看看。我们也相信，则云一定交代过儿子，有机会要去看看这位伯父。一方面出于自己的好奇，另一方面出于父亲的交代，所以则云的儿子，才想到要来看雪岩。我们很容易想象，则云的内心对雪岩感觉很愧疚。虽然他在紧要关头要逃亡，但是就算逃出去，他的心里头还是很不安。何况我们根据传言，他是被群众打死的。他在被打的时候，在临终之前，感觉怎么样？我们可想而知。这是一种报应。不管雪岩对则云怎么样，那是雪岩自己去承担的事情。则云对雪岩应该怎么样，这才是则云应该坚持，应该重视的地方，很可惜他没有这样做。他因为抱怨雪岩，做出使自己良心不安的事情，这是他一生最大的败笔。所以当雪岩问到刚才的客人是谁的时候，芮瑾告诉他是则云的儿子。雪岩还是赶快往前看一看，因为他也想看看这一位故友的小孩，到底现在怎么样了。我们还是那一句话，每个人要走每个人自己的路，不要因为怪别人而把自己的路走歪了，这才是最重要的。

(6)雪岩对则云的儿子，子承父业有什么感想？

雪岩的心情一定是又好气又好笑。他心里想：你来看我又怎样？你不来看我又如何？一个人经过大风大浪之后，心情是很复杂的。想起过去，酸甜苦辣同时涌上心头。他一方面很关心这小孩长得怎么样，另一方面觉得不一定要看他的模样。所以他就问他现在干什么？芮瑾告诉他，子承父业，又在做掌柜的。雪岩笑着说，好啊，好啊！他这个好啊，好啊，其实是很复杂的。一方面是说，你能够继承父亲的职业，当然很好。可是你如果弄成他那样一种后果，不当也罢！所以一方面要有乃父之风，另一方面又不要像乃父那样，搞到自己都没有办法收拾的场面。但是这种话又不知道从何讲起，所以他给我们的启示，就是说一个人不管从事什么职业，一定要走正当的途径。而且最要紧的，要有始有终。则云最大的遗憾就是有始无终。我们回想一下就知道，他在很早的时候，就已经露出这种个性来了。就是说这个人没办法让人家长期地信任他，因为他一会儿讲这样，一会儿讲那样。一个人一会儿讲这样，一会儿讲那样如果是有原则的，是随机应变的，这是可以的。如果一会儿讲这样，一会儿讲那样，讲到最后，让人家感觉这个人不可信任，没有信用的时候，这个人的命运就不是很顺，就一定很坎坷。则云自己不了解他有这种不良的习性，才造成他今天走上这个结局，也使得整个胡氏集团崩溃了。

十五、国法人情难断

左宗棠既未为雪岩申辩,也毫无责怪雪岩的怒言。他深知这些事情原本很难论断,可以算得上对也不对,不对也对。

中国人最讨厌是非不明,却也很不喜欢草率评断、马上表现得是非分明的人。我们不是神,哪里有什么判断是非的能力?我们只是人,只能够小心翼翼地慎重分辨是非,在是也非也之间徘徊,然后勉强地断定。

雪岩能不能从贷款中赚取佣金,恐怕见仁见智,难有定论。有时候不拿白不拿,有时候则一拿就被套牢,想甩也甩不掉。

缺乏经验的人很容易武断地下定论。唱高调的人,反正事不关己,顺口说一些好听话罢了。面对这种问题的人,最好自己去决定,因为说穿了只有一句话:自作自受。

一人做事,一人承担。自己决定,自己负责。

重点提示:胡雪岩的人生三阶段

我们把胡雪岩的一生,分成三个阶段。第一个阶段是在钱庄当学徒、做跑街的时期。这个时期,他一切从自己做起,只求和自己相比。第二个阶段是做粮食生意,一直到晋见西太后的岁月。这个阶段,是做给别人看的阶段,也是他走向成功的时期。第三个阶段,则是胡家大宅完成之后,一直到所有产业被查封的期间。这一阶段,是胡雪岩做一切事既给自己看,也给别人看的时期,也是从巅峰走向失败的时期。

个案简介

第一个阶段的胡雪岩,表面上看起来和一般人没有什么两样:穷苦人家的子弟。母亲央三托四,好不容易找到一个钱庄肯收他当学徒。期满之后,觉得成绩还不错,把他留下来。当跑街的,而且一跑就是十几个年头。眼看着日子一天天过去,好像要这样子过一生。

实际上,如果深一层想,我们发现这个阶段,才是胡雪岩和别人最不相同的地方。

一般人当学徒,大多抱着"反正这么回事"的态度。师傅教什么就学什么,推一下动一步。果然一辈子就是这么回事,做到老也没有什么大出息。

胡雪岩真的不一样,他对自己有一份期待。希望有一天会当上先生,做大掌柜的。所以他在师傅教什么学什么之外,每天晚上给自己规定一些功课。写小楷、读历史、练算盘。同样是学徒,学得比别人更多。

一般人担任跑街工作,大多抱着"凭着自己的能力把工作做好"的心态,认为自己既然已经满了师,学到一些应有的学识。一回生两回熟,就这么干下去,还有什么问题?多少人这样子混一辈子,丝毫不长进。

胡雪岩就是不一样。他跑街的时候,从客户那里学到了很多东西。因为他知道,从师傅那里得到的教训虽然是对的。可是每一个客户,都有不同的情况,也都说出一套不一样的道理。这些特殊性,不是师傅不肯教,而是没法教。必须自己亲自去体验,多多去学习。才能够把师傅所教的东西,拿出来灵活应用。

胡雪岩的第一个阶段,是做给自己看的时期。俗语说得好,做人要从自己做起。胡雪岩真的做到了这一点,他不和别人比。别人比自己好的地方,他不忌妒;自己比别人用功的时候,也不自夸。因为在这个阶段,忌妒也好,自夸也好,都没有人理会,有什么用?他只求和自己比,一切都做给自己看。

第一阶段的胡雪岩,可以说是成功的。同样当学徒,学得比别人多,本事比别人好。同样担任跑街的工作,胡雪岩对人性的体验,对人心的掌握,对人情的拿捏,比别人更精通、更有功夫。

第二阶段的胡雪岩,表面上看起来和一般人不一样,表现得特别胆大心细,有魄力,而且有毅力。实际上,他和一般人没有什么两样,只是程度上的差别而已。成祥和雪岩两个人对粮食生意的反应不一样,主要原因是成祥还有饭吃,还有工作,当然不愿意冒险。雪岩已经失业,没有工作,等于没有饭吃,当然要冒险。很自然地说:生意人不冒险,能有钱赚吗?

把粮食送给官兵,好像是雪岩的独特作风,成祥有些不赞成。其实成祥也有这种能力,换成由他做主,也会做出同样的决定。正如雪岩所说:你行,你不是不行,可是你总把自己当伙计看。

胡雪岩的第二个阶段,应该说是做给别人看的。不管雪岩有多大能耐,自己对自己有多大的信心和期望,在平价抛售生死米时,如果不能够把米价平抑下来,造成粮食生意失败,以后就没有什么指望了。

漕帮那一关闯不过,鬼龙头不帮忙,粮食的运送成大问题,说不定只好原地出售,反而亏本。

如果考验的结果使左大人不满意。雪岩也只好认命,两手空空走出来。成祥的抱怨,则云的嘲笑,从此三阶段的精神,再延续下去。尽管左大人苦口婆心,一再叮咛他要多读书、多读书。雪岩却忙于生意,不能体会左大人的真正用意,只能算是相对成功,不能说成功。

这一个阶段,没有能够精益求精,继续充实自己的实力。以致第三个阶段,不幸出了差错,铸成大恨。

胡雪岩的第三个阶段,必须同时做给自己看,也做给别人看。一个人到了这个阶段,人我之间的距离显得十分接近。因为大家都很好奇,大家都很想知道详细的情形。以致雪岩的一举一动,都像胡宝玉所说的,成为大家茶余酒后的谈话资料。

一个家庭,发了财,重新翻造家宅的时候,往往代表第三阶段的开始。这个时候必须重视家庭的规矩,以免富贵出闲话,无事生口舌。雪岩虽然知道这种道理,甚至在征得母亲的同意,向芮瑾求婚时,也不顾一切地提出约法三章。要求芮瑾不要由于身份特殊,搅乱了妻妾的名分。但是,家庭纠纷不断,毕竟影响了雪岩的情绪。以致生意上忙,药业上忙,洋务忙,官场也忙,有时还要为女人忙,忙得连和成祥、则云说心里话的时间都没有了。这样一来,谭则云心里就不能平衡,终于上了对手的圈套。为了贪图一些回扣,害得整个集团的事业,都为之动摇了根本。

第三阶段的胡雪岩,表面上看起来十分成功,实际上很不成功。一般人到了这种地步,所作所为几乎和雪岩差不多。雪岩除了创建胡庆余堂之外,并不比一般人有什么优异的地方。胡雪岩和一般人一样,避免不了登峰造极,然后直线滑落的共同命运,这是我们认为他很不成功的理由。尽管他有很多令人敬佩的表现,不能在人生最后的阶段确保大半辈子辛苦奋斗的结果,当然是很大的遗憾。相信没有人愿意学习他这一种不幸的结局,在自己的有生之年,看到自己回归零点。

三个阶段合起来,胡雪岩还是成功的。他对朝廷不能及时加以援手,他对文大人假公济私,硬要夺取他的胡庆余堂,当然心有不甘,口有怨言。然而,他对左大人,对成祥、对则云、对梦瑾,不但毫无抱怨,而且心怀感激。特别是芮瑾,每当雪岩有困难,总是全力以赴。散尽家财,一无所有的时候,芮瑾还是把雪岩当作老朋友,给予细心的照应,更是雪岩最引为欣慰的事情。

大家追求慎始善终,雪岩在慎始方面,可以说做得十分成功。但在善终方面,雪岩虽然产业被查封,胡庆余堂被抢夺,却也乐天知命,得以善终。这是我们深深为雪岩庆幸,深深钦佩雪岩,想要向他学习的缘故。

问题与解答

(1)从表面上看,和深一层想的结果,经常不一样吗?

从表面上看,一般人都会觉得,雪岩年轻的时候,没有什么表现,不是很成功。后来他越来越成功,特别是事业做大了,当了一品顶戴的官,那时候好像最成功。其实这是看表面,如果从实际看,应该刚好相反。我们深一层想,雪岩在创立上海钱庄以前,可以说是成功的。可是从那个时候开始,他就发现了很多问题。这是他自己所没有办法掌握的,而且种下了很多将来失败的祸根。我们希望大家都能够有这么一个想法,就是一件事情从表面上看,大概只能看出一些现象,而现象多半是虚假的。我们不能只看表面,而应该更深一层地去透过表面去看问题的本质。

我们看到很多人,年轻时很成功。但是年纪大的时候,很困难,也十分苦恼。因为他没有一路跟上去,自己断层了。中国人喜欢说:小时了了,大未必佳。小时候,就表现得很聪明,大家不断赞美他,弄得小孩子觉得很满足,认为所做的都很对。然后就不求进步，年纪越大越倒霉。相反的，有些人小的时候，这样也挨骂，那样也挨骂，觉得自己样样不对，必须多多学习，就不断充实自己，学得比别人多。长大以后愈是碰到难题，愈有本领去克服。我们从这个角度来看雪岩，就能够了解他真正的面貌。他最成功的时候，就是当学徒的时候。把自己的根基扎得很稳当，所以一出去冒险，几乎每一关都闯得过，这不是一般人所能做到的。后来发大财成大业，做了大官以后，老实讲，换成任何人，我们讲一句不好听的话，都可能跟他一样的焦头烂额。除非是实在有功力的人才可以摆平。不管怎么来，都有办法应付，这不是一般人所能做得到的。

（2）人生最要紧的，为什么是阶段性的调整？

雪岩为什么到了高峰以后，很急速地滑落？就是他没有办法及时做好人生阶段的调整。我们的人生过程是一步一步逐渐成长的，逐渐成熟的。

有很多人，当了老板以后，还很虚心地去听课，很虚心去学习。我们保证他会随着他事业的扩大而提升自己的能力。但是也有些人，当了老板以后，就不好意思去听课。还听什么演讲呢？所以就越来越闭塞，使自己停留在不成熟的阶段。碰到大事情来临的时候，他就垮了。我们还是那句话，一切都是自作自受。雪岩如果听左大人的劝告，每天弄一点书来读读。多想想，多反省，多充实自己，就像他当学徒时一样的心情，就像他当跑街一样的态度，我相信他的后半段会过得更愉快一些。

（3）胡雪岩的后段，为什么那么坎坷不顺？

我们看得很清楚，胡雪岩过分专心事业的发展，没有能够在官场上继续建立更好的关系。所以左宗棠一垮，他也跟着垮下来了。如果他能够想到，像左宗棠这样的靠山，现在靠他可以，但是将来要靠他，恐怕还是不够的。他就有可能超越左宗棠，去跟更高一层级，如七王爷这些人联结在一起。李鸿章可以找六王爷，雪岩当然可以找七王爷。要斗，大家来斗！他不一定会被斗垮。如果认为左宗棠最后会救他，因而全靠左宗棠，那就是一种糊涂的想法。他很聪明，老早知道左宗棠到了紧要关头，会撒手不管。应该另外再找更强的靠山，可惜他没有，这是他疏失的一环。第二，他太过专断，有事不和成祥、则云商量，也不采纳他们的意见。有时候他判断得不是很正确，结果误了大事。一个人果断到差不多的地步就好，不要太过专断。一个人权势大了以后，愈来愈有信心，好像认为自己什么都懂了，反而当局者迷，看不清楚。一个人高处不胜寒,爬得越高就越要小心,因为不能有丝毫的差错。愈是这时候愈要听听干部的意见。我们没有说雪岩年轻的时候就很专横,但是各位再仔细看一看,他五十几岁以后,事业成就大了,官做出来了,态度也就有了一点专横,跟以前不太一样了。虽然说他爱国心很强,但是,一味跟人家争强斗狠的态度,好像也有一些不自量力。第三,他花在女人身上的时间太多了。

我们从这三个层面看起来,还是再一次证明,他愈往后,就愈力不从心,有点照顾不过来,这就已经表示他的能力不足以支撑这么大的场面。以前那种小格局,他非常有办法,可是他没有继续充实自己。到了大格局的时候,已经显得无力。为什么当小官没有无力感,当到大官就有无力感?很简单,能力只能到这个地步,想再往上冲的时候,就十分吃力。只能挑十斤的人,挑十五斤还勉强可以应付;挑到五十斤的时候,就苦哈哈了。

(4)雪岩的经营理念,有什么特别的地方?

胡雪岩的经营理念,说起来可以用八个字来代表,那就是功自心诚,利从义来。雪岩听说左宗棠被迫离开新疆,生怕他气坏了身体,特地买了一些补药要亲自去看他。临行之前对余阿大讲出这一段话,希望余阿大好好地一本初衷把胡庆余堂经营好。其实功自心诚,早就写在上海钱庄定下的规矩当中,已经说得十分清楚。诚为本,信为先,经商必须以诚信为根本原则。商人除了勤俭忍耐之外,最要紧的素养就是信用。孔子说:人而无信,不知其可也,在人际关系方面,信用是最重要的美德。我们看一看则云所念的是什么?勤俭,忍耐,信用。这三样东西的重要性,我们大家都知道得很清楚。但是很不容易做到,主要的原因在哪里?只有四个字,心不够诚,所以培养不出真正的功夫来。一个人只是知道道理,不见得很有用。知道以后,要很认真。什么叫认真?认真就是心很诚,把它当一回事。

功自心诚,就是告诉我们:一定要心里有很诚正的意念,才能够产生功夫。至于利从义来,从北京阜康钱庄三回、三清、三不收的规定,也表达得非常清楚。不义之利,投机之财都不能收。为什么?因为它违反了利从义来的大原则。权、利、色、名这四样东西,可以使聪明人变成糊涂虫,可以使智能的人变得愚蠢,可以使坚强的人变得懦弱,也可以使善良的人变得凶暴,而至亲也会变成仇敌。这四样东西,不是我们常讲的什么酒色财气。而是利、权、色、名。其中利的力量,远在权、色、名之上。常常利之所至,就忘掉了一切。我们常讲见钱眼开,唯利是图,经商的人更是将本求利。胡雪岩刚刚创业的时候,就知道出售生死米,来抑制米价,打击那些不顾老百姓死活、哄抬米价的粮商使他们承受一些打压。后来胡雪岩开钱庄的时候,给存款人的利息比同行高,因为他觉得开钱庄不能靠着压低利息来赚钱,应该从另外的方面来活用资金,同时给存户比较好的利率。这种经营理念,才符合利从义来的观念。任老板就是不明白这种道理,他满脑子都是把利率降低,看看能不能从存款上多赚一些钱。结果存款的人,都跑掉了。经营理念要落实,一定要有制度。通常的说法,叫作立规矩。

最近我们很高兴,看到有一个总经理。他就职的时候,第一句就讲任何事情我负责,这是很好的一种示范作用。有良好的制度,还需要人来执行。雪岩最重视的是什么?是人才的培育。我们拿梦瑾做例子,从替她取名字开始,到教她打麻将,然后让她参与借债的事情,一直磨炼到成为很得力的干部。雪岩不知道花了多少心力,不知道费了多少时间。我们还记得梦瑾刚开始的时候,她是什么样子。我们再看看后来的梦瑾,是不是完全变了?这就是教育训练的效果。当老板、当主管的,只有不断地自我发展才不会发生人才断层的缺陷。雪岩的事业能够蒸蒸日上,而且规模越来越大,就是因为他注意到不断提升人力。你看他对则云,不断教他什么才是策略;他对成祥,告诉他这里要注意,那里要注意。他几乎对每一个人都很费心在看他的需要,给他们适当的指导。奖惩有度,是确保经营理念能够贯彻的最佳保障。胡庆余堂提出四个字:采办务真。买东西一定真材实料,这个店规很不幸地在虎骨追风膏原料上面出了瑕疵。因为买不到老虎的骨头,所以就用豹骨来代替。结果怎么样?负责采购的阿二,被雪岩毫不留情地开革掉。我们相信这样的处理方式,只要有一次,以后就没有人敢在采购上面不认真。胡雪岩的经营理念,最后又归纳成两个字。只有两个字:戒欺。戒欺的意思,是任何人都不能欺骗。一直到现在,这两个字还是和胡庆余堂,还是和胡雪岩紧紧连接在一起。大家只要想起胡庆余堂,马上想起胡雪岩;只要想起胡庆余堂或者胡雪岩,马上就想起戒欺这两个字。戒欺不但不可以欺骗别人,而且不能够欺骗自己。说起来正好就是:功自心诚,利从义来。胡雪岩经过长久的历练,才把功自心诚、利从义来这八个字浓缩成两个字,叫作戒欺。我们常常欺骗自己,也常常欺骗别人。今天看了戒欺这两个字,应该自己有所反省。骗不了别人的,骗自己更糟糕。从现在开始,我们在回想胡雪岩经营理念的时候,常常要提醒自己要戒欺。

(5)为什么勤劳、节俭、忍耐、信用的重要性,大家都知道,却又很不容易做到?

中国人的观念,认为勤劳、节俭、忍耐、有信用,是做人做事的美德。大家都把这些当作目标,来教育自己的子弟。无论做官、经商、做学问,实际上都要把这些当作金科玉律。丝毫都不能够违背,而且要持久去贯彻,才能够安全,才能够活得自由自在,才能够活得很愉快。可惜现代人普遍不重视教育,说什么父母要做子女的朋友,实在是很奇怪的说法。这么一来,使得很多人根本不认真教育子女。如果没有诚心,当然很难培养出好子弟。社会风气为什么败坏?人心为什么愈来愈险恶?其实追根究底,根本的原因,就是忽略这些基本的教养。我们今天不用谈什么智能,不用谈什么知识,光是在教养这个层次,我们就已经完蛋了。我们顺便说一下,一个高阶层的人,才有资格讲智能。其他人讲智能,是多余的。到了中坚干部有一点表现的时候,我们才看他有没有知识,而最起码的基础是教养。我们看一个人,先看他有没有教养,然后再看他有没有知识,最后才有资格讲智能。否则谈智能又怎么样呢?我们看完胡雪岩之后,知道他虽然很穷,家庭背景平平,但是他的教养非常好。因为他有一个好母亲,从小告诉他做人做事的道理。

(6)君子爱财,为什么必须取之有道?

不择手段求取钱财,很可能走上大家都非常讨厌的贪赃枉法、拦路抢劫、囤积居奇、哄抬物价、联合垄断、不实广告、欺凌孤寡、侵占财物、绑票勒索、谋财害命的道路。我们看看这些不法的途径,这些不良的行为,我们的感受是什么样子的?我们都认为根本就是危害社会、危害生命、丧尽天良,可见如果不注意这方面的话,社会风气是没有办法改善的。一个人只有通过勤劳工作、辛勤耕耘、投资建设、研究发展、增加生产、赚取外汇、加强服务、造益人群这样的方式,来爱财,来求取钱财,才光明正大,而且心安理得。我们所讲的这些,就叫作君子爱财,取之有道。中国人常常讲贪财,贪财其实没有关系,只要用合理的方式来贪财,就是好的。

己所不欲,勿施于人,可惜现在有些人很喜欢标新立异,说什么己所欲,施于人,好像这样比较积极。为什么己所不欲,勿施于人是消极的?不晓得是怎么想的。一个人喜欢什么,就认为别人也喜欢什么,就强把自己的喜欢,硬是套在别人身上。结果天下大乱,人心不安,这叫作造孽,叫作害人。我觉得很多老话,能传那么久,一定有它的用意,一定有它的价值。可惜今天的人自作聪明,很喜欢搞来搞去,搞到最后,害了下一代。连成语典故都不知道,以后中国人怎么沟通?

(7)胡雪岩的领导风格如何?

胡雪岩自己很清楚,看起来好像成天在金钱堆里面打转,可是他从来没有把钱财当作性命。他所要追求的,不是名也不是利。那他最关心的是什么?是人。要开公司很容易,但是公司要成功非常困难。这当中的关键,就是一个人字。只要你人找对了,公司就会成功;如果人找错了,就算登记立案,也很快就会倒闭。胡雪岩明白这个道理,从小就多看、多听、少开口。他认为一个人要学习,一定要多看、多听、少开口。胡雪岩跟人家相处时,都是按照多听、多看、多想的态度。你看他在跑街的那一段时间,跟很多人在一起。他就慢慢感觉到,这些人虽然没有钱,虽然欠债,可是很有学问,称得上是饱学之士。这些有学问的饱学之士,为什么老欠债呢?为什么老碰壁呢?他就想到,他们有他们的缺陷。就是懂得道理,却不会去用。有知识但是不会处人。跟人家在一起,就变成有志难伸,实在很可惜。他慢慢感觉到,一个人不但要有本事,而且要得到大家的支持。得到上司的赏识,也要得到部属的拥戴。这些都要用心揣摩,多方思索,才能够体会出一些抓住人心的技巧。经过不断地尝试,不断地改善,雪岩才练就一身好功夫,也塑造出独特的领导风格。首先他学会了对什么人说什么话。

我们常讲,见人说人话,见鬼说鬼话。这一套胡雪岩学得很好。他并不是存心讨好别人,可是他就有办法引起对方的关心。我们看他在出售生死米的时候,对那些帮忙卖米的伙计非常客气。回头对成祥这位老伙伴,却好像存心要逗他开心,采取完全不一样的态度。这是什么道理?实际上他是有用意的,不是乱来的。因为伙计是外人,不对他们客气怎么办?而成祥呢?你跟他讲道理,好像把他当小孩子;跟他板着脸,他以为你跟他发脾气。在这种很紧张、很严肃的时候,只有用逗逗他、开玩笑的方式,比较容易沟通。其次,雪岩知道有些事情要尊重个人的自主性,让大家自己去决定,大家才会心甘情愿地去效力。你看他从左宗棠的大营里面出来的时候,总算把运粮、卖米这一段冒险行为告一段落。雪岩马上就把成祥、则云这两位伙伴聚集起来,征求他们的意愿,是要继续干下去,还是从此拆伙各奔前程?因为一个段落下来,如果不把大家找来商量商量，那要怎么办？一路做下去，大家对你有什么想法？宣告拆伙，为什么大家就要听你的呢？所以他很慎重地从头出发，征求两位的同意。两个人都表示决心之后，好，我们就从现在开始好好合作。还有他知道紧要关头应该挺身而出的道理，因为这个时候，你必须要有办法，有本事化解大家的困难，大家才会佩服。

一个人，平常让干部多发挥，不要样样都管。等到紧要关头，就应该挺身而出，这才是做老板、做主管的气魄。我们看到成祥的妻子非常不谅解成祥。因为雪岩所建立的常捷军，用洋枪打死了她的弟弟苏晃。胡雪岩不顾成祥的劝阻，亲身跑去探望，要向成祥的妻子说明不得已的苦衷。而成祥的妻子却当面给他难堪，芮瑾也讲不好听的话。可是他为了成祥，非常勇敢地面对这个问题，一点都不逃避。相信成祥的内心也十分的感动。不像有些老板，碰到这种事情，不是躲起来不见面，就是说成祥这是你们家的事情，你去解决好了，这是不对的。

雪岩的作风，让我们想起诸葛亮的故事。当年孔明把周瑜活活气死，所以孙权的干部对诸葛亮都咬牙切齿，都想找诸葛亮报仇。可是孔明没有逃避，他亲自去祭拜周瑜。我想很多人不敢去。人家正在找你，你去，不是正好被人家当场打死吗？孔明没有这样想，他去了以后，发自内心说出一番感人肺腑的话，结果化解了很大的怨恨。胡雪岩是不是读过《三国演义》这一段，是不是受到诸葛孔明的启发，我们不清楚。但是最起码，他亲自到成祥家里，又请求左宗棠允许他为苏晃这些太平军的首领义葬，已经有了诸葛孔明的遗风。雪岩最明白中国人的心理，要抓中国人的心，空口说白话是没有用的。哪怕说得天花乱坠，好像内容很丰富并没有用。人家不会动心的。对中国人只有真正拿出行动来，用行动来表示，才会有效。我们看到玉惠常常要小性子，听说杭州有个芮瑾，心里就非常不舒服。雪岩没有讲什么，他只是回杭州的时候，交代阿宝去找玉惠双亲的坟墓，重新把它整修一下，并且特别交代从坟上包一包土带回上海，亲自交给玉惠。就这么一个行动，实实在在抓住了玉惠的心。抓心的本事，胡雪岩可以说最大。像李莲英这一种人，什么没见过？但是呢，也被胡雪岩抓得牢牢的，三番两次在西太后面前替雪岩说好话。可见雪岩抓心的功夫真了不起。

教导部属也是领导的项目之一，雪岩教梦瑾打麻将，要她多向二太太玉惠学习,而且花很多时间。你干吗找这种人？胡庆余堂招贤纳士的时候,雪岩怎样面试余修初？怎么找到这么可靠的余阿大？胡庆余堂能够顺利茁壮成长,跟这段有很密切的关系。人找对了,还要立规矩。定好制度,才有办法领导。把人找来,没有规矩,没有制度,大家不知道怎么才对,怎么才错？这叫作自生自灭。雪岩在这一方面,也下了很大的工夫。有的地方,雪岩规定得比同行还要严格。北京阜康钱庄三回三清的规定,加上三不收的约束,使职员都是看了严格的庄规,才放心前来投靠的。可见有制度,才能够吸引优秀的员工。待遇好,才能够使员工奋发努力。再加上老板洞察人情,掌握人性,又能够抓住人心,才有办法展现出有效的领导风格。这一点我们对雪岩,是非常的钦佩。

(8)为什么领导中国人,以抓心为最有效？

西方人很重视有形的东西,你看他们的管理,都在管什么？都在管人的手,都在管人的身体。在做工作分析时,主要看手的动作怎么样、一次能做多少、一分钟能抬多少次、一个小时能做多少遍,都在看有形的东西。为什么要打卡？就是要把这个人的身体管住,并没有考虑到那个无形的心,西方人管不了心,因为不知道心在哪里。西方人到现在始终搞不清楚什么叫心灵,心在哪里。搞不清楚。心不是脑,脑就是脑,不是心。

中国人很懂得无形的东西,我们知道把手管住了,无心照样可以乱写。你要他写工作报告,老实讲忙得要命的人,工作报告都是很简单的。没事的人,工作报告都写得很详细,结果刚好相反。同样做一件事情,花三个小时也是做,花十五分钟还是做。因为三小时投入三小时的心,要不然为什么要花三小时呢？你看买一样东西,可以把电话簿翻开来,你们卖不卖这个？给我送过来,他就送过来了。可是你也可以花好几个小时,看看这一家的品质跟那家的品质有什么差别,差多少价钱,通过比较,花很多时间,才买到一样东西。可见心是很重要的,中国人一开始就知道,人在那里,心不一定在那里。你把人管住没有用,心跑出去了,你管不住。只要他的心在这里,他的人就一定在这里。我们把这两句话互相比对一下,人在那里,心不一定在那里;可是心在那里,人就一定在那里。所以你把心管好,整个人都被你管得好。你把人管好,不晓得他心在哪里,怎么管得了他？所以为什么说我们要抓心,为什么要关心？西方人看工作,叫作工作导向。中国人你跟他谈工作导向,他都非常不高兴。我们是关心导向,关怀导向。我们从心下手,他自然会把工作做好。再讲一次:把人的心抓住,用关心来使他的心在工作,他自然就会把工作做好。

努力工作没有用,努力工作经常糟蹋器材,糟蹋资源,浪费时间。一定要用心做事,把事情当一回事,很认真把心投进去,才会做得好。努力没有用,用心才重要。这种话西方人不一定懂,但是中国人应该很清楚才对。中国人还有一个特色非常重要,就是我们不太重视形式,不太重视表面,我们是非常实际的民族。我们听人家的话,不一定会相信。因为听其言还要观其行,如果他的动作不能配合,就表示他口不对心。如果他的行为配合他的言辞,我们才可以相信,他是真心的。

(9)我们到底是以胡雪岩为师,想办法学他?还是以他为戒,设法避免重蹈他的覆辙?

我们的看法相当一致,就是一方面以胡雪岩为师,另一方面以胡雪岩为戒。我们学习他的长处,发挥他的优点,也应该避免他的缺失。把他的缺点作为教训,这样对自己最有利。我们分成两个方面来探讨,一方面看哪些地方,应该以胡雪岩为师;而哪些方面,最好以胡雪岩为戒。这样一来,我们就会得到比较周全的教训。

我们先看以胡雪岩为师的部分,胡雪岩最值得我们学习的地方可以提出六大项目。第一,他对自己非常有信心,而且从来不气馁。我们可以看到,当他被任老板辞退,失业在家的时候,他还是很有信心地向妈妈保证,早晚有一天,我会挣钱养家的。我不会老是这么穷,妈妈你放心。我们可以看出来,雪岩对他的家庭,从来没有说过没有希望了,恐怕要靠你们养我了。他认为这个家庭的责任在我,而且我非常有信心。胡雪岩的妻子笑他,连跑街都跑不成,还打算盘干吗?这时候他毫不犹豫,他说,说不定我将来就是胡掌柜的,而你呢,也可能当大东家的太太。可见胡雪岩人穷志不穷,不会因为遭遇到困难,就忧心丧志。这是他成功很重要的一个因素。第二,他使左宗棠从此成为雪岩最得力的靠山。如果他不讲这样冠冕堂皇的话,他说:“我是没有办法的,被你们抓到,那有什么办法呢?”那会怎么样?胡宝玉这位名妓的阅历很深,为什么胡雪岩三两句话,就能够使她动心,使她挑起这么重大的任务呢?胡雪岩能够在很短的时间,把胡宝玉的好奇心跟荣誉感整个激发起来,这是他人际技巧、沟通本事的具体表现。以胡宝玉这样的人,什么人没有看过,什么场面没有经历过?可是呢,居然说连人带事分文不取。胡雪岩的本事,是不是因人而异,因事而不同,有不同的发挥呢?对付李鸿章这么厉害的人物,胡雪岩也能够动脑筋想办法,让李大人下令帮助他,把常捷军建立起来。李鸿章这个人不是那么容易说动的,连他的部下都觉得很奇怪,你不是一向反对胡雪岩的吗?怎么突然间赞成了呢?成功的人,一定是会做人的人。如果连人都做不好,就算他事业做得很大,钱赚得很多,也不能算成功。你看很多大企业家,赚了很多钱。可是他心里明白,人家背后议论纷纷,同事对他敬而远之,并没有好感。走到哪里,人家都是表面上很客气,心里头看不起他。这样的人算成功吗?胡雪岩得人心,而且事业做得很好,为什么?因为他人际技巧非常好。做一个人,不是说我很正直,我很诚恳,我很实在,这样就行了。还要磨炼一些人际的技巧,使大家乐意跟你在一起,感觉到跟你在一起很有味道。最起码要有味道。如果跟这个人在一起没有味道,那算什么成功呢?第三,胡雪岩精于商道,对经营策略有独到的见解,也有出人意料的表现。我们来看看,他对则云所讲的话,是不是很有意思?则云当时所讲的策略是什么?鸡生蛋,蛋生鸡,越滚越大,越滚越多。我想一般人都是这样想的,可是胡雪岩批评说,这是平庸商人所制定的平庸之策。他就比较高明,柳成祥看到存款那么多,心里想不赶快放出去,利息谁来出呢?存款进得多也很麻烦,如果贷不出去,利息就要自己负担,那还得了!可是胡雪岩说,我一文也不放。虽然出人意料,但是我们不能不佩服他。左大人调到新疆,沈葆桢去掌管马尾造船厂。这个时候,雪岩马上决定,要起程回杭州,不要再待在这里。而且对造船厂采取公事公办的态度,不必像左大人在这里那样地支持。为什么?因为沈葆桢是沈葆桢,左宗棠是左宗棠,凭什么我对左宗棠这样,也要同样地对待沈葆桢?当然不可能。胡雪岩本来是一个基层的人员,只在办事务性的工作。可是他能够把自己从事务型的人,提升到策略型的人,这是很不容易的事情。也只有能够把自己提升到策略型的人,才有办法从跑街的变成大老板。这还不算,又变成红顶商人。这是多么不容易的事情。第四,胡雪岩很擅长从纷乱的现象当中,体会出背后的道理。杭州战役使他悟出了商无官不安、官无商不富的道理。他就加强了与左宗棠的联系,因而发展出一番事业。雪岩看到战后百废待兴的重点在什么地方?在钱庄,在生药,在典当,他就交代成祥,赶快设立钱庄,而且要实施义诊来广收民心。一般人做生意,很少想到广收民心,总觉得广收民心干什么?其实广收民心就是做广告,就是打企业形象。使人家对这个企业有好感,钱自然存到你这来。有东西要当,自然到你的当铺去。要买药,自然找你。可见他的决定是非常高明的。胡雪岩到了北京,马上看出朝廷的威严,对钱庄员工提出特别严格的要求。他知道在京城开钱庄非同寻常。如果不格外小心,每一笔钱财后面都会牵扯到很多达官贵人。有一天出了问题,我们是吃不消的。一般人只看到现象纷纷扰扰,弄得自己头昏眼花。胡雪岩却能够拨开这些云雾,直接探触现象背后的道理。这是雪岩处理事情,显得有板有眼、有条不紊的主要原因。第五,雪岩能够因时、因地、因人而应变,以求制宜。他的目的,就是我们常讲的制宜。制宜就是此时此地最合理的行为。因为时空在变,人不同,地点不同,对象不同,一定要调整。对于因时制宜,因人应变,雪岩非常重视。早在从事粮食买卖的时候,雪岩就已经摸透了生意上没有三天的朋友。大家都是利害关系,一定要随机应变,才能够生存发展。雪岩非常客气地说他自己善于取巧,其实不是这个样子的。投机取巧的行为反而一向是雪岩最痛恨的。他的所作所为,根本跟投机取巧没有关系。他是随机应变,不然的话不可能成功。我们常常觉得做一个中国人,要特别小心,因为投机取巧跟随机应变,是很难分得清楚的。如果这两个都分不清楚的话,那判断事情,就经常有差错。我们只能够随机应变,绝对不可以投机取巧。雪岩就是掌握了这个原则,只能够随机应变,从来不投机取巧,自始至终,都秉持着一个原则,有事我承担,有事我一个人承担,有事我自己承担。他一点也不逃避,丝毫也不埋怨,实在非常难得。这六个项目,是我们从胡雪岩一生的奋斗当中,所归纳出来的六大成功要点。也请各位想想看,还有没有什么地方,要向胡雪岩学习的?

十六、浮云随风消散

中国的人生哲学,主张看开而不看破。一旦看破,万般皆空,哪里还会有斗志,来面对天天都有的问题?我们其实并不否认空的事实,不过要等到克尽人生的责任之后,才能够轻轻松松地看破一切,云游四海,做一个无牵无挂的自由人。

看开的意思,是尽人事以听天命。尽心尽力把事情做好,至于结果如何,听天由命,一点也不在意。

雪岩在短短二十几年中,由穷跑街的,奋斗到显赫一时,富可敌国。又由一品大老爷,掉落到一介平民。起伏之大,大到出乎雪岩自己的意料,而变化之速,也快到大家很难加以预测。但是,他并没有到处喊冤,到处申诉,他只是感叹汉奸贼子,败坏国业。

六十二岁那一年,左宗棠病逝福州。雪岩虽然比左大人年轻,却也不幸病逝。一代经营大师,有如浮云随风消散。幸好留下许多典范,供后人参研。

重点提示:勃起勃落 VS 平安度日

胡雪岩如果在任老板的仁德钱庄做得很顺手,太平军如果不和官兵打仗,王将军也用不着到钱庄来借钱。我们相信,胡雪岩的一生,用不着这么辛苦,也不必如此艰难。平安度日的话,我们就看不到什么胡雪岩传奇了。

胡雪岩一句“有事,我担着”,把自己逼得走投无路;一句“兵荒马乱的日子,想着糊口”,使他下定决心,要从事粮食生意。一次把房子押给钱庄的赌注,一次把粮食送给官军的冒险。这一连串突然出现的事件,把胡雪岩从规规矩矩、平安度日的跑街生涯,带到起伏不定、勃起勃落既辉煌却又坎坷的命运。

一个人究竟是勃起勃落好呢?还是平安度日比较好?看来也是一个永远

没有定论的问题。

胡雪岩的勃起勃落，非常富有戏剧性。他白手起家，连他的母亲都不相信他有那么发达的一天。妻子也是看到胡家贫寒，才嫁过来，打算过穷日子的。二十多年的奋斗，平步青云，活像秦始皇接连打垮六国一般，不可一世。然而，就在他自己的有生之年，万贯家产被查封了、红顶戴黄马褂被收回了，一下子又回到了什么都没有的原点。就这一点来看，好像他的命运比秦始皇更加凄惨。

看不开的人，享尽荣华富贵之后，很难重返简朴平静的日子。就好像整天活在热烈掌声里的艺人，一旦失去了观众，受不了没有掌声的冷落，结果跳楼自杀或者借酒消愁，过着自我放逐的颓废日子。

胡雪岩却看得很开，他眼看自己起高楼，又眼看着自己楼塌了。妻妾们一个个离去，家财一批批消失。幸好有一个永远支持他、关心他的芮瑾，陪着他安度余年。

个案简介

一个人能不能平安度日，其实由不得自己决定。只要深一层思考，很容易发现是上天在安排。多少人想享清福，却有一股无形的力量把自己弄得忙碌不堪。多少人胸怀大志，老天爷却毫不留情地不给予工作机会，天天以喝茶聊天看报纸消磨时间。

一个人要不要勃起勃落，实际上由自己决定，怨不得老天爷。上天赋予每一个人不同的个性，却放手让各人自己去培养不同的习惯。个性得之于天，叫作天命。天命之谓性，代表一个人的性格，决定一个人的命运。习惯来自后天，决定在人自己。要养成好习惯还是坏习惯，是自己的修养，与天命无关，不要把一切责任，都推给老天爷。

胡雪岩一路走下来，太顺了。什么难关都闯过去；任何难题都获得化解。这是上天的帮忙，帮助他有机会可以报效朝廷，造福百姓。然而，雪岩的胆子愈来愈大，大到向大英帝国的汇丰银行贷款，居然敢同葛德立这位交情很浅、关系不够的英国人，利用向朝廷高报利率的举动，平分九厘的差额。

不错，雪岩生平最讨厌明人做暗事，最不喜欢不诚不实的行为。他赚取外债的利率差额的动机十分单纯，一是为了收复疆土，二是为了阜康钱庄的大业。绝对没有欺骗朝廷的念头，更不是什么明人做暗事。但是，别的人并不同意这种说法，当然更不能容忍这样的做法。

老天爷造就了雪岩，让他从平安度日中奋发图强，力求发展。胡雪岩自己害了自己，使自己在事业发展中，造成勃起勃落的结局。上天造人，人也把自己给制造出来。最好不要怨天，也不要尤人。好好地走自己的路，做到在奋发图强中，仍然能够平安度日，不是更愉快吗？

胡雪岩的勃起勃落，使他的生平事迹，成为我们研究经营管理的人追求成功的最佳个案。有些人继承父业，有些人败在第二代或第三代手里，自己没有亲身看到。只有雪岩白手成家，而又最后一贫如洗。在自己的有生之年，构成有始也有终的现世因果关系。对我们的启发最为深刻，给我们启示也最为丰富。

问题与解答

(1)有信心的人，会不会自大呢？雪岩的行为，是不是太专横跋扈呢？

我想雪岩的作风，看起来是有一些跋扈，是有一些专横，因为他一直都坚持自己主张，丝毫不退让。可是我们往深一层想，就可以发觉，雪岩早期一点都不自大，一点都不专横，一点都不跋扈。可惜他的晚期倒是有一点专横跋扈。这话怎么说呢？从决定做粮米生意，把本来要卖给太平军的米粮，临时起意献给官军，这些成祥都不赞成。可是雪岩很坚持，这种坚持是合理的。所以一点也不专横，一点也不跋扈。一个人如果完全不坚持，就是不负责任。可是盲目地坚持，就叫刚愎自用。人不可以刚愎自用，也不可以不负责任，所以必须合理地坚持。你看他每次坚持，最后都证明是对的。当然不是专横，不是跋扈。可是晚期那些事情，我们也回想一下。成祥告诉他，蚕丝的事情不要做了，我们做那么多产业，何必做这个呢？但是他坚持。成祥说，对英国人不要这样，将来我们会倒霉。他也不管，最后证明成祥的顾虑是对的。如果最后证明雪岩是对的，雪岩就没有专横跋扈，他就是合理的坚持。现在很不幸，晚期的几件事情,都已经看出来,雪岩的做法不是很理智,可见他已经有了专横跋扈的倾向。一个人有权有势、有名有利的时候,经常会过分自我膨胀。这时候的信心,超越了应有的程度这就叫作专横跋扈。这时是要特别小心的,因为人在太顺的时候,一切都很如意,难免会自我膨胀。台湾现在就有太多太多的人,自我膨胀,才搞成社会这么乱。

(2)雪岩自己说,他精于商道,善于取巧,是不是真的这样?

说胡雪岩善于随机应变,这个可以,至于说他常常投机取巧,最好不要有这种想法,因为事实不是这样。我们必须了解,中国人常常把随机应变跟投机取巧混为一谈。听这种话的时候,真的要格外小心。不要听了就拿来流传。听了就相信,那是会害自己的。中国人自己很诚实,他说,我随便讲讲,随便讲讲是什么意思?真的很随便的话,他会讲吗?他不会。你怎么功夫那么好?没有啦,马马虎虎啦!如果真把他当马虎,那就糟糕了。只有功夫很好的人,才有资格讲马马虎虎。真的马虎的人,连马虎都不敢讲。听懂中国人讲的话,在人际关系上面,是非常重要的一环。

(3)雪岩知道,自己即将受到刑法的处罚。他坦然处之,不怨天不尤人,这是什么道理?

他心里很清楚,左大人救不了他。不如干脆不求人,顺其自然罢了。因为他跟左大人相处这么多年,知道左大人的个性很耿直,在官场也不可能很得意。这时候去求左大人,恐怕也是白求,没有什么作用!与其这样子,干脆顺其自然,坦然处之,同时他也问心无愧。我不晓得为什么他一直骂则云拿人家回扣,自己好像也拿回扣,却觉得问心无愧,是什么道理?因为他赚来的钱,没有拿到私人的腰包里面。当初想要赚这个差额,纯粹是为了国家,纯粹是为了企业集团,他没有为他自己。所以始终觉得没有做错,问心无愧。同时他觉得丁日昌这班人,败的是国家的产业,而我胡雪岩败的只不过是私人的产业,所以无所谓。反正这些钱是我赚来的,就在我手中花掉,又怎么样?所以他说成也萧何,败也萧何。意思就是说,我是靠洋债起家的,结果就栽在洋债上面,这怨得了谁?怨不了谁的。一个人要清楚,精于刀者死于刀,精于枪者死于枪,精于水者死于游泳。这些道理想通以后,就知道最精通的,经常就是栽跟头的部分。为什么?因为艺高人胆大,所以就不用心了,就觉得无所谓了。太相信自己的结果是害死自己。一个很会用刀的人,最后死在别人的刀下。很会游泳的人，才容易死在水中。雪岩一生，就是太过于认为自己这方面很擅长，没有问题，结果就招来问题。因此我们再一次地说，常常提醒自己有问题的人，会比较谨慎。没问题，这个我很内行，做多少次都这样做过去了，经常就是败在这里。

(4)一个人对自己的期望，应该高比较好，还是低比较好，或者合理最好？

我想这个问题，对我们中国人来讲，是非常简单的。大家的答案都相当一致，当然合理最好。太高了，会自暴自弃。那么高，反正达不到，算了；太低了，很轻易就达到，也是对不起自己。话虽然这么讲，合理不合理的标准在哪里？只有三个字，就是我们常常讲的：很难讲。对张三，这个合理是他的标准；对李四，又换成另外一个合理，才是他的标准。因人而异，怎么可以大家都一样呢？根本不可能。这样的话，我们讲了半天，不还是没有答案吗？中国人往往只有方向，不一定要有具体的目标。这一点跟现在所讲的生涯规划有一些不同。方向一辈子不会改，就是走正道，做一个堂堂正正的人。一切按照天理，按照良心做事，每个人都一样。有什么不一样的？至于说能做多少，那就因人而异了。你告诉他一个目的地，他自己选择途径走，他爱走哪里就走哪里。各位都可以试，你告诉他走那条路，他一定告诉你那条路塞车。其实那条路塞不塞车，只有天晓得。凡是司机不想走的路，他都跟你讲塞车；凡是他讲的要走的路塞车，他会说奇怪，平常不塞，怎么现在塞呢？都是他讲的，不是真的。人都是胡说八道，我们听了就把它当作真的，是对不起自己。所以只要方向对，尽量去做，做到哪里算哪里，这才是最好的一种方式。我想雪岩的一生，就是这样而已。他说我要负责养家，要让妻子有光彩。我们胡家的人，就是穿金戴玉，而且不要做事情，这才是我的责任，他就是如此而已。至于他要做到什么地步，我敢说他没有想过。

(5)政界的斗争，和商界的竞争有什么两样？

基本上对我们中国人来讲，并没有什么两样。因为不管是斗争也好，竞争也好，中国人都是用象棋的模式在运作。各位看那些下象棋的人，闷声不响却算得很长远。会在不知不觉当中，把对方逼得毫无动弹的余地。意思就是说，他不会一开始就来刺激你，或者一开始就让你很紧张。他会若有若无，好像在这里，又好像在那里，声东击西，掩盖自己的企图。等到一切很明朗的时候，你只有束手无策地投降，而且毫无反抗的余地。

中国人在斗争、竞争方面很有一套。当然我们现在也很庆幸,就是中国人在这方面的修养愈来愈差。愈来愈差,才是我们的好消息。如果现在人还像以前那样,常常把人逼到死路,令人动弹不得,恐怕现在的人,更没有这种反抗的能力。从这种愈来愈差的现象中,我们才感觉到中国人是进步的。可是这话也有语病,我们的日子好过了,大家当然就不必那么动脑筋。哪一天日子不好过,不动脑筋能生存吗?所以只要一穷,手段又来了。稍微富有,反正有的吃、有的穿,就不动脑筋了。这时候大家反而比较相安无事。我们不是个人同个人斗,而是小集团跟小集团斗,所以我们动不动都是派系跟派系斗,很少个人同个人斗。我们很少看到一个人跳出来跟谁斗。他敢出来,都是背后有一个集团在支持他。他有很多很多诸葛亮,在旁边给他出点子。所以我们要看某人,一定要看他背后的那二房斗,二房跟四房斗。也是一房跟一房斗,而不是哪一个人跟哪一个人斗。看起来是个人对个人,实际上是集团对集团。各位千万步步为营,小心为是。稍微大意,后患无穷,这是官场跟商界一样的地方。

(6)时间管理,为什么对高阶层人士更加重要?

我们总以为基层人员没有自主性,总是听人摆布。其实仔细观察,并不是这样。基层人员反正上山一天,下海一天。这当中怎么磨来磨去,根本没有人知道。真正了解的人都知道,基层人员反而更有自主权。爱做就多做一点,不爱做就少做一点。没有人会很仔细地把他抓得紧紧的。反而是高阶层人员,看起来好像自主性很高,实际上完全由人家摆布。多少总经理的时间,控制在秘书手上。秘书说现在去开会了,只好去开会;下午某人来看你,就让某人来看你。任何人打电话,她一看两点到三点有时间,就替你做决定了。我们一再说,表面上看,跟从实际上去了解,经常刚好是相反的。难到愈高阶层的人愈有时间?我们有一个观念,如果老板什么事情都要自己出面的话,还有时间思考吗?根本没有时间思考。最好的办法,就是有个策略小组,替你出点子。你在那里,只是好看而已,这就对了。雪岩没有做好这一点,时间被分割得支离破碎,偏偏又没有一个策略小组,什么事情都要他拿定主意。他自己最后也承认了,时间不够用,他没有做好时间管理。有些事情应该交给他人去做,有些事情根本不要亲自管,有些事情出来一下,应该赶快就溜掉,因为我有我的事情,我只是露个脸儿,给大家一个面子而已。这样我们才了解,为什么请客的时候，老板不是迟到，就是早退。凡是迟到早退，我们都骂他不懂得时间管理。其实从另外一个角度来看，他才最懂得时间管理。你们先去，我这边把事情料理好了，再来敬大家一杯酒，然后就又走了，这样最有利。我干吗从头陪到尾？你们去吃就好了，我有我的事情，或者我只是来一下，跟大家见见面，打个招呼，说另外还有事，走了。其实哪里有事？回家做自己的事情罢了。

愈高阶层的人，愈要记住四个字：有所不为，而不是有所为。不该讲的话，不要讲；不该做的事情，不要做；不该管的事情，不要管。你才有足够的时间，来做重大的事情。否则一天到晚，这个管，那个也管，这个说，那个也说，搞得自己都乱了，怎么能够掌握全局？我们也附带说一下，诸葛亮一生，有很多地方值得我们警惕，就是时间管理没有做好，事必躬亲，最后把自己累死了。胡雪岩很可能《三国演义》看了很多，学到了诸葛亮很多长处，很可惜没有看出这一点。他的时间没有办法合理掌控、合理运用，以至于造成对自己非常不利的结局。

(7)以胡雪岩为戒，主要有哪些？

学习胡雪岩的长处，同时也应该把他的缺失当作借鉴，尽量避免重蹈他的覆辙，才能够收到前车之鉴的效果。个案研究的目的和易经所讲趋吉避凶，具有相同的功能，好像真是不谋而合。个案分析、个案研究，就是为了趋吉避凶。有好处，我们把它接纳过来；有坏处，我们把它防备、把它扬弃掉。

胡雪岩的一生，认真分析起来，有三大缺失，值得我们警惕。

第一，他对自己的期望不够远大。你看西太后问他，想升官，还是想发财？他那时候讲的是实在话，谁敢在西太后面前撒谎？他说小人只盼着国家安定，百姓安康，我能够经营好阜康钱庄，老老实实做我的生意，我就知足了，这话是真的，他的愿望不过如此。雪岩拜访唐廷枢，听到廷枢说有一些外商，责怪雪岩厚此薄彼的时候，他也说出了自己的心情。他说我胡雪岩没想到有如此的分量，只想做做生意发发财，怎么有这么大的影响力呢？我们把这两段对照起来看，就很清楚雪岩后来的成就，远远超出了他预订的目标，我想这是他一个很大的缺失。如果雪岩一开始就知道，他将来会有那么大的产业，会做那么大的官，会有那么大的影响力，我想他的做法就会不一样了。他除了学打算盘，除了会这个，会那个之外，他还会常常利用时间，不断提升自己，而且考虑事情会更加谨慎，更加周到，不至于亲眼看到自己被自己打垮的悲剧。因为这种局面是可以预防的，不是无从防备的。这样我们才明白，为什么中国人对子弟的要求,通常看起来都很高,很严苛,其实我们也没有说,你一定要做什么,一定不要做什么,没有。我们只是说,方向你要定得对, 目标要定得高。你看雪岩就是栽在这里,如果说,我一生规规矩矩,谨谨慎慎,任何那种稍微会引起人家怀疑的事情,我都不做,他就不会使自己栽在外债的手上。一个人那么聪明,怎么会在这种很容易被发现,很容易被怀疑的地方出差错?这几乎是不可能的事情,但是发生了。我们教养子弟,希望他养成凡事谨慎,千万不要大意的习惯,这就很好。因为他可以在一生当中,成就再高,也不会有什么遗憾,可惜现在的人眼光浅近,看不懂这些道理,只求不要给小孩压力,却忘记了玉不琢不成器。

第二,他不明白政界的斗争,实际上比商界还要残忍。雪岩懂得商道,可是他无法应付来自政界的打击。他对丁日昌这班人几乎毫无办法。他和胡宝玉联手给丁日昌难堪,简直是自找麻烦,完全是搬起石头砸自己的脚。一个准备跟人家斗争的人,大概不会做这种事情,因为增加彼此的厌恶感,使自己的关系更加恶化,对雪岩有什么好处?要搞政商关系,就没有办法不在这些方面多忍耐、多委屈一点。你看很多搞政商关系的人,你骂他,他装着没有听到;你再挖苦他,他都是笑嘻嘻的,而且最妙的就是他讲话向来就是含含糊糊,从来不讲清楚,这样的人,就是不倒翁。雪岩不懂得这些艺术,搞政商关系千万记住,随时都有打击会出现,随时都不知道要被伤害到什么地步,所以肚子里面清清楚楚,嘴巴一定要含含糊糊。雪岩有些话讲得太清楚了。胡雪岩既然看出左宗棠的个性,在官场上迟早要受到排挤,为什么不赶紧与高一级的人去加强联系呢?李鸿章可以找六王爷,胡雪岩也可以找七王爷,七王爷跟左宗棠的私交很好,左宗棠也已经告诉了雪岩,我跟七爷交情不错,可以讲得上话,那你为什么不多来往几次,然后直接跟七王爷建立关系?还有李莲英,你不能说有事才找他,或者向他要情报,也可以通过李莲英,然后跟其他人建立关系,反正要跟李鸿章斗,就跟他斗到底,有什么不可以?又知道李鸿章难缠,又知道左宗棠到最后是靠不住的,然后又造成自己这种僵局,雪岩是商人出身,对商道比较熟悉,对官场毕竟还是差一些。政界和商界,都有好人,也有坏人,所以雪岩对宝玉讲,官场有忠奸之辨,可惜他没有一套方法,来对付这些奸臣,结果拖累了自己。我们一直认为,小人很可恶,奸臣很可怕,但是我们有没有想想,为什么想不出一套办法来对付他们?我们应该有一套方法,可以对付他们,雪岩如果有一套办法对付李鸿章、丁日昌这班人,他何至于此呢!

第三，他没有好好地把时间管好。我们可以说，他愈来愈没有办法掌握自己的时间，没有做好时间管理，所以他才没有办法终身学习，因此到了高阶层的时候，就显得力不从心，显得无可奈何，充满了无力感。雪岩当然有自知之明，他对自己很清楚，你看他对杨昌浚所讲的一番话，我少小读书，可谓如饥似渴，他是很想读书的人，怎奈家境贫寒，家里很穷，没有办法再读，不能读什么高中，什么大学，他根本没有，何况那时候也没有像现在这么多的教育机会，他对自己的学识深感不足，他知道，他不是不知道。他不是个很自满的人，说我什么都懂了，你们讲的我不必听了。你们借给我书，我不必看，他不是这样的人。左宗棠很够朋友，不止三番五次，要雪岩多读书。他说，就算你不是为了功名，也要多读书；他说，就算不是这样，不是那样，你也要多读书。雪岩如果把时间管理好，每天至少抽出一两个小时，什么事也不做，知道有所不为的原则，就可以好好读书，然后他就可以持续成长，就可以做好阶段性的调整，一生立于不败之地，很可惜，他这一方面没有做好。

我们还记得有一位宰相，做到了宰相以后，大家才发现他书读得太少，所以告诉他，你要读书，最起码把论语读好。他最后讲，有啊，我已经读了半部论语了！你看一个人，只读了半部论语，他就想当宰相。我们不要以为半部论语当宰相，是说读了半部论语，就足够当宰相，不是的。另外一个意思是说，读了半部论语，就敢来当宰相？那不是要害死大家吗？可见一件事情，可以有两种不同的看法。胡雪岩的挫败，固然是玉惠不小心，言者无意，听者有心，结果走漏了消息，可是这能怪玉惠吗？你看玉惠根本弄不清楚，到最后几乎发神经了，甚至已经发疯了，她还是不知道老爷怪她什么？雪岩再怎么怪玉惠都无济于事，真正的导火线是在什么地方？在蚕丝的生意上，因为你跟英国商人闹得太僵，英国商人就施压力给他们的政府，基于整个英国国家的利益，不得不为他们的商人来出一口气。

雪岩不知道这种利害关系，以为跟英国商人斗斗，就好像跟中国这些老板斗斗一样，他不知道，因为中国的老板，后面没有一个政府来支持他；可是英国的商人，他背后有一个很强大的英国王朝在支持他，搞到最后，雪岩一败涂地。成祥老早把这些话都说了，雪岩就是听不进去。那个时候，他多少有一点专横，有一点跋扈，过分自信，才自作自受。最不应该的，就是胡雪岩居然会当面使英国的商人难堪。我想就我们中国人来讲，也是有失厚道的。因为来者就是客人，再怎么不高兴，也要表面敷衍敷衍——要把人家赶出去，人家会恨你一辈子的,像这种做法,我们也觉得雪岩是太顺了,以至于目中无人,以至于为所欲为,结果他自己受罪。我们追根究底,还是觉得雪岩不应该在这么明显、这么容易被怀疑、这么容易被察觉的地方做手脚。虽然说雪岩当时很有信心,他有坚强的理由,他说我这样做,完全是为了收复疆土,完全是为了阜康大业,他根本没有欺骗朝廷的念头,可是任凭你说破了嘴皮,都不能逃脱被朝廷严刑追究的命运。

任何人做事太热心的时候,别人一定会怀疑,你干吗那么热心?当一个人代表政府去借钱的时候,大家都会怀疑你在当中赚了多少回扣。雪岩难道没这种感觉吗?一个人经常在最容易的地方出差错,各位才可以了解,为什么中国的父亲很奇怪,当小孩跟人家打架,回家来的时候,我们讲出一句很奇怪的话,说:你打输了还敢回来讲?你打赢了再讲嘛!听起来好像莫名其妙,为什么小孩打输了,回来就不能讲呢?为什么他打赢了,回来才可以讲?难道打架一定要打赢吗?打架当然要打赢了,既然打不过人家,你就不要打,这很简单。打输了,你也敢讲?我觉得中国人的道理,如果没有用心去想,你根本听不懂,你一看对方打得比你强,你打不过他,你就应该溜,还打他干什么?你打赢了才讲为什么打架,人家还会听;打输了,谁听你的?雪岩到最后没有人同情他,所有的人都落井下石,也是他自己找来的。胡雪岩为什么会导致这样一个结局?就是因为他只把自己当作一个商人,了不起把自己当作一个大老板,他就没有想到,自己有一天会变成李鸿章的眼中钉,排左先制胡;倒左先倒胡。如果他知道有一天他会遭遇这样的命运的话,我相信送他回扣,他也不会要,再怎么为国家,再怎么为阜康,他也不会在这个利率的差额上面动脑筋。他就是没有想到自己有这么大的影响力,自己会变成人家的眼中钉,他没有想到。他没有摸透政界的斗争,像左宗棠这样不善于变通的人,迟早会被李鸿章斗垮的。你看整个湘军的命运,都跟着很倒霉。左宗棠是个好人,我们都承认,但是他不识时务,不善于变通,做一个军人还可以,要在政界跟人家搞斗争,他是不够的。我们总结一句话,雪岩不能够终身学习,使自己不断成长,使他最后没有办法应付那些更复杂、更庞大且更重要的事务,未免是一种遗憾。我们看过胡雪岩传奇之后,一定要提醒自己:我们将来会变到什么地步?老实讲,我们并不知道,可是一定要不断提升自己,以备面临更严苛的挑战,这样的人生,才能够做到真正地立于不败之地。

结　　语
以胡雪岩为师,以胡雪岩为戒

(一)以胡雪岩为师

胡雪岩最值得我们学习的地方,有六大方面。

第一,他对自己非常有信心,而且从来不气馁。被任老板辞退,失业在家,向母亲保证,早晚有一天,我会挣钱养家的。胡妻笑他连街都跑不成,还打算盘干吗?他毫不犹豫地说:说不准将来我就是胡掌柜的,你呢,也可能当个大东家的太太。人穷志不穷,不能遭遇到困难就忧心丧志,才有成功的一天。

第二,他对人际关系的技巧十分熟练,并且应用得恰到好处。左宗棠问他为什么不怕血本无归冒死送粮食给湘军?他不慌不忙地回答:现在国无宁日,民不聊生,所以愿冒个人之苦,以求国泰民安。我们听起来也许觉得很无聊,也很好笑。可是像左宗棠这样的人,就听得很受用,马上请雪岩到后堂吃饭,终于成了他最有力的靠山。

胡宝玉这位名妓阅历甚多。胡雪岩三两句话,赋予她特别的任务,挑起她的好奇心和荣誉感,居然连人带事分文不取。胡雪岩的本事,是不是因人而异,有不同的发挥?

对付李鸿章这么厉害的人物,他也能够想尽办法,让李大人下令帮助他把常捷军建立起来。

成功的人,必定是会做人的人。如果连人也做不好,就算事业做得很大,钱赚得很多,也不算成功。

第三,他精于商道,对经营策略,有独到的见解,也有出人意料的表现。

谭则云的策略,是鸡生蛋、蛋生鸡,越滚越大。胡雪岩批评它是平庸商人制定的平庸之策。

柳成祥看到存款那么多,建议赶快放出去生利,胡雪岩却说一文也不放。要拿这些存款做资金,到温州、潮州、常州、宁波、嘉兴去把当铺建起来。

左大人调到新疆,沈葆桢掌管马尾造船厂。雪岩马上决定,起程回杭州,对造船厂公事公办。

胡雪岩能够把自己从事务型的人提升为策略型的人,才有办法从跑街的摇身一变,成为红顶商人。

第四,他善于从现象中体会出背后的道理。杭州一战,使他悟出商无官不安,官无商不富,因而加强与左宗棠的联系。同时看到战后百废待兴的重点在钱庄、生药和典当,所以叫成祥赶快设立钱庄,并且实施义诊,以广收民心。

到了北京,看出朝廷的威严,马上对钱庄的员工提出特别严格的要求。

一般人只看到现象纷纷扰扰,弄得自己头昏眼花。胡雪岩能够拨开这些云雾,直接探出现象背后的道理,这是雪岩处理事情显得有板有眼、有条不紊的原因。

第五,他能够因时、因地、因人而应变,以求制宜。早在从事粮食买卖的时候,雪岩已经摸透了,生意场上没有三天的朋友,必须随机应变,才能生存发展。

雪岩很客气,说他自己善于取巧。其实不是这样,投机取巧的行为,一向是雪岩最痛恨的。他的所作所为,完全是随机应变,一点也不投机取巧,不然的话,他不可能成功。

作为一个中国人,特别要将“投机取巧”和“随机应变”区隔清楚,弄明白两者的差异,而且一定要下定决心,只许随机应变,不许投机取巧,才有成功的可能。

第六,他不怨天、不尤人,一切心甘情愿地自作自受,无怨无悔。文大人查封雪岩的产业,来者不善,存心不良,一心要抢夺他的胡庆余堂,竟然也不得不佩服雪岩,说他不愧为江南大侠。

成祥建议他赶快去找左大人出面求情,他不为所动,果真是一人做事一人承担的汉子。从答应把钱借给湘军,一直到最后一无所有,雪岩自始至终,都是“有事,我自己承担”,一点也不逃避,丝毫不埋怨,实在非常难得。

(二)以胡雪岩为戒

学习胡雪岩的长处,同时也应该把他的缺失当作借鉴,尽量避免重蹈他的覆辙,才能收到前车之鉴的效果。个案研究的目的和易经所说的趋吉避凶,具有相同的功能,好像真的是不谋而合。

胡雪岩的一生,认真分析起来,也有三大缺失,值得我们警惕:

第一,他对自己的期望不够远大。西太后问他:你是想升官呀,还是想发财?那时候他讲的是实在话:小人只盼着国家安定,百姓安康,我能经营好阜康钱庄,老老实实做我的生意,我就知足了。

雪岩拜访唐廷枢,听到廷枢说起一些外商责怪雪岩厚此薄彼的时候,也说出了自己的心情:我胡雪岩是想做做生意发发财,没想到有如此分量。

如果他知道有一天自己能够到达这样的地步,他就会做得更好、更加警惕、更加周到,不至于亲眼看到自己被打垮的局面。

这样我们才明白,为什么中国人对子弟的要求很高,希望养成凡事谨慎、千万不可大意的习惯,用意在一生当中,成就再高也不至于造成遗憾。可惜现代人眼光浅近,看不懂这个道理。只求不要给小孩子压力,却忘记了玉不琢不成器呀!

第二,他不明白政界的斗争,实际上比商界更加残忍。雪岩懂得商道,却无法应付来自政界的打击。对丁日昌这般人几乎毫无办法。和胡宝玉联手给丁日昌难堪,简直是自找麻烦,增加彼此的厌恶感,对雪岩没有什么好处。要处好政商关系,就没有办法不在这些方面多多忍耐。

既然看出左宗棠的个性,在官场上迟早要受到排挤,为什么不加紧与更高一层官员的联系?李鸿章可以找六王爷,胡雪岩也可以找七王爷。七王爷跟左宗棠私交不错,为什么不通过左大人更上一层楼呢?这样对左大人也有好处,并没有坏处。雪岩毕竟是商人出身,对商道比较熟悉,对官场还是差一些。

政界和商界,都有好人,也都有坏人,雪岩跟宝玉讲得很清楚:官府也有忠奸之分。可惜他没有一套办法,来对付那些奸臣,结果也拖累了自己。

第三,他没有做好时间管理,不能够终身学习,以致到了高层次的时候,愈来愈显得力不从心。

雪岩当然有自知之明,他对杨昌浚所说的一番话:我少小读书,可谓如饥似渴,怎奈家境贫寒,雪岩确实深感不足。

左宗棠不止三番五次要胡雪岩多读书。他如果把时间安排好,每天至少抽出一两个小时,好好读书。我想他应该能够持续地成长,做好阶段性的调整,使自己立于不败之地。

胡雪岩的挫败,固然是玉惠不小心,在言者无意、听者有心的情况下,走漏了消息。而导火线则是在蚕丝的生意上和英国商人闹得太僵,才使得借洋债赚取利息差额的事情爆发出来。

但是,追根究底,还是雪岩不应该在这么明显、如此容易被怀疑、被察觉的地方做手脚。虽然雪岩说他当时会这样做,完全是为了收复疆土和阜康大业,根本没有欺骗朝廷的念头。不过,任凭说破了嘴,都不能逃脱被朝廷严刑追究的命运。

胡雪岩之所以如此,就是因为他只是把自己当作一位商人,了不起是一位大老板,没有想到自己有一天,会成为李鸿章"排左先治胡,倒左先倒胡"策略下的牺牲者。如果他早一些料到自己的位置会这么重要,我想他不敢如此大胆。他没有摸透政界的斗争,像左大人这样不识时务、不善变通的人,迟早被李大人斗垮。总结一句话,雪岩不能够终身学习,使自己有足够的学识、智慧和修身,来应付更复杂、更庞大、更重要的事务。

图书在版编目（CIP）数据

胡雪岩现象：曾仕强谈中国式经营 / 曾仕强著. -2版（修订本）.
—北京：中国工人出版社，2017.6
ISBN 978-7-5008-6698-5

Ⅰ.①胡…　Ⅱ.①曾…　Ⅲ.①胡雪岩（1823—1885）—商业经营—谋略　Ⅳ.①F715

中国版本图书馆CIP数据核字（2017）第124084号

胡雪岩现象：曾仕强谈中国式经营

责任编辑	宋　杨
责任校对	董春娜
责任印制	黄　丽
出版发行	中国工人出版社
地　　址	北京市东城区鼓楼外大街45号　邮编：100120
网　　址	http://www.wp-china.com
电　　话	（010）62005043（总编室）　（010）62005039（出版物流部） （010）62379038（社科文艺分社）
发行热线	（010）62005049　（010）62005042（传真）
经　　销	各地书店
印　　刷	北京市密东印刷有限公司
开　　本	710毫米×1000毫米　1/16
印　　张	22.25
字　　数	349千字
版　　次	2017年8月第2版　2023年4月第7次印刷
定　　价	46.80元